中华学人丛书

# 新政、立宪与革命

## 清末民初政治转型研究

◎ 李细珠 著

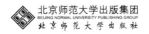

北京师范大学出版集团
BEIJING NORMAL UNIVERSITY PUBLISHING GROUP
北京师范大学出版社

# 目　录

代序：清末新政、立宪与革命的互动关系 ……………………… 1

　一、道分为三 ……………………………………………… 2

　二、新政与立宪：由合而分 ……………………………… 6

　三、立宪与革命：由分而合 ……………………………… 11

　四、革命与新政：对立统一 ……………………………… 14

　五、殊途同归 …………………………………………… 17

清末两次日本宪政考察与预备立宪的师日取向 ……………… 21

　一、多方比较之后的抉择 ………………………………… 22

　二、重中之重的考察 ……………………………………… 29

　三、权利纠葛中的仿效与异化 …………………………… 35

清末预备立宪时期的责任内阁制

　　——侧重清廷高层政治权力运作的探讨 ……………… 43

　一、丙午官制改革中责任内阁制的流产 ………………… 44

　二、光宣交替间的政争与阁制问题 ……………………… 66

　三、国会请愿运动对责任内阁制的催生 ………………… 75

　四、"皇族内阁"出台的前因后果 ……………………… 101

　五、穷途末路时的袁世凯内阁 …………………………… 125

　六、余论：预备立宪中的制度创新及其异化问题 ……… 138

韩国报刊对清末新政的观察与反应

　　——以《皇城新闻》与《大韩每日申报》为例 ……… 146

　一、报道涉及面及其偏差之处 …………………………… 147

　二、对清末新政的认识与评论 …………………………… 159

三、对韩国自身的反省与期望 ………………………… 169

日韩合并与清末宪政改革 ……………………………… 179

　　一、报刊媒体反映的一般民间舆论 …………………… 180

　　二、革命派、立宪派人士的观察与反应 ……………… 191

　　三、清朝政府官员的筹议与对策 ……………………… 199

　　四、朝野互动与宪政改革进程 ………………………… 219

性别冲突与民初政治民主化的限度

　　——以民初女子参政权案为例 ……………………… 226

　　一、性别：一个观察民初社会政治的新视点 ………… 226

　　二、国民意识中的性别与权利之关系 ………………… 228

　　三、女性声音的高扬与被压抑 ………………………… 237

　　四、男性的一般态度：置为缓图与压制打击 ………… 251

　　五、女性对性别歧视的初步觉醒与反思 ……………… 266

　　六、结论：关于民初政治民主化问题的检讨 ………… 272

民初统一党与政党政治试验 …………………………… 276

　　一、政治转型与统一党产生 …………………………… 277

　　二、历史演变与政党分合 ……………………………… 287

　　三、干部体制与党员构成 ……………………………… 298

　　四、政治理想与政党政治试验 ………………………… 308

　　五、统一党与袁世凯政府之关系 ……………………… 320

　　六、结语 ………………………………………………… 332

附录　清末政治史研究的宏观检讨 …………………… 338

　　一、清末新政、立宪与革命研究的基本状况 ………… 338

　　二、研究范式转变的利弊得失 ………………………… 361

　　三、几个新的研究趋向 ………………………………… 367

参考文献 ………………………………………………… 370

后　记 …………………………………………………… 386

# 代序：清末新政、立宪与革命的互动关系

　　中国史学传统向来重视政府与上层社会的研究，但自20世纪初年梁启超先生提倡"史学革命"以来，史学研究的方向发生较大的转变，研究的重点逐渐转向主要关注民间和下层社会。与20世纪上半叶中国革命潮流奔涌勃发的基本历史情景相呼应，革命史的研究取向自然成为此一时代学术的主流。

　　学术界关于清末民初历史的研究，在相当长的一段时期内，主要是以辛亥革命为主线。在这种革命史的框架中，革命派的思想与活动得以充分地彰显，但清政府及其他政治势力如立宪派的踪迹则被有意或无意地忽视，至多只是作为革命的背景来叙述，甚至是当作革命的对立面来批判。这样，历史的全息图像就难以清晰地呈现出来，总使人难免有某种缺失之憾。20世纪60年代末，台湾学者张朋园先生完成《立宪派与辛亥革命》的著作，虽然仍然是从辛亥革命史的角度研究立宪派，总体上未脱革命史的窠臼，但是，其对立宪派在辛亥革命中的贡献的正面叙述，被称为是"扩充了历史研究的范畴"（《韦慕庭先生序》）。大陆学者对于立宪运动和清末新政的理性实证研究，则晚至20世纪80年代才真正起步，至今方兴未艾。这是一个良好的势头。

　　诚然，从历史进程的角度考察，将清末民初政权更迭的历史纳入革命史的框架本亦无可厚非，辛亥革命作为一次致力于民族独立和国家富强的民主革命运动，无疑是当时历史的一根最基本的主线；但是，从政治结构变动的角度来看，这个时期还是一个中国政治由传统向近代转型的时期，政治近代化在革命的过程中发生，使历史更具复杂性。因此，对于清末新政与立宪运动的研究，不只是为辛亥革命史的叙述做铺垫。事实上，正是新政、立宪与革命三方面之间的互动关系，对

于清末民初中国政治的新走向有着决定性的影响。① 应该说，在进一步揭示辛亥革命历史意义的同时，加强对清末新政与立宪运动的充分研究，将更加有助于我们认识清末民初那段复杂多样的历史。

## 一、道分为三

中国历史的航程在 20 世纪初年面临着一次艰难的抉择。在这个社会政治大变动的时期里，内忧与外患交加，危机与生机并存。中国向何处去？这样一个关系到国家与民族前途出路问题的时代中心课题，又一次严峻地摆到国人的面前。当时的中国政治舞台上存在着三股重要的政治势力：清政府、立宪派和革命派。他们各自设计了不同的政治方案，开展了既互有歧异又相互关联的政治运动——新政、立宪与革命，三股势力互争雄长。可以说，正是这三股势力的较量与消长决定了中国政治的新走向。

清政府推行新政改革，在预备立宪过程中倾向于君权至上的日本、德国式的君主立宪模式，希望稳固清朝皇帝的皇位与王朝的统治。清末新政是 20 世纪初年清政府在其统治的最后十余年间所进行的各项改革的总称。这次改革大致可以分为两个阶段：第一阶段涉及政治、经济、军事、文化教育与社会生活等领域的变革，这些变革基本上都在体制内进行；第二阶段即预备立宪，是政治体制本身的变革，这是前一阶段各项体制内变革发展的必然趋势。新政的主体是清政府，根本的目的是维护清王朝的统治。起初，清政府也曾试图将改革限制在传统体制之内，但是，当改革的发展将要突破体制的时候，清政府也就不得不考虑进行体制本身的改革。清政府的新政一开始就有意师法日本，这有多方面的原因：中国与日本具有相同的文化背景，如时人所谓"同文、同种、同教"；中国可以借鉴日本学习西方成功的经验，走

---

① 以往学术界的相关研究主要关注革命派与立宪（改良）派等政治势力之间的关系（如林增平：《革命派、改良派的离合与清末民初政局》，载《历史研究》1986 年第 3 期），而对新政、立宪与革命三方面政治运动之间的互动关系关注得不够。

一条捷径，等等。宪政改革模仿日本，则有更重要的原因，日本明治维新既使国家顺利地走上近代化道路，又成功地保住了天皇的地位与尊荣。鱼与熊掌兼得，也是清政府的追求。1905年，为了给是否实行立宪尤其是如何选择立宪模式提供决策依据，清政府派五大臣出洋考察政治。考察政治大臣载泽在访问日本时特地请教伊藤博文："立宪当以法何国为宜?"伊藤回答说："各国宪政有二种，有君主立宪国，有民主立宪国。贵国数千年来为君主之国，主权在君而不在民，实与日本相同，似宜参用日本政体。"载泽又问："立宪后于君主国政体有无窒碍?"伊藤答："并无窒碍。贵国为君主国，主权必集于君主，不可旁落于臣民。日本宪法第三、四条，天皇神圣不可侵犯，天皇为国之元首，总揽统治权云云，即此意也。"① 载泽在考察日本完毕后向清廷报告时总结说："大抵日本立国之方，公议共之臣民，政柄操之君上，民无不通之隐，君有独尊之权。"② 清廷在立宪之初最担心的就是皇位与君权问题，考察政治大臣提供的信息表明，日本立宪模式可以圆满地解决这个问题。因此，1906年清廷宣布预备立宪即以日本为典范。清廷的立宪政体虽然也遵循西方宪政的立法、司法、行政三权分立的基本原则，但皇帝是凌驾于三权机构之上的绝对权威。关于立法权与司法权，在1908年清政府颁布的《钦定宪法大纲》中规定，皇帝有钦定颁行法律与总揽司法之权，有召集、开闭、停展及解散议院之权。③ 议院与司法机构都在皇帝的控制之下。关于行政权，1911年清政府颁布的《内阁官制》又规定，内阁国务大臣"辅弼皇帝，担负责任"④，即内阁对皇帝负责。可见，这个仿效日本的宪政改革模式的核心就是君权至上。

---

① 载泽：《考察政治日记》，579页，长沙，岳麓书社，1986。

② 《出使各国考察政治大臣载泽等奏在日本考察大概情形暨赴英日期折》，见故宫博物院明清档案部编：《清末筹备立宪档案史料》上册，6页，北京，中华书局，1979。

③ 《宪政编查馆资政院会奏宪法大纲暨议院法选举法要领及逐年筹备事宜折附清单二》，见故宫博物院明清档案部编：《清末筹备立宪档案史料》上册，58页。

④ 《宪政编查馆会议政务处会奏拟定内阁官制并办事暂行章程折附清单二》，见故宫博物院明清档案部编：《清末筹备立宪档案史料》上册，561页。

立宪派开展立宪运动，要求政权向自己开放，希望获得广泛的参政机会，主张建立英国式的君主立宪政体。立宪派大致由两部分人组成：一是戊戌时期形成的以康梁为首的维新派，他们在戊戌政变之后又以保皇派的姿态出现，基本上在海外活动；二是在清政府新政推行的过程中形成的绅商群体，包括具有一定新知识、新思想的近代式商人、实业家和一些开明士绅，他们是国内立宪运动开展的主要社会基础和领导力量。立宪派的聚合是在立宪运动之中的各种团体和机构的创设。作为新兴资产阶级政治代表中的一个政治派别，立宪派希望通过立宪运动改变封建专制政治的现状，实现政治民主化，使自己有机会参与国家政治，以提高本阶级的政治地位。因为立宪派与清政府有着千丝万缕的联系，所以，他们主张用和平改革的方式达到自己的政治目的。在选择立宪模式的问题上，立宪派主张建立英国式的君主立宪政体。他们认为："今世言宪政者，莫不首推英国，非特君主国之宪政宜以英为称最也，即共和国亦无有能及之者。"① 因而，他们很自然地主张模仿英国的政治体制。英国的宪政模式是通过议会来限制与削弱君主的权力，置君主于事实上的虚君地位，君主虽然名义上仍然是国家元首，但其实只是一个国家政治象征符号；国家政治大权由议会（立法权）与议会多数党组织的责任内阁（行政权）掌握。立宪派始终致力于开展国会请愿运动，根本的目的就是希图打开封建专制政治体制的缺口，以国会与责任内阁的形式分享国家政权。他们宣称："欲得立宪也，则不必求有责任君主，而当求有责任内阁。"② 著名的立宪团体政闻社的政纲第一条就是"实行国会制度，建设责任政府"③。所谓"责任政府"或"责任内阁"，是指对国会负责而不是对君主负责的政府或内阁。正如梁启超所说："夫所谓立宪的政治之特质者何？则政府

---

① 熊范舆：《立宪国民之精神》，载《中国新报》第 1 年（光绪三十三年）第 4 号。

② 李庆芳：《中国国会议》，见张枬、王忍之编：《辛亥革命前十年间时论选集》，第 3 卷，115 页，北京，生活·读书·新知三联书店，1977。

③ 丁文江、赵丰田编：《梁启超年谱长编》，419 页，上海，上海人民出版社，1983。

对于国会而负责任是已。……责任内阁者，非对于君主而负责任之谓也。"① 国会制度的实行与责任政府的建立，是立宪派从事立宪运动的理想追求，其结果势必在一定程度上将君主的权力架空而削弱君权。因此，虽然清政府的预备立宪与立宪派的立宪运动都主张君主立宪，但是日本模式与英国模式的不同选择，结果会大不一样。如果说清政府看重日本模式，主要是为维护君权，那么，立宪派钟情英国模式，则是有意扩充绅权。

革命派崇尚美国、法国式的民主革命，主张用暴力革命推翻清王朝的统治，建立民主共和国。革命派是由孙中山、黄兴等一批近代职业革命家创设的革命团体聚集而成，主要社会基础是在清政府新政过程中形成的新式学生群体（包括国内新式学堂学生和国外留学生）与新军士兵群体（包括一些下层军官）。与立宪派相比，革命派人士一般都不同程度地受过正规的新式教育，他们更容易接受新知识、新思想，而且他们与清政府的关系没有立宪派那么密切，因而，作为新兴资产阶级政治代表中的又一个政治派别，革命派希望通过暴力革命彻底推翻封建君主专制，建立资产阶级民主共和国，使国家政治走上近代化道路。革命志士陈天华在赞美法国与美国的民主共和政体之后，认为这种政体是中国革命胜利后的最好选择："苟革彼膻秽残恶旧政府之命，而求乎最美最宜之政体，亦宜莫共和若。"② 革命领袖孙中山也曾明确地宣称："我们必要倾覆满洲政府，建设民国。革命成功之日，效法美国选举总统，废除专制，实行共和。"③ 立宪派进行的宪政改革运动是以承认清朝皇帝的权威合法性为基本前提，革命派则直接地对皇权政治提出了挑战，"排满"是革命最具号召力的口号。用革命推翻清

① 沧江（梁启超）：《论政府阻挠国会之非》，见张枬、王忍之编：《辛亥革命前十年间时论选集》，第3卷，637页。

② 思黄（陈天华）：《论中国宜改创民主政体》，见张枬、王忍之编：《辛亥革命前十年间时论选集》，第2卷上册，120页，北京，生活·读书·新知三联书店，1963。

③ 孙中山：《在檀香山正埠荷梯厘街戏院的演说》，见广东省社会科学院历史研究室、中国社会科学院近代史研究所中华民国史研究室、中山大学历史系孙中山研究室合编：《孙中山全集》，第1卷，226页，北京，中华书局，1981。

王朝的统治，建立美国式与法国式的民主共和国，是革命派追求的政治理想。与清政府竭力维护君权和立宪派试图扩充绅权的君主立宪方案不同，革命派的民主共和方案旨在伸张民权。

新政、立宪与革命，道分三途。革命派与清政府势处两极，立宪派依违其间，"主革命者目为助清，清又上疑而下沮，甲唯而乙否，阳是而阴非；徘徊迁延而濒于澌尽"①。作为第三种政治势力的立宪派虽然处境尴尬，但它的政治倾向将直接影响到清末政局的变化。现在反观历史，结果已很清楚：是立宪派由附和清政府而转向支持革命派，最后推翻了清王朝。然而，与这个简明的结论相比，新政、立宪与革命三者之间的互动关系则要错综复杂得多。

## 二、新政与立宪：由合而分

清末新政与立宪运动是既相区别又相联系的两个概念。新政是清政府自己推行的改革，大致包括从体制内各项改革到体制本身改革即预备立宪两个阶段；立宪运动则是立宪派领导的宪政改革运动，虽然其兴衰起落与新政尤其是预备立宪有着直接的关联，但是二者并不完全是一回事。大体而言，从立宪派与清政府的关系演变的角度考察，立宪与新政之间的关系经历了从相合到相离的历史轨迹。

先看新政与立宪相合的一面。首先，立宪派是在清政府推行新政的过程中聚合而成的。1901 年 1 月 29 日，在庚子事变中逃亡西安的清政府于内外交困之中被迫发布新政上谕，从此揭开了清末新政的序幕。在清政府新政的过程中，科举制度的废除，断绝了传统士人的晋升阶梯，不少旧士绅转向新式教育，而新式学堂的骤兴与留学风潮的高涨，为他们开辟了接受新知识、新思想的便利渠道，旧士绅由此开始向近代新式知识分子转化；在这些正在向新式知识分子转化的士绅中，又有不少人积极投身于兴办工商实业的热潮中，而成为近代新式商人与实业家。就这样，社会上形成了一个有相当数量的绅商群体，

---

① 张謇：《年谱自序》，见张謇研究中心、南通市图书馆编：《张謇全集》，第 5 卷上册，298 页，南京，江苏古籍出版社，1994。

这是新兴资产阶级的一个重要部分。这个群体在取得一定的经济地位之后，便很自然地开始谋求政治上的发展，立宪政治是他们的理想追求。与此同时，戊戌政变之后一直在海外活动的康梁维新派也在借清廷推行新政之机大肆鼓吹立宪。一时间，立宪思想陡然成为潮流。"立宪派"也就在此立宪思潮涌动的过程中成为一个颇具社会影响的政治派别。① 立宪派的组织聚合是在清廷宣布预备立宪之后，1906—1907年，立宪团体风起云涌，其中重要的有江浙立宪派张謇、汤寿潜在上海组织的预备立宪公会，汤化龙在武汉组建的宪政筹备会，杨度在日本成立的宪政公会，以及康梁组成的帝国宪政会与政闻社，等等。立宪派开始以政治组织的形式登上历史舞台。其次，立宪派鼓吹的立宪思潮推动了清政府进行预备立宪。1904—1905 年的日俄战争，用血的事实向中国人民展示了立宪胜于专制的道理。时人认为：日俄之战乃"立宪、专制二政体之战"，日本战胜俄国，便是立宪对专制的胜利。"以小克大，以亚挫欧，赫然违历史之公例，非以立宪不立宪之义解释之，殆为无因之果。于是天下之人，皆谓专制之政不足复存于天下；而我之士大夫，亦不能如向日之聋聩矣。舆论既盛，朝议亦不能不与为转移。"② 借此时机，立宪派广泛深入地宣传立宪救国的思想，认为立宪是中国救亡图存的唯一法宝。立宪思潮的高涨，很自然地感染到日暮途穷的清政府。正如时论所云："于是我政府有鉴于此，如梦初觉，知二十世纪之中，无复专制政体容足之余地，乃简亲贵，出洋游历，考察政治，将取列邦富强之精髓，以药我国垂危之痼疾。"③ 1906年 9 月 1 日，清政府接受出洋考察政治大臣的建议，正式宣布预备立宪。最后，清政府的预备立宪促进了立宪派立宪运动的高涨。清廷预备立宪上谕的颁布，使海内外立宪派欣欣鼓舞。他们"奔走相庆，破

---

① 有人认为，"立宪派"这一称谓最早见于 1903 年 9 月《浙江潮》第 7 期所载《四政客论》，参见侯宜杰：《二十世纪初中国政治改革风潮——清末立宪运动史》，39 页，北京，人民出版社，1993。

② 《中国立宪之起原》《刊印宪政初纲缘起》，载《宪政初纲》（《东方杂志》临时增刊），"立宪纪闻"，上海，商务印书馆，光绪三十二年十二月。

③ 觉民：《论立宪与教育之关系》，见张枬、王忍之编：《辛亥革命前十年间时论选集》，第 2 卷上册，360 页。

涕为笑"①，"手之舞之，足之蹈之"②。虽然只有一纸上谕的承诺，却使立宪派萌生了无限的激情与希望。他们纷纷组建立宪团体，积极投身于宪政改革运动之中。1909年，各省谘议局设立，"官率于上，绅应于下，经营规画，不遗余力"③。谘议局与作为"议院基础"的资政院的开办，是清廷预备立宪的重要举措，为立宪派提供了合法的政治活动场所。各地立宪派正是充分利用这些合法场所而参政、议政，并逐渐走向联合，多次掀起轰轰烈烈的全国性规模的国会请愿运动，立宪运动空前高涨。然而，正在立宪派热情高涨的时候，清政府并没有满足他们的要求，从满怀希望到失望至极，最终双方关系的疏离是必然的。

新政与立宪的关系为什么会由相合走向相离呢？对于体制内一般的各项改革，立宪派与清政府之间并没有太多的分歧，他们的矛盾冲突主要表现在宪政改革方面。其一，清政府与立宪派在宪政思想主张上有差异。如前所述，清政府与立宪派虽然都主张君主立宪，但是清政府选择了日本模式，立宪派则倾向于英国模式。在清政府的日本式立宪模式中，皇帝的权威至高无上，内阁对皇帝负责，议会由皇帝控制，宪法由皇帝钦定，其基本精神是君权至上。立宪派的英国式立宪模式虽然承认君主的权威合法性，但是主张对君主的权力予以应有的限制，内阁只对国会负责而不对君主负责，宪法由内阁与国会"协定"，即"由政府起草，交议院协赞"。④ 立宪派认为，内阁与国会是宪政的根本，"有责任内阁谓之宪政，无责任内阁谓之非宪政。有国会

---

① 《郑孝胥张謇等为在上海设预备立宪公会致民政部禀》，见中国第二历史档案馆编：《中华民国史档案资料汇编》，第1辑，100页，南京，江苏古籍出版社，1991。

② 康有为：《布告百七十余埠会众丁未新年元旦举大庆典告藏，保皇会改为国民宪政会文》，见汤志钧编：《康有为政论集》上册，600页，北京，中华书局，1981。

③ 《四川省咨议局第一次议事录（摘录）》，见隗瀛涛、赵清主编：《四川辛亥革命史料》上册，2页，成都，四川人民出版社，1981。

④ 《国会请愿同志会意见书》，见张枬、王忍之编：《辛亥革命前十年间时论选集》，第3卷，616页。

则有责任内阁，无国会则无责任内阁。责任内阁者宪政之本也，国会者又其本之本也"①。"国会有议政之权，然后内阁得尽其职务。内阁负全国之责，然后皇上益处于尊崇。"② 显然，立宪派是要以国会与内阁来削弱君权，以实现自己参与国家政权的愿望。清政府与立宪派为了各自的权力与利益而选择了不同的立宪模式，双方的矛盾冲突终归是难免的。政治体制之争最终化约为权利之争，近代中国政治近代化始终不能走出这一重阴影而难有作为，这是最可悲的。其二，立宪派对清政府宪政改革的诚意有疑虑。立宪之要"预备"，最为冠冕堂皇的理由是在当时的中国，实行立宪的条件尚不成熟，必须要有一个准备与过渡的时期。至于这个时期究竟要多长，则是一个难以解决的问题。由于各派政治势力的矛盾斗争，清廷在 1906 年宣布实行预备立宪时并没有确定"预备"年限。预备立宪开始初期，官制改革之事闹得沸沸扬扬，不仅遭到地方督抚的反对，而且还引起了立宪派的不满，他们认为，"政界事反动复反动，竭数月之改革，迄今仍是本来面目"，"此度改革，不餍吾侪之望，固无待言"。在他们看来，清廷是在搞拖延战术，没有立宪的诚意。立宪派一般要求在 2～3 年内开国会，如预备立宪公会电请"以二年为限"，政闻社致电宪政编查馆"请限期三年召集国会"。③ 但是，1908 年 8 月 27 日，清政府颁布的《议院未开以前逐年筹备事宜清单》，确立了九年预备立宪的期限。这与立宪派的要求有很大的差距。此后，立宪派进一步采取积极行动，他们以各省谘议局为中心，先后多次发动了全国性的国会请愿运动，要求速开国会，以尽快实行立宪。对于立宪派的请愿行动，清政府却一再敷衍，甚至严厉压制。这更激起了立宪派的不满和失望。其三，清廷借宪政改革集权皇族亲贵，将立宪派逼上绝路。清政府接受立宪的主张，有着明显的强化皇权的目的。预备立宪初期的官制改革，就是加强中央集权的重要举措。宣统初年，摄政王载沣更是肆无忌惮地集权皇族亲贵。

---

① 《中国大事记》，载《东方杂志》第 7 年（宣统二年）第 11 期。

② 孙洪伊等：《国会代表请愿书》，见张枬、王忍之编：《辛亥革命前十年间时论选集》，第 3 卷，595 页。

③ 参见丁文江、赵丰田编：《梁启超年谱长编》，368、453 页。

1911 年 5 月 8 日，清政府推出一个"皇族内阁"，全国舆论哗然；立宪派尤为失望，他们本来就对清政府拒绝速开国会的举措极为不满，现在又弄出一个集权皇族亲贵的内阁来，其失望至极可想而知。然而，在愤怒之余，立宪派仍然理智地试图再以请愿的方式予以挽回。他们上书严正申明，"君主不担负责任，皇族不组织内阁，为君主立宪国唯一之原则"，认为现在以皇族组织内阁，"适与立宪国之原则相违反"，要求"仍请皇上明降谕旨，于皇族外另简大臣组织责任内阁，以符君主立宪之公例，以餍臣民立宪之希望"。这次上书遭到清廷严词申斥。① 立宪派的努力在皇权的压制下毫无结果。他们慨叹："日日言立宪，宪政重要机关之内阁，首与宪政之原则背道而驰。呜呼，其何望矣！"② 立宪派对于清廷的宪政改革几近绝望。虽然他们表示要为"内阁制案"继续请愿，但是，武昌起义的星星之火迅即演变成燎原之势，立宪派最终投入反清革命的洪流之中。

立宪派与清政府的关系破裂对于清王朝的命运有着至关重要的影响。立宪新政陷于绝境之时，就是大清王朝穷途末路之日。武昌起义爆发后，清廷在形势的压力下，不得不对立宪派做出一些让步，如颁布《宪法重要信条》十九条，明确规定"皇族不得为总理大臣及其他国务大臣并各省行政长官"③，并任命由资政院公举的袁世凯为新的内阁总理大臣，由袁氏组织完全责任内阁。然而，这些举措并不能使心灰意冷的立宪派回心转意，更不能阻止奔涌勃发的革命潮流，民心尽失的清王朝大势已去，终归走上了无可挽回的覆亡之路。

---

① 《各省谘议局议长议员袁金铠等为皇族内阁不合立宪公例请另组责任内阁呈》《各省谘议局议员请另组内阁议近嚣张当遵宪法大纲不得干请谕》，见故宫博物院明清档案部编：《清末筹备立宪档案史料》上册，577～579 页。

② 《直省谘议局联合会为阁制案续行请愿通告各团体书》，载《国风报》第 2 年（宣统三年）第 16 期。

③ 《择期颁布君主立宪重要信条谕》，见故宫博物院明清档案部编：《清末筹备立宪档案史料》上册，103 页。

## 三、立宪与革命：由分而合

立宪派与革命派都是中国新兴资产阶级的政治代表，他们自登上政治舞台之日起，就在为争取改善资产阶级的政治地位而努力地奋斗。由于他们与当权者清政府的利益关系不同，他们选择了不同的政治活动方式：立宪派承认皇权的合法性权威，试图以和平请愿运动促使清政府实现君主立宪；革命派则主张用暴力革命推翻清王朝，实现民主共和。虽然两个运动的基本目标都是为了实现资产阶级民主政治，但是，由于运动方式的差异与政治策略的分歧，两派之间的斗争曾经颇为激烈；而最终由于清政府的倒行逆施将立宪派推上了革命道路，两大运动走向合流，并因此而结束了清王朝的历史使命。

立宪运动与革命运动首先是分途发展、互争雄长。19世纪末，中国在甲午战争中被东邻"蕞尔小国"日本战败，使朝野颇为震惊。有识之士在反省洋务运动失败教训的同时，有鉴于日本明治维新成功的经验，开始致力于政治制度的变革。作为新兴资产阶级政治代表中两个不同的政治派别，革命派与维新派选择了不同的变革道路，革命运动与维新运动几乎同时发端。孙中山领导的革命运动的源头至少可以追溯到1894年兴中会的成立，戊戌时期康梁领导的维新变法运动则与此后的立宪运动一脉相承。虽然在戊戌政变尤其是庚子事变之后有不少维新分子转向革命，即使维新派中的中坚人物梁启超也曾一度倾向革命，但是，革命运动与维新—立宪运动终归是源流各异，路途分殊。关于革命派与立宪派（以及维新—保皇派）的矛盾冲突的史实，学术界已多有论列，这里只拟简略地提示三点。第一，两派在海外华侨与留学生中关于活动经费的募集以及运动的基本力量与政治发展空间之争颇为激烈，几有水火不相容之势。他们互相把对方看作自己生存与发展的最大障碍，如孙中山宣称维新—立宪派是"专尊满人而抑汉族"

的"汉奸"，要"先清内奸而后除异种"①，梁启超则表示："我党与政府死战，犹是第二义；与革党死战，乃是第一义。有彼则无我，有我则无彼。"② 这些极端偏激的言辞，充分反映了两派势力在海外华人与华侨的极为有限的政治发展空间中此消彼长、难以相容的关系。第二，两派的思想交锋主要是君主立宪与民主共和的政治方案之争，关键在于是否保存皇权，由此而决定了运动方式的选择：是暴力革命还是和平变革？康梁等维新—立宪派以"保皇"为旗帜，孙中山等革命派则以"排满"为宗旨，这是双方矛盾一时难以化开的死结。1902 年，康有为发表《答南北美洲诸华商论中国只可行立宪不可行革命书》，明确地标举君主立宪而反对革命；次年，章太炎针锋相对地发表《驳康有为论革命书》，双方论战正式公开化。1905—1907 年，分别以《民报》与《新民丛报》为中心，双方论战达到高潮。论战的结果是双方都没有说服对方，运动仍然各行其道。第三，两派对清政府预备立宪的态度不同，应对方式各异。1906 年，清廷宣布预备立宪。立宪派欢呼雀跃，满怀希望，他们组织团体，积极活动，希图以和平请愿的方式敦促清政府走上立宪的正轨。革命派则始终持反对的态度，他们一方面纷纷痛斥清政府在搞"假立宪""伪立宪"，认为所谓预备立宪"并不是真正立宪，实在拿立宪骗人"③；另一方面则不断地发动武装起义，用革命的武器做出坚决彻底的批判。立宪派支持拥护清政府的预备立宪，既是为了实现自己的政治理想，也有明显的对抗革命的目的；革命与立宪的较量一度处于生死抉择的关头。

立宪运动与革命运动最终走向合流。这里需要探讨的是导致双方合流的原因。第一，清政府的倒行逆施，是立宪派与革命派合流的推动力。预备立宪曾经一度为清政府与立宪派的合作提供了现实的可能

---

① 《致公堂重订新章要义》，见广东省社会科学院历史研究室、中国社会科学院近代史研究所中华民国史研究室、中山大学历史系孙中山研究室合编：《孙中山全集》，第 1 卷，261 页。

② 梁启超：《与夫子大人书》，见丁文江、赵丰田编：《梁启超年谱长编》，373 页。

③ 楚元王：《谕立宪党》，见中国史学会主编：《辛亥革命》（二），368 页，上海，上海人民出版社，1957。

性，然而，当清政府不能满足立宪派的要求时，当立宪派逐渐对清政府的立宪诚意失去信心时，事物走向了反面；在清政府不可救药的时候，立宪派终于弃清廷而投向革命的行列。清廷推出"皇族内阁"使亲贵揽权的结果，"足令全国谘议局之议员人人丧气而绝望。谘议局议员绝望之日，即清朝基础动摇之时，至是内外人心皆去"①。当保路运动遭到清政府压制时，立宪派在绝望中宣称："国内政治已无可为，政府已彰明较著不要人民了，吾人欲救中国，舍革命无他法。"② 现代西方政治学理论表明："每一个未被吸收到政治体系中的社会阶级都具有潜在的革命性。……挫败一个集团的要求并拒不给它参与政治体系的机会，有可能迫使它变成革命的集团。"③ 清政府没有笼络住具有强烈参政欲望的立宪派，而使立宪派转向了革命。可见，事实上是清政府把立宪派逼到了自己的对立面。第二，两派的政治目标基本一致——实现资产阶级政治民主，是双方合流的思想基础。立宪派与革命派都是新兴资产阶级的政治代表，为新兴资产阶级谋取政治地位，是他们共同的政治目标。如前所述，立宪派与革命派的分野，只是因为他们各自设计的实现这个政治目标的政治方案不同，立宪派主张君主立宪，革命派主张民主共和，其中的关键在于双方对待皇权的态度。"革命党与立宪党宗旨之差异，全在破坏君主政体与巩固君主政体之一点。"④立宪派本来试图以和平的方式向皇权争民主，结果碰得头破血流，而与此同时，清朝皇权又在革命的撞击下摇摇欲坠，在这种情况下，立宪派转向用暴力摧毁皇权而实现民主的道路也就是很自然的了。

　　立宪派与革命派的合流加速了清王朝的覆灭。辛亥革命的成功，固然是革命派长期不懈努力奋斗的结果，但立宪派的作用也不可低估。武昌起义爆发后，立宪派或自己领导宣布独立，或协助革命党人建立

---

　　① 刘厚生编著：《张謇传记》，184 页，上海，上海书店，1985。

　　② 粟戡时：《湘路案》，见中国史学会主编：《辛亥革命》（四），551 页。

　　③ ［美］塞缪尔·P. 亨廷顿：《变动社会的政治秩序》，张岱云等译，299页，上海，上海译文出版社，1989。

　　④ 《直省谘议局联合会为阁制案续行请愿通告各团体书》，载《国风报》第2 年（宣统三年）第 16 期。

军政府，或促使旧官僚反正，为各省脱离清政府而独立做出了不同程度的贡献。虽然在此前后也发生了不少立宪派与革命党人争权夺利的斗争，但是，从总的倾向来看，当时的立宪派对革命还是支持拥护的，这是毋庸置疑的事实。在清末革命派、立宪派与清政府三股政治势力之间，当革命派与清政府双峰对峙时，立宪派的倾向就显得颇为举足轻重了。需要进一步说明的一点是，立宪派转向与革命派合流，不仅加快了清王朝覆灭的步伐，而且深深地影响了民初政局的演变。

## 四、革命与新政：对立统一

清政府推行新政旨在维护清王朝的统治，革命派发动革命运动旨在推翻清王朝的统治，新政与革命从根本上来说是对立的，这一点毋庸置疑。

关于新政与革命的统一性问题，可以从两个方面来看。一方面，革命运动的兴起与发展刺激了新政的产生与发展，清政府的新政与预备立宪有着明显的对抗革命的目的。19 世纪末，在甲午战争的刺激下，革命运动与维新运动几乎同时发轫。当维新运动遭到以慈禧太后为首的顽固派势力的残酷镇压之后，康梁等维新派被迫流亡海外，成立保皇会，继续拥戴光绪皇帝，庚子年间唐才常自立军"勤王"活动的失败，使不少人在失望中走上武装反清的革命道路；与此同时，以孙中山为首的革命势力也在潜滋暗长，革命运动逐渐成为一股势不可当的潮流。1900—1901 年，在历经义和团运动与八国联军入侵的内外夹击后，大清王朝在惊涛骇浪中跨入了 20 世纪。新世纪的到来，并没有给这个日薄西山的旧王朝带来新气象，险恶的国内外政治形势使清政府面临着一个难以收拾的局面。有识之士惊呼："欲救中国残局，惟有变西法一策。"① 在血与火的历史教训下，颇具讽刺意味的是，刚刚残酷镇压戊戌变法的慈禧太后为图自保而不得不亲手祭起"变法"大旗。据时人记载："及乎拳祸猝起，两宫蒙尘，既内恐舆情之反侧，又

---

① 张之洞：《致西安鹿尚书》，见《张文襄公全集》卷 171，23 页，北京，中国书店，1990。

外惧强邻之责言，乃取戊、己两年初举之而复废之政，陆续施行，以表明国家实有维新之意。"① 清末新政的兴起有着明显的对抗革命的一面。然而，新政的开展并没有缓和革命的压力；事实上，革命运动正在进一步蓬勃地发展。1906 年，清政府将新政推向政治体制变革，谋求预备立宪，其中一个重要的考虑就是希图借立宪来达到消弭革命的目的，考察政治大臣载泽那个被时人称为"吾国之得由专制而进于立宪"之"枢纽"的密折，就曾宣称立宪有三大利：皇位永固、外患渐轻、内乱可弭。② 这是清廷接受预备立宪的关键。1907 年，张之洞进京奏对慈禧太后"出洋学生排满闹得凶，如何得了"的问题时称："只须速行立宪，此等风潮自然平息。"③ 立宪能否达到消弭革命的目的呢？历史做了否定的回答。

另一方面，新政的开展客观上为革命运动造就了条件。辛亥革命以武昌起义而成功，这自然使人联想到张之洞在湖北的新政事业。清朝遗老指责张之洞为"祸首"。恽毓鼎认为，清王朝是因为派东洋留学生、编练新军、推行立宪等新政而灭亡的，"罪魁祸首，则在张之洞"④。王先谦说："张南皮主办学堂、新军二事，遂为乱天下之具。"⑤ 刘体仁称："文襄练兵廿载，至是成为戎首。"⑥ 革命党人则以张之洞为"功臣"。张继煦认为，张之洞在湖北开展的办实业、练兵、兴学等新政活动，使湖北"精神上、物质上，皆比较彼时他省为优，以是之故，能成大功。虽为公所不及料，而事机凑泊，种豆得瓜"⑦。甚至孙中山也说："以

---

① 《论中国必革政始能维新》，载《东方杂志》第 1 年（光绪三十年）第 1 期。

② 《镇国公载奏请宣布立宪密折》，载《宪政初纲》（《东方杂志》临时增刊），"奏议"，上海，商务印书馆，光绪三十二年十二月。

③ 《八月初七日张之洞入京奏对大略》，见《时务汇录·丁未时务杂录》，北京，中国社会科学院近代史研究所图书馆藏档案，乙 F99。

④ 恽毓鼎：《澄斋日记》（稿本），转引自孔祥吉：《张之洞与清末立宪别论》，载《历史研究》1993 年第 1 期。

⑤ 王先谦：《复胡退庐侍御书》，见《葵园四种》，938 页，长沙，岳麓书社，1986。

⑥ 刘体仁：《异辞录》卷 4，49 页，上海，上海书店，1984。

⑦ 张继煦编：《张文襄公治鄂记》，7 页，武汉，湖北通志馆，1947。

南皮造成楚材，颠覆满祚，可谓不言革命之大革命家。"① 这些评说立足点不同、动机各异，但都道出了一个事实：清末新政与辛亥革命有着直接的关系。如何理解呢？可以说，清末新政在客观上为辛亥革命提供了三个方面的准备条件。一是物质条件。新政时期的实业建设为革命运动的发展提供了一定的经济基础，特别是军事工业的建设如汉阳兵工厂直接为武昌起义提供了武器装备。二是人才条件。新政时期近代工商业经济的发展促进了绅商等新式社会群体的形成，为革命提供了一定的阶级力量；新式学堂的创办、留学生的派遣与新军的编练，更是直接为革命提供了人才，新式学生与新军士兵是革命的最主要的生力军。三是思想条件。新政不仅为革命提供了物质条件、培养了革命人才，更重要的是推动了人们思想观念的改变，在思想解放潮流之下是革命思想的广泛传播。"湖北自张之洞提倡学堂后，而新潮输入，革命已伏萌芽。嗣后复派多数学生赴日本，学陆军者如吴禄贞等，已大露锋芒。同时留学生创刊《湖北学生界》以鼓吹之，革命思想因之勃发。"② 在此意义上可以说，清政府通过新政为自己造就了掘墓人。

关于改革与革命的关系，法国近代著名的历史学家托克维尔在其研究法国大革命的名著中有过精辟的论述，他说："对于一个坏政府来说，最危险的时刻通常就是它开始改革的时刻。……人们耐心忍受着苦难，以为这是不可避免的，但一旦有人出主意想消除苦难时，它就变得无法忍受了。当时被消除的所有流弊似乎更容易使人觉察到尚有其他流弊存在，于是人们的情绪便更激烈：痛苦的确已经减轻，但是感觉却更加敏锐。""改革不只是推倒了阻碍大革命的重重障碍，更重要的是向人民表明怎样才能动手进行革命，因而，改革为大革命作了准备。"③ 这被现代西方政治学理论引申为"改革能成为革命的催化

---

① 《时报》，1912 年 4 月 15 日，转引自黎仁凯、钟康模：《张之洞与近代中国》，199 页，保定，河北大学出版社，1999。

② 居正：《辛亥札记》，见武汉大学历史系中国近代史教研室编：《辛亥革命在湖北史料选辑》，115～116 页，武汉，湖北人民出版社，1981。

③ ［法］托克维尔：《旧制度与大革命》，冯棠译，210、221～222 页，北京，商务印书馆，1997。

剂"的命题。① 改革一方面充分暴露了旧制度的种种弊端，唤起了人们的觉醒；另一方面又造就了新兴的社会力量，并引发了新旧势力之间的矛盾。如果旧制度不能有效地控制这些新的社会力量，并化解各种政治势力之间的矛盾，只能加速革命的进程，促使旧制度走向崩溃。清末新政与辛亥革命的关系为此提供了一个典型的例证。清末新政尤其是政治改革，涉及各派政治势力特别是各个既得利益集团的权势与利益的问题，因而引发了一系列的矛盾冲突。这些矛盾主要表现在以下几个方面：一是清廷与地方督抚的矛盾，二是清廷内部各派政治势力的矛盾，三是满汉权贵之间的矛盾，四是皇族亲贵内部的矛盾，五是清政府与立宪派的矛盾，等等。清末新政尤其是宪政改革，无疑是一次权力与利益的再分配，上述各派政治势力之间矛盾的焦点即在于此。如果不能有效地解决这些内在的矛盾，结果将是灾难性的。诚如第二次出洋考察宪政大臣于式枚所称："行之而善，则为日本之维新，行之不善，则为法国之革命。"② 果然，此言不幸成为预备立宪结局的谶语。清王朝就是在新政过程中由于各种矛盾的激化而在革命的撞击下走上了自己的覆亡之路。

## 五、殊途同归

新政、立宪与革命，是清末三种重要的政治势力清政府、立宪派与革命派为了各自的政治目标而发动的政治运动。三个运动既相区别又相联系，然而，历史不可能同时向三个方向发展。三种势力较量的结果，是辛亥革命的成功与中国政治向近代化道路的迈进。历史的合力推动了历史的进程。

从辛亥革命的角度来看，如前所述，立宪派最终转向与革命派合流，清政府的新政也为革命客观上造就了准备条件，革命无疑代表了

① 参见［美］塞缪尔·P. 亨廷顿：《变动社会的政治秩序》，张岱云等译，392 页。
② 《考察宪政大臣于式枚奏立宪必先正名不须求之外国折》，见故宫博物院明清档案部编：《清末筹备立宪档案史料》上册，337 页。

当时中国历史的发展方向。

从中国政治近代化的角度来看，革命运动与立宪运动对中国政治近代化的推动作用主要表现在三个方面：其一，革命派主张民主共和，立宪派主张君主立宪，虽然政体不同，但都是对封建君主专制的否定；其二，革命思想的勃发与立宪思潮的高涨，促进了民主政治思想的广泛传播；其三，革命运动与立宪运动的最终合流导致了辛亥革命的成功，推翻了清王朝，结束了中国传统的封建君主专制制度的历史，为民主政治的建立扫除了制度性障碍。学界对此多有论述，此不赘言。

这里拟着重说明清末新政对中国政治近代化的影响。众所周知，中国的近代化运动应该说从洋务运动时期已经开始启动，历经戊戌维新运动后，到清末新政时期有了更进一步的发展，尤其是预备立宪对于政治体制的变革已经有了某些突破性的进展。政治近代化的核心是民主化，即民主政治的实现。新政对政治近代化的推动作用主要表现在两个方面。其一是民主政治制度的移植。预备立宪虽然最后以失败而告终，但在民主制度的移植方面已经做了不少开拓性的工作。第一，确立宪政改革的目标是实行君主立宪制政体，这是对封建君主专制制度的否定。第二，进行了中央与地方的官制改革，责任内阁的设立被提上日程，虽然最后闹出"皇族内阁"的丑剧，但责任内阁制形式的出现则是破天荒的。第三，颁布了《钦定宪法大纲》，并起草了一部宪法草案。① 第四，宣布了九年的预备立宪期限，拟在此期限过后正式开设议院，在此之前先设资政院与谘议局，作为将来设议院的基础。第五，中央设法部与大理院，地方设高等审判厅，做了行政与司法分离的所谓"司法独立"的初步尝试，等等。这些举措表明西方近代的民主制度正在一点点地被移植过来。其二是民主政治思想的传播。清政府虽然不像立宪派和革命派那样利用新闻媒体等工具大肆宣扬民主思想，但在新政尤其是预备立宪时期，为了推动宪政改革工作的顺利进行，也自觉或不自觉地促进了民主政治思想的传播。例如，五大臣出洋考察回国时带回了大量的关于西方宪政的资料，端方、戴鸿慈编

---

① 关于预备立宪时期清政府起草的宪法草案的情形，参见迟云飞：《清末预备立宪研究》，52~55 页，北京，中国人民大学博士学位论文，1999。

辑的《欧美政治要义》《列国政要》等书很快印行于世，载泽的《考察政治日记》、戴鸿慈的《出使九国日记》也随即刊刻流传。再如，第二次出洋考察宪政的大臣回国时也带回了不少宪政资料，其中出使日本的考察宪政大臣达寿进呈了考察宪政书五种：《日本宪政史》《欧美各国宪政史略》《日本宪法论》《比较宪法》《议院说明》。① 又如，宪政编查馆还曾将考察各国宪政大臣关于考察宪法的奏折交政治官报局编辑成书，"以为官民讲求宪法之渊鉴"②。另外，一些官方印制的宪政宣传品如《立宪纲要》等也是颇为流行。这些文字资料自然是民主思想传播的重要渠道，而预备立宪活动本身的开展则更是将民主的观念在具体实践中广为流布。政治近代化最重要的方面就是民众政治参与的扩大，"现代国家与传统国家的最大区别，在于人民在大规模的政治单元中参与政治和受到政治影响的程度扩大了"③。预备立宪为民众参与政治提供了重要的场所，如谘议局的设立。谘议局是在民选的基础上产生的，由于选民资格的严格限制，选民与人口的比例极小，仅为0.4％左右，但选民总数并不少，各省少则数万，多则十几万。④ 可见，谘议局的选举已是较大规模的民众参与政治了。另外，谘议局设立后，即成为民众——主要是立宪派议政和推行立宪运动的重要场所。再如，地方自治的举办也为民众参与政治创造了条件。清末地方自治是自上而下推行的，据其章程规定："地方自治以专办地方公益事宜，辅佐官治为主。按照定章，由地方公选合格绅民，受地方官监督办理。"⑤ 虽然地方自治只能"辅佐官治"，但是在一定条件下，地方绅民已经可以自己办理"地方公益事宜"了，这无疑又给民众参与政治开辟了一条新途径。原来，"我国人民困于专制政体之下数千年矣，但知受制于官，不知自治为何物"；但自从开办地方自治以来，各省设立

---

① 《达侍郎呈进书籍详志》，载《正宗爱国报》，光绪三十四年七月二十四日。
② 《编订考查宪政书籍》，载《大同白话报》，宣统元年闰二月二十七日。
③ ［美］塞缪尔·P.亨廷顿：《变动社会的政治秩序》，张岱云等译，39页。
④ 参见张朋园：《立宪派与辛亥革命》，16页，台北，中国学术著作奖助委员会，1969。
⑤ 《宪政编查馆奏核城镇乡地方自治章程并另拟选举章程折附清单》，见故宫博物院明清档案部编：《清末筹备立宪档案史料》下册，728页。

自治局，领导民众参与政治，使得"绅民亦稍知讲求法政，以储选民资格"。① 通过地方自治，从实践中提高了民众的政治素质。正是在预备立宪过程中通过设立谘议局与举办地方自治等举措，民众政治参与扩大，不仅有效地传播了民主政治思想，而且使人民的思想水平与政治素质都得到逐步提高。在此意义上可以说，辛亥革命之后民主的观念之所以能够深入人心，既是革命派与立宪派努力宣传的结果，也有清政府新政尤其是预备立宪的功劳。这对于清政府的初衷来说，也可以说是"种豆得瓜"吧。因此，清末新政对于中国政治近代化也有着重要的意义，其历史作用与地位应予以充分肯定。

总之，新政、立宪与革命之间的互动关系错综复杂，使清末民初历史构成了一幅丰富多彩的历史画卷。历史的多样性不能化约为单一的线条。如果在考察革命史的同时，能够关注新政与立宪的历史，尤其是能够揭示新政、立宪与革命三者之间的互动关系，那么，这样的历史认识将会更加全面系统，也更加接近历史的真实。

原刊《社会科学战线》2003 年第 3 期，118～125 页

---

① 《论国民不可放弃应有之责任》，见隗瀛涛、赵清主编：《四川辛亥革命史料》上册，178～179 页。

# 清末两次日本宪政考察与预备立宪的师日取向

　　清末新政尤其是预备立宪，是近代中国政治体制变革的起步阶段。其间，东邻日本是一个不容忽视的因素。美国学者任达（Douglas R. Reynolds）先生甚至认为，日本是晚清中国新政的"关键"因素。①任达先生是就整个清末新政所受日本的影响而言的，这个估价见仁见智，此处姑不赘论。本文主要关注预备立宪的师日取向。关于清末预备立宪为何师法日本模式、模仿内容如何及其效果怎样等问题，罗华庆先生曾发表系列论文做了较为系统的论述。②罗先生试图把清末预备立宪与日本明治宪政进行比较观察，立论过于宏观，不免使相关论

　　①　参见［美］任达：《新政革命与日本——中国，1898－1912》，李仲贤译，217 页，南京，江苏人民出版社，1998。他说："如果没有日本，这段故事便缺掉了一个关键部分，新政取得的成就将会极为有限。日本扮演了多方面的角色，每一方面又包含着各种因素复杂的联结，学者们只评论某一点是不适当的。"关于清末宪政改革中日本的影响，任达先生多次征引林明德先生的论文《清末民初日本政制对中国的影响》（见谭汝谦编：《中日文化交流》，第 3 卷，香港，香港中文大学，1985），参见该书第 206～210 页。谨按：限于条件，笔者尚未看到林文，待查。
　　②　罗华庆：《清末预备立宪与日本明治宪政》，载《近代史研究》1991 年第 5 期；《清末"预备立宪"为何模仿日本明治宪政》，载《北方论丛》1991 年第 3 期；《清末第二次出洋考政与"预备立宪"对日本的模仿》，载《江汉论坛》1992 年第 1 期；《清末"预备立宪"对日本明治宪政模仿中的保留》，载《河北学刊》1992 年第 6 期。

述稍显宽泛。① 笔者感到尚有进一步深入探研的空间。本文拟从信息传播与行政决策互动关系的角度立论，以清末预备立宪时期两次派大臣出洋考察政治（宪政）中的有关日本宪政考察为视点②，具体探讨两次日本宪政考察的成效及其对清廷宪政改革决策的影响等问题，以期有助于进一步观察清末预备立宪师法日本模式的前因后果及其成败得失。

## 一、多方比较之后的抉择

日俄战争后，立宪的呼声在全国响起，清政府内部的宪政势力也在伺机而动。出使法国大臣孙宝琦"首以更革政体为请"，封疆大吏张之洞、周馥、岑春煊"又以立宪为言"，枢臣懿亲"亦稍稍有持其说者"，直隶总督袁世凯更是直接奏请"简派亲贵，分赴各国，考察政治，以为改政张本"。③ 1905 年年底，清廷选派载泽、戴鸿慈、端方、尚其亨、李盛铎五大臣出洋考察政治，是其决定是否立宪的关键举措。这次五大臣出洋考察为时约半年，周游十四国，重点考察了日、美、英、法、德、俄六个当时世界上最强大的资本主义国家，其中尤以君主立宪制国家日本、英国和德国为重中之重。

日本是载泽、尚其亨、李盛铎一行重点考察的国家。在日本，载泽

---

① 例如，论清末预备立宪模仿日本明治宪政的原因，列举六条：第一，晚清三次"新政"仿日倾向的历史演进；第二，清廷出于既仿行宪政又不使君权受损的政治需要；第三，日本朝野的积极鼓动；第四，日本宪政思想的大量传入；第五，统治集团中倾向日本宪政者的直接推动；第六，中日文化同源性的本质感应。再如，讨论清末预备立宪模仿日本明治宪政而有所保留的原因，列举三条：第一，满汉民族复杂关系的影响；第二，统治集团重重矛盾的牵制；第三，封建文化高度成熟的束缚。参见罗华庆：《清末预备立宪与日本明治宪政》，载《近代史研究》1991 年第 5 期。罗氏其他相关论文大致由此文衍生而来。

② 关于清末两次派大臣出洋考察政治（宪政）的一般论述，参见侯宜杰：《二十世纪初中国政治改革风潮——清末立宪运动史》，北京，人民出版社，1993；韦庆远、高放、刘文源：《清末宪政史》，北京，中国人民大学出版社，1993。

③ 《中国立宪之起原》，载《宪政初纲》（《东方杂志》临时增刊），"立宪纪闻"，1 页，上海，商务印书馆，光绪三十二年十二月。按：此处将岑春煊误作岑春萱，今改正。

等人先到东京觐见天皇，呈递国书，然后参观上下议院、公私大小学校，及兵营、械厂与警察、裁判、递信诸局署，"以考其行政之机关，与其管理监督之法"。同时，他们还与日本政府各大臣，伊藤博文、大隈重信等元老及专门的政治学博士从容商讨，"以求立法之原理，与其沿革损益之宜"①。例如，法学博士穗积八束受日本内阁之令专门为载泽等人讲解日本宪法，认为："日本国体，数千年相传为君主之国，人民爱戴甚深，观宪法第一条可知。明治维新，虽采用立宪制度，君主主权，初无所损。……凡统治一国之权，皆隶属于皇位：此日本宪法之本原也。"② 又如，伊藤博文向载泽等人赠送所著《皇室典范义解》与《宪法义解》，并相与讨论宪法及有关宪政问题。载泽特地请教伊藤博文："敝国考察各国政治，锐意图强，当以何者为纲领？"伊藤回答说："贵国欲变法自强，必以立宪为先务。"载泽接着问："立宪当以法何国为宜？"伊藤说："各国宪政有二种，有君主立宪国，有民主立宪国。贵国数千年来为君主之国，主权在君而不在民，实与日本相同，似宜参用日本政体。"载泽又问："立宪后于君主国政体有无窒碍？"伊藤答："并无窒碍。贵国为君主国，主权必集于君主，不可旁落于臣民。日本宪法第三、四条，天皇神圣不可侵犯，天皇为国之元首，总揽统治权云云，即此意也。"随后，载泽又具体询问了君主立宪国家之君主与议会的关系，尤其是君主的各项权利等问题，伊藤根据日本宪法详细解答，并特别说明："宪法中载君主之大权凡十七条。贵国如行立宪制度，大权必归君主，故于此详言之。"③伊藤博文向载泽等人明确地建议中国立宪应参用日本的君主立宪政体。载泽等人在考察日本完毕后向清廷报告时总结说："大抵日本立国之方，公议共之臣民，政柄操之君上，民无不通之隐，君有独尊之权。其民俗有聪强勤朴之风，其治体有划一整齐之象，其富强之效，虽得力于改良律法，精练海陆军，奖励农工商各业，而其根本则尤在教育

---

① 《出使各国考察政治大臣载泽等奏在日本考察大概情形暨赴英日期折》，见故宫博物院明清档案部编：《清末筹备立宪档案史料》上册，6 页，北京，中华书局，1979。

② 载泽：《考察政治日记》，9 页，北京，政治官报局，光绪三十四年（1908）。

③ 载泽：《考察政治日记》，13～15 页。

普及。自维新之初，即行强迫教育之制，国中男女皆入学校，人人知纳税充兵之义务，人人有尚武爱国之精神，法律以学而精，教术以学而备，道德以学而进，军旅以学而强，货产以学而富，工业以学而巧，不耻效人，不轻舍己，故能合欧化汉学镕铸而成日本之特色。虽其兴革诸政，未必全无流弊，然以三岛之地，经营二三十年，遂至抗衡列强，实亦未可轻量。至其法令条规，尤经彼国君臣屡修屡改，几费切磋，而后渐臻完密。臣等于其现行条例，勒为成书者，自当慎为选译，而诸人之论说，则随时记录，各署办事规则，亦设法搜求，总期节取所长，以备将来之借镜。"① 日本明治维新提供了"欧化"与"汉学"结合的成功范例，是中国宪政改革借鉴的最好对象。最关键的一点是：清廷在立宪之初最担心的就是皇位与君权问题，载泽等人提供的信息表明，日本立宪模式可以圆满地解决这个问题。

载泽一行还重点考察了英国和法国。英国虽为宪政之正宗，但载泽等考政大臣在英国并不受欢迎，因而他们"回来后都变得极度反英"。② 事

① 《出使各国考察政治大臣载泽等奏在日本考察大概情形暨赴英日期折》，见故宫博物院明清档案部编：《清末筹备立宪档案史料》上册，6～7页。

② ［澳］西里尔·珀尔：《北京的莫理循》，檀东鍟、窦坤译，260～261页，福州，福建教育出版社，2003。按：原文称，"他们（载泽等——引者注）对英国宪法钦佩之至，但并不羡慕英国的君主政体。正像约翰·朱尔典爵士告诉莫理循的那样，爱德华国王不喜欢中国人，他在招待考察团成员时的表现非常清楚地说明这个问题。对此，唐绍仪（随员——引者注）讲得更明确：'国王只接见镇国公，而且只有两分钟。毫不夸张地说，几位大臣都吃了闭门羹。绍仪也被关在门外，驻比利时公使（李盛铎——引者注）被引导到接待室等候。'莫理循评论道：'难怪考察团成员回来后都变得极度反英，尽管他们也获得一些殊荣，如授予大学学位并在市政厅进餐。'证之载泽等人的考察日记可知，此说不虚。戴鸿慈、端方到英国时，英国外务部大臣格理（Grey）"适以妻丧，不见客"，而主管东方外交事务的次大臣也"颇以近日谣传中国有仇外意为疑"。（戴鸿慈：《出使九国日记》，379页，长沙，岳麓书社，1986。）载泽到英国时，"适以英皇游历至法，未递国书"，于是先做考察，随后到法国，"俟英主归，再折回觐见，恭递国书"。但是，当载泽等人再次返回英国呈递国书后，英国国王确实只是礼节性地接见了载泽，"阖门邀予入内殿，握手慰劳，敬问皇太后皇上安。谨对如礼。兴辞出"。载泽总结此行考察日、法、英、比四国，各国接待颇有轻重，而很明显地感觉到了英国的轻慢，有谓："是行历聘四国，交际之仪，略可觇鉴。日廷款接尚殷，法商欢迎殊盛，英为少简，比为最优。"（载泽：《考察政治日记》，31、70、104～105、128～129页。）

实上，载泽等人在考察英国报告中，也并不赞成英国式的议会权大而君主虚置的政体，有谓："惟其设官分职，颇有复杂拘执之处，自非中国政体所宜，弃短用长，尚须抉择。"① 结果，清廷预备立宪很自然地选择了日本模式而不是英国模式。至于法国，则是民主共和政体，当然不宜为中国所仿效。载泽等人只是特别强调了法国大权仍在政府的帝国性质，也就是说其中央集权的经验才是清政府宪政改革可以借鉴的部分。

五大臣中的另一路戴鸿慈、端方等人则重点考察了美、德、俄三国。在他们看来，美国模式不是中国宪政改革的理想，美国以工商立国，实行民主政体，不但其政治制度不能强同，而且其经济措施也难以仿效。有谓："大抵美以工商立国，纯任民权，与中国政体本属不能强同。……其一切措施，难以骤相仿效。"② 至于俄国，其时正值日俄战争与 1905 年革命之后被迫实行宪政，其情形颇有与中国相似之处，中国应该及时吸取俄国被迫实行立宪的教训。德国则是中国应当仿效的一个重要对象，因为德国是日本维新的典范。"日本维新以来，事事取资于德，行之三十载，遂至勃兴。中国近多歆羡日本之强，而不知溯始穷原，正当以德为借镜。"③

可见，五大臣出洋考察提供了大量的有关各国政治体制方面的信息，为清政府选择立宪模式提供了重要的决策依据：第一，美国与法国是民主共和政体，清政府不能仿效；第二，英国的虚君立宪体制也不可取；第三，俄国在战争与革命后被迫实行宪政，正从专制向立宪转型，清政府可以借鉴其经验教训；第四，日本与德国的君权至上的君主立宪模式最可取法，日本体制源于德国，中国师法日本即可。

实际上，五大臣回国以后，也曾不断地明确奏请宜仿照日本实行立宪。载泽回京后所上第一折即奏请改行立宪政体，有云："今日之

① 《出使各国考察政治大臣载泽等在英考察大概情形暨赴法日期折》，见故宫博物院明清档案部编：《清末筹立宪档案史料》上册，11 页。

② 端方：《在美考查情形折》，见《端忠敏公奏稿》卷 6，15～16 页，1918年刊本。

③ 端方：《到德考查情形折》，见《端忠敏公奏稿》卷 6，18 页。

事，非行宪法不足以靖人心，非重君权不足以一众志，外察列邦之所尚，内觇我国之所宜，则莫如参用日本严肃之风，不必纯取英法和平之治。法兰西为共和政体，宪法虽称完备，而治体与我不同；英之宪法略近尊严，然由民俗习惯而来，出于自然，亦难强效。惟日本远规汉制，近采欧风，其民有畏神服教之心，其治有画一整齐之象，公论虽归之万姓，而大政仍出自亲裁。盖以立宪之精神，实行其中央集权之主义，施诸中国，尤属相宜。"① 载泽那个被时论称为促使清廷宣布立宪之"枢纽"的第二折，也是"以日本宪法考之，证以伊藤侯爵之所指陈，穗积博士之所演说"，来证明君主立宪并无损害君权，以消除清廷立宪的顾虑。关于实行预备立宪的期限，该折明言："今日宣布立宪，不过明示宗旨，为立宪之预备。至于实行之期，原可宽立年限，日本于明治十四年宣布宪政，二十二年（应为二十三年——引者注）始开国会，已然之效，可仿而行也。"② 戴鸿慈、端方的主张也基本上相似。他们上奏说："夫中国非立宪不可，而速立宪又不可，然则如何而后可乎？臣等又尝考之于日本。查日本开设国会，实行宪制，在于明治二十三年，而预定开设国会之期，则在明治十四年。然明治元年，其天皇已以五事誓于国中，其国是已大定矣。……今日中国之情势，实与日本当时无异，我皇太后、皇上如欲使中国列入于世界各文明国，而采其立宪之政体，则日本所行预定立宪之年，而先下定国是之诏，使官吏人民预为之备者，乃至良甚美之方法，可以采而仿行之者也。"③ 他们认为，之所以要仿效日本，正是通过在各国考察，进行多

---

① 参见杨寿枬：《吁请立宪折》（代考察政治大臣泽公拟），见《云在山房类稿·思冲斋文别钞》卷上，2 页，1930 年刊本。按：杨寿枬是随载泽出洋考察的二等参赞，任总文案。（杨寿枬：《苓泉居士自订年谱》卷上，13 页，1943 年刊本。）此折为侯宜杰先生首次引用，参见其《二十世纪初中国政治改革风潮——清末立宪运动史》，68 页。

② 《镇国公载奏请宣布立宪密折》，载《宪政初纲》（《东方杂志》临时增刊），"奏议"，4～7 页，上海，商务印书馆，光绪三十二年十二月。按：折后有编者按语称，"此为泽公回京后第二次所奏，辞意恳挚，颇动宸听。吾国之得由专制而进于立宪，实以此折为之枢纽"。

③ 端方：《请定国是以安大计折》，见《端忠敏公奏稿》卷 6，36～37 页。

方比较之后的结论。有谓："而求其可以为我法者，则莫如日本之仿效欧西，事事为我先导。盖各国国力人格自有不同，而日本则能取彼之长而弃其短，尽彼之利而去其弊。中国今日欲加改革，其情势与日本当日正复相似。故于各国得一借镜之资，实不啻于日本得一前车之鉴。事半功倍，效验昭然。"①

当然，中国立宪宜仿效日本，不仅仅只是五大臣的主张，时人亦多有论说。早在五大臣出洋前，驻日公使杨枢就曾奏请中国变法，宜仿效日本立宪。他说："中国与日本地属同洲，政体民情，最为相近，若议变法之大纲，似宜仿效日本。盖法、美等国，皆以共和民主为政体，中国断不能仿效。而日本立国之基，实遵守夫中国先圣之道，因见列强逼处，非变法无以自存，于是一意立宪，以尊君权而固民志。考其立宪政体，虽取法于英、德等国，然于中国先圣之道，仍遵守而弗坠，是以国本不摇，有利无弊。盖日本所变者治法，而非常经，与圣训正相符合。即中国舆论，亦以日本之变法参酌得宜，最可仿效。"② 五大臣出洋之初，《申报》批评载泽一行对日本考察不详，有言："夫中国立宪，宜效法日本，此天下所公认者。出洋大臣，固宜于日本考之独详，以为取法之资。其余诸国，或可稍略。乃今竟不免樵略不精之弊。"③ 五大臣即将回国时，工部左侍郎江苏学政唐景崇奏请立宪，亦宣称："我国而行立宪，当仿日本为宜。""各国宪法不同，得失未免参半，臣维日本宪法，其宏纲要旨，无非上保皇室之尊荣，下

① 端方：《请改定官制以为立宪预备折》，见《端忠敏公奏稿》卷6，44页。
② 朱寿朋辑：《光绪朝东华录》，第5册，5287页，北京，中华书局，1984。按：杨枢还曾以密函告知张之洞，日本政界要人大隈重信建议中国锐意改良，"改良之法，莫善于立宪"，日本就是成功的典范；大隈还认为，日本立宪以国民公德为基础，"国民之知有公德皆得诸汉学居多，是贵国旧学实为我国公德之权舆。"（《光绪三十一年六月二十六日杨枢来函》，见《张之洞公文函电稿》，北京，中国社会科学院近代史研究所图书馆藏档案，甲182-216。）日本维新成功的事例表明中国传统文化并不与宪政改革相排斥，反而有某种内在的亲和力，这正与载泽等人考察日本报告中所谓日本维新"能合欧化汉学镕铸而成日本之特色"的认识如出一辙。
③ 《论考察政治之宜详悉》，载《申报》，1906年3月1日，第2版。

予人民以幸福，施之我国，至为合宜。"① 可见，中国要立宪，而且要仿效日本实行立宪，一时已成为朝野有识之士的共识。

正是在这样的氛围中，清廷连连召见载泽等考政大臣，并谕令醇亲王载沣与军机大臣、政务处大臣、大学士如庆亲王奕劻、世续、瞿鸿禨、孙家鼐、那桐、徐世昌、张百熙、铁良等，以及直隶总督袁世凯，公同阅看考政大臣回京奏陈各折件，连日会议立宪情形，经过激烈的争论，最后做出了预备立宪的决策。② 1906 年 9 月 1 日，清廷发布了"仿行宪政"的上谕，正式宣布预备立宪。

尽管对于五大臣出洋考政的过程与成效可能有各种不同的评价，但可以肯定的一点是，清廷宣布预备立宪这一重大决策的主要依据是五大臣出洋考政所提供的各种政治信息，包括各国考察报告、回国之后被召见时的奏对说辞与所上各种奏折，以及所编译的各国政治书籍。虽然清廷预备立宪上谕并没有明确规定仿效日本模式，但如上所述，五大臣出洋考政所提供的信息其实有着非常明显的倾向性，那就是希望仿效日本实行立宪。显然，载泽等人为了尽力迎合清廷心理，向清廷提供的信息是有所选择与偏重的。他们编译书籍也明显地偏重日本，有云："至其君权之轻重，治体之宽严，各本乎历史沿革与国民程度而来，政俗不同，非尽可法。惟日本远师汉制，近采欧规，其民有聪强勤朴之风，其治有画一整齐之象，政俗既与我相近，言文尤与我相通。故此次编译各书，以日本为较详，并采英、法、比三国制度，以资参镜。虽未敢遽言翔实，而各国政治之源流略具于此。"③ 事实证明，随后的预备立宪也确实是以日本模式为典范。可见，清廷预备立宪师法日本模式正是多方比较与有意选择的结果。

---

① 《江苏学政唐景崇奏预筹立宪大要四条折》，见故宫博物院明清档案部编：《清末筹备立宪档案史料》上册，114、117 页。

② 《考政大臣之陈奏及廷臣会议立宪情形》，载《宪政初纲》（《东方杂志》临时增刊），"立宪纪闻"，2～5 页。北京市档案馆编：《那桐日记》下册，577～578 页，北京，新华出版社，2006。

③ 杨寿枏：《进呈编译各国政治书籍折》（代考察政治大臣拟），见《云在山房类稿·思冲斋文别钞》卷上，3 页。

## 二、重中之重的考察

虽然载泽等五大臣出洋考政，促使清廷做出了宣布实行预备立宪的决策，但立宪究竟应该如何预备，清廷仍是茫然无措。尽管清廷宣布预备立宪从改官制入手，但丙午官制改革的进展并不顺利。不但中央官制改革"有名无实""龙头蛇尾"①，地方官制改革更是波澜起伏、举步维艰。1907年6月，清廷就如何实行预备立宪问题广泛征求意见，发布上谕称："惟立宪之道，全在上下同心，内外一气，去私秉公，共图治理。自今以后，应如何切实豫备，乃不徒托空言，宜如何逐渐施行，乃能确有成效，亟宜博访周谘，集思广益，凡有实知所以豫备之方施行之序者，准各条举以闻。……以便省览而资采择。"② 7月，袁世凯密陈赶紧实行预备立宪要政十条，并建议再派大臣出洋考察宪政。他认为："前者载泽等奉使出洋，原为考求一切政治，本非专意宪法，且往返仅八阅月，当无暇洞见源流。臣闻日本之预备立宪也，遣伊藤博文等周游欧美视察宪政，绵历九年，始宣布七十六条之宪法。各国政体，以德意志、日本为近似吾国，现奉诏切实预备立宪，柯则具在，询度攸资。拟请特简明达治体之大臣，分赴德、日两国，会同出使大臣专就宪法一门，详细调查，博访通人，详征故事，何者为入手之始，何者为收效之时，悬鉴照形，立竿取影，分别后先缓急，随时呈报政府核交资政院会议定夺，请旨施行。"③ 8月，清廷谕令外务部右侍郎汪大燮、邮传部右侍郎于式枚、学部右侍郎达寿分别充任出使英国、德国、日本的考察宪政大臣④，是为清廷第二次派大臣出洋

① 《龙头蛇尾之改革》（译大阪每日新闻），载《时报》，1906年11月20日，第1版。

② 《立宪应如何豫备施行准各条举以闻谕》，见故宫博物院明清档案部编：《清末筹备立宪档案史料》上册，44页。

③ 《直隶总督袁世凯请派大臣赴德日详考宪法并派王公近支赴英德学习政治兵备片》，见故宫博物院明清档案部编：《清末筹备立宪档案史料》上册，202页。

④ 中国第一历史档案馆：《光绪宣统两朝上谕档》，第33册，181页，桂林，广西师范大学出版社，1996。

考察宪政。相对于上次五大臣出洋而言，这一次的目标很明确，即考察"宪政"，且主要考察英、德、日三个君主立宪制国家。"日、英、德为君主之国，朝廷遣派大员，前往考察，用意极为深远。"①

清廷第二次派大臣出洋考察宪政，时论推测其目的"盖将以日、英、德现行之政体，为后日摹仿之标本"②。至于清廷命意所在，到底是效法日本、英国还是德国，据说清政府内部各派势力之间意见颇有分歧。有传闻称："近日政府会议立宪情形，庆邸、泽公及诸满员主张沿袭日本宪法，喜其不脱专制也；驻外各使臣及欧美留学生请仿效英制；袁大军机以仿英则陈义太高，主用德制。两宫迟疑不决，故有派员考察三国宪法之命。"时论虽然以为"取法德意志上也，取法英国次也，取法日本又次也"，甚至以为"取法日本不如取法英、德，固天下人之公言也"，但还是不得不承认，清廷的真正意图或许仍是取法日本。有谓："日本君主之权之广矣。中国与日本，既系同文同种，于风俗习惯上，尤多相近者。仿效日本，以存君主之大权，今日政府所注意者，或在于是。"③ 说辞虽尚游移，但亦不无道理。事实上，日本确实是第二次考政的重中之重。

出使德国的考察宪政大臣于式枚对立宪并不热心，甚至持反对的态度。在受命之后准备出使之前，于式枚奏报所拟办法宗旨时宣称，"中国旧章，本来立宪，皇朝制度，尤极修明"；"宪法为中国之名古矣"，中国历代政治制度，"与立宪之制无不相符"。因而，他对当时勃发奔涌的立宪思潮颇不以为然，认为："夫不知立宪为我所自有，而以为西国之专名，舍本随人，其关于学术者固贻讥于荒陋。又以立宪为即可施行，并不审东洋之近事，冥行躁进，其关于政术者尤有害于治安。"④ 在德国考察一段时间以后，于式枚又上奏要为立宪"正名"。

---

① 《内阁会议政务处酌定日英德宪政大臣考察宪政要目》，载《申报》，1907年12月5日，第1张第2版。

② 《论新简日英德考察宪政大臣》，载《申报》，1907年9月11日，第3版。

③ 《再论达于汪三使分赴日英德考察宪政》（续昨），载《申报》，1907年9月15日，第2版。

④ 《出使德国考察政大臣于式枚奏立宪不可躁进不必预定年限折》，见故宫博物院明清档案部编：《清末筹备立宪档案史料》上册，305～307页。

他认为："宪法自在中国，不须求之外洋。"中外形势不同，政教各异，中国不必仿照外国实行自下而上的立宪。"各国立宪，多由群下要求，求而不得则争，争而不已则乱。夫国之所以立者曰政，政之所以行者曰权，权之所归，即利之所在，定于一则无非分之想，散于众则有竞进之心。其名至为公平，其势最为危险。行之而善，则为日本之维新，行之不善，则为法国之革命。"他甚至指责立宪派"几近乱党"①。如此深闭固拒，甚至危言耸听，其考察结果可想而知。正如时论所痛斥：这实在是"满纸胡言，不值识者一笑"②。不过，值得注意的一点是，于式枚考察回国后，在进呈《普鲁士宪法解释要译》一折中明确地提出了师法日本的宪政取向，有谓："今日中国立宪，必应以日本仿照普鲁士之例为权衡。"③

出使英国的考察宪政大臣汪大燮受命之际，亦是牢骚满腹，有谓："此次重游英伦，实中于上年补侍郎之日，即外部侍郎系某某之缺一言之毒也。观于六月间北洋条陈十条，应派人常驻英、德考宪，仿伊籐诸人，以八九年为期，则竟欲永军于外，而其后不用钦差字样，不得带参赞，只许带二三人，又不许开支经费，初只给薪水。种种方法，并不在办事上想，专欲困人而已。"④ 汪氏此行颇为低调，仅编纂14种宪政著作进呈清廷以塞责。这些著作是：《宪政要目答问》10卷，《英国宪政要义》4卷，《英宪因革史》3卷，《政枢纲要》5卷，《枢密纪略》2卷，《曹部通考》20卷，《国会通典》14卷，《国会立法议事详规》3卷，《选举法志要》19章，《英理财沿革制度考》5卷，《法庭

---

① 《考察政治大臣于式枚奏立宪必先正名不须求之外国折》，见故宫博物院明清档案部编：《清末筹备立宪档案史料》上册，336～337页。

② 《再论于式枚奏陈立宪之谬》，载《申报》，1908年6月29日，第1张第3版。

③ 参见庄吉发：《于式枚与德国宪政考察》，见"中央研究院"近代史研究所编：《近代中国历史人物论文集》，220页，台北，"中央研究院"近代史研究所，1993。

④ 《汪大燮·一百六十七》，见上海图书馆编：《汪康年师友书札》，第1册，931页，上海，上海古籍出版社，1986。

沿革考》5章，《司法考略》4卷，《民政辑要》8卷，《治属政略》5卷。① 时人议论有云："英为立宪之母国，若一一寻其义蕴，不免于式枚标乱党之名。大爕于宪政本旨，一字不著，惟成书十四种叙目入告，若与措大争伏案之长，可谓巧于避忌。"②

出使日本的考察宪政大臣达寿到日本后，经与伊藤博文、伊东已代治商议，由日本政府委派法学专家穗积八束、有贺长雄等，按照宪政编查馆开列考察要目，综为立宪沿革、宪法比较、议院法、司法、行政、财政六类，分期讲论。1908年年初，达寿被清廷谕令召回，而代之以驻日公使李家驹。当时讲论尚未过半，达寿与李家驹致电军机处商议，由达寿听讲完前三类，后三类由李家驹另行约请他人讲论。③

达寿回国后进呈宪政书籍五种：《日本宪政史》《欧美各国宪政史略》《日本宪法论》《比较宪法》《议院说明》。④ 他在考察报告中极力主张仿照日本实行钦定宪法，从速立宪。他认为当时最重要的事情有二："一曰政体之急宜立宪也，一曰宪法之亟当钦定也。政体取于立宪，则国本固而皇室安。宪法由于钦定，则国体存而主权固。"日本的君主立宪模式由宪法钦定，保证了天皇的大权政治，这是英国的议院政治与法国、美国的分权政治所无法比拟的。有谓："大凡君主国体而取大权政治者，其国会与民主国体取分权政治或君主国体而取议院政治者，判然不同。英国国会实握有立法、司法、行政之三权，故有万能议院之目，名为立宪，实则国会专制之政治也。……英国如是，法美可知。……日本国会权限，舍宪法上所规定者外，别无他权，其所定于宪法上者，一则协赞立法权，一则议决预算权。其余如上案，如

---

① 金毓黻辑：《宣统政纪》卷8，2页，沈阳，辽海书社，1934。

② 孟森：《宪政篇》，载《东方杂志》第6年第4期，宣统元年三月二十五日。

③ 《考政大臣请示听讲宪政事宜》《军机处电覆听讲宪政事宜》，载《申报》，1908年4月22日、24日，第1张第4版。

④ 《达侍郎呈进书籍详志》，载《正宗爱国报》，1908年8月20日。按：《申报》记载的书名略有异，为《日本宪政史》《欧美宪政史》《日本宪法论》《比较宪法》《议院法》。参见《达大臣奏呈书籍之要旨》，载《申报》，1908年8月24日，第1张第4版。

建议，如受理请愿，虽属国会之职权，而其采纳与否，权在天皇，非国会所得以要挟也。法律案之提议，国会虽亦有之，而裁可仍听之天皇。至于改正宪法之权，解释宪法之权，亦全操于天皇，非国会所能置喙。盖天皇统治权之行使，为国会所参与者，实不过法律与预算而已。若夫开会、闭会、停会、解散、紧急命令、独立命令，无一不属于天皇之大权。若非纯粹钦定宪法，安得有此。"日本立宪的大权政治模式，正是中国所亟宜仿行的。所谓："非实行立宪，无以弭内忧，亦无以消外患，非钦定宪法，无以固国本而安皇室，亦无以存国体而巩主权。大权政治，不可不仿行，皇室典章，不可不并重。"①针对其时立宪派请愿速开国会的风潮，达寿还奏请先立内阁与宪法而后开国会，以保障实现日本式的君主大权政治模式。日本维新的先例是："于明治二十三开国会，而十八年先组织内阁。"达寿认为，如果先开国会，没有责任内阁与之对应，"一或不慎，即流为英、法议院政治，与奴才所考察者微有不同。故今日急务，莫要于先立内阁，统一中央行政机关，凡内外应兴应革之事，实力举行，无留人指摘之地，庶足以保全大权政治"②。至于先立宪法后开国会，也是日本的成例。如时论所谓："大凡国会先于宪法者，其国会权力必多于君主，而宪法程度必高，如英吉利是也；国会与宪法同时发生者，其国会权力与君主相等，而宪法程度必中平，如普鲁士是也；国会后于宪法者，其国会权力必少于君主，而宪法程度必低，如日本是也。达既考察日本，自以日本之成例为据。"③

李家驹接续考察后，与日本法学博士有贺长雄、清水澄等相与研讨日本官制各事。他一面根据中国情势，结合日本现行制度，编译《官制篇》《自治制篇》《官规篇》《日本官制篇通释》《日本自治制通释》《日本官规通释》《日本行政裁判法制通释》诸书，共三十余万字，

①《考察宪政大臣达寿奏考察日本宪政情形折》，见故宫博物院明清档案部编：《清末筹备立宪档案史料》上册，25、37～38、41 页。

②《达寿片奏先立内阁》，载《申报》，1908 年 8 月 27 日，第 1 张第 4 版。

③《达寿奏国会年限无妨预定折（附按语）》（续），载《申报》，1908 年 8 月 30 日，第 1 张第 3、4 版。

陆续进呈；一面奏请清廷尽快进行中央与地方官制改革，仿照日本钦定宪法，建立代君主负责的责任内阁，实行君主大权的立宪体制。有谓："为今之计，惟有将内外官制速行厘定，提前试办，以为目前之准绳，即以杜日后之流弊。查日本颁布宪法在明治二十二年，而官制则自维新以来迭经改正，至明治十八年，责任内阁之制，即已实行。盖自废藩置县，中央集权之局已成，其所谋画，不出中央行政机关之外，端绪初不甚繁，制度乃归简易。然编制则肇自十数年前，实行之期，亦距立宪六年以上，遂能使大小臣工，同心协力，豫备之事，著著进行，大权操纵，绰有余裕，此又近事可师者也。"① 在考察日本司法制度后，李家驹又编成《日本司法制度考》一书进呈，并主张仿照日本进行司法制度改革，"一、审判独立，宜切实筹办，一、审判人员，宜加意培植，一、编定刑律，宜分期进行，一、民律商律，宜调查习惯，一、民刑诉讼律，宜从速编纂"②。

从 1907 年 9 月清廷谕令汪大燮、于式枚、达寿分赴英、德、日三国考察宪政起，到 1909 年秋李家驹考察日本完毕归国为止，第二次出洋考察宪政活动历时两年，日本是当然的重中之重。这期间，1908 年 8 月 27 日，宪政编查馆与资政院会奏宪法大纲、议院法选举法要领及逐年筹备事宜清单时有云："大凡立宪自上之国，统治根本，在于朝廷，宜使议院由宪法而生，不宜使宪法由议院而出，中国国体，自必用钦定宪法，此一定不易之理。故欲开设议院，必以编纂宪法为预备之要图，必宪法之告成先行颁布，然后乃可召集议院。"③ 其钦定宪法、大权政治与先立宪法后开议院的精神，与达寿考察日本报告的主张如出一辙。尽管此前清廷谕令宪政编查馆与资政院宜"甄采列邦之良规，折衷本国之成宪"④，宪政编查馆与资政院会奏的奏折以及清廷

---

① 《考察宪政大臣李家驹奏考察日本官制情形请速厘定内外官制折》，见故宫博物院明清档案部编：《清末筹备立宪档案史料》上册，535～536 页。

② 《考察宪政大臣李家驹奏考察日本司法制度并编日本司法制度考呈览折》，见故宫博物院明清档案部编：《清末筹备立宪档案史料》下册，878～879 页。

③ 《宪政编查馆资政院会奏宪法大纲暨议院法选举法要领及逐年筹备事宜折附清单二》，见故宫博物院明清档案部编：《清末筹备立宪档案史料》上册，55 页。

④ 中国第一历史档案馆编：《光绪宣统两朝上谕档》，第 34 册，148 页。

批准的上谕也都没有明确提出师法日本，但无论是九年预备立宪的期限，还是宪法大纲与议院法、选举法要领的条文，实际上均仿自日本成规。如果说，载泽等五大臣第一次出洋考察政治促成了清廷宣布预备立宪，并初步确定其模仿日本立宪模式的意向，那么，达寿等第二次出洋考察宪政则进一步促使清廷预备立宪按照日本立宪模式进行具体运作。

## 三、权利纠葛中的仿效与异化

清末预备立宪师日取向的确立，是清廷在两次派大臣出洋考政的基础上进行多方比较之后的抉择。值得注意的一点是，清末预备立宪虽然有着明显的师日取向，但事实上各项宪政改革并非完全亦步亦趋，而是仿效之中多有异化之处。之所以如此，其深受清朝统治集团内部各种政治势力之间权力与利益关系的制约，是一个关键的因素。

下面拟从三个方面分析。

### （一）关于立宪的宗旨

大权政治是日本明治宪政的根本精神，也是清廷预备立宪的根本目标。清廷在实行预备立宪之前，最担心的就是皇位与君权问题。载泽考察日本时，伊藤博文详细解释了日本宪法中有关"大权必归君主"的精神。这个信息无疑正合清廷旨意。载泽在奏请宣布立宪的密折中，又具体列举了日本宪法中有关君主统治大权的十七条内容，认为："凡国之内政外交、军备财政、赏罚黜陟、生杀予夺以及操纵议会，君主皆有权以统治之。论其君权之完全严密而无有丝毫下移，盖有过于中国者矣。"他论及立宪最重要之利第一条就是"皇位永固"，有谓："立宪之国君主神圣不可侵犯，故于行政不负责任，由大臣代负之，即偶有行政失宜，或议会与之反对，或经议院弹劾，不过政府各大臣辞职，别立一新政府而已。故相位旦夕可迁，君位万世不改。"① 清廷宣布

---

① 《镇国公载奏请宣布立宪密折》，载《宪政初纲》（《东方杂志》临时增刊），"奏议"，5页，上海，商务印书馆，光绪三十二年十二月。

"仿行宪政"的上谕就明确标举"大权统于朝廷"①。预备立宪以改官制为先。载泽等编纂官制大臣上奏厘定官制的宗旨时称："立宪国通例，俱分立法、行政、司法为三权，各不相侵，互相维持，用意最善。……三权分立，而君主大权统之。现在议院遽难成立，先从行政、司法厘定，当采用君主立宪国制度，以仰合大权统于朝廷之谕旨。"② 1906年10月，载泽等编纂官制大臣制订了一个以责任内阁制为核心的中央官制改革草案，经总司核定大臣奕劻等上奏清廷。但是，清廷正式公布新的中央官制，并没有采用责任内阁制，而是仍然保留了旧的内阁和军机处。③ 丙午官制改革的流产，正是权力欲望极强的慈禧太后担心皇室大权旁落而加以压制的后果。

达寿考察日本回国后所上三折一片，"都数万言，挈其要点，大权政治尽之矣"④。接续考察日本的李家驹也极力奏请清廷仿照日本钦定宪法，实行君主大权的立宪体制。1908年8月，清廷颁布《钦定宪法大纲》。对照《日本宪法》可知，清廷预备立宪师法日本明治宪政的大权政治，是有过之而无不及的。就《钦定宪法大纲》的条文内容而言，无论是"君上大权""臣民权利义务"，还是"议院法要领"，均源自《日本宪法》前三章"天皇""臣民权利义务"和"帝国议会"，这是毋庸置疑的。但《钦定宪法大纲》有一个非常显著的特点，即更加强调君权至上与对民意机构议院权力的限制。例如，"君上大权"中，第一条关涉皇帝万世一系之统治权，特别加上了"永永尊戴"；第三条关涉颁行法律之权，明言"钦定"，并称"凡法律虽经议院议决，而未奉诏命批准颁布者，不能见诸施行"；第四条关涉解散议院之权，又补充说明"解散之时，即令国民重行选举新议员，其被解散之旧议员，即与齐民无异，倘有抗违，量其情节以相当之法律处治"；第五条关涉用人

---

① 《宣示预备立宪先行厘定官制谕》，见故宫博物院明清档案部编：《清末筹备立宪档案史料》上册，44页。

② 《编纂官制大臣镇国公载等奏厘定官制宗旨大略折》，载《宪政初纲》（《东方杂志》临时增刊），"奏议"，8页，上海，商务印书馆，光绪三十二年十二月。

③ 中国第一历史档案馆编：《光绪宣统两朝上谕档》，第32册，196～197页。

④ 《达寿奏国会年限无妨预定折（附按语）》，载《申报》，1908年8月28日，第1张第3版。

之权，称"议院不得干预"；第六条关涉军事权，一面强调君上"全权"，一面宣称"凡一切军事，皆非议院所得干预"；第七条关涉外交权，称"国交之事，由君上亲裁，不付议院议决"；第十三条关涉皇室经费，有言"议院不得置议"；第十四条关涉皇室大典，亦称"议院不得干预"。再如，"臣民权利义务"中，删去了"信教之自由"和"依别定规程而行请愿"的权利。又如，"议院法要领"中，第一条规定："议院只有建议之权，并无行政之责，所有决议事件，应恭候钦定后，政府方得奉行。"与《日本宪法》第三十七条"一切法律须经帝国议会之协赞"相较，一在君上之"钦定"，一在议会之"协赞"，两国君主与议会权力之轻重，真不可以道里计。① 可见，清廷预备立宪期望的是更大的"大权政治"，国会之所以千呼万唤不出来，其故在焉。

**（二）关于立宪的期限**

九年预备立宪期限的确定，也是对日本的仿效。立宪之所以要"预备"，最为冠冕堂皇的理由是在当时的中国实行立宪的条件尚不成熟，必须要有一个准备与过渡的时期。至于这个时期究竟要多长，则是一个难以解决的问题。本来，在五大臣出洋考察政治之前，中国驻外使臣曾联衔奏请"期以五年，改行立宪政体"②。戴鸿慈、端方在回国之初也主张"以十年或十五年为期，预布实行"立宪。③ 但是，由于各派政治势力的矛盾斗争，清廷在 1906 年宣布实行预备立宪时并没有确定"预备"年限。预备立宪开始初期，官制改革之事闹得沸沸扬扬，立宪派颇为不满。他们发动全国性的国会请愿运动，要求速开国会，以尽快实行立宪。立宪派一般要求在两三年内开国会，如预备立宪公会电请"以二年为限"，政闻社致电宪政编查馆"请限期三年召集

---

① 《钦定宪法大纲》，见故宫博物院明清档案部编：《清末筹备立宪档案史料》上册，58～59 页。《日本宪法》，载《宪政初纲》（《东方杂志》临时增刊），"君主立宪国宪法摘要"，1～2 页，上海，商务印书馆，光绪三十二年十二月。

② 《出使各国大臣奏请宣布立宪折》，载《宪政初纲》（《东方杂志》临时增刊），"奏议"，3 页，上海，商务印书馆，光绪三十二年十二月。

③ 《丙午六月初十日上海戴、端钦差来电》，见《张之洞存各处来电》第 80 函，北京，中国社会科学院近代史研究所图书馆藏档案，甲 182-182。

国会"。① 到底该如何确定这个年限呢？在宪政编查馆的一次关于国会年限的讨论会议上，有主张五年、六年、七年的，也有主张十年甚至二十年的。② 其实，如前所述，在重点考察日本宪政的载泽、达寿、李家驹以及五大臣中的戴鸿慈、端方的相关奏折中，均清楚地透露了日本九年立宪的信息：明治十四年（1881）宣布实行宪政，十八年（1885）组织责任内阁，二十二年（1889）颁布宪法，二十三年（1890）开设国会。后来，宪政编查馆大臣经过多次会议讨论，决定仿照日本以九年为期预备立宪。1908 年 8 月，宪政编查馆与资政院联衔会奏九年《逐年筹备事宜清单》，认为："年限之远近，至速固非三五年所能有成，然极迟亦断不至延至十年之久。臣等公同商酌，拟自本年光绪三十四年起，至光绪四十二年止，限定九年将预备各事一律办齐。"此奏奉旨允准。这个九年预备立宪期限看似完全照搬日本，其实仍然埋有伏笔，那就是清廷虽有颁布宪法期限，但没有明定开设国会期限。《逐年筹备事宜清单》规定第九年宣布宪法，颁布议院法，颁布上下议院议员选举法，举行上下议院议员选举。清廷上谕称："至开设议院，应以逐年筹备各事办理完竣为期，自本年起，务在第九年内将各项筹备事宜一律办齐，届时即行颁布钦定宪法，并颁布［召］集议员之诏。"③日本是在颁布宪法的第二年开设国会，清廷则把开国会的期限做了模糊处理。对此，时论有尖锐的批评，有云："熟玩其词，细绎其意，九年以后，谕旨并不明言某某年开议院、召议员，而但曰届时颁布，又似九年以后尚为预备国会之期，并非实行国会之期。词意浑涵，不着边际。""若九年后而即召集议员耶，则八月初一日之谕，当与日本明治十四年十月十二日之谕旨，等量而齐观也。惟明治十四年之谕旨，明明言明治二十三年召议员、开国会，中国果法日本，谕

---

① 参见丁文江、赵丰田编：《梁启超年谱长编》，453 页，上海，上海人民出版社，1983。

② 《会议开设国会年限》，载《正宗爱国报》，1908 年 7 月 2 日。

③ 以上参见《宪政编查馆资政院会奏宪法大纲暨议院法选举法要领及逐年筹备事宜折附清单二》《九年预备立宪逐年推行筹备事宜谕》，见故宫博物院明清档案部编：《清末筹备立宪档案史料》上册，57、67～68 页。

旨当云光绪四十二年召集议员、开设议院。乃仅囫囵吞枣，届时颁布，读者不能无疑也。"① 这个"中国果法日本"的质疑，正一语道破清廷师日取向之异化的痛处：一方面崇尚日本宪政的大权政治，另一方面又试图尽力减弱国会的权力制约。当然，这只是清廷的一厢情愿，事实上是难以如愿以偿的。1910 年，立宪派发动三次大规模的国会请愿运动，进一步要求速开国会。尤其是第三次国会请愿运动，得到多数地方督抚的大力支持，给清廷施加了无穷的压力。十月初三日，清廷颁布上谕称，"著缩改于宣统五年，实行开设议院"，并特别说明："此次缩定期限，系采取各督抚等奏章，又由王大臣等悉心谋议，请旨定夺，洵属斟酌妥协，折衷至当。缓之固无可缓，急亦无可再急，应即作为确定年限。一经宣布，万不能再议更张。"② 迫于各方面的压力，清廷把仿照日本九年预备立宪的期限缩短了三年。

### （三）关于立宪的程序与内容

清廷效法日本，先钦定宪法、内阁，后设国会。但无论是钦定宪法、责任内阁，还是国会，一经移植过来，均不无变异之处。钦定宪法已如上所述，国会情形如何呢？清廷预备立宪旨在大权政治，最忌讳的就是开国会，但开国会又是立宪题中应有之义，不可避免。"中国以预备之故，不得已而模仿日本元老院，创设资政院。"③ 至于资政院是否可以代表国会的问题，时人早就做了否定的回答。尽管清廷试图以资政院为"议院基础"，但立宪派一般并不认为资政院可以代表国会。早在国会请愿运动兴起之初，杨度在起草湖南人民请愿书时，就曾认为资政院并不能代表民选议院："至欲以资政院为其补救之具，则殊不能。盖资政院者，纯出于官权之作用，既非代表人民，又非代表国家，其性质、权限，皆不过政府之顾问机关，将来对于各省谘议局之议案，非欲依违迁就，即轻肆排斥，与今日之各部必无以异，非谓

---

① 《八月初一日上谕谨注》，载《申报》，1908 年 8 月 29 日，第 1 张第 4 版。
② 金毓黻辑：《宣统政纪》卷 28，2 页。
③ 《十三日设资政院上谕谨注》，载《申报》，1907 年 9 月 22 日，第 3 版。

议员之不能尽职，实其地位使然也。"① 各省谘议局议员代表的第二次国会请愿书也认为："资政院性质不明析［晰］，不能不即开国会也。夫资政院为上下两院之基础，近于各国一院之制；然细察其性质，又与国会迥殊。君主不负责任，为立宪国拥戴元首之良法。而资政院与大臣有争执，则恭候圣裁，是仍以君主当责任之冲，而大臣逸出责任之外也。行政官不兼议员，亦立宪国之良法。而资政院议员则有各部院司员，是仍为行政、立法混含之机关也。况议长、副议长较之议员品秩特崇，尤与行政部院之堂属无殊乎。……今资政院之组织与权限皆不相融洽，既不便于人民，复不便于官吏。窃恐开议院后将酿成朝野两派之冲突，行政官更无所适从。冰霜所兆，识者忧之。朝廷苟欲表明实行立宪之心，必自罢资政院而开国会始。"② 第三次国会请愿时顺直各省谘议局说帖中有关于资政院与议院的不同的更加精彩的论述，有谓："资政院性质与议院不同。以法制言，议院为独立机关，而资政院不然；以效力言，议院议决之案，经君主裁可、大臣署名而实行，而资政院不然；以责任言，议院议决案对之负责者为内阁，而资政院不然。资政院以不能独立之故，而丧失其议决之效力，于此而负其责任者，惟吾皇上一人。按之立宪精神，犹无一当。故谘议局等以为，资政院与议院居于反对之极端，非基础之预备。欲预备立宪基础，非速开国会不可。"③ 对此，资政院自身也是认同的，故资政院也极力赞成速开国会。国会的缺位，无疑是清末预备立宪的严重缺陷。

当然，最显著的例子是责任内阁制。1911 年 5 月，清廷推出"皇族内阁"，可谓是其集权皇族以总揽大权的铁证。责任内阁制也称议会内阁制，或议会政府制，肇始于英国，后渐被各国仿行。"就元首与国务员的关系而言，责任内阁制可以说是含有四个条件：即（一）元首

---

① 杨度：《湖南全体人民民选议院请愿书》，见刘晴波主编：《杨度集》，494～495 页，长沙，湖南人民出版社，1986。

② 《直省谘议局议员代表第二次呈都察院代奏国会请愿书》，见《国会请愿代表第二次呈都察院代奏书汇录》，4～5 页，北京，中国社会科学院近代史研究所图书馆藏刊本。

③ 参见《补录资政院请开国会奏稿》，载《申报》，1910 年 11 月 11 日，第 1 张第 3 版。

不负责任；（二）国务员对议会负责；（三）元首的命令及其他行为，须经国务员同意；及（四）在原则上，元首必须容纳内阁的政策。"①其中关键是第二条，即内阁应对议会负责。反观清末预备立宪时期的责任内阁制，其异化的关键之处恰恰是议会的缺位问题，致使内阁只能对君主负责，而无法对议会负责。

清末责任内阁制也是参仿日本内阁制模式。达寿、李家驹都曾奏请清廷仿效日本建立责任内阁。奕劻内阁成立时，宪政编查馆会议政务处会奏内阁官制折称："各立宪国内阁之设，在负国务之责任，而对于何者应负责任，各国立法又复不同。恭绎《钦定宪法大纲》，统治之权属诸君上，则内阁官制自以参仿日、德两国为合宜。日本宪法，各大臣辅弼天皇任其责，以国务大臣责任关于辅弼之任务而生，故对于君主负责任，而国务大臣任免黜陟，君主皆得自由，与英、法之注重议院者不同，与德意志宰相对于其君负责任，非对于议会负责任者则相类。我国已确定为君主立宪政体，则国务大臣责任所负，自当用对于君上主义，任免进退皆在朝廷，方符君主立宪宗旨，议院有弹劾之权，而不得干黜陟之柄，庶皇极大权益臻巩固，辅弼之地愈著恭恪。"②日本的内阁制度只是责任内阁制的变种，其要点在内阁向天皇负责，而不向议会负责，即使在1918—1932年，仍然是"不纯粹不成熟的责任内阁制"，"离纯正的责任内阁制度尚远"。③所以，清末仿照日本内阁制而确立的责任内阁制，从本源上就难免有异化之嫌。

具体而言，清末责任内阁制的异化，关键在国会的缺位。其实，立宪派早就意识到国会当与内阁并行，甚至国会重于内阁。例如，杨度认为，国会对于内阁"违法"与"失政"两方面的责任有纠弹之权。"以此纠弹制度论之，则有国会之国，其政府虽欲不为责任政府而不能，故曰非责任政府能发生国会，实国会能发生责任政府。国会者，

---

① 王世杰、钱端升：《比较宪法》，286～287页，北京，商务印书馆，1999。

② 《宪政编查馆会议政务处会奏拟定内阁官制并办事暂行章程折附清单二》，见故宫博物院明清档案部编：《清末筹备立宪档案史料》上册，559页。

③ 王世杰、钱端升：《比较宪法》，287页。

改造责任政府之武器也。""无国会必无责任政府，此如车之两轮，今无其一，宜其一之亦不行也。"① 国会请愿运动时，尽管立宪派与地方督抚均主张国会与内阁并立，但清廷尤其是掌握实权的奕劻派势力则出于集权与专权的考虑，玩起了先设内阁后开国会的花招。时论以为："无国会而有责任内阁，则内阁所负之责任，对于君主而负责任，人民并不得监督之。以视立宪国之责任内阁，不亦大相违异乎?"② 结果，奕劻内阁虽然成立，但并没有国会作为相应的权力监督机关，因而从其内部人员结构到实际职责功能，均不过是军机处的变相而已，根本不能体现责任内阁制的精神。袁世凯内阁成立时，虽然有《宪法重大信条》明确规定"国会未开以前，资政院适用之"，赋予了资政院暂代国会的法理依据，但这只不过是给袁世凯内阁披了一层法理的外衣，事实上资政院也不可能真正地履行国会监督内阁的职责，因而也根本没有改变袁世凯内阁擅权专制的实质，最终却使清王朝自己成了牺牲品。

原刊《中国社会科学院近代史研究所青年学术论坛》2007 年卷，274～297 页，北京，社会科学文献出版社，2009；日文《体制改革における選択——清末の憲政視察と予備立憲》，见《模索する近代日中関係——対話と競存の時代》，119～139 页，东京，东京大学出版会，2009

---

① 杨度：《金铁主义说》，见刘晴波主编：《杨度集》，327～330 页。
② 《论开设议院期限》，载《申报》，1910 年 11 月 9 日，第 1 张第 3 版。

# 清末预备立宪时期的责任内阁制
## ——侧重清廷高层政治权力运作的探讨

预备立宪是清末新政发展到政治体制变革阶段的必然结果。在借鉴与移植西方宪政制度的过程中，中国传统君主专制体制逐渐向近代君主立宪体制艰难行进，制度创新业已初露端倪，但因种种因素制约，尤其是受到各派政治势力之间错综复杂的权力纠葛的影响，近代的制度创新实在难免橘枳效应而多有异化之处。开国会、制宪法、设责任内阁，是预备立宪的题中应有之义。关于国会，虽然设立了谘议局与资政院，但真正的国会则千呼万唤不出来；关于宪法，虽然颁布了《钦定宪法大纲》和《宪法重大信条》，但完整的宪法迄清亡而未见。与国会和宪法的命运基本相似，责任内阁制也曾一度在官制改革时难产，结果虽被国会请愿运动催生出来，却是以备受非议的"皇族内阁"形式尴尬地出台，并最终成为断送清王朝的催命符。可以说，预备立宪过程中的制度创新与异化现象，是西方宪政制度的要件如责任内阁、国会、宪法等被引进近代中国时共有的历史命运。关于国会与宪法等问题，笔者拟另文探讨，本文主要关注责任内阁制。以往学界关于清末预备立宪过程中责任内阁制的研究，主要是在一般的立宪运动史、宪政改革史，尤其是关于立宪派的研究以及有关官制改革、国会请愿运动的论著中有所涉及①，但系统研究的论著阙如。本文拟在既有相关研究成果的基础上，系统探讨责任内阁制在清末宪政改革过程中的历史命运，以期为观察预备立宪中的制度创新与异化问题提供一个视角。同时，预备立宪时期的责任内阁制问题，是清廷高层之间政治权力角逐的焦点，通过本文的研究，可以观察清廷高层政治运作的一些面相，对于进一步认识清末政局演变与清王朝覆灭等问题均有所助益。

## 一、丙午官制改革中责任内阁制的流产

1906 年 9 月 1 日，清廷发布预备立宪上谕，宣称从改革官制入手。次日，清廷便正式宣布进行官制改革，派载泽、世续、那桐、荣庆、载振、奎俊、铁良、张百熙、戴鸿慈、葛宝华、徐世昌、陆润庠、寿耆、袁世凯为编纂大臣，命端方、张之洞、升允、锡良、周馥、岑春煊选派司道大员进京随同参议，并派庆亲王奕劻、孙家鼐、瞿鸿機为总司核定大臣。② 6 日，清廷设编制馆于恭王府之朗润园，以孙宝琦、杨士琦为提调，金邦平、张一麐、曹汝霖、汪荣宝为起草课委员，陆宗舆、邓邦述、熙彦为评议课委员，吴廷燮、郭曾炘、黄瑞祖为考

① 侯宜杰：《二十世纪初中国政治改革风潮——清末立宪运动史》，北京，人民出版社，1993。韦庆远、高放、刘文源：《清末宪政史》，北京，中国人民大学出版社，1993。张朋园：《立宪派与辛亥革命》，台北，中国学术著作奖助委员会，1969。张玉法：《清季的立宪团体》，"中央研究院"近代史研究所专刊（28），台北，"中央研究院"近代史研究所，1971。耿云志：《论清末立宪派的国会请愿运动》，载《中国社会科学》1980 年第 5 期，41～61 页。耿云志：《辛亥革命前夕的各省谘议局联合会》，载《福建论坛》2002 年第 2 期，24～31 页。谢霞飞：《清末督抚与官制改革》，载《湖北大学学报》1996 年第 3 期，65～69 页。谢霞飞等：《宣统朝督抚奏请阁会评议》，载《河北师院学报》1997 年第 4 期，123～126 页。李振武：《督抚与请愿速开国会运动》，见中国史学会编：《辛亥革命与 20 世纪的中国》（上），70～95 页，北京，中央文献出版社，2002。另外，在一些中国近代政治史与政治制度史著作中，也有简略提及。参见萨师炯：《清代内阁制度》，重庆，商务印书馆，1946；谢俊美：《政治制度与近代中国》，上海，上海人民出版社，1995。

② 中国第一历史档案馆编：《光绪宣统两朝上谕档》，第 32 册，129 页，桂林，广西师范大学出版社，1996。

定课委员，周树模、钱能训为审定课委员，另有中央各部、处和上述指定总督所派属员参议。① 官制改革名义上是由奕劻、载泽等人负责，但其具体办事机构官制编制馆实际上是由袁世凯所控制，馆中办事人员多为袁氏亲信。因此，袁世凯可以通过该馆提出自己的官制改革方案，其中最为引人注目之处，就是责任内阁制。

早在出洋考察政治的五大臣回国之初，国内关于立宪的舆论即迅速高涨。著名立宪派首领张謇曾致书袁世凯，"以大久保相期，而自居小室信夫"，袁世凯颇为得意。当端方亲到天津北洋大臣公署，与其商议宪政改革问题时，袁世凯提出了"先组责任内阁，俟政权统归内阁，再酌量开国会"的主张，并指示幕僚张一麟、金邦平起草疏稿，由端方回京上奏。② 端方等人在奏请清廷实行预备立宪的奏折中，正式提出了责任内阁制。他们认为，实行君主立宪政体，便可以在宪法中明确规定君主不负责任，而由大臣代负其责，以保证君位常安而不危、神圣不可侵犯，此即责任内阁制的神奇功效。"君主立宪国之政府，必有责任内阁之设。所谓责任内阁者，乃于内阁中设总理大臣一人及国务大臣数人，国务大臣以各部之行政长官充之，是之谓阁臣，凡此阁

---

① 《更革京朝官制大概情形》，载《宪政初纲》（《东方杂志》临时增刊），"立宪纪闻"，6页，上海，商务印书馆，光绪三十二年十二月。

② 赵炳麟：《光绪大事汇鉴》卷12，3页，《赵柏岩集》刊本，无版次。有关袁世凯提出责任内阁制主张的具体情节，还可以其心腹幕僚张一麟的记载为参证。他说："考察政治大臣回国时，一时舆论靡不希望立宪。南通张季直致书项城，以大久保相期，而自居小室信夫。一日，余入见，力言各国潮流均趋重宪政，吾国若不改革，恐无以自列于国际地位。且满汉之见深入人心，若实行内阁制度，皇室退处于无权，可消隐患，但非有大力者主持，未易达到目的。项城谓：中国人民教育未能普及，程度幼稚，若以专制治之，易于就范。立宪之后，权在人民，恐画虎不成，发生种种流弊。余力言专制之不可久恃，民气之不可遏抑。反复辩论，竟不为动。且问余至此尚有何说？余曰：公既有成见，尚复何词？退而悒悒。乃越宿又召余入见，嘱将预备立宪各款作说帖以进，与昨日所言似出两人，颇为惊异。对曰：昨陈者只为救时之策，至其条目，则须与学习政治法律之专家研究之。退而纠合金邦平、黎渊、李士伟诸君，分条讨论，缮成说帖。后见北洋与考察诸大臣会衔奏请预备立宪稿，即余等所拟，未易一字，且知项城先与余辩论之词，实已胸有成竹，而故为相反之论，以作行文之波澜耳。"［张一麟：《古红梅阁笔记》，见《心太平室集》卷8，37～38页，上海，上海书店出版社，1991。］

臣，皆代君主而对于人民负其责任者也。使其行政而善乎，则阁臣之位得安；使其行政而不善，为人民所怨，则是阁臣之责任，而非君主之责任，其怨毒之极，亦不过变易阁臣而已，无丝毫之责任可以及于君主之身。故君主不仅常安而不危，且神圣不可侵犯之权亦载入于宪法之中。此无他，既无责任，则自不至有侵犯，此二者相因而并至者也。此所谓立宪则君主安者是也。"① 随后，端方与戴鸿慈又提出了一个全国官制改革的方案，其中关于中央官制改革的部分便以责任内阁制为中心，极力主张仿行责任内阁制。他们认为："责任内阁者，合首相及各部之国务大臣组织一合议制之政府，代君主而负责任者也。……所以必以阁臣负其责者，一则使之忠于职任，无敢诿卸以误国，一则虽有缺失，有阁臣任之，则天下不敢致怨于君主，所谓神圣不敢干犯者此也。"就此而言，中国旧有的军机处和内阁都无法与责任内阁相比。改革之初，可以保留原来内阁的形式，以军机处归并其中，设总理大臣一人兼充大学士，为首长，设左右副大臣各一人兼充协办大学士，为辅佐，而以各部尚书皆列于阁臣。"此三大臣者，常与各部尚书入阁会议，以图政事之统一，会议既决，奏请圣裁。及其施行，仍由总理大臣、左右大臣及该部尚书副署，使职权既专而无所掣肘，责任复重而无所诿卸，如此则行政之大本立矣。"② 官制编制馆设立之后，即开始起草中央官制改革草案，"大抵依据端制军等原奏，斟酌而成"。具体办法是：以内阁为首，设总理大臣一人，左右副大臣两人，各部尚书均为内阁政务大臣，参知政事；设十一部七院一府——外务部、民政部、财政部、陆军部、海军部、法部、学部、农工商部、交通部、理藩部、吏部，资政院、典礼院、大理院、都察院、集贤院、

---

① 端方等：《请定国是以安大计折》，见《端忠敏公奏稿》卷6，32页，1918年刊本。

② 端方等：《请改定官制以为立宪预备折》，见《端忠敏公奏稿》卷6，44～46页。又可参见《出使各国考察政治大臣戴鸿慈等奏请改定全国官制以为立宪预备折》，见故宫博物院明清档案部编：《清末筹备立宪档案史料》上册，368～369页，北京，中华书局，1979。

审计院、行政裁判院，军谘府。① 这个草案基本上仿照上述端方、戴鸿慈奏折所拟的方案，其核心内容是责任内阁制。

一般认为，官制编制馆实际上是由袁世凯所控制，馆中许多具体的办事人员都是他的心腹，因此，该馆起草的官制改革草案在某种程度上可以说代表了袁世凯的意见。② 值得进一步探讨的问题是，袁世凯为什么要抛出责任内阁制呢？这与袁世凯之所以赞成立宪的用意相关。袁世凯本以投机政客为世人所知，并无固定的政治主张。当时他曾一度反对立宪。那位"以为非立宪无以救国"的镇国公载泽，就把袁世凯看作立宪的最大阻力，所谓"小阻盛宣怀，大阻袁世凯"。据说袁世凯在奏对时还宣称："可有立宪之实，不可有立宪之名。"③ 但是，后来袁世凯又极力主张立宪，甚至有"官可不做，法不可不改"，"当以死力相争"之言，其实别有用心。据时人记载："本初另有深意，盖欲借此以保其后来，此固人人所料及者。"④ 此所谓"保其后来"即预留后路。因为袁世凯在戊戌政变中得罪了光绪皇帝，他担心在年过七旬的慈禧太后去世之后，亲政的光绪帝会对自己不利，所以想利用责任内阁制来限制君权。他积极提倡设立责任内阁的目的很明显，就是想推自己手中的傀儡奕劻为总理，自己以副总理的身份实际控制内阁，

---

① 《更革京朝官制大概情形》，见《宪政初纲》（《东方杂志》临时增刊），"立宪纪闻"，6～7 页，上海，商务印书馆，光绪三十二年十二月。

② 有人甚至认为，袁世凯在丙午官制改革时"主张最多，全案几皆其一手起草"。［一士：《清光绪丁未政潮之重要史料——袁世凯致端方之亲笔秘札》（续），载《国闻周报》第 14 卷第 6 期，1937 年 2 月 1 日，75 页。］据亲与其事的袁世凯的心腹曹汝霖日后回忆说：编制官制局由袁世凯"亲自主持"，其成员起草的各种说帖、条例均呈袁世凯"阅定"，责任内阁制显然出自袁世凯的意旨，所谓"揣项城之意，以朝廷既决意立宪，自应照立宪国成例，改为内阁制"。（曹汝霖：《一生之回忆》，56 页，香港，春秋杂志社，1966。）另据反对官制改革的胡思敬称："当袁氏聚谋时，率三五少年，抄袭日本法规数十条，傅以己意，名曰官制草案。"（胡思敬：《丙午厘定官制刍论》自序，1 页，南昌，退庐，1920。）

③ 汪大燮函（138），见上海图书馆编：《汪康年师友书札》，第 1 册，837 页，上海，上海古籍出版社，1986。

④ 陶湘：《齐东野语》，见陈旭麓、顾廷龙、汪熙主编：《辛亥革命前后——盛宣怀档案资料选辑之一》，28～29 页，上海，上海人民出版社，1979。

操纵中央大权。① 正如赵炳麟所说："世凯因戊戌之变与上有隙，虑上一旦复权，祸生不测，冀以内阁代君主，己可总揽大权，自为帝制，入京坚持之。"② 袁世凯主张责任内阁制的真实用意，有如司马昭之心，路人皆知。

责任内阁制的提出，引起了激烈的争论。御史交章弹奏，与袁世凯本来就有矛盾的铁良、荣庆等人更是借机攻击。其中的是非曲直反映了各派政治势力之间错综复杂的权力与利益关系，这是以往论者较少涉及的历史面相，此处拟尽可能详细地剖析。

在清政府的高层官员中，对于责任内阁制赞成与否，其阵线是比较明朗的。赞成派以袁世凯、端方、载泽为首，以庆亲王奕劻为靠山；反对派则以铁良、荣庆为首，以深得慈禧太后宠信的瞿鸿禨为后台。其他如徐世昌、张百熙、那桐、世续等人附和前者，醇亲王载沣、鹿传霖、王文韶、孙家鼐等人则倾向于后者。《申报》转述日本《大阪朝日新闻》的报道称："立宪一事，出洋四大臣及袁世凯、张之洞等，皆以为然，庆亲王、徐世昌、张百熙意见亦大致相同。惟其中有多数之满人及顽固党大为反对，或谓立宪则汉人之势力增长，或谓时期尚远，倡此论者以铁良、荣庆、王文韶三人为首领。"③ 对此两派，时论或以"进步党"与"守旧党"相称，认为"进步党系庆王、泽公、端方为领袖，并有袁世凯以资辅助，惟不表见于外耳；守旧党系荣庆、铁良及各大员在一千九百年拳匪乱时与表同情之领袖等"。④ 当然，所谓"进步"与"守旧"只是相对而言，两条阵线的划分也不是绝对的。比如，张之洞虽然赞成立宪，但他并不赞成责任内阁制，因为与袁世凯的政争关系，其实在中央官制改革方面他是与瞿鸿禨、鹿传霖、王文韶、

---

① 据陶湘密报：袁世凯曾"定议总理一人，属现在之领袖"，自己则"竭力设法欲入内为协理"，即副总理。此处所谓"领袖"，就是庆亲王奕劻，其"本属无可无不可，一听命于北洋而已。"（《齐东野语》，见陈旭麓、顾廷龙、汪熙主编：《辛亥革命前后——盛宣怀档案资料选辑之一》，30、26 页。）

② 赵炳麟：《光绪大事汇鉴》卷 12，3 页。

③ 《大臣对于立宪之意见》，载《申报》，1906 年 9 月 4 日，第 2 版。

④ 《西报论中国新旧之争》，载《时报》，1906 年 11 月 4 日，第 1 版。

孙家鼐等人站在同一立场上的。① 因此，这两派从表面看来似有"进步"与"守旧"之分，但实际上双方斗争的焦点主要在于权势与利益关系，毋宁说这是在一定程度上相互对立的两个势力集团。这一点切切不可轻易放过。

就人员结构与政治利益进一步分析，便可以更清楚地看出这两派之间的微妙关系。在赞成派中，袁世凯是当然的主角，他提出责任内阁制正是包藏弄权的野心；徐世昌是袁氏亲信，张百熙是袁氏儿女亲家，那桐是袁氏拜把兄弟，世续与庆亲王奕劻很亲近，而奕劻只不过是袁氏手中的傀儡，袁世凯完全可以控制他们；载泽、端方自考察回国后便以新派人物著称，颇受时论注目②，他们也自命不凡，都希望通过宪政改革的机会扩充自己的权势，自然与号称改革派的袁氏气味相投。在反对派中，铁良以满族亲贵少壮派为反袁的急先锋，所谓"铁则铮铮"；醇亲王载沣因乃兄光绪皇帝的关系与袁世凯素来不和；荣庆、鹿传霖、王文韶、孙家鼐则位高能薄，昏庸守旧，以保存既有的权势为满足；最为深不可测的是瞿鸿禨。③ 瞿氏处世圆滑，表面上

① 详参拙著：《张之洞与清末新政研究》，306 页，上海，上海书店出版社，2003。

② 陶湘密报盛宣怀称："泽为留学生所迷，极力推陈出新，专为沽名钓誉起见。"（《齐东野语》，见陈旭麓、顾廷龙、汪熙主编：《辛亥革命前后——盛宣怀档案资料选辑之一》，28 页。）《申报》转述《字林西报》的报道云："端制军自奉命充考政大臣出洋游历后，阅历益深，人皆称之为中国最有才干、最为开通之人。"（《西报称美江督一缺之得人》，载《申报》，1906 年 9 月 6 日，第 3 版。）据袁世凯次子袁克文称，端方还是袁世凯"平生盟好中交最厚而最相推服者"。（袁克文：《辛丙秘苑·洹上私乘》，46 页，上海，上海书店出版社，2000。）

③ 据陶湘观察："政府中荣、铁一起，瞿则中立，鹿则如聋如瞆。"或曰："善化乃见机之流，定兴安于聋瞆，荣、铁守旧，而铁则铮铮。"又曰：官制改革廷议时，"寿州、仁和均不发一言。慈圣问及且不知，经同人在后知会，始同对具表同情"。（《齐东野语》，见陈旭麓、顾廷龙、汪熙主编：《辛亥革命前后——盛宣怀档案资料选辑之一》，26、28、29 页。按：此处荣、铁即荣庆、铁良，瞿、善化即瞿鸿禨，鹿、定兴即鹿传霖，寿州、仁和即王文韶、孙家鼐。）又据《时报》与《申报》报道，鹿传霖"为人忠厚有余，而于新政太形隔膜"。（《京师近信》，载《时报》，1906 年 10 月 13 日，第 2 版。）"王夔石（王文韶——引者注）相国对于改订官制之事不赞一词，自知将来必位置于元老院内。近日尝语向寅曰：我受恩深重，既不允准乞休，现在亦未感遽辞，然将来位置元老院后，尸位素餐，一无事事，彼时当决计告休归里矣。"（《王相国拟俟入元老院后乞休》，载《申报》，1906 年 10 月 30 日，第 4 版。）

像个中立的和事佬，其实暗中颇有决断。时论称："反对立宪及改革官制者，人皆知为荣、铁，荣、铁诚有之，然为之魁首者，实为瞿鸿機。荣、铁无大机智，瞿则变化百出，彼能利用庆邸。端之放江督，意在排出，以孤袁势。……此次总核官制之中有孙中堂者，亦彼之主意。彼最畏清议，而又能貌饰文明。此次举孙，盖欲以孙为傀儡，若有与新党为难之事，彼尽推诿之于孙而已，仍可置身事外。故世之语此次之阻挠者，荣、铁、孙皆及，而独不及瞿，其巧可知矣。"① 瞿鸿機堪称反对派的幕后指挥，以下还将论及。

至于这两派争斗的政治目的，则是很明显的。如果说袁世凯势力主张实行责任内阁制，目的是为了揽权，这已是公开的秘密，那么，以铁良为首的反对派又何尝不是如此呢？据《时报》报道："改官制一事，近日外间纷传大有阻力，诚有之，今为补述其原因。当时反对立宪，系铁为首，荣和之，后庆、袁极力主持，始定下立宪之诏。端、戴各人所拟总理大臣止有一人，因体察中国情形，添设副大臣一人。铁自揣总理必归庆邸，若自己要户部，则失副总理，若要副总理，则失户部。盖现下军机兵权财政握于一人之手，若实行改变，则自己止可得一而必失二，于是极力与庆、袁反对，实自计利害之心过胜耳。"② 铁良本来身兼军机大臣、会办练兵大臣与户部尚书数职，所谓"军机兵权财政握于一人之手"，官制改革之后既不可能捞到总理大臣一职，还可能失去一些重要兼职，如此得不偿失，因而跳起来反对也就不足为怪了。

双方斗争的情形主要表现在如下两个方面。

一是在高层之间直接交锋。

早在清廷宣布预备立宪之前，两派势力之间的冲突已是异常激烈，甚至影响到清廷关于立宪与否的决策。如时人所谓："改官立宪，铮铮

---

① 《京师近事之里面》，载《时报》，1906 年 11 月 24 日，第 1 版。
② 《京师近信》，载《时报》，1906 年 10 月 29 日，第 2 版。

（铁良）颇同阻挠，与东海（徐世昌）大为冲突，一时恐难定议。"①
端方自考察回国后，因力主立宪而被连连召见，又因太监李莲英的援
引，居然可以随时面见慈禧太后并长谈。但铁良却处处从中作梗。"铁
与端甚为反对，端能随时进见，铁竟能随时阻止，彼此权力均属两不
相下。"铁良对袁世凯本来心存芥蒂，又与袁氏"契友"端方不合，便
"不免因新旧而益形水火"。据说，袁世凯进京时，见到铁良便揶揄其
"大权独揽"，使铁良颇觉尴尬。不仅如此，袁氏在被召见时又面参铁
良"揽权欺君"，声称："若不去铁，新政必有阻挠。"庆亲王奕劻也附
和袁世凯，"力言铁之不是"，并称铁良为"聚敛之臣"。② 在清廷谕命
醇亲王载沣、军机大臣、政务处大臣、大学士和直隶总督袁世凯讨论
是否立宪的廷臣会议上，以庆亲王奕劻、张百熙、徐世昌、袁世凯为
一派，主张速行立宪；以孙家鼐、荣庆、铁良为一派，相应提出种种
问难，意在缓行。奕劻首先发言，主张"应决定立宪，从速宣布"。孙
家鼐起而抗辩，认为"变之太大太骤，实恐有骚然不靖之象"。徐世昌
继而宣称："惟大变之，乃所以发起全国之精神也。"孙家鼐仍然坚持
"宜慎之又慎乃可"。随后张百熙、荣庆、铁良、袁世凯等人相继出场，
双方针锋相对，争论颇为激烈。醇亲王载沣与瞿鸿禨虽貌似调和折中，
而实在缓行派之列。瞿鸿禨曰："故言预备立宪，而不能遽立宪也。"
载沣云："立宪之事，既如是繁重，而程度之能及与否，又在难必之
数，则不能不多留时日，为预备之地矣。"结果，双方在预备立宪的基
础上达成妥协，随后清廷宣布预备立宪。其实，这个局面也是来之不
易。自出洋考察政治大臣回国后，立宪声浪骤增，然反对派亦是声嘶
力竭，"其间大臣阻挠，百僚抗议，立宪之局，几为所动"。在一定程
度上可以说，清廷宣布预备立宪，无疑是号称立宪赞成派的奕劻、袁
世凯、载泽势力的政治胜利。如时论所谓："此次宣布立宪，当以泽公

---

① 《丙午七月初四日天津张委员来电》，见《张之洞存各处来电》第 80 函，
中国社会科学院近代史研究所图书馆藏档案（以下简称"所藏档"），甲 182-182。
按：引文中括号内容为引者所注。

② 陶湘：《齐东野语》，见陈旭麓、顾廷龙、汪熙主编：《辛亥革命前后——
盛宣怀档案资料选辑之一》，26 页。

等为首功，而庆王、袁制军实左右之。"① 显然，这为奕劻、袁世凯势力在预备立宪初期操纵官制改革奠定了一定的基础；但反对派势力之大也是不容忽视的，这又充分预示了官制改革的艰难与前途的微妙。

以责任内阁制为中心的中央官制改革，涉及清廷高层官员的既得权势与利益，冲突更是难免。《申报》有报道称："据政府某巨公言及，近因议改官制之事，诸大老每于奏对意见多歧，两宫颇以为虑。"② 对此，各种报刊多有记载，难免捕风捉影之处，亦属空穴来风，理有固然。陶湘密报有云："近来谣传纷杂，摘要而言，必以更官制为首。据说设内部、外部为各部之冠，吏、礼（以太常、鸿胪、光禄并入）、户（以工部之半及财政处并入）、兵改为军（练兵处、太仆寺并入）、刑改法（大理寺并入）、巡、学、商（工部并入）共八部（各部设丞、参、尚书一，侍郎二）。……或云，此系北洋主见，铁则不云然。以上皆近数日之谣说较入情入理者。昨闻日内即将宣布，且看如何。朝市之间莫不皇皇如。竟有人言戊戌将见者，未免过甚。然而不能说不扰乱也。"③ 官制改革已成时论焦点，主张改革者与反对派双方公开对立，致使政界人心惶惶，政海顿起波澜。

在中央官制改革中设立责任内阁，首先便直接触及了王公亲贵的权势与利益，这便引起袁世凯与醇亲王载沣及王公亲贵的冲突。据《申报》载北京专电云："日前会议官制，某亲王与直督袁宫保意见不合，大起冲突，由庆邸劝止。是以日昨召见军机，慈宫有'和衷共济，勿以意见误大局'之谕。"④ 这里的所谓"某亲王"，就是醇亲王载沣。载沣之所以与袁世凯在会议官制时"大起冲突"，一个重要的原因就是在改革中如何安置王公亲贵的问题上双方产生了矛盾。对此，《时报》有更明确的记载："闻议官制时，袁宫保创议，凡宗室王公贝子将军

---

① 《考政大臣之陈奏及廷臣会议立宪情形》，载《宪政初纲》（《东方杂志》临时增刊），"立宪纪闻"，3～5页，上海，商务印书馆，光绪三十二年十二月。

② 《面谕枢臣尽心王事》，载《申报》，1906年10月29日，第3版。

③ 陶湘：《齐东野语》，见陈旭麓、顾廷龙、汪熙主编：《辛亥革命前后——盛宣怀档案资料选辑之一》，27页。

④ 《本馆接某亲王与直督冲突专电》，载《申报》，1906年9月27日，第3版。

等，无行政之责任者，别设一勋贵院以置之，非奉旨派有差缺，不得干预行政事件。以此大触宗室王公之忌，怂恿小醇邸出与为难。是日会议时，醇邸至出手枪抵袁之前，谓：'尔如此跋扈，我为主子除尔奸臣。'幸庆邸急至，出而排解，风潮始息。袁于是有不欲与闻之说，其第一次具奏，申明凡无关行政司法之衙署，此次均不提议，盖恐再有阻力也。"① 显然，袁世凯本想闲置一般王公亲贵，却遭到激烈的抵抗，结果只能做出妥协让步，以尽量避免直接冲突。

设立责任内阁，同时又牵涉到旧内阁与军机处等中枢机构的存废问题，自然会触动原有内阁大臣、军机大臣甚至各部院大臣的权势与利益，这又必然引起袁世凯与铁良、荣庆等朝中政要的冲突。如时论所谓："议设内阁，最困难之一端，即为现时军机大臣无从安置，副总理仅有二席，故不免其中稍有阻碍。"② 其实，不仅军机大臣如此，其他如内阁大学士、各部尚书以及大小京官都面临着危机。据称："内阁即系以军机处及旧内阁两处合并而成，而旧之内阁及军机处均须消灭，其人员另筹安置，各部亦然。裁缺各尚书、中堂及大小京官等，均入枢密顾问院，其中无定员，盖仿英国枢密院制度也。不论官阶高下，

---

① 《京师近信》，载《时报》，1906 年 10 月 7 日，第 2 版。另据袁世凯与兄世勋书云："本月初六奉诏入京，在政务处共议立宪，弟主张立宪必先改组责任内阁，设立总理，举办选举，分建上下议院，则君主端拱于上，可不劳而治。不料醇王大起反对，不辨是非，出口谩骂。弟云：'此乃君主立宪国之法制，非余信心妄议也。'振贝子亦云，他曾出洋考察立宪国，政治井然，皆由内阁负责任所致。醇王闻言益怒，强词驳诘，不胜，即出手枪拟向余射放，幸其邸中长史深恐肇祸，紧随其后，见其袖出手枪，即夺去云。就此罢议而散，弟即匆匆反津。"（转引自张国淦《北洋军阀的起源》，见杜春和、林斌生、丘权政编：《北洋军阀史料选辑》上册，49 页，北京，中国社会科学出版社，1981。）按：关于载沣是否敢枪击袁世凯，后人有所怀疑。例如，张国淦在所引上述袁世凯与兄世勋书中便夹注："载澧〔沣〕不配有此作风，或是故甚其词。"再如，黄濬认为："世传袁世凯家书，言朗润园议官制时，载沣欲枪击世凯，予殊疑之，载沣庸讷，岂能持枪拼命者乎？"（黄濬：《花随人圣庵摭忆》，348 页，上海，上海书店出版社，1998。）当然，这些均是就载沣性格而言的推测之词，并不能否认袁世凯与载沣等王公亲贵之间因官制改革而产生的矛盾。

② 《京师近信》，载《时报》，1906 年 9 月 20 日，第 2 版。

惟以皇上之钦命得与列。"① 军机大臣铁良、内阁大学士荣庆是反对派的首领，他们"因皇上已颁发明诏，又不能反对立宪，是以翻然改变其宗旨，提倡急激之论，曰：'立宪非中央集权不可，实行中央集权非剥夺督抚兵权财权，收揽于中央政府则又不可。'坚持其议，确不可拔"。他们顾左右而言他，在官制改革中坚决提倡中央集权，以"剥夺督抚兵权财权"，显然是针对改革派领袖人物直隶总督袁世凯与两江总督端方而言的。袁、端则极力反对，认为："将督抚兵权财权收揽于中央以行集权之实，固非不可，但以中国现在情形论之，其事可言不可行，故此事暂缓议改，先自易于改革者著手，以徐及其难者。"袁、端之议得到庆亲王奕劻与镇国公载泽等人的赞同。双方"互相辨难，不得要领"。载泽气愤之下，递折参劾铁良等人挟私见持偏论以阻挠立宪，奕劻与袁世凯甚至密议拟将铁良外放。② 关于袁世凯与铁良等人的冲突，陶湘的密报有更形象的描述："初预廷议，本初（袁世凯）气概如虹，退后与铁（良）意见不合。铁有'如乃公所谓立宪，实与立宪本旨不合'之语。所谓冲突者，即由此。本初与领袖（奕劻）先后劾铁聚敛，已拟谕着荣（庆）、铁同出枢廷，忽然不应，本初始觉得有异。至二次集议，本初意兴稍衰，出而告人，有'我又何苦受人唾骂，京中事真不能办'等语。"③ 显然，袁世凯等人关于立宪与改官制的主张明显地受到铁良等人的制约。

二是操纵官场起哄。

官制改革涉及机构调整与人事变动，这势必引起强烈反弹。设立责任内阁，使旧内阁与军机处归并其中，各部院也将重新整合，尤其是都察院、翰林院等闲职衙门，更是面临存亡问题，将京朝各官推向出处进退之艰难抉择的边缘。御史、翰林等大小京官交章弹奏，本有维护自己切身既得权势与利益的动因，同时，又被朝中高层势力集团

① 《京师近信》，载《时报》，1906 年 9 月 22 日，第 2 版。
② 《各大臣对于改革官制之意见》，载《时报》，1906 年 9 月 30 日，第 3 版。
③ 陶湘：《齐东野语》，见陈旭麓、顾廷龙、汪熙主编：《辛亥革命前后——盛宣怀档案资料选辑之一》，29 页。按：引文中括号内容为引者所注。

在背后操纵利用，更是火上加油，使以袁世凯为首的官制改革派实在难以应对。

京朝各官弹奏的内容是首先值得关注的。据《时报》记载："日来劾编制馆者，计有二十余折，其中以赵炳麟、刘汝楫、文海等为最可笑。赵折有'皇太后皇上何忍以祖宗数百年经营缔造之天下一旦败坏于数十乳臭小儿之手'，并谓'此次改官制其危险不测实甚于戊戌'云云。刘折则专指总理大臣而言，谓'高宗亮谅三年不言，百官总已听于冢宰，伊尹、霍光之事，皆古来置总理大臣之明效'云云。文折则言立宪有六大错。其余类乎此种议论者甚多。尚有某侍御一折，则专表扬军机处制度之美善，千万不可更张。迎合无耻，可谓极矣。"① 又据故宫博物院明清档案部编《清末筹备立宪档案史料》统计，御史、翰林、内阁学士等京朝各官反对官制改革奏折（呈文）共有 26 件。② 综合起来考察，这些奏折或呈文约略可分为三个层次。

第一，从根本上反对立宪。内阁学士文海指责立宪有六大错，尤其是去掉军机大臣而设"大总理"，更是"有削夺君主之权"的嫌疑，因此建议即行裁撤厘定官制馆，并命袁世凯速回直隶总督本任。③ 内阁中书王宝田、户部笔帖式忠文、户部郎中李经野、兵部员外郎马毓桢等公呈，列举立宪改官制有"大谬者四端，可虑者六弊，不可不防者四患"，认为设内阁总理取代军机大臣，是"名为复内阁之旧，而实

---

① 《记改革官制之最近见闻》，载《时报》，1906 年 11 月 10 日，第 1 版。

② 参见故宫博物院明清档案部编：《清末筹备立宪档案史料》上册，123～128 页，御史赵炳麟折；139～140 页，内阁学士文海折；151～162 页，内阁中书王宝田等呈；406～415 页，户部员外郎闵荷生呈、候选道许珏呈、翰林院侍读柯劭忞折、翰林院撰文李传元折、御史蔡金台折；418～448 页，翰林院侍读学士周克宽折、御史刘汝骥折、御史王步瀛折（2 件）、御史杜本崇折、御史张瑞荫折、御史石长信折、吏部主事胡思敬呈、御史张世培折、御史赵炳麟折、御史叶蒂棠折；449～461 页，御史涂国盛折、御史王诚羲折、内阁学士麒德折、刑部郎中陈毅呈、翰林院撰文李传元折、御史联魁等折、御史史履晋折。

③ 《内阁学士文海奏立宪有六大错请查核五大臣所考政治并即裁撤厘定官制馆折》，见故宫博物院明清档案部编：《清末筹备立宪档案史料》上册，139～140 页。

以借以自便其私"，"阳以分军机之任，而实阴以夺朝廷之权"。① 候选道许珏认为：改官制有名无实，无益于国计民生，而立宪更不合中国实情，所谓"中西立国不同，即日本同处亚东，其宪政亦非尽可仿行"。② 因清廷已公开宣布预备立宪，故仍然明确提出这方面的反对意见者较少。

第二，反对全面官制改革，主张维持旧制，或少改、缓改。清廷预备立宪以改官制为先，官制改革直接涉及京朝各官的既得权势与利益，故这方面的反对意见最多。翰林院侍读学士周克宽、吏部主事胡思敬、御史张世培、内阁学士麒德认为，不可轻易改革官制而放弃旧章。例如，周克宽说："我朝官制，经列祖列宗参考数千年圣君贤相之遗，因革损益，折衷至当，自非才德优于列圣，何敢轻议更张。""改官制为行宪政，即官制不改，亦断无妨害宪政之官，破坏宪政，何必多一纷更之迹，转致难为阻碍之防。"③ 麒德认为："只应就中国旧有之官制悉心分别，孰为当因，孰为当革，初不必尽取外国之名称强为粘合。"④ 户部员外郎闵荷生、御史杜本崇、御史叶芾棠主张官制不可多改，如杜本崇说："然欲举数百年之官制，凡关于司法、行政者，务尽扫除而更张之，则官府上下荡无所守，人心惶惑，纲纪日隳，徒暂快言者之意，而其害上及国计，下逮民生，有不可胜言者。"⑤ 翰林院侍读柯劭忞、翰林院撰文李传元、御史涂国盛、御史联魁等认为改官制不宜太急，主张缓改。例如，李传元指责编制馆匆促草率，他说："自开馆以来未及两月，即已将各部院官制草定，为期已不免过促。又

① 《内阁中书王宝田等条陈立宪更改官制之弊呈》，见故宫博物院明清档案部编：《清末筹备立宪档案史料》上册，152、157 页。
② 《候选道许珏陈言宜先清吏治呈》，见故宫博物院明清档案部编：《清末筹备立宪档案史料》上册，409 页。
③ 《翰林院侍读学士周克宽奏更改官制只各易新名实不如旧制折》，见故宫博物院明清档案部编：《清末筹备立宪档案史料》上册，419、421 页。
④ 《内阁学士麒德奏请徐图立宪不可轻改官制折》，见故宫博物院明清档案部编：《清末筹备立宪档案史料》上册，453 页。
⑤ 《御史杜本崇奏更改官制不宜全事更张折》，见故宫博物院明清档案部编：《清末筹备立宪档案史料》上册，425 页。

闻馆中秉笔者不过数人，虽有各部司员派往会议，亦只随同签稿而已。夫以三四人之精力，数十日之期限，遽欲将中西官制异同得失，钩棘难理之事，一一研核详审，虽有兼人之长者，恐亦不能自信，况秉笔者未必皆谙习掌故，洞达中西之人乎。"① 其他如御史王步瀛奏请户刑两部事繁，勿轻拟裁员，御史石长信奏请将政务处并入内阁，其他官制勿大更张，御史王诚羲奏请更改官制应分未立宪与既立宪两期次第推行，刑部郎中陈毅建言亟应保存礼部，等等。这些均从不同角度对官制改革提出了反对意见。

第三，反对实行责任内阁制。御史刘汝骥、赵炳麟认为，设立内阁总理大臣，有损君权。刘汝骥把总理大臣比作古代中国的丞相与近代欧美的总统，认为君主无责任而由总理大臣任之，将导致总理专权，后果不堪设想。他说："万一我皇太后、皇上信任过专，始因其小忠小信而姑许之，继乃把持朝局，紊乱朝纲，盈廷诺诺，惟总理大臣一人之意旨是向，且群以伊、周颂之，天下事尚可问乎。"② 赵炳麟连上两折驳论。第一折统论君主立宪制的流弊，认为一切大权授诸二三大臣，将形成朝廷"内外皆知有二三大臣，不知有天子"的大臣陵君局面，即所谓"大臣专制政体"。第二折针对新编内阁官制逐条进行辩驳，认为其根本宗旨所谓"内阁政务大臣辅弼君上代负责任"一语"非常狂悖"，所拟阁议制度将使内阁控制朝政，不知"将置朝廷于何地"，而内阁总理大臣又"明居行政之名，而阴攘立法、司法之柄"，即实际上将统辖行政、立法、司法三权，"若据此推行，恐大权久假不归，君上将拥虚位"。③ 御史蔡金台、史履晋主张用议院监督内阁，防止内阁专权。蔡金台认为，官制改革仿照西方组织内阁，使内阁之权大增，"则

---

① 《翰林院撰文李传元奏厘定官制不能过促折》，见故宫博物院明清档案部编：《清末筹备立宪档案史料》上册，457 页。

② 《御史刘汝骥奏总理大臣不可轻设以杜大权旁落折》，见故宫博物院明清档案部编：《清末筹备立宪档案史料》上册，422 页。

③ 《御史赵炳麟奏立宪有大臣陵君郡县专横之弊并拟预备立宪六事折》《御史赵炳麟奏新编官制权归内阁流弊太多折》，见故宫博物院明清档案部编：《清末筹备立宪档案史料》上册，124～125、438～439、442 页。

必仿其行政议政分途对峙之制，而以监督之权付之议院"①。史履晋说："议院可以监督政府，则政府有所顾忌，不甘蒙蔽以营私。"所以，应先立议院，后设内阁。"倘未立议院，先立内阁，举立法、司法、行政三权握于三数人，则政府之权愈尊而民气不得伸，民心无由固，不但立宪各国无此成法，亦大失谕旨庶政公诸舆论之本意矣。"② 赵炳麟也主张议院与内阁并设。他认为，西方各国与日本采用责任政府制度，而仍能保障君主尊荣，是因为有议院为之监督。"政府钳制议院，议院亦监督政府，政府有解散议院之权，议院亦有纠弹政府之权，且有拒绝政府提议并否决岁费之权，上下相维，而其皇室尊严转居定位，固非一任政府操无上之权而莫之或问也。"正是议院与政府相互牵制，可以使君主权力不至下移。"无论如何，必使上下议院与责任政府同时设立，以免偏重……而政柄之倒持，权臣之专国，可自此而息。"③ 御史张瑞荫则极力赞美军机处，甚至认为军机处尽善尽美，不可改易，而内阁则是"权臣"的温床。"军机处虽为政府，其权属于君，若内阁则权属于臣，不过遇事请旨耳"，"用人偶失，必出权臣"，因而主张保存军机处，以维护君权。④ 责任内阁制是中央官制改革的核心，这方面的反对意见虽然不算太多，却直接影响了责任内阁制的命运乃至于中央官制改革的成败得失。例如，在清廷宣布官制改革结果后，时论以为："厘订官制之折奏内本有改并内阁、军机处之条，嗣因御史赵炳麟等奏谓新内阁之总理大臣权势太重，慈宫览奏大为动容，故内阁、军机处均未更动。"⑤ 御史弹奏的效力之大，由此可见一斑。

---

① 《御史蔡金台奏改革官制宜限制阁部督抚州县权限折》，见故宫博物院明清档案部编：《清末筹备立宪档案史料》上册，412页。

② 《御史史履晋奏改革官制宜先州县后京师并先立议院后立内阁折》，见故宫博物院明清档案部编：《清末筹备立宪档案史料》上册，461页。

③ 《御史赵炳麟奏新编官制权归内阁流弊太多折》，见故宫博物院明清档案部编：《清末筹备立宪档案史料》上册，441、443页。

④ 《御史张瑞荫奏军机处关系君权不可裁并折》，见故宫博物院明清档案部编：《清末筹备立宪档案史料》上册，429～430页。

⑤ 《新官制事宜三志·内阁军机处》，载《申报》，1906年11月18日，第2版。

京朝各官纷起弹奏的动因，尤其是其背后的操纵力量，是更值得进一步分析的。官制改革是权力重新配置的过程，势必触动京朝各官的既得利益，这自然是其起而反对的直接动因。御史吴钫曾言："大小臣僚相与议论，皇然有不安其位之虑则何也。以习俗之相沿既远，而利害之系于身者至切也。""士大夫以官为生者，十之七八，势至无以为生，必出全力以相抵制。"① 虽然如此，但是，预备立宪以改官制为先，业已见诸煌煌上谕，何以仍是交相攻击？其背后的原因更可深为探究。以铁良、荣庆为首的王公大臣是极力反对责任内阁制的，正是这个反对派势力集团暗中操纵官场起哄，其目的非常明显，就是要对付袁世凯势力。正如亲历其事的曹汝霖日后回忆所说："亲王大臣等，对责任内阁多持反对……其实目的，只恐项城为总理而已。"② 政见分歧尚在其次，权势之争才是主要的。

早在载泽等人考察回国后倡议立宪之初，铁良、荣庆就授意都察院左都御史（又称"总宪"）陆宝忠，暗中运动御史等京官起而反对。"自泽公上密陈大计一折，荣、铁两军机衔之甚深，授意陆宝忠运动许珏、文海、周克宽、刘汝骥、柯绍忞、王步瀛、张瑞荫、杜本崇、蔡金台等，交章弹劾。大率以泽公主持立宪，误国病民，先后封事十数上。"③ 官制改革开始后，都察院的存废问题也被提上议事日程。据说，袁世凯、端方本来主张裁并都察院，载泽则主张存留，庆亲王奕劻也深以不改动为然，"恐言官因此疑忌或至鼓噪，两宫圣意亦欲保存此衙门，故决议不提议"④。但是，反对派却以此为口实，乘机运动御史起哄。据《时报》记载："裁都察院之议起，台谏人人自危；加以枢垣各有授意，谓上头意思本来活动，尔等有话只管说。于是参奏改制，每日必数起，皆发交编制大臣阅看。大旨皆攻破组织内阁之说，绝无

① 《御史吴钫奏改官制宜筹安置汰员以消立宪阻力折》，见故宫博物院明清档案部编：《清末筹备立宪档案史料》上册，404、405 页。
② 曹汝霖：《一生之回忆》，57 页，香港，春秋杂志社，1966。
③ 《京师近信》，载《时报》，1906 年 10 月 24 日，第 2 版。
④ 《京师近信》，载《时报》，1906 年 10 月 22 日，第 2 版。

一折为改革党之助者。"① "都察院各御史交章劾官制之原因，实出于总宪陆宝忠所授意。陆于新政，嫉之若仇，曾于都察院衙门接见所属各御史，就长桌上对大众昌言'必须各人有折反对，始能谓之尽职'。一时揣风气者，闻风兴起，始有如是踊跃离奇之文字，百出不穷。盖总宪有考核之权，言官既有所惮，复有所冀，多有言出违心、无可如何者。"②可见，御史交章攻击官制改革，是由都察院总宪陆宝忠所授意，陆的背后又有"枢垣"即军机大臣铁良、荣庆，而其总的幕后指挥则是瞿鸿禨，所谓"运动南城御史纠弹阻挠，皆瞿计也"③。

当然，铁良、荣庆、瞿鸿禨等清廷高层暗中运动御史等京官反对官制改革，本属极为隐秘之事，因限于资料，具体情节实难指证。不过，有三个事例可为参证。其一，内阁中书王宝田、户部郎中李经野、户部笔帖式忠文、兵部员外郎马毓桢赴都察院联名具呈请代奏折，痛陈立宪与改官制之弊，陆宝忠认为其条陈"虑远思深，语皆剀切"。"其引日本、英、德、俄各国立宪情弊，极为透切，所谓以子之矛刺子之盾；其论改官制之不学无术，语尤沉痛。计四十开。近今封事当以此为第一，不知两宫能虚衷细览否？"④ 陆宝忠在代奏时特地致函瞿鸿禨，"写三笺与玖老，姑尽吾心而已"。其函恳请瞿氏向慈禧太后说项，有谓："前日有内阁中书王宝田、户部郎中李经野等四人，赴台呈请代递封事，语皆征实，洋洋数万言。大臣不言，而小臣言之，汗颜无地。……篇幅较长，恐慈圣年高，不耐披览，倘细绎其言，似必可动听；相公造膝时，能为略申其意，俾达宸聪，亦转圜之一道也。"⑤ 其二，给事中陈田参劾奕劻、袁世凯庸臣误国、疆臣跋扈，称："奕劻庸污，引直隶督臣袁世凯为心腹，世凯以组织内阁为名，挟制朝廷，非将君主大权潜

① 《京师近信》，载《时报》，1906年11月8日，第2版。
② 《记改革官制之最近见闻》，载《时报》，1906年11月10日，第1版。
③ 《京师近事之里面》，载《时报》，1906年11月24日，第1版。
④ 陆宝忠：《丙午日记》下册，光绪三十二年八月二十四日、二十六日、二十七日。此日记由马忠文先生提供，特此感谢。
⑤ 《陆宝忠致瞿鸿禨》，转引自中国社会科学院近代史研究所图书馆供稿：《瞿鸿禨朋僚书牍选》（上），见中国社会科学院近代史研究所《近代史资料》编辑部编：《近代史资料》总108号，21页，北京，中国社会科学出版社，2004。

移于世凯手不止。"① 事后，慈禧太后召见军机大臣，其奏对情形《时报》略有记载："陈田揭参庆邸。太后问军机：陈田何人？荣庆对：系奴才同年，人极忠诚，名誉极好。铁良云：现在他们拟裁御史，若使裁去，老佛爷安能知此事？庆邸不敢发言。瞿鸿禨云：奕劻亦何至负恩如此！太后颔之。因此事而改官制事遂不能不委曲迁就矣。"② 荣庆、铁良、瞿鸿禨一齐为陈田说话，尤其铁良，还有意直接点出了"现在他们拟裁御史"的后果问题，可见其对御史们反对奕劻、袁世凯的行为是极力支持的。其三，吏部主事胡思敬是反对官制改革的急先锋，他的行为得到了保守派孙家鼐的直接支持。他先上呈不可轻易改革官制疏，得到孙家鼐的褒扬。孙家鼐还利用其总核官制大臣的职务之便，将尚未公布的编制官制草案给他阅看，以便其对症下药，做进一步的攻击。胡思敬果然不负所望，迅速草拟《丙午厘定官制刍论》一书，对新编官制草案"逐条指驳"。③ 这是颇有意味的。

不仅如此，反对派还有意煽动宫监闹事。内廷宫监是皇室近侍，地位虽卑，能量不小，甚至有通天之力。铁良、荣庆"因思宫监之权力甚是可畏"，便散布裁撤宫监的谣言，以为阻扰立宪之力。他们"扬言于众曰：中国既成立宪，则所有宫监当悉屏黜，不能复享前时之荣幸。致使宫监太为惊惶，佥愿辅助二人以破坏此立宪政策"④。宫监闹事虽然难起大的波澜，却可以直接影响清廷最高统治者慈禧太后的行止，这不能不在某种程度上干扰立宪与改官制的进程。据《时报》记载："裁内监之议起（实则绝无此说）。一日，太后出，太监百余人环跪哭求，谓：外间均欲逐去奴才等，乞老佛爷念奴辈服侍已久，开恩赐留。太后惊诧，谓：我未听见有此话，如他们必须逐去尔等，是太与我过不去（日前所传太监环袁而争系误传）。此亦阻力之一大原因

---

① 转引自赵炳麟：《光绪大事汇鉴》卷 12，8 页。
② 《京师近信》，载《时报》，1906 年 10 月 29 日，第 2 版。
③ 胡思敬：《上孙相国书》，见《丙午厘定官制刍论》附录，16 页。
④ 《西报论中国新旧之争》，载《时报》，1906 年 11 月 4 日，第 1 版。

也。"① 此事虽属谣传，然并非事出无因。据陶湘密报，端方本来提议裁撤宫监，得到载泽等人的附和。"内监大危，终日在慈圣处泣诉，并谗以许多不相干之谈论。宵旰忧勤，真至废寝忘食。"慈禧太后甚至慨叹："我如此为难，真不如跳湖而死。"袁世凯等人见事态严重，方才决议内务府及内三院、宗人府等与政治无关得失者一概不议，"上意稍释"。②

面对反对派的攻击，改革派被迫做出辩解。"世凯连上三疏促之，太后召见切责，世凯恐，遂以阅南北新军会操为词，即日出京。"③ 载泽也上折辩明设立内阁总理大臣之意，认为："内阁之设，实各部尚书会合而成，人数且视今日军机大臣而加倍，不过设总理大臣与左右副大臣为之表率，以当承宣诏旨之责。若夫天下大政出自亲裁，彼固不得而专之也；部院大臣皆由特简，彼固不得而私之也。而又有重臣顾问于上，以备要政之谘询；言路纠弹于下，而为公共之监视。法制之密，实过于前。何嫌何疑故作影响之词以为淆惑之地乎？"④ 载泽还恳请召见，面奏一切，但"折上留中，亦无召见消息，惟由内监传旨谓'圣躬不甚快愉'而已"⑤。显然，反对派的言论已经打动慈禧太后，这对改革派是极为不利的。

尽管如此，以奕劻为首的总司核定官制大臣在审核袁世凯等人草拟的官制草案时，只是做了一些无关紧要的改动，如改财政部为度支部，改交通部为邮传部，去掉典礼院之名而恢复礼部，删除行政裁判院和集贤院⑥，而仍然保存责任内阁制。

---

① 《京师近信》，载《时报》，1906 年 11 月 8 日，第 2 版。按：关于"太监环袁而争"的报道见《时报》1906 年 10 月 7 日第 2 版。

② 陶湘：《齐东野语》，见陈旭麓、顾廷龙、汪熙主编：《辛亥革命前后——盛宣怀档案资料选辑之一》，29 页。

③ 赵炳麟：《光绪大事汇鉴》卷 12，第 8 页。

④ 中国第一历史档案馆编：《光绪朝朱批奏折》，第 33 辑，53 页，北京，中华书局，1995。

⑤ 《记改革官制之最近见闻》，载《时报》，1906 年 11 月 10 日，第 1 版。

⑥ 《更革京朝官制大概情形》，载《宪政初纲》（《东方杂志》临时增刊），"立宪纪闻"，7 页，上海，商务印书馆，光绪三十二年十二月。

1906 年 11 月 2 日，奕劻等人将已核定的官制草案上奏朝廷，宣称"此次改定官制既为预备立宪之基，自以所定官制与宪政相近为要义"，因而主张实行责任内阁制。具体办法是：设内阁总理大臣一人，左右副大臣各一人，以各部长官为内阁政务大臣；中央设十一部，依次为外务部、吏部、民政部、度支部、礼部、学部、陆军部、法部、农工商部、邮传部、理藩部，各部设一尚书、两侍郎；内阁之外另设五院一府，即集贤院、资政院、审计院、行政裁判院、大理院和军谘府。① 同日，作为总司核定官制大臣之一的大学士孙家鼐单衔上奏，主张改官制"当从州县起，而京朝百官犹其后焉者也"②，有意避重就轻，视中央官制改革为缓途。这是一个不祥的信号。果然，11 月 6 日，清廷正式公布新的中央官制，并没有采用责任内阁制，而是仍然保留了旧的内阁和军机处，各部院的设置则基本上采用上述奕劻等人的奏折。③ 这个结果使袁世凯"大失所望"。个中缘由主要是袁世凯的过分张扬，不仅引起多方面的反对与攻击，而且使清廷也对他产生了怀疑和不满。"本初此番入都，颇露跋扈痕迹，内廷颇有疑心。"④ 这其中一个颇为重要的关节是瞿鸿禨的作用。

本来，袁世凯欲乘官制改革之机推行责任内阁制，以便通过以奕劻为总理大臣而揽权，"鸿禨知其意，隐沮之，言路亦陈其不便，孝钦采鸿禨之议，仍用军机处制"⑤。此所谓"鸿禨之议"，可以他的一份《说帖》为证。他认为："日本以内阁居首，亦采中制。欧洲各国不名内阁，其以一员总理，则同我朝以军机处为行政总汇，其义亦未尝不

---

① 《庆亲王奕劻等奏厘定中央各衙门官制缮单进呈折附清单二》，见故宫博物院明清档案部编：《清末筹备立宪档案史料》上册，462～471 页。

② 《大学士孙家鼐奏改官制当从州县起并请试行地方自治折》，见故宫博物院明清档案部编：《清末筹备立宪档案史料》上册，461 页。

③ 中国第一历史档案馆编：《光绪宣统两朝上谕档》，第 32 册，196～197 页。

④ 陶湘：《齐东野语》，见陈旭麓、顾廷龙、汪熙主编：《辛亥革命前后——盛宣怀档案资料选辑之一》，31 页。

⑤ 汪诒年：《汪穰卿先生传记》，见章伯锋、顾亚主编：《近代稗海》，第 12 辑，264 页，成都，四川人民出版社，1988。

同军机处。"因此，他主张原有军机处与内阁照旧。① 这显然是对袁世凯等人所主张的把军机处归并内阁以设立责任内阁的反对。总司核定官制大臣本有奕劻、孙家鼐、瞿鸿禨三人，名义上以奕劻为首，实际上起关键作用的是瞿鸿禨。"议改官制，领袖（奕劻）暨寿阳（孙家鼐）、九公（瞿鸿禨）为督理。寿阳本守旧，领袖则向来无可无不可，故一切均九公专主。"② 瞿鸿禨也曾向人询问过英国责任内阁制问题，但他并未公开表态。"瞿对此事，甚为缄默，故外人未之知也。"③ 瞿鸿禨久历政坛，处世圆滑老到，如时论所谓"瞿氏周旋于两党之间，无所反对，将来无论何党胜，瞿氏必不败"④。时人评论其"为人向系阴险一路"，甚至"以阴鸷詈"之。⑤ 再加上他深得慈禧太后宠信，更是有恃无恐，如陈夔龙所谓"善化得君最专，一意孤行"⑥。官制改革中，与改革派正面冲突的主要是铁良、荣庆等人，瞿鸿禨则一般活动在幕后。他善于与袁世凯等人虚与委蛇，甚至阳奉阴违。"文慎（瞿鸿禨——引者注）总司核定，隐操可否之权，袁亦知之，曾密请先示意旨，文慎阳为推让，袁不疑也。及奏上，竟用文慎言，不用内阁总理制。"⑦ 正如当时与瞿处于同一阵线的张之洞致电鹿传霖所说："此次内官改制，全赖止老（瞿鸿禨——引者注）默运挽回，功在社

---

① 瞿鸿禨：《复核官制说帖》，转引自周育民整理：《瞿鸿禨奏稿选录》，见中国社会科学院近代史研究所《近代史资料》编辑部编：《近代史资料》总83号，35页，北京，中国社会科学出版社，1993。

② 陶湘：《齐东野语》，见陈旭麓、顾廷龙、汪熙主编：《辛亥革命前后——盛宣怀档案资料选辑之一》，30页。按：引文中括号内容为引者所注。

③ 丁士源：《梅楞章京笔记》，见荣孟源、章伯锋主编：《近代稗海》，第1辑，443页，成都，四川人民出版社，1985。

④ 《京师近信》，载《时报》，1906年11月8日，第2版。

⑤ 《陶湘致盛宣怀函》，见陈旭麓、顾廷龙、汪熙主编：《辛亥革命前后——盛宣怀档案资料选辑之一》，46页。

⑥ 陈夔龙：《梦蕉亭杂记》卷2，26页，上海，上海古籍出版社，1983。

⑦ 一士：《清光绪丁未政潮之重要史料——袁世凯致端方之亲笔秘札》（续），载《国闻周报》第14卷第6期，1937年2月1日，75页。

稷。"① 此所谓"默运挽回"颇为传神，恰是瞿鸿禨在中央官制改革中所起幕后作用的真实写照。

当然，最后还要看慈禧太后的态度。应该说，当时她对立宪与改革官制在一定程度上都是赞成的，否则这些举措是不会有任何进展的。当京朝各官攻击载泽主持立宪将误国病民时，"两宫意未少动，并面谕泽公'勿避谗谤，勿辞劳怨'"②。当都察院御史纷纷上奏反对官制改革，攻击责任内阁制，指责"内阁总理之权太重，必至权臣跋扈，并行鳌拜等历史"时，"廷意尚为坚定，不甚置意"③，"并谕令'不可为浮言所摇夺'"④。尽管如此，但慈禧太后对官制改革的赞成还是有一定限度的。在反对派强大的攻势之下，她不得不与改革派保持一定的距离。"近日泽公请见并不叫起，并有传旨叫载泽'不要太多说话'，泽公乃不敢再有所陈奏矣。"当张百熙召对必须"大行改制"时，慈禧太后无奈地表示："我并非不愿，不过要你们细细推求，不可造次。现在参折虽多，汝等亦不必因此游移，惟愿尔等以此事重大，须十分子细耳。"⑤ 显然，慈禧太后从根本上乃属缓改派之列，其对张百熙等改革派的相对激进的主张是有所保留的。虽然她因并不想背着顽固派的恶名而在某种程度上赞成立宪与改革官制，但权力欲望极强的她同样不想看到如反对派所谓实行责任内阁制将导致皇室大权旁落的后果。诚如是，则其反对责任内阁制自在情理之中，而丙午官制改革时责任内阁制流产也就不足为怪了。⑥

---

① 张之洞：《丙午十一月十八日致京吏部大堂鹿尚书》，见《张之洞电稿》，所藏档甲 182-471。

② 《京师近信》，载《时报》，1906 年 10 月 24 日，第 2 版。

③ 《京师近信》，载《时报》，1906 年 10 月 22 日，第 2 版。

④ 《记改革官制之最近见闻》，载《时报》，1906 年 11 月 10 日，第 1 版。

⑤ 《京师近信》，载《时报》，1906 年 11 月 8 日，第 2 版。

⑥ 据说，丙午官制改革时清廷最后放弃责任内阁制，"是瞿鸿禨揣测西太后意旨于独对时决定的"。参见张国淦：《北洋军阀的起源》，见杜春和、林斌生、丘权政编：《北洋军阀史料选辑》上册，49 页。

## 二、光宣交替间的政争与阁制问题

光绪末年宣统初年，从丁未政潮到袁世凯开缺前后，各派势力政争不已，政局波谲云诡，政潮迭起。这是以往学界关注较多的历史现象。但这一时期的责任内阁制问题及其与各种派系政争的关系，却是以往学界关注不够而有所忽视的领域。下面拟对此略做史实钩沉，以揭示丙午官制改革后阁制问题余波未已的历史面相，由此可见历史看似断裂之处却仍有某种连续性因子存在的驳杂现象。

1906 年 11 月 6 日，清廷在宣布中央官制改革方案的同时，还对军机处成员做了重大调整：铁良、荣庆、鹿传霖、徐世昌开去军机大臣，专管部务；庆亲王奕劻、瞿鸿禨仍为军机大臣，世续补授军机大臣，林绍年在军机大臣上学习行走。① 这种人事变动是改革派与反对派双方权力斗争与妥协的结果。官制改革中，由于瞿鸿禨的暗中运动，袁世凯企图借责任内阁制而揽权的幻想破灭，对他无疑是一大打击。但是，军机大臣人员的调整，又使反对派力量遭受一定的损失，这在某种程度上可以说是对袁派势力的补偿。原有军机大臣 6 人，袁派仅有庆亲王奕劻、徐世昌 2 人，反对派则有铁良、荣庆、鹿传霖、瞿鸿禨 4 人。通过这次人员调整，反对派主将铁良、荣庆及守旧人士鹿传霖与袁世凯亲信徐世昌同出军机处，而新进军机处的世续亲近奕劻，林绍年为瞿鸿禨所援引，其结果使双方至少在人数上达到 2∶2 的对等平衡。当然，双方的实际权力则又另当别论，这与清廷最高决策者慈禧太后的好恶密切相关。

慈禧太后惯用的统治术，即凌驾于各派政治势力之上，操纵其间，利用各方矛盾冲突，寻求制衡，以保持自己的权势，并维持政局的稳定。本来，袁世凯以直隶总督兼北洋大臣的资格进京参与官制改革，就是慈禧太后的特殊恩宠。但是，在官制改革过程中，袁氏竟然有点忘乎所以，表现过分张扬，使清廷颇生疑心和不满。据说，"七月中有

---

① 《电传上谕》，载《申报》，1906 年 11 月 8 日，第 2 版。

日，卧雪（袁世凯——引者注）召见时，慈圣云：'近来，参汝等之折有如许之多，皆未发出。'照例应碰头，而卧雪以为系改官制之参折，即对称：'此等闲话，皆不可听。'（粗率逼真）慈圣色为之变。后来领袖（奕劻——引者注）进去，慈谕：'某臣如此，将何为？'适其时卧雪欲督办东三省、豫、东、直等省训练事，慈更生疑，渐用防范之策"①。其"防范之策"，就是利用瞿鸿禨等反对派力量，制衡袁世凯势力。结果，由于慈禧太后的示意，通过瞿鸿禨等人的运动，清廷不仅粉碎了袁世凯的责任内阁制迷梦，而且随后还开去其参预政务、会办练兵事务、办理京旗练兵、督办电政、督办山海关内外铁路、督办津镇铁路、督办京汉铁路、会议商约等各项兼差，并将北洋六镇中的第一、第三、第五、第六镇划归新设立的陆军部统辖，只留第二、第四镇由袁世凯"调遣训练"。此举使袁世凯"面子大不好看，心境甚为恶劣"②。更有甚者，瞿鸿禨"恃慈眷优隆，复拟将首辅庆邸一并排去"③。正是在慈禧太后的支持下，瞿鸿禨援引两广总督新任邮传部尚书岑春煊为奥援，进一步打击奕劻、袁世凯势力。瞿鸿禨电召岑春煊进京，"盖欲于此时内外夹击，将庆推倒，以岑代袁，己亦可代庆矣"④。岑春煊抵京后，连连被慈禧太后和光绪皇帝召见，多次面奏，极力攻击奕劻、袁世凯，认为"近年亲贵弄权，贿赂公行，以致中外

---

① 陶湘：《齐东野语》，见陈旭麓、顾廷龙、汪熙主编：《辛亥革命前后——盛宣怀档案资料选辑之一》，34 页。

② 陶湘：《齐东野语》，见陈旭麓、顾廷龙、汪熙主编：《辛亥革命前后——盛宣怀档案资料选辑之一》，31 页。袁世凯：《恳恩开去各项兼差折》《陆军各镇请分别归部直统辖督练片》，见天津图书馆、天津社会科学院历史研究所编，廖一中、罗真容整理：《袁世凯奏议》下册，1417～1420 页，天津，天津古籍出版社，1987。另据报道："袁宫保此次辞去要差之原由，闻系秋操复命召见时力陈改革官制办法，太后谓其权势太重，颇事疑忌。袁随对庆邸言：精力不及，差事太多，大部既有不能兼差之条，彼似亦应息肩，前此屡辞，朝命未允，尚求王爷代求云云。庆邸谓：且俟官制发表后再说。故日前有辞去八要差之举，盖践前此之言也。"（《京师近信》，载《时报》，1906 年 12 月 1 日，第 2 版。）

③ 陈夔龙：《梦蕉亭杂记》卷 2，26 页。

④ 《丁未五月初九日京高道来电》，见《张之洞存各处来电稿》第 2 函，所藏档甲 182-445。

效尤，纪纲扫地，皆由庆亲王奕劻贪庸误国，引用非人。若不力图刷新政治，重整纪纲，臣恐人心离散之日，强欲勉强维持，亦将挽回无术矣"，并表示自己"不胜犬马恋主之情，意欲留在都中为皇太后、皇上作一看家恶犬"。① 不料，奕劻、袁世凯势力先反戈一击，他们暗中以重金贿买翰林院侍读学士恽毓鼎，指示其具折参劾瞿鸿機"暗通报馆，授意言官，阴结外援，分布党羽"②。结果瞿被开缺回籍，岑也被迫退隐沪上。此即所谓"丁未政潮"。

丁未政潮后，奕劻、袁世凯势力再度膨胀，这是垂暮之年的慈禧太后不得不深以为患的。为了寻求新的权力平衡，慈禧太后采取了一系列应对措施。一方面，用载沣对付奕劻。就在瞿鸿機被开缺回籍后两天，清廷谕令调醇亲王载沣入军机处，为在军机大臣上学习行走，其目的显然是"希望分奕劻的权"，然而"载沣谨小慎微，尚有父风，而才具平庸，尤乏手腕，岂是奕劻的对手，徒成其为'伴食中书'而已"。③ 对付奕劻，这种措施虽然并非有效，但无论如何，这已预示着日后载沣的发迹。另一方面，用张之洞牵制袁世凯。调袁世凯入军机处为军机大臣兼外务部尚书，去掉其直隶总督兼北洋大臣之职，实为明升暗降之法；同时又调张之洞入军机处，显然是希图对袁加以牵制。要想制约袁世凯势力的膨胀，资望远在袁氏之上的张之洞自然是较为合适的人选。当时，慈禧太后"时有'还是张某老成之见'之褒"④，可见张氏在其心目中的分量。当然，这些只不过是慈禧太后试图控制朝政的如意算盘而已。

袁世凯是颇有政治野心的人。他早有进京入枢府之意，但因瞿鸿

---

① 岑春煊：《乐斋漫笔》，见荣孟源、章伯锋主编：《近代稗海》，第 1 辑，100、102 页。

② 朱寿朋辑：《光绪朝东华录》，第 5 册，5681 页，北京，中华书局，1984。

③ 恽宝惠：《清末贵族之明争暗斗》，见中国人民政治协商会议全国委员会文史资料委员会编：《晚清宫廷生活见闻》，57 页，北京，中国文史出版社，2000。

④ 《丁未五月二十四日京高道来电》，见《张之洞存各处来电稿》第 2 函，所藏档甲 182-445。

襪等人的阻碍，一时未能如愿，只好等待时机。"项城之入内，上年七月即蓄此心。后经慈圣嫌其露跋扈痕迹，善化（瞿鸿禨）趁此施削压手段，项城抑郁半载，竭意恭维乔梓（奕劻、载振父子），至善化将斥之先，泗州（杨士琦）力劝其速进，雪公（袁世凯）以时非其时。"① 当他扳倒瞿鸿禨之后，进京入枢的时机到来，便再次提出责任内阁制主张。1907 年 7 月 15 日，军机大臣面奉谕旨，随后密电袁世凯"将所有应议要政，暨海军并东三省各项事宜，务秉忠直，妥为筹议，勿得稍存意见，规避迟疑，以副朝廷依畀之意"②。25 日，袁世凯便奏请"赶紧认真预备立宪"。他认为："东西立宪各国，皆用责任内阁之义，使其君主超然为不可侵犯之神圣，故万年共戴一尊，盖立宪国之宪法，恒使国务大臣代任君主之责。"如果进行官制改革而不采用内阁制度，那么便是"舍其本而末是图，主脑既差，精神胥失"。而立宪的关键就是"改设新内阁而采用合议制"。③ 袁世凯再次提出责任内阁制主张，仍是玩的老花样。据张之洞在京的坐探委员齐耀珊报告："组织内阁，仍持去年（丙午）旧议，以各部长官为内阁政务大臣；另设总理大臣一人，以资表率，闻确有密折保承泽（奕劻）未发；副大臣一人，以宏辅弼，闻系自为设，痛陈必无流弊。"④ 又据当时《汉口中西报》摘引《字林西报》的消息："袁督将内用为内阁副总理，庆邸为总理，闻不日将组织完备。"⑤ 显然，袁世凯虽然在丙午官制改革时受挫，但并未改变初衷。其实，他的责任内阁制设想只不过是个公开的秘密，世人皆知仍然是以奕劻为总理大臣，他自己为副总理大臣，以

---

① 陶湘：《齐东野语》，见陈旭麓、顾廷龙、汪熙主编：《辛亥革命前后——盛宣怀档案资料选辑之一》，63 页。按：引文中括号内容为引者所注。

② 《密电直督筹画要政》，载《申报》，1907 年 7 月 25 日，第 10 版。

③ 《直隶总督袁世凯折》《直隶总督袁世凯密陈管见十条清单》，转引自侯宜杰：《袁世凯传》，151 页，天津，百花文艺出版社，2003。据赵炳麟记载，袁折为张一麐起草，有曰："三十三年丁未，袁世凯疏请行内阁制建立政府。世凯回津半年，以内阁制不行，中央之权终无统系，令张一麐为疏，请建立强健政府。"参见赵炳麟：《光绪大事汇鉴》卷 12，8～9 页。

④ 《丁未六月三十日京齐道来电》，见《张之洞电稿（零散件）》，所藏档甲182-479。

⑤ 《新内阁组织之传闻》，载《汉口中西报》，光绪三十三年七月二十二日。

借此控制朝政大权。

御史赵炳麟公然上疏抗议。他主张设立责任内阁必先明定内阁责任与权限，并预先设立监督机关以预防内阁专权流弊。具体办法五条，概而言之可分为两方面。一方面，政权与军权分立，并明定内阁大臣任期。内阁总理、副理大臣只据行政权以辅弼皇上，而不得掌控海陆军权，其任期以三年为一任，良者再任，不得连三任，以防止其权重而专横。另一方面，设立监督机关。在议院未开之前，预先设立资政院、审计院及行政裁判院，并整顿都察院，以为行政监督机关。他认为："明定责任之制度，确立监督之机关，如组织内阁，似皆不可偏废，方能维持秩序而无患气之乘。倘各种监督机关全不预先设立，骤建此无限制之政府，臣恐大权久假不归，君上将拥虚位，议院无期成立，下民莫可谁何，颠覆之忧，将在眉睫。此固非朝廷之福，又岂政府诸大臣之福哉？是故非先设各种监督机关，责任制度断不完全，甚非所以预备立宪之义。"① 清廷将袁、赵两折交会议政务处议奏。会议政务处王大臣充分肯定了赵炳麟的意见，认为其所陈五条"有应切实推行者，有当次第筹划者"，"所陈各节系为维持宪法，期无流弊，颇多见到之言"。至于袁世凯所奏"早建政府"即设立责任内阁的主张，会议政务处的覆奏则语意含混，既重申丙午官制改革时"未敢遽议更张"，又说："今奉旨将会议政务处改归内阁，凡军机大臣、各部大臣皆入阁会议，公同处决，出则为各部行政长官，入则为内阁政务大臣，衡之各国中央合议之制，已有初基，与原奏所谓合军机政务处为一之办法，亦适相符合。"② 其实其主张仍是维持原状，而并不赞成更改。于是，袁世凯的责任内阁制主张又被搁置起来。

---

① 赵炳麟：《论责任制度疏》（光绪三十三年七月初三日），见《谏院奏事录》卷3，20～24页，《赵柏岩集》刊本，无版次。亦参见《御史赵炳麟奏组织内阁宜明定责任制度确立监督机关以杜专权流弊折》，见故宫博物院明清档案部编：《清末筹备立宪档案史料》上册，511～514页。

② 《政务处等议覆御史赵炳麟组织内阁确定责任制度折》《政务处覆奏军机大臣袁预备立宪折》，转引自邓实辑：《光绪丁未（卅三年）政艺丛书》，1617～1624页，见沈云龙主编：《近代中国史料丛刊续编》，第28辑（276），台北，文海出版社，1976。

　　袁世凯虽然如愿进京入枢，但实际上仕途并不怎么得意。他不仅在责任内阁制主张方面再度受挫，而且在实际权势方面也受到各种牵制与压抑。诚如论者所言，张之洞进京入枢确实是慈禧太后搞权力平衡的结果。就在瞿鸿禨被开缺之后不几天，张之洞受命以湖广总督协办大学士，从此迈出了由地方督抚进入中央权力核心的第一步。据其在京师的坐探委员陈树屏通报说："都中传论宪台指日入阁，即晋枢府，缘定兴（鹿传霖）自陈不谙新政，岑（春煊）、袁（世凯）锐意维新，上未深信。"① 显然，慈禧太后又在开始寻求新的权力平衡。当时，京中诸大老鹿传霖、肃亲王善耆和铁良等人，也希望张之洞早日到京，以对付袁世凯势力，维持大局。善耆说："此次相召，首在筹议革命党事件，次则满汉畛域，次则立宪。如内阁是题中命脉，立储为关系重大题目，项、振（载振）虽似有密议，断不敢孟浪倡议。……总之，中堂早来一日，则大局早定一日，某某秘计亦可暗中隐销无数；若再观望徘徊，坐失事机，不惟大损向日威望，亦殊负此次两圣特召入都之至意。"铁良说："中堂若早来，则某某秘计早已瓦解；迟迟其行，始有今日。……良以为中堂不可因袁入，遽怀观望；当立即启节，以慰天下之望，以报两圣之知。总之，愈速愈佳，怠迟则某某布置亦有端倪，对待又当煞费苦心。"② 众望难违，张之洞迅速启程进京，并开始与袁世凯斗法的历程。

　　就在张之洞进京的同时，他的亲信梁鼎芬上奏一疏一片参劾奕劻与袁世凯。在疏中，梁鼎芬认为预备立宪当"以奕劻有极优养廉为第一要义"，他建议清廷"每月加奕劻养廉银三万两，由度支部发给"，对素著贪名的奕劻极尽讽刺之能事。在片中，梁鼎芬认为袁世凯不学无术，专靠钻营取巧起家，尤其在勾结奕劻后，植党营私，肆意揽权，"袁世凯之权力，遂为我朝二百余年满汉疆臣所未有"，他把袁世凯比作历史上著名的反臣如汉之曹操、晋之刘裕，认为"如此之人，乃令

---

　　① 《丁未五月十三日京陈丞来电》，见《张之洞存各处来电稿》第 2 函，所藏档甲 182-445。

　　② 《丁未七月二十三、二十四日京邹道来电》，见《张之洞存各处来电稿》第 3 函，所藏档甲 182-446。

狼抗朝列，虎步京师，臣实忧之"，对于参劾袁世凯，他表示愿以官职与性命作为担保，显示了坚定的决心。① 对于梁鼎芬此举，当时的媒体大加披露，如北京的《正宗爱国报》转载上海《神州日报》的消息说："日前鄂省梁臬司给政府来一封奏，说庆亲王合袁大军机狼狈为奸，毫无廉耻，东西各国无以亲王为总理大臣之例，袁军机掌握兵权不宜入内阁。"② 应该说梁氏此举已在某种程度上达到了打击奕、袁势力的目的。

张之洞进京之后第一次被慈禧太后召见，在奏对中便提出"速行立宪"的主张，认为："立宪实行，愈速愈妙；预备两字，实在误国。"③ 他的"速行立宪"主张的具体内容，主要就是开议院，尤其是开设"民选议院"或"下议院"。开议院、设内阁、颁宪法是宪政的题中应有之义，至于这三者之间的先后次序问题，当时各种政治势力之间歧见互出。张之洞主张先开议院，后立宪法，并认为内阁的设立必须有国会为之监督。他说："宜先开国会，后布宪法；若先立内阁，以一人为总理大臣，而无国会为之监督，则是变君主专制之政体为内阁专制之政体，其弊更大。"④ 显然，张之洞主张先开议院，有针对他的政敌袁世凯的责任内阁主张的意图。张之洞主张内阁总理大臣"必合内外官用廷推之法"产生⑤，责任内阁必须有国会的监督，否则，"则是变君主专制之政体为内阁专制之政体"。可见，他积极主张开议院显然是要与袁世凯做一番较量。

张之洞进京之后主张从速立宪，希望进行一场以开议院为先导的宪政改革，是与当时方兴未艾的以国会运动为中心的立宪潮流相一致

---

① 《鄂臬梁星海廉访鼎芬请给庆王养廉疏》《鄂臬梁廉访鼎芬劾外部尚书袁世凯片》，见《奏折丛钞》（光绪三十二年至宣统二年），所藏档乙 F39。

② 《梁臬司之封奏》，载《正宗爱国报》，光绪三十三年八月十四日。

③ 《八月初七日张之洞入京奏对大略》，见《时务汇录·丁未时务杂录》，所藏档乙 F99。

④ 参见《丁未七月初四日江宁端制台来电》，见《张之洞存各处来电稿》第3函，所藏档甲 182-446。

⑤ 参见《丁未七月初四日上海岑宫保来电》，见《张之洞存各处来电》第85函，所藏档甲 182-187。

的。当时，立宪派已经开始关注国会问题。张之洞与立宪派的宪政主张有不少相似之处。他们均主张先设民选议院，再立责任内阁，以民选议院监督责任内阁。例如，宪政讲习会代表熊范舆等在请愿书中说："政府之责任，必与民选议院相待而生，民选议院一日不立，则责任政府一日不成。"① 因此，当立宪派发动全国性的国会请愿运动时，张之洞"倡议开国会顺舆情"②。1908 年 8 月 27 日，清廷颁布《钦定宪法大纲》《议院法要领》《选举法要领》和《九年筹备立宪清单》，规定九年后即光绪四十二年（1916）正式实行立宪：颁布宪法，并开设议院。虽然提到内外官制改革，但清廷并没有明确提出责任内阁问题。第二天，各军机王大臣在朗润园召开例会，又讨论了组织新内阁问题。袁世凯说明各先进国内阁的性质有政党内阁、半党内阁和官僚内阁，认为："吾国人民政治思想之发达实不亚欧美，将来参与政治之能力日益发展，必有政党内阁出现，可无疑议。此时宪政草创，吾辈不可不先具一内阁雏形，为日后组织张本。余意适于现行制度，莫若官僚内阁为宜。"奕劻表示赞同，他说："内忧外祸，岌岌堪虞，此时距召集议会之期虽有数年，但吾等身受国恩，即无议院监察于旁，亦不可不共负责任，济此时艰。余意不如趁此时机，暂将各部尚书摆入会议之列，以为组织新内阁张本。"③ 袁世凯、奕劻并不死心，但结果还是没有下文，袁世凯的责任内阁制设想终于又是不了了之。

需要说明的一点是，在此前后，清朝官僚阶层内部还有一些关于设立责任内阁的呼声，但同样没有结果。1907 年 9 月 18 日，署黑龙江巡抚程德全奏陈预备立宪办法时，便声称"政府必负责任以合立宪制度"，主张参照丙午官制改革成案，"速将新内阁组织成立"。④ 8 月 25 日，两江总督端方代奏候补内阁中书徐敬熙所呈整饬行政立法司法

---

① 《湖南即用知县熊范舆等请速设民选议院呈》，见故宫博物院明清档案部编：《清末筹备立宪档案史料》下册，612 页。

② 《专电》，载《申报》，1908 年 6 月 16 日。

③ 《内阁之雏形》，载《时报》，1908 年 9 月 8 日，第 2 版。

④ 《暂署黑龙江巡抚程德全奏陈预备立宪之方及施行宪政之序办法八条折》，见故宫博物院明清档案部编：《清末筹备立宪档案史料》上册，255 页。

机关折，明确主张"宜改军机处、政务处为内阁，以谋政令之统一，明责任之专归"①。11 月 10 日，署理广西提学使李翰芬也主张速立内阁，认为"宜设内阁总理大臣主持行政"②。1909 年 6 月 24 日，考察宪政大臣李家驹奏陈考察日本官制情形时，请求速行厘定内外官制，又提出了实行责任内阁制的主张。③ 这些建议并没有引起清廷足够的注意。

光宣之际，光绪皇帝与慈禧太后相继去世，清末政局因此大变。宣统皇帝继位，其父载沣便以监国摄政王的身份总揽朝纲。载沣摄政伊始，即大力加强中央集权，排除异己，任用亲贵，集权于皇族。载沣自代宣统皇帝为全国海陆军大元帅，任其胞弟载洵为海军大臣，载涛为军谘府大臣，紧紧抓住军权；同时调整各部院大臣，多以皇族亲贵充任。这便形成一个以载沣为首的皇族亲贵集团。

当其时，权倾朝野的袁世凯是载沣最主要的政敌。虽然在慈禧太后去世前袁世凯已被解除直隶总督与北洋大臣的军政大权，而仅任军机大臣兼外务部尚书之职，但他在北洋军中遍布党羽，"近畿陆军将领以及几省的督抚，都是袁所提拔，或与袁有秘密勾结"。他们"只知有宫保，而不知有朝廷"。首席军机大臣奕劻也是"叫袁拿金钱喂饱了的人，完全听袁支配"④。因此，"实际上当时的军政大权已操诸袁世凯之手"。这是载沣集团最大的难题。载沣开始打算杀掉袁世凯，但由于他生性懦弱无能，犹豫不决，便商之于朝廷大臣，而遭到奕劻、那桐、张之洞等人的反对，最后只是以"足疾"令袁世凯"回籍养疴"，解除其一切职务。袁世凯虽然被轻易地驱逐出朝，但有袁"后台老板"之称的庆亲王奕劻却并不容易被扳倒，致使袁世凯能够于"辞去军机大

---

① 《两江总督端方代奏徐敬熙呈整饬行政立法司法机关折》，见故宫博物院明清档案部编：《清末筹备立宪档案史料》上册，262 页。

② 《署理广西提学使李翰芬条陈五年预备立宪及速立内阁等事宜折》，见故宫博物院明清档案部编：《清末筹备立宪档案史料》上册，300 页。

③ 《考察宪政大臣李家驹奏考察日本官制情形请速厘定内外官制折》，见故宫博物院明清档案部编：《清末筹备立宪档案史料》上册，533～534 页。

④ 载涛：《载沣与袁世凯的矛盾》，见中国人民政治协商会议全国委员会文史资料委员会编：《晚清宫廷生活见闻》，72 页。

臣，而返回河南之后，仍在暗中操纵一切"。这实际上无异于"纵虎归山，养痈成患"①，以至于袁世凯日后能够乘机而轻易地东山再起。

## 三、国会请愿运动对责任内阁制的催生

丙午官制改革后，在光宣之际的政局变动中，责任内阁制虽不时地被人提及，但仅仅限于建言方面，于制度建设并没有实质性的进展。责任内阁制最终被纳入清廷预备立宪的议事日程，还得归功于国会请愿运动。其时，有多种政治势力关注于此，而倡导最力者为地方督抚。

立宪派从力争参政的政治目的出发，关注的主要是国会，同时也不可避免地提出了责任内阁制问题。清末国会请愿运动是立宪派发动起来的。立宪派领袖张謇等人在筹议速开国会之初，就曾相应地考虑到了设立责任内阁的问题。1909 年 10 月 13 日，张謇与江苏巡抚瑞澂和立宪派人士雷奋（继兴）、杨廷栋（翼之）、孟昭常（庸生）、许鼎霖（久香）商议，由瑞澂"联合督、抚请速组织责任内阁"，由张謇领导的江苏谘议局"联合奉、黑、吉、直、东、浙、闽、粤、桂、皖、赣、湘、鄂十四省咨议局请速开国会"，并决定由杨廷栋、方还（唯一）、孟昭常三人分头行动。随后，张謇又应汤寿潜邀约，亲自到杭州面晤浙江巡抚增韫，"为陈国会及内阁之要"，取得了增韫的支持，"增极表与瑞同意"。同时，张謇又与浙江立宪派人士王清穆（丹揆）、汤寿潜（蛰先）、蒋汝藻（孟蘋）等人共论时局，商讨救亡之策。② 值得注意的一点是，张謇等人在此很自然地把请速组织责任内阁的重任分给了地方督抚，而立宪派则自觉地承担了请速开国会的任务。经过多方面的联络，各省谘议局代表于 10 月初齐集上海预备立宪公会事务所，召开会议商讨请愿速开国会事宜。据张謇的观察，各省代表立言虽有激烈与和平之异，而宗旨则一致主张爱国救亡，在请速开国会与组织责

---

① 载润：《隆裕与载沣的矛盾》，见中国人民政治协商会议全国委员会文史资料委员会编：《晚清宫廷生活见闻》，70~71 页。
② 张謇：《日记》，见张謇研究中心、南通市图书馆编：《张謇全集》，第 6 卷，625、626 页，南京，江苏古籍出版社，1994。

任内阁方面"不谋而同"，基本上达成共识。①

立宪派虽然经常把国会与内阁并提，但其主要还是关注速开国会。1910 年 1 月 16 日，立宪派第一次国会请愿书由孙洪伊领衔具呈都察院，其中心旨意"在乎速开国会而已"。关于国会与内阁的关系，有云："有国会，则与之对待之责任内阁始能成立。国会有议政之权，然后内阁得尽其职责；内阁负全国之责，然后皇上益处于尊荣。"八旗士民文耀等人的请愿书也认为："如使国会成立，则责任内阁亦必与之俱立。以国会监督内阁，而放弃责任之弊去；以内阁统一庶政，而尽心职守之力生。"② 6 月 16 日，国会请愿代表第二次上呈都察院 10 份请愿书，则主要是请愿速开国会，而较少涉及内阁问题，仅在稍后的上政府书中提到："无国会其始也，则责任内阁无所倚重，不能成立。"③ 10 月 9 日，国会请愿代表孙洪伊等第三次上书资政院请愿速开国会，对于国会与责任内阁的关系则做了较为详细的说明，有谓："洪伊等以为筹备宪政之实之所以不举者，皆坐无国会而已。何也？盖立宪之真精神，首在有统一行政之机关，凡百设施，悉负责任，而无或诿过于君上，所谓责任内阁者是也。责任内阁何以名？以其对于国会负责任而名之也。是故有责任内阁谓之宪政，无责任内阁谓之非宪政；有国会则有责任内阁，无国会则无责任内阁。责任内阁者，宪政之本也；国会者，又其本之本也。"④ 在立宪派联合请愿的同时，各省谘议局及立宪团体还纷纷向地方督抚请愿，或直接致电军机处请愿。例如，10 月 28 日，四川谘议局呈请四川总督致电军机处代奏，有谓："责任内

① 张謇：《请速开国会建设责任内阁以图补救意见书》，见张謇研究中心、南通市图书馆编：《张謇全集》，第 1 卷，135 页。

② 《都察院代递孙洪伊等吁恳速开国会呈》《都察院代递文耀等吁恳速开国会呈》，载《东方杂志》第 7 年第 1 期，宣统二年正月二十五日。

③ 《请愿国会谘议局代表孙洪伊绅民代表李长生东三省绅民代表乔占九旗籍代表文耀教育会代表雷奋江苏教育会代表姚文枬商会代表沈懋昭上海苏州商会代表杭祖良政治团体代表余德元南洋暨澳洲华侨代表陆乃翔等公上政府书》，见《国会请愿代表第二次呈都察院代奏书汇录》，46 页，中国社会科学院近代史研究所图书馆藏铅印本。

④ 《国会请愿代表孙洪伊等上资政院书》，载《申报》，1910 年 10 月 18 日，第 1 张第 2、3 版。

阁不立，无统一政治之方针，内政无由饬也；国会不速开，无代表舆论参与立法之机关，民志无由固也。内阁立矣，而无国会与之对待，责任不明，辅弼不厚，而内阁终无所得力，则其枢纽又全在国会。"①显然，立宪派虽然认为国会与内阁不可分立，但其实际上是将国会置于内阁之上的。

在立宪派的国会请愿运动中，地方督抚则积极倡导设立责任内阁。第一次国会请愿时期，吉林巡抚陈昭常率先奏请从速组织责任内阁。他说："今欲更张百度，咸与维新，莫如裁撤军机处，设立责任内阁，以各部大臣组织之，其上置一总理大臣，以统一各部。苟有失政，则全内阁之大臣连带以负责任，庶功过皆有所归，而庶绩自以日理。"②第二次国会请愿时期，署理两广总督袁树勋又奏请建立责任政府，认为政府"欲负责任，必自组织内阁始"③。云贵总督李经羲则上奏认为，中国筹备宪政多年而无成效，"实因无责任内阁制度"。通过详细剖析有无责任内阁的利弊得失，他恳请"皇上乾纲独断，亲简大臣，组织责任内阁，使各部尚书同为内阁之大臣，即以新设之内阁为全国行政之总汇"④。当然，清政府最终将责任内阁制纳入筹备宪政的范围，主要是第三次国会请愿运动中地方督抚的联衔会奏，以及其他各派政治势力交互作用的结果。拟在下文详述。

地方督抚为什么如此积极地倡导责任内阁制，这是首先值得探讨的一个问题。大致而言，主要有内外两方面的原因。

外因是民族危机。其时，列强密谋瓜分中国，尤其是东北与西南边境地区，时刻面临着日本、俄国与英国等侵略扩张势力的威胁与渗透，时局颇为危急。东三省总督锡良与云贵总督李经羲之所以能挺身

---

① 《收四川总督致军机处请代奏电》，见中国第一历史档案馆编：《清代军机处电报档汇编》，第 32 册，534～535 页，北京，中国人民大学出版社，2005。

② 《陈昭常奏设责任内阁折》，见中国第二历史档案馆编：《中华民国史档案资料汇编》，第 1 辑，122 页，南京，江苏古籍出版社，1991。

③ 《署粤督袁树勋奏中央集权宜先有责任政府及监察机关折》，载《国风报》第 1 年第 13 号，宣统二年五月十一日。

④ 《滇督李经羲请设责任内阁折》，载《国风报》第 1 年第 15 号，宣统二年六月初一日。

而出，成为第三次国会请愿运动时地方督抚联衔会奏的领袖人物，即与此密切相关。同样，吉林巡抚陈昭常也是感同身受。他说："臣顾以设立责任内阁为请者，实因目击时局之艰危日甚一日，非著手于政治之根本无以图宪政之实行，非力求夫宪政之实行无以系天下之人望。国家安危之机，决于人心之向背，若再迟疑而不决，恐非时势之所宜。"① 当然，这也是立宪派请愿速开国会的导因。正如张謇所说："昌言瓜分中国之说，二年前曾一见于德报。日人之图统监中国，则于其大隈重信饯别伊藤博文统监朝鲜时昌言之；亦见日报。……今年则日人占筑安奉铁路发见后，又有占及吉长之说。未几又有传说东西列强在海牙公会，密议对待中国政策三条，其最后者为统监财政；前二条盖不忍言。……欲求一非枪、非炮、非舰、非雷而可使列强稍稍有所顾忌者，实无其策。于是拟请速开国会及组织责任内阁之议，各行省乃不谋而同。"②

内因则是中央与地方的权力矛盾。载沣监国摄政以后，便加紧集权中央，尤其是集权皇族亲贵，其中，利用预备立宪削弱地方督抚的权力以收归中央是其重要的环节。这样便引起了地方督抚的强烈不满与抗争，如陈昭常所谓："议者或谓今日为预备立宪之时代，宜收地方之权力，集之于中央。于是学部则统辖提学司焉，农工商部则统辖劝业道焉，民政部则统辖民政司或巡警道焉，度支部则统辖度支司或藩司焉，法部则统辖提法司或臬司焉。不辨明政务之统系，而欲以中央之权力，支配各地方之官吏，在督抚固窃议其侵权，在中央亦实力有未逮。"③ 袁树勋与李经羲的奏折更是直指中央集权，如时论所云："袁、李二督深慨今日国是之纷纭、政令之错杂，一切措施动皆责成于督抚，而督抚之权日见削夺，动则掣肘，不足以举职而图功，乃谋建

---

① 《陈昭常奏设责任内阁折》，见中国第二历史档案馆编：《中华民国史档案资料汇编》第 1 辑，124 页。

② 张謇：《请速开国会建设责任内阁以图补救意见书》，见张謇研究中心、南通市图书馆编：《张謇全集》，第 1 卷，134～135 页。

③ 《陈昭常奏设责任内阁折》，见中国第二历史档案馆编：《中华民国史档案资料汇编》，第 1 辑，122～123 页。

立统一之机关，以期中外之协洽。袁督之奏于中央地方之权限，尤反覆三致意焉。彼其用意之所在，固欲争中央地方之权限。"① 对此，梁启超有更恰切的分析："自一二年来假筹备宪政之名，行似是而非之集权政策，而督抚始不可为矣。督抚失职不平，渐奋起而与中央争。争之不能胜也，乃反其本。于是责任内阁之重要，渐为督抚中之贤者所同认。"②

可见，以组织责任内阁为先导的宪政改革，便是地方督抚力图救亡的要策及用以对抗清廷中央集权的利器。其实，这个主张有一个内在的矛盾：一方面，地方督抚从挽救民族危机与加强内政改革的角度出发，主张建立责任内阁，是希望建立强有力的统一的中央政府，以加强中央政府的权威；另一方面，地方督抚从维护自身权力的角度出发，又有反对清廷中央集权的目的。同时，满族亲贵接受责任内阁制主张时，则又有另外的目的，他们其实是希望以责任内阁的形式加强中央集权；而满族亲贵内部也因此而派系林立，争斗不已。这恰恰有悖于地方督抚的初衷。这些权力与利益关系的矛盾纠葛，直接影响了清廷有关责任内阁制的决策进程与实施后果。本节主要论述决策进程，实施后果拟在下节探讨。

在责任内阁与国会的关系问题上，地方督抚与立宪派虽然各有偏重，但在两者密不可分的认识上则是一致的。如李经羲所谓："二者如车两轮，如鸟两翼。"③ 因此，如果说地方督抚自觉加入国会请愿的行列而壮大了运动的阵势，那么也可以说，正是声势浩大的国会请愿运动直接催生了责任内阁制。

正在立宪派筹划第三次国会请愿运动时，地方督抚也开始了策动联衔会奏速设责任内阁与速开国会的行动。关于督抚商议联衔会奏速

---

① 长舆：《粤督滇督请立责任内阁折书后》，载《国风报》第 1 年第 15 号，宣统二年六月初一日。

② 梁启超：《为国会期限问题敬告国人》，见《饮冰室合集》文集之二十三，18 页，北京，中华书局，1989。

③ 《滇督李经羲恳请速设内阁国会详加解释折》，载《国风报》第 1 年第 29 号，宣统二年十月二十一日。

设责任内阁与速开国会的具体过程，学界已有相关论著做了系统的论述①，基本的史实是清楚的。本文拟略加概述如下。1910 年 9 月 8 日，云贵总督李经羲在遵旨议覆御史赵炳麟确定行政经费折和湖北布政使王乃征酌分筹备宪政缓急折时，通电各省督抚，提议各就宪政根本问题条陈建策。当时，恰值东三省总督锡良与湖广总督瑞澂在京陛见。因日俄协约与日本吞并韩国，东北边境正面临存亡危机，锡、瑞二督正与政府诸公密谋救亡要策。他们在向清廷密陈借债筑路的救亡大计之后，又在回复李经羲的通电时将此精神通告各省督抚。对此，各督抚多不以为然。两江总督张人骏与直隶总督陈夔龙明确地表示反对，两广总督袁树勋与山东巡抚孙宝琦等人虽表同情，但提出了更重要的责任内阁与国会问题。9 月 22 日，李经羲再次通电各省督抚，表示赞同袁树勋与孙宝琦等人的设立责任内阁与开国会的主张，并建议由锡良、瑞澂与广西巡抚张鸣岐主稿，各督抚联衔会奏。随后，由于瑞澂提议以李经羲为发起之人②，李遂被各省督抚推为会奏的领衔和主稿者。但是，由于枢府有人致电阻挠，李经羲不愿领衔，而仅任主稿，于是各督抚又公推锡良与瑞澂领衔。李经羲与各省督抚经过一个多月的反复筹商，终于拟定折稿。10 月 25 日，东三省总督锡良、湖广总督瑞澂、两广总督袁树勋、云贵总督李经羲、伊犁将军广福、察哈尔都统溥良、吉林巡抚陈昭常、黑龙江巡抚周树模、江苏巡抚程德全、安徽巡抚朱家宝、山东巡抚孙宝琦、山西巡抚丁宝铨、河南巡抚宝棻、新疆巡抚联魁、浙江巡抚增韫、江西巡抚冯汝骙、湖南巡抚杨文鼎、广西巡抚张鸣岐、贵州巡抚庞鸿书联衔电请军机处代奏，主张责任内

---

① 参见张玉法：《清季的立宪团体》，438～440 页；侯宜杰：《二十世纪初中国政治改革风潮——清末立宪运动史》，312～315 页；韦庆远、高放、刘文源：《清末宪政史》，330～334 页；李振武：《督抚与请愿速开国会运动》，见中国史学会编：《辛亥革命与 20 世纪的中国》上册，70～79 页。

② 《时报》与《申报》均有一则所谓"滇督李仲帅、晋抚丁衡帅发起联合各省督抚奏请速组织内阁与速开国会"的类似报道。参见《责任内阁之波折》，载《时报》，1910 年 10 月 18 日，第 2 版；《空中之国会与责任内阁》，载《申报》，1910 年 10 月 18 日，第 1 张第 3 版。按：山西巡抚丁宝铨是否也是发起人的问题，未见其他史料，待考。

阁与国会同时并进，所谓"舍此则主脑不立，宪政别无着手之方；缺一则辅车无依，阁会均有踬辙之害"，因而恳请"立即组织内阁"和"明年开设国会"。① 时论认为：此奏"仅洋洋千言，而二者之利害得失毕陈无遗，文体尤明白整练，实为最近之大手笔"②。

如上所述，虽有多数督抚主张速设内阁和速开国会，但也有少数督抚表示反对，如两江总督张人骏、直隶总督陈夔龙、陕甘总督长庚和陕西巡抚恩寿。张人骏向以保守著称，对于立宪与国会运动始终深闭固拒。他曾在家书中有言："自改变新法以来，民气嚣然不靖。立宪之说一行，其势更剧。近则又有要求国会之说，起于上海，各省风靡。刺无可刺，非无可非。禁之不可，止之不能。祸恐不远。"③ 因此，当李经羲等人商议奏请速设内阁与速开国会时，张人骏即通电各省督抚表示反对。他以古今中外之民情风俗不同为由，对于李经羲等人设内阁与开国会的主张提出质疑，认为既不能开国会，也不能设责任内阁，"操切急进，仆蹶堪虞"。在他看来，筹备宪政应当避缓就急，当前急务就是"饬吏治，兴实业"，所谓"吏治修，则民志安；实业兴，则民生厚。内讧不起，外患可弭。及时修明刑政，整饬戎务，未尝不可为善国"。④ 显然，张人骏的思想仍然还是在传统政治思想范围内打转。有时论批评说："倘人人如江督所云，则宪政终无成立之期；即成矣，

① 《各督抚请设内阁国会之章奏》，载《申报》，1910 年 11 月 2 日，第 1 张第 4、5 版。各省督抚往返电商的基本资料有：《各省督抚筹商要政电》《续录各省督抚筹商内阁国会电》，载《国风报》第 1 年第 26 号、第 27 号，宣统二年九月二十一日、十月初一日；《各省督抚会商要政电》《补录各省督抚会商要政电》，载《东方杂志》第 7 年第 10 期、第 11 期，宣统二年十月二十五日、十一月二十五日；《各督抚磋商国会内阁要求电》，载《申报》，1910 年 10 月 24 日，第 1 张第 3 版；钱永贤等整理：《庞鸿书讨论立宪电文》，见中国社会科学院近代史研究所《近代史资料》编辑组编：《近代史资料》总 59 号，44～96 页，北京，中国社会科学出版社，1985。

② 《国会之大跃动》，载《时报》，1910 年 11 月 3 日，第 2 版。

③ 张人骏：《致张允言等》，见张守中编：《张人骏家书日记》，119 页，北京，中国文史出版社，1993。

④ 《江督反对国会与责任内阁》，载《申报》，1910 年 10 月 13 日，第 1 张第 4 版。

亦将变为非李非奈、不驴不马之宪政。是今所谓酌量缓急之言，实不啻推翻宪政之言也。"① 与张人骏一样，长庚也是明确反对内阁与国会的。据报载，"甘督长庚电奏阻开国会内阁，谓祖宗成法，万不可废"②，"甘督张［长］庚阻挠国会、破坏宪法，实为升允第二"③。至于陈夔龙与恩寿，也是旧派中人。例如，陈夔龙自称："一不联络新学家；二不敷衍留学生；三不延纳假名士。""盖自示为保守一派，而不赞成并时之号为时髦督抚一流，争籍所谓新政以出风头者也。"④ 他们本来对于内阁与国会问题持消极的态度，却在庆亲王奕劻的暗示下单衔具奏，提出先设内阁后开国会的主张（原因详后）。恩寿奏称"责任内阁尤急于开国会之先"，认为先设内阁后开国会，"似较同时并进略有把握。若阁会并举，窃虞缓急无方，先后失序"。⑤ 陈夔龙也认为："国会与内阁双方并进，虽有辅车相依之势，然事有先后，必宜循序渐进，非可一蹴而几［成］。"他甚至更加明确地主张"先于明年设立责任内阁"，而以宣统五年"为召集国会之期"。⑥ 这种先设内阁而缓开国会的主张，显然与锡良等人联衔会奏阁会并进的精神大异其趣。

其时，舆论纷传宣统五年召集国会之说，督抚们颇为着急。"各督抚之赞成国会者，闻缩短三年之说，则皆持急进主义，而电请速开，

---

① 《评江督反对国会与责任内阁之政见》，载《时报》，1910 年 10 月 14 日，第 1 版。

② 《专电·北京》，载《申报》，1910 年 11 月 2 日，第 1 张第 3 版。

③ 《专电·北京电》，载《民立报》，1910 年 11 月 3 日，第 2 页。

④ 陈夔龙：《梦蕉亭杂记》卷 1，2 页。徐一士：《一士类稿·谈陈夔龙》，见荣孟源、章伯锋主编：《近代稗海》，第 2 辑，185 页，成都，四川人民出版社，1985。

⑤ 《恩寿阻挠国会之电奏》，载《时报》，1910 年 11 月 5 日，第 2 版。亦参见《恩寿亦阻挠国会耶》，载《申报》，1910 年 11 月 5 日，第 1 张第 3 版。

⑥ 《直督陈夔龙请先设内阁电》，载《国风报》第 1 年第 27 号，宣统二年十月初一日。按：引文中"成"字据陈夔龙电校改。参见《天津督帅陈来电》，转引自钱永贤等整理：《庞鸿书讨论立宪电文》，见中国社会科学院近代史研究所《近代史资料》编辑部编：《近代史资料》总 59 号，57 页。

其意见转无不合。"① 10 月 26 日，陈昭常读到陈夔龙"欲先立内阁，缓开国会"的电奏内容后，当即通电各省督抚，予以逐层驳斥，坚持"国会一日不开，内阁仍一日不固"，并希望仍由李经羲主稿，各督抚再次联衔会奏，"再申不必缓期之请"。李经羲则一面将陈昭常的电稿"略加润色，急电枢府，请其决择主持"，一面又据各督抚来电再嘱锡良"主稿联奏"。11 月 1 日，锡良会列各督抚衔连夜加急再次电请军机处代奏，批驳了"先立内阁，迟至宣统五年乃行召集国会"的主张，仍然坚持"内阁、国会同时并举"。② 这次电奏，增加了上次尚未列衔的闽浙总督松寿和四川总督赵尔巽，但未列张鸣岐、宝棻、广福等人之名。

在以各省谘议局议员为代表的地方立宪派发动的第三次国会请愿运动中，地方督抚将责任内阁提到与国会同样重要的位置，使运动的目标由速开国会发展到内阁与国会并举从速的方向。这无疑是地方立宪派与地方督抚合力作用的结果。下面拟进一步考察其他政治势力的态度与行为。

首先看资政院。资政院人员结构复杂，但其中坚力量也是立宪派人士。第三次国会请愿时期，请愿代表分别以顺直各省谘议局、各省人民代表孙洪伊和华侨代表汤觉顿等名义，上呈资政院三份说帖，陈请速开国会。资政院尤其是其立宪派议员对此非常重视。他们认为这是资政院应议的"根本问题"，如易宗夔所谓"根本上的问题就是速开国会，当此存亡危急之秋，惟国会可以救亡"。他们甚至一再提请议长

---

① 《论各督抚第二次电请速开国会》，载《申报》，1910 年 11 月 11 日，第 1 张第 2 版。

② 《吉林抚台陈来电》《云南督帅李来电》《盛京督帅锡来电》，转引自钱永贤等整理：《庞鸿书讨论立宪电文》，见中国社会科学院近代史研究所《近代史资料》编辑部编：《近代史资料》总 59 号，58～61 页。亦参见《各省督抚第二次联衔奏请国会内阁同时设立电》，载《国风报》第 1 年第 27 号，宣统二年十月初一日；《各督抚第二次联请速开国会》，载《申报》，1910 年 11 月 10 日，第 1 张第 4、5 版；《各省再请阁会电》，载《民立报》，1910 年 11 月 11 日，第 2 页。

改定议事日表，要求"即行讨论"速开国会事件。① 10 月 22 日、26 日，资政院两次会议上全体与会议员一致通过速开国会案和请速开国会具奏稿。这期间，议员罗杰虽然提及"非国会与责任内阁对待，不足以促其负责任"②，但并没有对责任内阁问题多加讨论。28 日，资政院正、副议长溥伦、沈家本将折稿具奏，明确提出"提前设立上下议院"的主张，关于国会与内阁的关系，则只是转述了各省人民代表孙洪伊等在请愿书中的说法：宪政必有国会与责任内阁，责任内阁是宪政的根本，国会又是根本的根本。③ 可见，与以各省谘议局议员为代表的地方立宪派相似，虽然资政院此时关注的重点也是国会而不是内阁，但国会当与内阁并行的精神是蕴含其中的。

再看御史等京官。如前所述，丙午官制改革时，京朝各官对于奕劻、袁世凯势力的责任内阁制主张是持强烈反对态度的。他们的目的，除了出于自身的权力与出路考虑之外，主要是针对奕劻、袁世凯企图专权的行为。值得注意的一点是，当时御史赵炳麟等人就提出了议院与内阁并行，用议院监督责任内阁的思想。其实，这也是赵炳麟对于内阁与国会关系问题的一贯思想。1910 年 9 月 20 日，赵炳麟又奏请"确立监督机关"和"组织责任政府"。他说："臣于光绪三十二年七八月间，曾连疏论内阁总理流弊，惟当时资政院未成立，政府无对待之机关，不能不防其专擅。今资政院既成立，国会如再酌定召集，则监督机关渐能确立，组织政府代受责备，此不可缓之事也。"④ 此疏留中。与御史赵炳麟坚持一贯的政治主张不太一样，侍读学士恽毓鼎则是因激于时事转而赞成开国会。他在日记中叙述撰写速开国会疏的情形时说："当士民之初次陈请也（在光绪三十四年），余颇病其骤。今年觉内治之凌杂腐败，外患之迫近鸱张，实有儳焉不能终日之势，更

① 《资政院第一次常年会议场速记录》第 7 号、第 8 号，38、4～5 页，宣统二年九月十五日、十七日。
② 《资政院第一次常年会议场速记录》第 9 号，44 页，宣统二年九月二十日。
③ 《补录资政院请开国会奏稿》，载《申报》，1910 年 11 月 11 日、12 日，第 1 张第 3 版。
④ 赵炳麟：《陈明管见疏》，见《谏院奏事录》卷 6，54～55 页。

不能待九年。闻各督抚欲联衔电请，而京朝堂上官尚无发其端者，余将以此疏为先声也。"①10 月 26 日，恽毓鼎奏请速开国会，驳斥了开国会将使政府丧失主权和民气嚣张，以及所谓人民程度不足的谬论。②当然，恽毓鼎的奏疏并不是如他自己所谓京朝各官的"先声"。上述赵炳麟的奏疏就早一个多月，也许是因为"留中"而未为恽氏所见。比赵炳麟更早的，还有度支部主事邓孝可上都察院代奏呈稿。他认为，由于日俄协约而时局危迫，救亡之第一着手要策为改革行政机关，即设立责任内阁。"责任内阁以一大臣为总理，合各部大臣组织之。内阁制成，则合全国政事于一阁而共为谋，非散全国政事于各部而各为计。事有统属，责有攸归。近日内外臣工言内阁制者纷如，此吾国万政所自出，幸摄政王早断而行之。"同时，他又主张开国会为监督机关。"国会于协赞立法外，有上奏、建议、质问诸权。其关于行政事件，国会殆无一不可发表其意见。此国会之普通性，各国之所同也。故国会者，实监督行政者之机关。"③ 当然，京朝各官中也有反对者，御史胡思敬可为代表。10 月 27 日，胡思敬上奏，从根本上反对立宪。他将丙午改官制以来的一切弊端归咎于立宪与新政，所谓"立宪为倒行逆施之道"。为此，他特地筹拟三策：上策为取消九年预备立宪清单，停办新政，明谕申饬不得请开国会；中策为停办新政，徇资政院之请于次年九月召集国会，两年后国会无弊再设内阁，如无补于国计民生则遣散闭会；下策为改正筹备立宪清单，缩短立宪期限约二三年，以塞资政院之口。④ 据报载，"胡侍御反对国会折，系某巨公授意。昨经代表团探悉底蕴，切求伦贝子吁请摄政王弗为所惑。贝子亦愤甚，允俟召见时尽力剖陈"⑤。显然，像胡思敬这样明目张胆地反对国会者毕

① 史晓风整理：《恽毓鼎澄斋日记》，第 2 册，506 页，杭州，浙江古籍出版社，2004。
② 《恽学士亦请速开国会》，载《申报》，1910 年 11 月 5 日，第 1 张第 3 版。
③ 《度支部主事邓孝可为时局危迫泣恳都察院代奏呈》，载《申报》，1910 年 9 月 14—19 日，第 1 张第 2、3 版。
④ 《御史胡思敬奏立宪之弊折》，见故宫博物院明清档案部编：《清末筹备立宪档案史料》上册，345～347 页。
⑤ 《专电·北京》，载《申报》，1910 年 11 月 1 日，第 1 张第 3 版。

竟已是少数，但其背后的政治势力仍不可小觑。

驻外使节也是一股不容忽视的力量。据报道，政务处王大臣会议讨论设立责任内阁事宜时，曾要求"某提调检查各省条奏文件，并出使英法日俄各大臣报告底稿等类，分别呈阅"①。可见，不仅是各省督抚，而且驻外使节的建言也是清廷高层决策的重要参照依据。

当然，最关键的还是清政府王公大臣。面对各种政治势力呼吁速设责任内阁与速开国会的请愿要求时，清政府王公大臣是如何应对的呢？

与丙午官制改革时期相比，此时清廷高层的权力结构已大不相同。由于慈禧太后去世，监国摄政王载沣无力有效地控制朝局，以至于形成所谓"政出多门"的局面。"其时亲贵尽出专政，收蓄猖狂少年，造谋生事，内外声气大通。"载洵、毓朗为一党，载涛、良弼为一党，肃亲王善耆为一党，溥伦为一党，隆裕太后为一党，载泽为一党，载沣福晋为一党，"以上七党皆专予夺之权，茸阘无耻之徒趋之若鹜，而庆邸别树一帜，又在七党之外"②。就其对待责任内阁与国会的态度而言，大致又可分为两派：一派为载沣派，主要人物有监国摄政王载沣与满族少壮亲贵载涛、载洵、载泽、毓朗、溥伦、廕昌；另一派为奕劻派，主要人物是庆亲王奕劻、那桐、世续、徐世昌。"那时的皇族，派别虽然不同，而对于奕劻，不能容忍其挟制揽权，意见是完全一致的。"前者有监国摄政王载沣撑腰，并控制了军事、财政与民意等要害机构，载涛为军谘处大臣，载洵为海军大臣，廕昌为陆军大臣，载泽为度支部尚书，溥伦为资政院总裁，毓朗取代世续为军机大臣，均位高权重；后者则以两朝权臣首席军机大臣庆亲王奕劻为首，并占据军机大臣四分之三的席位，基本上把持了军机处。就其权位而言，两派对比其实是难分上下的。载沣以载涛、载洵、毓朗为心腹，并依靠载泽等人，排挤奕劻党羽袁世凯；奕劻则与那桐同流合污，有"庆那公司"之名，又因袁世凯的关系，拉拢徐世昌，"三个人结为一党，和载

---

① 《政务处之责任内阁谈》，载《申报》，1910年10月28日，第1张第3版。

② 胡思敬：《政出多门》，见《国闻备乘》，83页，上海，上海书店出版社，1997。

字辈这几个人各显其能，两不相下"。① 值得注意的一点是，原来的旧派人物王文韶、孙家鼐、鹿传霖都已去世，瞿鸿禨下野，铁良外放（江宁将军），荣庆被闲置（礼部尚书）。与那些旧派人物有所不同的是，新的两派对于责任内阁和国会问题，均少有公开的反对意见。表面上看来，双方的分歧只是在国会与内阁开设的时间缓急与次序先后方面；其实，最关键的问题还是权力，即到底由谁掌控新内阁大权，这才是双方明争暗斗的焦点。

关于新内阁控制权的争夺拟在下节讨论，这里先看两派对于内阁与国会问题的基本态度。

相对而言，载沣派更加积极与急进。载沣名义上掌握着最高决策权力，但他生性懦弱，又才具平庸，因而缺乏决断的魄力。他的态度既深受己派势力鼓动的影响，又受制于反对派势力的压力。尽管如此，他的基本态度还是积极的。由于日本吞并韩国，对中国前途影响极大，迫于民族危机的压力，必须切实振兴内政，以图挽救，载沣也曾多次特召各枢臣密议要政，其中就有"组织责任内阁"和"研究国会缩短期限问题"。② 载洵、载涛是载沣的两位亲弟弟，也是宣统初年迅速崛起的亲贵势力的典型代表，所谓"新势力之名词，用于二邸最为恰当"。他们掌握海陆军大权，并借考察之机周游海外，具有一定的开明思想，"其所敷陈，固无不见采用者"③。显然，他们可以直接影响载沣。载涛曾以贝勒名义连上封奏，条陈军政大计，主张"速设责任内阁"和"缩短国会年限"，宣称："如以臣言为是，则请迅速举行；如以臣言为非，即负欺君之罪，请立予罢斥。"折上留中，载沣传谕载涛到府邸"会商所以实行之法"。④ 载涛是竭力主张速开国会的。他在接见国会请愿代表时表示："予因人民要求国会，尝细心考察各国国会利

---

① 恽宝惠：《清末贵族之明争暗斗》，见中国人民政治协商会议全国委员会文史资料委员会编：《晚清宫廷生活见闻》，58～59 页。

② 《御前会议要政之先声》，载《申报》，1910 年 9 月 16 日，第 1 张第 3、4 版。

③ 《北京政界之推测》，载《时报》，1910 年 10 月 24 日，第 2 版。

④ 《涛贝勒两陈军国大计》，载《申报》，1910 年 9 月 14 日，第 1 张第 3、4 版。

害，实无丝毫流弊。"① 在枢垣王大臣等集议开设国会问题时，载涛又当众声言："国会早开一日，则中国早治一日，士民得参政权，担任国债，上下一心，共谋进步，中国之危局可于是挽回。"② 载洵在出洋考察海军的回国途中，就曾"电促明年即开"国会。③ 回国后受监国摄政王召见时，载洵"极力主张从速组织阁会，措词极为痛切。略谓：以吾国现情与各国比较，不但陆海军力相去霄壤，关于行政立法等事，亦纷乱异常。美国大统领于谒晤时，力言吾国危状暨各国对待吾国方针，几有不可终日之势，再迟一二年后恐吾国将无以自存。监国闻奏，唏嘘不置"④。毓朗也是亲贵中有开明思想者，并被时人视为军机处中"洵、涛二邸之代表"⑤。毓朗自进入军机处后，"事事均主急进，而尤以速开国会为当务之急，于召见时屡屡以缩短国会年限极力诤谏"，虽一时未蒙监国摄政王"嘉纳"，但他仍坚持不懈，每对人说："内忧外患纷至叠来，又值库款空虚，人心涣散，若非早开国会，断难挽既倒之狂澜。吾必出死力以谏之，务求达其目的而后已，如将来终不获命，情愿退出军机，不忍敷衍。"⑥ 载泽本是预备立宪的积极推动者，丙午官制改革时就曾主张设立责任内阁，但未能如愿以偿。国会请愿运动兴起之初，载泽一度犹疑观望，时论以为他"虽不积极反对，然颇有不甚赞成之态度"⑦。事实上，载泽与其姻亲溥伦基本上处于同一立场，均极力赞成。"此次国会请愿，伦贝子、泽公赞助甚力。泽公每值召见，必力请缩期，以救眈危而慰民望；伦贝子亦然。"⑧ 在资政院讨论请速开国会奏稿时，总裁溥伦还特邀载泽到院演说财政问题。载泽

---

① 《国会问题之大警告》，载《申报》，1910 年 10 月 20 日，第 1 张第 3 版。
② 《专电·初二日未刻北京专电》，载《时报》，1910 年 11 月 4 日，第 2 版。
③ 《专电·北京》，载《申报》，1910 年 11 月 5 日，第 1 张第 2 版。
④ 《国会缩短年限之余谈》，载《申报》，1910 年 11 月 14 日，第 1 张第 4 版。
⑤ 《北京政界之推测》，载《时报》，1910 年 10 月 24 日，第 2 版。
⑥ 《朗贝勒决以去就争开国会》，载《申报》，1910 年 9 月 17 日，第 1 张第 3 版。
⑦ 《国会问题之大警告》，载《申报》，1910 年 10 月 20 日，第 1 张第 3 版。
⑧ 《专电·廿八日戌刻北京专电》，载《时报》，1910 年 10 月 31 日，第 2 版。按：载泽是慈禧太后兄弟桂祥的女婿，溥伦为桂祥的孙女婿。参见胡思敬：《一门两皇后两福晋三夫人》，见《国闻备乘》，36 页。

"因言财政危迫种种，并种种无法，而归结于国会不可不速开"，并明确表示："本部亦甚赞成此举，果能速开国会，则财政大纲，必有头绪。"载泽此举，既为自己表白避嫌，又"为资政院得一有力后劲"①。至于国会缩短的具体年限，载沣派虽然赞成速开，但并没有明确表态。载沣游移不决，溥伦只是模糊地提出至少三年。载沣召见溥伦时问道："情势如此，期限不能不缩，然则一年可乎？对曰：不可。又曰：二年可乎？对曰：不可。大抵至少之非缩短三年，不足以餍天下之望。监国默然。"② 载沣派在内阁与国会问题上表现出较为积极的态度，既是迫于内忧外患的压力，也有借机迎合民心以稳固政权统治的动机。

奕劻派则持消极甚至抵制的态度。奕劻曾经与袁世凯狼狈为奸，企图以设责任内阁而达到自己揽权的政治目的。他本来并不反对责任内阁制，此时之所以持消极甚至抵制的态度，其原因有三。一是这派势力实际上把持了军机处和政务处，担心新的责任内阁将取代其既有权力。毓朗、溥伦等人均明确主张"裁撤旧军机，速设责任内阁"③，这是奕劻派一时难以应对的困境。因为毓朗、载泽等少壮亲贵雄心勃勃，对于新的内阁总理大臣职位，奕劻未必有必胜的把握。因此，他们企图在保持军机处、政务处等旧机构的前提条件下，承认设立新的责任内阁，但此举遭到了少壮亲贵的强力挑战。当政务处王大臣会议讨论设立责任内阁时，有人提议："责任内阁可立，政务、军机两处亦不可裁。"徐世昌表示极力赞成，毓朗则明确地反对说："国是要题不可私断，既有责任内阁，即不能再有多数同一性质之衙门。"④ 双方针锋相对。时论以为，虽然"今军机处已不适于立宪政体之设施，上下所共知"，但责任内阁的设立仍有困难，"所虑一二把持政局者，或出其愎见以挠之，而不肯弼成新治也"。⑤ 此所谓"一二把持政局者"，

---

① 《泽公赞成速开国会之确证》，载《申报》，1910年11月4日，第1张第3版。《国会问题之跃动》，载《时报》，1910年11月5日，第2版。

② 《国会问题之跃动》，载《时报》，1910年11月5日，第2版。

③ 《专电·北京电》，载《民立报》，1910年10月31日，第2页。

④ 《政务处之责任内阁谈》，载《申报》，1910年10月28日，第1张第3版。

⑤ 《论今日之军机处与将来之责任内阁》，载《申报》，1910年11月4日，第1张第2版。

指的就是奕劻势力。二是为了对抗以载沣为首的满族少壮派亲贵。毓朗取代世续进入军机处后，处处与奕劻作对，"每次奏对彼此意见相反之处甚多"，甚至欲干预政务处事务，使奕劻颇为恼怒。在一次政务处会议上，"首由庆邸提议，谓：东三省如此危急，有何挽救之法？朗贝勒主张速开国会，以救危局。庆邸谓：人民程度太浅，速开恐致召乱。贝勒云：国会不开，一切新政决办不下去。争论甚为激烈，幸徐军机从中调停，始不欢而罢"，奕劻愤而奏请辞职。① 资政院总裁溥伦为国会事奔走各处游说权贵，认为"非于明年召集，必失人心"，奕劻大不以为然，与之辩驳，"声色俱厉，至于拍桌震翻茶碗"。② 三是最重要的，因为立宪派与地方督抚请愿时，均主张国会与内阁并行，希望以国会监督责任内阁，这样，即使奕劻能控制新的责任内阁，其权力也将受到国会监督的限制。这当然是抱有揽权政治野心的奕劻所不愿意面对的前景。如前所述，在各省督抚联衔奏请内阁与国会并举时，直隶总督陈夔龙与陕西巡抚恩寿却分别单衔具奏先设内阁后开国会，这是有背景的，即奕劻等人的暗中授意。《时报》分析陈夔龙（小帅）单衔具奏的情形时认为："京津数时之隔，国会尤为宿题，小帅何故遽促如此？且既在赞成一面，何以不愿联衔？其奏中主张至宣统五年，故论者谓其实系接到枢府某人电示，特承迎之外结欢心，阴图抵制明年之说。"③《申报》有更加清楚的说明："或谓监国之意，待至明年召集，而元旦降谕。嗣经某邸电促畿辅某督，授意奏请先设立责任内阁，以梗国会之成立。监国为所动，于是故须至宣统五年始召集。意者某邸得毋希冀内阁总理大臣之职，又惧国会议员之多言，故于责任内阁姑引而近之，而于国会则推而远之，以避抨击而固柄政欤。"④ 又据《民立报》报道："当庆邸会议国会问题时，曰：看你大家的意思。及

---

① 《庆邸乃亦乞退》《庆邸乞退乃为争开国会耶》，载《申报》，1910 年 9 月 10 日、14 日，第 1 张第 4 版。

② 《声色俱厉之庆王》，载《民立报》，1910 年 11 月 18 日。

③ 《国会之大跃动》，载《时报》，1910 年 11 月 3 日，第 2 版。

④ 《论宣统五年召集国会问题》，载《申报》，1910 年 11 月 5 日，第 1 张第 2 版。

定后提议新内阁时，提起总理大臣，庆曰：我已老了，什么新内阁？什么内阁总理大臣？我不明白如何做得。及退而语人，曰：陈夔龙、恩寿总算明白。盖因二人不主持速开国会也。"① 奕劻真可谓老奸巨猾。

国会请愿运动甚至惊动隆裕太后，其召见摄政王询问有关情况，并指示应具体研究速开国会之得失利弊，以早做决定。她说："伊等忠爱热忱，谅非沽名，实迫于时势为之耳。吾亦知此事关系重大，不可草率从事。惟闻廷臣中有意反对者，亦属不少。究竟有人能将国会速开之得失及利弊关系断决否？若仍似是而非，怀挟私见，须当早自定见，切勿为浮言所挠。"摄政王随即将懿旨传达至军机大臣，"并饬速电各省督抚及各部大臣，将缩短国会期限问题详细解释，统限于半月以前十日以后电奏，以便博采众论，从长计议"②。

可见，责任内阁与国会问题业已成为当时政治的焦点。无论赞成与否，无论目的如何，上自隆裕太后、摄政王等王公大臣，下至地方督抚与立宪派人士，各种政治势力无不注目于此。这既使此问题终于被提上清廷政治决策的议事日程，同时又给清廷决策增加了一定的难度，即必须综合考虑各种政治势力之间错综复杂的权力与利益关系。在某种意义上可以说，清廷的政治决策，正有如商业或外交上的谈判，实际上就是各种政治势力集团之间权力和利益的互相冲突与妥协的结果。

10月30日，军机大臣与政务处王大臣召开会议，公同阅看资政院请开国会原奏及陈夔龙等电奏。"彼此研究良久，大抵语多骑墙，无一决断之词。"后经军机大臣议定，"若不稍微缩短年限，难厌众望；若径予允许，又恐民气愈张。拟为调停之计，改为宣统三年设立内阁，宣统五年召集国会"，并决定来日入对开御前会议，即可请旨宣布。③31日，军机大臣毓朗与那桐、徐世昌到资政院演说大政方针，各议员

---

① 《庆邸之恶牢骚》，载《民立报》，1910年11月13日，第2页。

② 《太后亦有速开国会之意》，载《申报》，1910年10月21日，第1张第3、4版。

③ 《国会问题种种》，载《申报》，1910年11月5日，第1张第3版。

群起质问，人多语杂，使毓朗言路阻塞，"始终未申明宪政进行之方法，及缩短国会之微意"。毓朗向奕劻报告说："民气如此强盛，国会万不可不速开。"那桐、徐世昌随声附和。奕劻连称："不错，不错。俟御前会议再说罢。"11 月 1 日，政务处王大臣再次召开会议商讨国会期限事，毓朗询问宪政编查馆提调宝熙："国会如定明年成立，所有选举法等编制问题，能否赶前筹备？"宝熙回答说："此事曾询馆员，据云编制此项法典，决非仓猝所能蒇事，明年恐赶办不及。"某军机大臣说："国会问题，选举法最关紧要；既赶办不及，应展期成立。"因枢府有赞成宣统五年者，各部大臣亦多主此说，于是便议决宣统五年成立国会。①

其实，先设内阁后开国会，以及宣统五年召集国会的主张，主要是奕劻派企图通过控制新内阁而操纵朝政的如意算盘。这与立宪派和地方督抚请愿内阁与国会并举，次年即宣统三年（1911）召集国会的主张，是有一定差距的。对此何去何从，载沣虽颇感为难，但还是选择了前者。据《民立报》报道："近日请速开国会之声浪如潮涌、如雷震，凡诸反对亦阳表同情，只暗中阻挠，如鼠居穴，进寸一惊，立即退尺。故连日政府秘密聚议，凡中立与反对者，悉曰从众。中有一二亲贵真表同情，则主立允民请，准于来年九月召集；而一班圆滑者，则曰办不及，酌定为宣统五年召集。监国本主急进一派，而老成人均云，来年召集，恐办不及，因此颇觉为难，亦无主意云。"② 11 月 3 日，载沣召见军机大臣、会议政务处王大臣等开御前会议，毓朗与载泽的发言表达了载沣的心声。毓朗说："时事危迫，国会诚不可不速开，然不明定国是，则政府与国民遇事争执，必不免纷扰。故必先设新内阁，及确定海陆军进行政策，再开国会，庶君权不至为民权所抑。"载泽进而说："现在国税地方税未分，遽开国会，恐人民争执。且朝廷注重国防，人民注重实业，目下采访舆论，已多主张裁减海陆军费，甚有主张停办海军者。故必先立新内阁，明定国是，然后再开

---

① 《政府密议追记》，载《民立报》，1910 年 11 月 7 日，第 2 页。《决议宣统五年召集国会原因》，载《申报》，1910 年 11 月 7 日，第 1 张第 4 版。

② 《监国无主意之难》，载《民立报》，1910 年 11 月 3 日，第 2 页。

国会，方免一切纷扰。为今之计，应明定宣统五年召集国会，既不阻绝人民之请愿，而乘此二年工夫，可以确定各项要政办法，并须立降明谕，成立新内阁。"载沣深以为然，于是议决国会定限缩短三年，并于次年宣布设立责任内阁。①

11 月 4 日，清廷颁布上谕称，"著缩改于宣统五年，实行开设议院。先将官制厘订，提前颁布试办，预即组织内阁"，并特别说明："此次缩定期限，系采取各督抚等奏章，又由王大臣等悉心谋议，请旨定夺，洵属斟酌妥协，折衷至当。缓之固无可缓，急亦无可再急，应即作为确定年限。一经宣布，万不能再议更张。"② 该上谕虽然提到各省督抚、资政院、各省谘议局及各省人民代表不断陈请，以及内阁与会议政务处王大臣的多次讨论，似乎照顾了多方面的意见——这些当然都是清廷决策的重要依据，但是，其最关键的因素不容忽视，那就是对把持军机处的奕劻派势力的妥协。如时论所谓，"不过俯如直督等所请耶"。③ 直督陈夔龙等所请，正是秉承奕劻等人的旨意。正如国会请愿代表通告书所揭露："夫我皇上冲龄践祚，监国摄政王负斧扆而朝，内处深宫，日月固有遗照之明。今兹主谋，度必有一二昏耄老臣势居要津，阳为老成持重之言，而阴以遂其敷衍苟且窃踞朝柄之私心。而新进得幸之臣，又甚虑国会一开，人才勃兴，或至摇撼其禄位。坐是遏仰［抑］挠阻，力主五年之说，相与扬波而助焰。是举各督抚与人民之所要求明年速开者，率皆一不审谛，徒取决于少数之廷臣。而廷臣仰承风旨唯诺者十九，草具说帖，不敢有异论，相率画诺，遂为定议。"④ 又据《时报》披露，载沣在当日召见全体政务大臣做最后决策时，"其实大局早已定妥"，"即初三日之谕旨，亦是前此数日徐相在那相宅与那相共同商议，令军机章京、政治官报局总理华世奎执笔拟

① 《御前会议国会记》，载《民立报》，1910 年 11 月 11 日，第 2 页。
② 金毓黻辑：《宣统政纪》卷 28，2 页，沈阳，辽海书社，1934。
③ 《再读十一日上谕谨注》（续），载《申报》，1910 年 11 月 17 日，第 1 张第 2 版。按：陈夔龙日后回忆也是颇为自得，有谓："疏既上，荷蒙俞允，分别晓谕，群情极为帖服。"参见陈夔龙：《梦蕉亭杂记》卷 2，53～54 页。
④ 《国会请愿代表通告各省同志书》，载《申报》，1910 年 11 月 14 日，第 1 张第 3 版。

定而后成稿者"。① 可见，载沣所做的其实只不过是借宣统皇帝的名义宣布其具体内容而已。

上谕颁布后，京城内外各店铺民户顿时张灯结彩，龙旗飘扬，商学各界组织提灯会，唱《立宪歌》，《北京日报》等报馆甚至刷印红报以示庆贺，场面颇为热闹。但是，据悉这些举动皆警厅与学部、民政部等官场授意而为。② 同时，也有江苏谘议局、江苏教育总会等少数团体致电资政院，对于"国会请愿有效"表示感谢"天恩高厚"的情形。③ "然究以期限太缓，主张继续要求者，实居多数。"④ 当然，透过这个表面上热闹喧哗的场面，各界人士的真实反应更值得深入探究。

首先看一般舆论。《申报》认为，国会期限仅缩短三年，"虽未能满足一般渴望国会者之希望，然更先朝之成规，顺薄海之舆情，不可谓非朝廷同民好恶之举也"。相对于前两次请愿而言，"亦可视为慰情胜无者矣"。内阁与国会本应同时组织，不应有先后之分，但谕旨规定宣统五年开设国会，因形势所迫，必须先期组织内阁，"今欲求中央各部、外省各督抚之施行政事有统一之趋向，以期治理之日有起色，非即组织内阁不为功"⑤。《时报》则颇不以为然，认为国会期限缩短三年，"在表面观之，似亦慰情胜无；而自里面观之，实与现今时局无丝

---

① 《京师近信》，载《时报》，1910 年 11 月 16 日，第 2 版。按：据那桐日记，宣统二年十月初二日，"徐中堂、华璧臣（世奎——引者注）来办公事"。参见北京市档案馆编：《那桐日记》下册，672 页，北京，新华出版社，2006。

② 《资政院仍要求即开国会》《京师庆祝国会之盛况》，载《申报》，1910 年 11 月 9 日、14 日，第 1 张第 4 版。《北京人儿之狂热》，载《民立报》，1910 年 11 月 14 日，第 2 页。《京师近信》，载《时报》，1910 年 11 月 16 日，第 2 版。另据恽毓鼎宣统二年十月初六日日记："学部传知各学堂：自酉初刻至戌正，学生一人持一红纸灯笼，张旗鸣鼓，排队至大清门外，向北（有结彩牌坊）三呼万岁（大清帝国万岁，宣统皇帝万岁，大清国国会万岁）。"参见史晓风整理：《恽毓鼎澄斋日记》，第 2 册，508 页。

③ 《各团体对于国会年限之满意》，载《申报》，1910 年 11 月 9 日，第 1 张第 5 版。

④ 问天：《宣统二年十月中国大事记》，载《东方杂志》第 7 年第 11 期，宣统二年十一月二十五日。

⑤ 《读宣统五年开设国会上谕恭注》，载《申报》，1910 年 11 月 6 日，第 1 张第 3 版。

毫之裨"①，甚至认为："即使明年开国会，尚不敢必其果足以救亡，况犹靳至五年乎?"《时报》进而直斥国会不与内阁并立之弊，有云："所谓责任内阁者，此责任二字，非对君主而言，对乎议会而言也。……有议会，始有所谓责任内阁；无议会，则所谓内阁者，与今之军机处无异，不过变军机之名称为内阁之名称而已，无所谓责任也。""无国会之内阁，则专权必至于跋扈，植党必至于营私。然则国会未立，先设内阁，其不利于君主、不利于人民可知矣。"②

当然，最受挫折的是积极请愿的地方督抚与立宪派人士。地方督抚参与国会请愿运动，给清廷以极大的压力，尤其是把持军机处的奕劻派势力，更是面临强劲的挑战。因此，清廷在宣布缩改国会期限时特意对地方督抚严词苛责，有谓："各省督抚，领治疆圻，责任尤重。凡地方应行筹备各事宜，更当淬厉精神，督饬所属，妥速筹办，勿再有名无实，空言搪塞。必使一事有一事之成绩，一时有一时之进步，无论如何为难，总当力副委任。如或因循误事，粉饰邀功，定即严惩，不少宽假。"③ 11 月 12 日，清廷再次严谕："该督抚等受恩深重，务当殚竭血诚，勉为其难，毋负委任。倘或乞请于前，而敷衍塞责于后，以致名不副实，贻误事机，定惟该督抚等是问。"④ 这些均出自煌煌上谕，但其背后的力量则是军机大臣。据《申报》披露："自各督抚联衔陈请速开国会后，政府不得已遂改为宣统五年召集议院，旋经谕旨颁布。数日后，某大军机向监国进言谓：现在国家财力如此艰难，各项实业均未举办，虽国会早开，未必遂收国富兵强之效，且筹备事项中在在均须款项，目下财力毫无把握，各督抚未必不深知之，其所以电请速开国会者，无非希图见好国民，于现在及将来若何，并未深虑云云。故又有十一日将来或有贻误即惟该督抚是问之谕。刻闻某大军机又进言：所有联衔之各督抚，于宣统五年召集议院之前，除病故出缺外，无论如何，一律不准开缺，并不与以更动，务期始终经一人之手，

---

① 《读初三日上谕感言》，载《时报》，1910 年 11 月 8 日，第 1 版。
② 《论国会不与内阁并立之弊》，载《时报》，1910 年 11 月 7 日，第 1 版。
③ 金毓黻辑：《宣统政纪》卷 28，2 页。
④ 金毓黻辑：《宣统政纪》卷 28，11～12 页。

以免将来借口推诿。"① 显然，这都是有意与督抚为难。此举对于督抚的联合行动确实起了一定的打击与分化作用，但同时又引起了一些督抚的进一步反弹。江苏巡抚程德全接奉谕旨后，即致电云贵总督李经羲，拟"再行联奏"。李经羲通电各处商议，"鲜有应者"，只好复电程德全"各抒所见为宜"。于是，程、李均单衔奏争，"务在坚持到底"。② 地方督抚虽然主张内阁与国会并举，但因国会期限已定，无法更改，便力争催设责任内阁。浙江巡抚增韫电奏称："惟通盘筹划，莫如速设内阁，特简总理，以为统一之机关。"程德全也说："应请即速钦派总理，预设内阁……盖内阁一日不设，则政治统一机关一日不备。"③ 程德全致电锡良等督抚时甚至认为，"弟意仍以赓续催设内阁为上策"，"今日除催设内阁之外，竟无第二语可说"。④ 湖广总督瑞澂电奏：军机处与责任内阁难以强同，应"即饬组织内阁，使政府担负完全责任"。⑤ 东三省总督锡良电奏"提前赶办宪政，请速设责任内阁"，略谓"世变日急，举朝臣工几无一负责任者，国事何堪设想？救今之急，非从速设立责任内阁不可"，并列举设立责任内阁之利有四："（一）权臣不敢弄柄；（二）贪吏不敢卖缺；（三）同列不致争权；（四）办事不致掣肘。"⑥ 显然，地方督抚仍然希望用责任内阁制对付载沣派少壮亲贵的中央集权与奕劻派势力把持军机处以揽权的专制行为。

至于立宪派人士，其反应更加强烈。资政院会议上，多数议员仍

---

① 《枢臣总不甘心于督抚主张阁会》，载《申报》，1910 年 12 月 19 日，第 1 张第 4 版。

② 《滇督片片》，载《民立报》，1910 年 12 月 25 日，第 2 页。

③ 《浙抚增请速设内阁电》《苏抚程请设内阁电》，载《国风报》第 1 年第 30 号，宣统二年十一月初一日。

④ 《江苏巡抚程德全致锡良等电》，转引自中国第一历史档案馆编：《清末筹备立宪档案史料补遗》，载《历史档案》1993 年第 3 期，51 页。

⑤ 《鄂督规画宪政进行之卓见》，载《申报》，1910 年 12 月 12 日，第 1 张第 3 版。

⑥ 《东三省总督锡良致周树模电》，转引自中国第一历史档案馆编：《清末筹备立宪档案史料补遗》，载《历史档案》1993 年第 3 期，52 页。《锡制军之声泪俱绝》，载《申报》，1910 年 12 月 28 日，第 1 张第 3、4 版。

以激烈言辞演说，主张即开国会，并拟上书政务处，请求协助。国会请愿代表孙洪伊等致电各省谘议局及各团体称："国会仅缩短三年，人心失望。"① 清廷在颁布缩改国会期限的同时，还谕令民政部与各省督抚晓谕请愿代表"即日散归，各安职业，静候朝廷详定一切，次第施行"②。军机处也通电各省督抚称："国会年限已奉明谕颁布，庙谟已定，无论如何不能再行缩短。应即详查所属，不得再有结社立会与谕旨违背之事。如有等情，应即立时解散，勿得怠玩。"③ 想再缩短国会期限，已经不太可能。奉天、直隶等省人民迅即掀起第四次国会请愿风潮，但同样没有结果，便是明证。于是，以各省谘议局议员为代表的地方立宪派开始变更组织，改变宗旨。他们以同志会的名义发布通告书，宣布四条政纲：督促政府速立新内阁，要求参与宪法，请释党禁，灌输国民宪政之知识。其中第一条即针对军机处而言，有谓："军机总揽政权，不负责任，国家前途，何等危险。今虽奉上谕即设新内阁，并未明定期限，不有督促，恐仍事敷衍。苟延岁月，或竟至宣统五年成立，则中间距离三年。试问：就现在之军机制度，能当此国家危局乎？……拟由各省同志会要求督抚代奏，请明发上谕，于年内成立内阁；或径电军机，请其速改，是亦一法。"④ 此举正与资政院弹劾军机大臣不负责任并请设责任内阁的活动相呼应。11 月 22 日，因资政院核议的云南盐斤加价案和广西巡警学堂限制外籍学生案奉旨交督办盐政处和民政部查核具奏，议长宣读谕旨后，全院大哗。议员易宗夔首先发言，表示"对于现在政府甚有不满意的地方"。他认为，由军机大臣拟旨并副署的两道谕旨，把作为立法机关的资政院议决的案子交给行政衙门去查核，是把资政院当作了行政衙门的下级机关，"军机大臣是侵资政院的权，违资政院的法"，因而倡议按院章弹劾军机大臣。随后，陶镕、陶峻、罗杰、王佐良、易宗夔、牟琳等十余名议员

① 《资政院仍要求即开国会》《请愿代表不满意于国会年限》，载《申报》，1910 年 11 月 9 日，第 1 张第 4 版。
② 金毓黻辑：《宣统政纪》卷 28，2 页。
③ 《国会年限果不许再请耶》，载《申报》，1910 年 11 月 18 日，第 1 张第 4 版。
④ 《同志会通告海内外书》，载《申报》，1910 年 12 月 6 日，第 1 张第 2、3 版。

相继发言，纷纷谴责军机大臣不负责任，要求具奏弹劾。其中还有议员提议速设责任内阁，如郑际平说："一面弹劾军机大臣，一面请皇上从速组织责任内阁，因为军机大臣不肯负责任，所以不得不亟须有一负责任之内阁。"籍忠寅进而认为："这回上奏次序第一是，军机大臣既不能尽责任，就请皇上赶紧设立责任内阁，务要在会期之中成立才好，可以就十天二十天的工夫，把这个责任内阁即行成立。"也有议员如李榘提议："现在宜先表决弹劾军机大臣，至责任内阁一层暂可不问。"结果议长提议表决，到会议员 134 人中有 112 人赞成，以绝对多数通过了具奏弹劾军机大臣案。① 12 月 16 日，资政院议长溥伦、副议长沈家本具奏，参劾军机大臣"不负责任""不知行政"，"受禄则惟恐其或后，受责则惟恐其独先"，"徒有参谋国务之名，毫无辅弼行政之实"，并恳请"迅即组织内阁"。② 当天，军机大臣全体奏请辞职。19日，清廷连颁两道朱谕，一面慰留军机大臣，称"该大臣等尽心辅弼，朝廷自能洞鉴，既属受恩深重，不用渎请，所请开去军机大臣之处，著不准行"；一面申斥资政院："朕维设官制禄及黜陟百司之权，为朝廷大权，载在先朝《钦定宪法大纲》，是军机大臣负责任与不负责任，暨设立责任内阁事宜，朝廷自有权衡，非该院总裁等所得擅预，所请著毋庸议。"③ 20 日，资政院召开会议，议员群情激愤，提出解散资政院，甚至指责清廷"假立宪"，纷纷要求再次弹劾军机大臣不负责任，结果以多数赞成通过再行具奏请明定军机大臣责任案。④ 22 日，资政院召开会议讨论奏稿内容，议员籍忠寅、方还等人提出修正案，

---

① 《资政院第一次常年会议场速记录》第 20 号，3～33 页，宣统二年十月二十一日。另参见《资政院会议弹劾枢臣纪闻》，载《申报》，1910 年 11 月 29 日，第 1 张第 4 版。

② 《资政院奏参军机大臣责任不明难资辅弼折》，载《申报》，1910 年 12 月 22 日，第 1 张第 3 版。

③ 金毓黻辑：《宣统政纪》卷 29，10～11 页。

④ 《同志会通告海内外书》，载《申报》，1910 年 12 月 6 日，第 1 张第 2、3 版。《资政院第一次常年会议场速记录》第 27 号，41～75 页，宣统二年十一月十八日。另参见《资政院决议再行弹劾军机》，载《申报》，1910 年 12 月 26 日，第 1 张第 3、4 版。

认为："还要请赶紧组织内阁，不是只叫军机大臣负责任就完了。"①
这样，便把具奏的重心引到设立责任内阁上了。正如议员江辛所说：
"我们的目的是要赶紧组织责任内阁，我们的手段是要弹劾军机大臣。
如果责任内阁成立，军机处就取消了。本员以为，弹劾军机大臣还可
以放宽一步，而奏请从速组织责任内阁是最要注意的。"② 25 日，资
政院以多数赞成通过了请速设责任内阁奏稿。不料，此折未及上奏，
清廷即于 26 日突降谕旨，饬宪政编查馆赶紧编订内阁官制具奏。这使
资政院总裁溥伦颇感为难。他认为："既然有这个上谕，就与这个奏折
内所说的不符。"溥伦只好把奏折交与会议讨论是否取消。有人反对，
如籍忠寅说："有这个上谕，我们所说要责任内阁的话，是已经取消
了；至于弹劾军机，却并没有取消。"因此，他建议"这个奏稿稍加修
改就可以上奏"，对军机大臣"还是要弹劾他不负责任"。同时，有更
多的人则表示赞成，如方还所谓："这个折子可以不必上了，本院的目
的在责任内阁，现在朝廷已经允许责任内阁，这个折子再上去，于事
实上就有些不合了。"经过反复辩论，结果以多数赞成通过取消奏
稿。③ 此后，虽然资政院因激于议员之义愤而再上弹劾军机折，但丝
毫没有动摇军机大臣之地位。如时论所谓："弹劾军机，军机无恙也。
其不负责任也如故，其不能辅弼也如故。"尽管资政院议案如此无效，
却深刻地揭露了军机大臣不负责任的现象，而使国人期盼着"新内阁
自宜速立"④。

与地方督抚和立宪派的态度基本相似，其他政治势力也是在速开
国会无望的情况下，多注目于责任内阁。京朝官员如邮传部候补参议
龙建章上奏皇帝万言书，历数"军机大臣不负责任之过"，认为"欧美

---

① 《资政院第一次常年会议场速记录》第 28 号，28 页，宣统二年十一月二
十日。

② 《资政院第一次常年会议场速记录》第 29 号，56 页，宣统二年十一月二
十三日。

③ 《资政院第一次常年会议场速记录》第 30 号，2～18 页，宣统二年十一
月二十五日。另参见《资政院弹劾案之倏起倏落》，载《申报》，1911 年 1 月 3
日，第 1 张第 4 版。

④ 《论资政院议案之无效》，载《申报》，1911 年 1 月 20 日，第 1 张第 2 版。

责任内阁之政体，实为治平之首基，组织不可稍缓"。① 京城御史团会聚松筠庵，特开会议"将联名奏请速设责任内阁"②。驻美公使张荫棠也"奏请速设新内阁，颁布法制，历陈各国立宪之利害"③。人们千呼万唤，责任内阁终于呼之欲出。

尽管清政府内部载沣派与奕劻派对于开国会的态度有从速从缓之别，但他们在速设责任内阁方面则并无异议。"速设"已成为各种政治势力的共识。至于到底何时设立，当然只能取决于清廷的决策。清廷在颁布缩改国会期限谕旨时，只是模糊地宣称"预即组织内阁"，并没有确定具体年限。因为国会期限被缩短三年，原定九年预备立宪的计划必须改变。12 月 6 日，清廷颁布修改筹备立宪清单的上谕："现在开设议院既已提前，所有筹备清单各项事宜，自应将原定年限分别缩短，切实进行。著宪政编查馆妥速修正，奏明请旨办理。"④ 与此同时，清廷正特饬宪政编查馆加紧厘定新内阁官制。"组织新内阁一事，监国近日催督甚力，其故因见在廷诸公均不肯担负责任，故特饬枢臣片催宪政馆会同政务处速将官制订定，以便先将军机处裁撤，改设责任内阁。闻宪政馆日来已将新内阁制通则二十余条，议决十五六矣。"⑤ 12 月 25 日，清廷再次谕令宪政编查馆迅速拟订修正筹备清单，"并将内阁官制一并详慎纂拟具奏"。⑥ 1911 年 1 月 17 日，宪政编查馆上奏《修正逐年筹备事宜清单》，明确规定：宣统二年（1910）厘定内阁官制；宣统三年（1911）颁布内阁官制，设立内阁。⑦ 这样，设立责任内阁便被明确地提到清廷预备立宪的日程上来。

---

① 《龙参议建章上皇帝万言书》，载《申报》，1910 年 11 月 23 日，第 1 张第 3、4 版。

② 《专电·北京电》，载《民立报》，1910 年 11 月 27 日，第 2 页。

③ 《专电·北京》，载《申报》，1910 年 12 月 8 日，第 1 张第 4 版。

④ 金毓黻辑：《宣统政纪》卷 29，5 页。

⑤ 《内阁总理无非亲贵》，载《申报》，1910 年 12 月 11 日，第 1 张第 4 版。

⑥ 金毓黻辑：《宣统政纪》卷 29，17 页。

⑦ 金毓黻辑：《宣统政纪》卷 30，16 页。

## 四、"皇族内阁"出台的前因后果

制度变革涉及机构调整与人事变动，这是一个权力再分配的过程。建立责任内阁制，关系到清政府政权体制的结构性变革，绝不仅仅是一次简单的人事安排，而直接触动了清廷内部各种政治派系之间的权力与利益关系。因此，其错综复杂的背景颇为值得探究。以今人的后见之明，其结果是出现了一个所谓"皇族内阁"。接下来的问题是：为什么会出现一个"皇族内阁"？"皇族内阁"如何反映了各种政治势力的权力与利益关系？其所引发的后果如何？这些均是本节所拟探讨的问题。

由于立宪派与地方督抚等发起的国会请愿运动的刺激，清廷内部的少壮亲贵渐成速设责任内阁的急进势力。载洵考察回国后，在被摄政王载沣召见时，曾就中国所处国际形势而大谈急进改革之道，有云："西人对我之状况，事皆表面之周旋，至探之彼中政治家、外交家之评论，实有足令人惊省者。大抵皆谓中国在国际法上实无可认为独立国之资格，盖因种种义务均无负担之能力，即不能享国际间之种种权利也。我若不持急进主义，速谋改革，恐各国对我之真相渐将揭露。"[1] 载沣颇受震动，遂连日特召各大臣举行会议，商讨组织新内阁办法。尽管载洵等少壮亲贵主张急进，但奕劻派"大老"势力则不以为然。"闻各大老以事属创始，且吾国民气日就嚣张，责任不易担负，多互相推诿者。惟洵贝勒、伦贝子均极力主张从速组织，并沥陈近日资政院各议员纷纷质问，均因政府不负责任所致。乃某大老始终不赞一词，故此事卒未解决。"[2] 载洵、溥伦等人主张从速组织责任内阁的理由，正是奕劻派势力把持的军机处被资政院议员攻击不负责任，这当然是奕劻等人颇感难堪之处。更重要的是，如果改军机处为责任内阁，奕劻等军机大臣将如何安置，是一个非常棘手的问题。其时早有传闻："责任内阁定于明年组织，军机四人一概不易，总理大臣自推庆邸，其

---

① 《洵邸出洋后之智识》，载《申报》，1910 年 11 月 21 日，第 1 张第 4 版。
② 《组织内阁纂拟宪法谈》，载《申报》，1910 年 11 月 23 日，第 1 张第 4 版。

余或用副总裁等名目以位置之，而加入各部大臣。"时论以为："易法而不易人，易名而不易实。恐今日流涕徒跣缩争结果，已可逆睹。顾此语殊似确凿可信。盖以今日中枢状况，冀其大事更张，必无此望也。"① 显然，奕劻等人绝不会善罢甘休。载沣派少壮亲贵的急进与奕劻派元老重臣的缓进，从根本上揭示了权力与利益如何重新配置的问题。

责任内阁制设立的关键是内阁总理人选，这是清廷决策的最大难题。据《时报》报道："现闻枢廷中自奉缩短国会之明谕后，连日筹议一切，其最大问题有二：（一）组织新内阁。……闻组织内阁一事，其一切组织之手续，尚是目前即办之事。惟总理大臣一席甚难推定，庆邸辞之甚力，其余最有资望者，惟朗贝勒及泽公二人，然亦皆不肯明言担任，故议商数日，毫无结果。"② 而据《申报》报道："国会已定于宣统五年召集，责任内阁制度宜即颁布，其最难解决者，惟总理大臣一席。庆邸不特不肯担任，即使担任，而外间反对者太多，将来断难运用灵活。闻监国曾属意于泽公，庆邸亦极力奏保，或者泽公借此脱离度支部之负累，愿以一身当此机关，亦未可知。"③《申报》又云："至总理一席，庆邸本有谢绝之说。目下廷臣拟推朗贝勒、伦贝子、泽公三人，再就三人中推定一人。但朗贝勒一味却辞，伦贝子近来因资政院故又为各枢臣所不喜，且将来又有贵族院议长之望，惟泽公既与各枢臣感情甚厚，且有自愿承认之意，故甚为有望。然庆邸是否谢绝犹未可定，故泽公于此席亦尚未稳当云。"④《民立报》转载日本报纸新闻，认为内阁总理的第一人选为奕劻，"庆亲王久握中国政权，今当占军机大臣之首座，其年龄、其门阀、其阅历、其德望、其识见，如设新内阁后任总理大臣之职，分两甚足"，"非庆王任之，将别无组织内阁者"；其次为毓朗，"毓朗由小吏渐升任军机，敏慧而有办事之才；然际国家危急，有料理大局之才与否，尚不可知"；再次为载泽，"载

① 《追记缩短国会年限事》，载《时报》，1910 年 11 月 6 日，第 2 版。
② 《国会缩期后之现状》，载《时报》，1910 年 11 月 16 日，第 2 版。
③ 《国会年限宣布后之预备》，载《申报》，1910 年 11 月 15 日，第 1 张第 4 版。
④ 《内阁总理无非亲贵》，载《申报》，1910 年 12 月 11 日，第 1 张第 4 版。

泽公为王族中有气品之人，温厚而清廉，总理大臣之资格，十分备具"，且载泽夫人为隆裕太后之妹，如为总理，"可与皇太后意思疏通"，又载泽为度支部尚书，有整理财政经验，"如为财政困难时之内阁总理大臣，甚为合宜"；最后为汉人袁世凯、徐世昌，但可能性微乎其微，"其第一次内阁组织，能以之命此等之汉人耶，当可决其必无是理矣"。① 尽管这些舆论报道词多暧昧含混，但明眼人不难看出，就资望而言，奕劻、载泽、溥伦、毓朗当是总理大臣的热门人选。虽然他们看似并不怎么积极，甚至退避唯恐不及，但各种舆论报道亦非事出无因。人事变动往往是官场中最敏感的话题。大凡政治家多难免表面作秀，然无论如何，均实难遮掩其内心深处的权势欲望。当然，关键的较量是在背后。可以说，奕劻也好，载泽、溥伦、毓朗也罢，谁能最后胜出，实际上取决于其背后的政治势力。

事实上，奕劻与载泽等人相比，无论是其背后的政治力量，还是其政治资望与手腕，均占有明显的优势。因此，尽管载沣从对付奕劻势力出发，可能有意将总理大臣的位置留给载泽等人，如时论所谓，"内阁总理大臣，监国属意泽公，阴制□（此字姑空——原注）党"②，"责任内阁派定泽公充总理大臣，朗贝勒充副理大臣"③，"近日摄政王屡召泽公，详询国会内阁制度，拟简泽公为内阁总理"④，但是，结果并未如其所愿。

就清廷内部载沣派与奕劻派的权力关系来看，虽然在权位上双方各有所长，在某种程度上甚至可以说势均力敌，难分高下，但在实际力量上奕劻派可能略胜一筹。前述清廷关于缩短国会期限与速设内阁的决策主要是遵循奕劻派的意见，就可为一个典型例证。奕劻为两朝老臣，长期把持中枢要地军机处，在朝中势力盘根错节，这是载泽等少壮亲贵无法比拟的。其时，就清政府及各部大臣而言，少壮亲贵毓朗进入军机处后虽然也有一定的影响，但多数大臣还是依附奕劻。时

---

① 《日人眼中之阁总》，载《民立报》，1910 年 12 月 25 日，第 2 页。
② 《专电·北京电》，载《民立报》，1910 年 11 月 4 日，第 2 页。
③ 《专电·北京电》，载《民立报》，1910 年 11 月 5 日，第 2 页。
④ 《专电·北京》，载《申报》，1910 年 11 月 9 日，第 1 张第 4 版。

论有云："自国会年限实行缩短后，政府诸公方针亦均随之而变，与从前迥异。约言之可分三派：庆邸、那相为一派，仍持专制大权不肯轻放，事事以牵掣资政院及宪法大臣为能力，一言以蔽之，则以国会为不然而已；朗贝勒与宪法大臣伦贝子、泽公为一派，尚知注重民气，颇有急进之概，惟事事与庆邸不合，难免为其压抑，故屡次会议，均至冲突；徐协揆系自为一派，其权势与前两派均属不敌，亦均不敢有所得罪，惟遇事调停两间，敷衍而已。其余各部行政王大臣，亦互相分立于两派，然仍以依附庆邸一派者为多。"① 其实，所谓徐世昌一派也是与奕劻处于同一阵线的。更重要的是，奕劻的老成持重与载泽、毓朗等人的年少躁进适成鲜明对比。有朝中权贵就国会问题提出批评说："举国无知天下大计之人，其稍通治理者，只庆、那两军机耳；而监国不察，竟偏听涛、朗、洵三少年躁进之言，诚所不解。"② 事实上，监国摄政王载沣或许有意偏向载涛、毓朗等少壮亲贵，但他并不能动摇奕劻的地位；为了自己的权位与清王朝统治的稳固，他还不得不依靠奕劻。一方面，奕劻不是轻易能扳倒的。奕劻与袁世凯勾结，权倾朝野，曾经使慈禧太后颇感为难。据说她"对于奕劻是又担心又依赖，所以既动不得他，并且还要笼络他"。庸碌无能的载沣更是难以应对。"西太后既搬不倒奕劻，摄政王又怎能搬得倒他？"③ 另一方面，载沣还得用奕劻对付隆裕太后。载沣摄政后，隆裕太后每多掣肘，并有其欲效法慈禧太后"垂帘听政"的传闻，使载沣颇感不安，"无日不惴惴"。载沣虽不满奕劻招权纳贿，但又不得不"倚之以防隆裕，倍加优礼"④。载沣生性懦弱，并无政治主见，摄政期间，内有隆裕掣肘，外受奕劻、那桐等人挟制，实在难有作为。"至于当时用人行政之实

---

① 《行政大臣各分党派之暗潮》，载《申报》，1910 年 11 月 26 日，第 1 张第 4 版。

② 《安有权贵而不反对国会者》，载《申报》，1910 年 11 月 21 日，第 1 张第 4 版。

③ 爱新觉罗·溥仪：《我的前半生》，19、24 页，北京，群众出版社，1996。

④ 胡思敬：《监国预防隆裕》，见《国闻备乘》，78 页。

权，也等于完全操在奕劻、那桐之手；他个人并无一定的见解和主
张。"① 载沣名为监国摄政王，实在不过一个傀儡而已。至于载泽、毓
朗、载洵、载涛等一班少壮亲贵，也并不完全与载沣齐心协力，而是
各自怀有争权夺利的野心。"摄政王处于各伙人勾心斗角之间，一会儿
听这边的话，一会儿又信另一边的主意，一会对两边全说'好，好'，
过一会又全办不了。弄得各伙人都不满意他。"② 可见，载沣摄政期间
境况颇为艰难，与其说是载沣集权皇族亲贵，不如说是奕劻擅权自为，
变本加厉。这一点直接影响了宣统政局的演变态势与清王朝统治的最
终结局，以下还拟申论。

奕劻在载沣摄政以后，不但权力未曾稍减，而且更加游刃有余。
众所瞩目的责任内阁总理大臣岂能他属？《时报》有云："自监国摄政
以来，外人颇疑庆邸势力失败，不免无怏怏之意。实则邸居枢廷既久，
宫中又极有威望，监国尤极隆重之。故用舍黜陟一切大政，仍惟邸意
是决。外间疑邸有乞退之意，本报早辟其非。近有见邸者，谓邸丰采
焕发，精神四映，亦足见邸之并无不乐矣。特邸自以过蒙礼重，而外
间又时有求全之意，故时不入值，较之慈禧临御之日多所谦让。故日
本报谓，邸近日势力之在地方者，大于其在中央，意谓中央大官不必
尽由邸意所出，而地方诸督抚及方面大员，则多出邸指也。其言近之。
然无论如何，大事必仍就决，一切摇动云云，都不足信也。"③《申报》
亦称："前数日中央政界盛传监国俟责任内阁组织完全之后，将准（奕
劻——引者注）辞职。兹据内廷人言，此说不实属确，近来各项要政，
监国仍多商诸庆邸始决，惟于用人一端，不能如前之全权在握。现庆
邸虽不时有乞退之言，监国必再三挽留。惟屡次力保毓朗，确为将来
卸责地步。而监国则曰：毓朗虽敏锐有为，然求进之心太速，恐多贻
误，且于政治阅历尚浅，非再经验三五年，断难倚任。现在时势如此

① 载润：《隆裕与载沣的矛盾》，见中国人民政治协商会议全国委员会文史
资料委员会编：《晚清宫廷生活见闻》，70 页。
② 爱新觉罗·溥仪：《我的前半生》，24 页。按：溥仪写载沣监国摄政事，
参阅过载沣日记，其说应该有一定根据。
③ 《北京政界之推测》，载《时报》，1910 年 10 月 24 日，第 2 版。

艰难，无论如何，王爷尚难享清闲之福云云。盖监国之意，将来新内阁总理，仍拟属之庆邸云。"①《申报》又载："内廷消息：内阁新官制现已着手编订，日前监国面谕各枢臣此项官制编成后，即当从速入奏，并谕各就所知奏保何人可充总理大臣之任。闻各王大臣以内阁总理大臣一席责任甚重，咸推军机大臣庆邸暨度支部尚书泽公两人可膺此选。惟朝廷之意，仍在庆邸。因庆邸系四朝老臣，勋业伟大，且于外交行政俱有阅历，故内阁总理一席，仍非庆邸莫属云。"② 此所谓"朝廷之意"，当指监国摄政王载沣而言。其实，不仅载沣如此，甚至隆裕太后也不例外。"政界中人言：此次新内阁用人一层，监国十分谨慎。缘监国摄政之初，曾有军国大事必须请示太后之规定，故此次设置内阁伊始，监国曾于隆裕太后前请示，太后谕以宜用老臣。所谓老臣者，即指庆邸而言，监国因命庆邸为总理大臣。"③《时报》还曾做过一个有趣的民意调查，即投票竞猜内阁总理人选。结果收得有效票券总数8357票，猜中庆亲王奕劻者共有3734票，"投票之券虽不及阅报者之半数，而得中者几达投票者之半数，于此可见阅报诸君之肯留心时事与料事之能力"。未中票券中最多为载泽，有1942票，毓朗有417票，载涛有124票，其余徐世昌等汉人，均不满10票。有人投票时颇有调侃意味地写道："庆邸如不死，必为所得。"④可见民众心理，已是洞若观火。

当然，无论如何，对于内阁总理大臣之位，奕劻确实也是非常积极想望。虽然时有不愿担任的传闻，但这些只不过是其迁延观望而以退为进的伎俩而已。"组织新内阁一事，政府久有是议，只因总理一席，无人肯担责任，故久议未决。自奉明谕提早国会、预即组织责任内阁后，政府诸公续又提议此事，惟总理一席，仍多推重庆邸担负，

---

① 《庆邸仍有内阁总理之望》，载《申报》，1910年11月13日，第1张第4版。
② 《内阁总理非此人莫属耶》，载《申报》，1911年2月17日，第1张第4版。按：此谓奕劻为"四朝老臣"，指其历官咸、同、光、宣四朝。其实，奕劻真正当权，实在光宣时期，故笔者上文有"两朝老臣"之说。
③ 《新内阁成立后种种》，载《申报》，1911年5月19日，第1张第5版。
④ 《内阁投票发表》，载《时报》，1911年5月12日，第1版。

而庆邸坚不承认，故又有推重泽公之议。兹得政界最近消息，庆邸日来忽复拟担负此任，故特召宪政馆之某某两员，每晚至邸第研究宪法，解释内阁总理大臣之责任权限等关系，以资预备。"① "闻日前庆邸与某亲贵晤商责任内阁一事，庆邸谓：兹事重要，故总理一席，不敢担任。旋由某亲贵告以总理大臣仿佛军机领袖，但军机领袖尚觉繁重，而总理大臣可将责任分诸各部大臣，转似闲逸。庆邸闻之□然，遂于监国摄政王前力陈责任内阁之不可缓云。"② 据那桐日记载："同菊相至庆邸谈一时之久，因摄政王十五日曾密谕新内阁事。"③ 可见，奕劻、那桐、徐世昌私下里也曾密议过责任内阁事宜。表面上看来，对于是否出任总理大臣问题，奕劻的姿态始终是半推半就，这恰是其久历政坛的圆滑老练之处。实际上，除了持重与观望的因素外，他主要是在权力与责任方面权衡利弊。事实很清楚，至少应保持其原有的首席军机大臣的权位，才是奕劻接受责任内阁总理的底线。

内阁总理大臣非奕劻莫属，已是公开的秘密。至于其他内阁成员人选也多为满洲贵族、亲贵，则早为时论所披露。在清廷颁布宣统五年开设议院并预即组织内阁的上谕之后不久，《民立报》便以辛辣讥讽的文字预测了必将出现"贵族内阁"的前景。有云："吾国之贵族，真有绝世聪明。龙种自与常人殊，岂不信哉？……国民无能，劳贵族多矣。故海军也劳贵族，陆军也劳贵族，军机也劳贵族，部臣也劳贵族，议政也劳贵族，禁烟也劳贵族，资政也劳贵族，宪法也劳贵族。而不久组织内阁，也又要劳贵族。贤者多劳，真乃万能！吾视将来无对待之贵族内阁出现，以贵族中之贵族任部臣疆臣，其次者任司道州县，其间［闲］散者任巡检典史，而后此贵族内阁始一致。中国之兴，其庶几乎！"④ 载沣摄政后，亲贵尽出擅权，已是不争的事实。载沣简派

---

① 《庆邸固不能忘情于内阁总理者》，载《申报》，1910 年 11 月 24 日，第 1 张第 5 版。

② 《庆邸总不失政界领袖》，载《申报》，1910 年 11 月 25 日，第 1 张第 4 版。

③ 北京市档案馆编：《那桐日记》下册，683 页。

④ 《贵族万能》，载《民立报》，1910 年 11 月 9 日，第 1 页。该报同年 11 月 29 日还刊登了一幅《内阁之将来》的艺术字体漫画，将"责任"与"贵族"立体重叠书写，颇有意味。

溥伦、载泽为纂拟宪法大臣，曾经颇为舆论所非议，但载沣不为所动，尚振振有词地辩解道："本监国用人行政，一秉大公。即如信用亲贵，亦系量能授职，因才器使。倘各亲贵实系无能，自当随时撤换，免致遗误；如其才有可用，则本监国亦决不为浮言所惑，妄行更动。"① 内举不避亲，话虽冠冕堂皇，但其间不无些许怨气，正透露了载沣欲盖弥彰的内心世界——任用亲贵的坚定决心。因此，新的责任内阁必为亲贵所把持，并不足怪。

1911 年 5 月 8 日，清廷正式颁布《内阁官制》和《内阁办事暂行章程》，宣布了新内阁的基本组织方式及其职责：内阁由国务大臣组织；国务大臣有总理大臣一员，协理大臣一至两员，以及外务、民政、度支、学务、陆军、海军、司法、农工商、邮传、理藩十部大臣，均候特旨简任；国务大臣辅弼皇帝，担负责任。② 同日，清廷又任命新内阁总、协理大臣及各部大臣，并裁撤旧内阁、军机处和会议政务处。国人千呼万唤的责任内阁终于粉墨登场。其基本成员如次：总理大臣奕劻（宗室）、协理大臣那桐（满族）和徐世昌（汉族）、外务大臣梁敦彦（汉族）、民政大臣善耆（宗室）、度支大臣载泽（宗室）、学务大臣唐景崇（汉族）、陆军大臣廕昌（满族）、海军大臣载洵（宗室）、司法大臣绍昌（觉罗）、农工商大臣溥伦（宗室）、邮传大臣盛宣怀（汉族）、理藩大臣寿耆（宗室）。同时，清廷还改设军谘府，以载涛（宗室）、毓朗（宗室）为军谘大臣；又设立弼德院，以陆润庠（汉族）、荣庆（蒙古族）为正、副院长。③ 在新内阁 13 名国务大臣中，汉族仅 4 人，点缀而已；满族达 9 人之多，而其中又有宗室与觉罗之皇族 7 人，可谓名副其实的"皇族内阁"。新的内阁成员名单，就其人员构成来看，完全是新瓶装旧酒。新内阁成员全是由原军机大臣与各部尚书（大臣）摇身一变而来：奕劻原为首席军机大臣，那桐与徐世昌原为军机大臣，梁敦彦为前外务部尚书，善耆原为民政部尚书，载泽原为度

① 《监国用亲贵之决心》，载《民立报》，1910 年 12 月 11 日，第 2 页。
② 《宪政编查馆会议政务处会奏拟定内阁官制并办事暂行章程折附清单二》，见故宫博物院明清档案部编：《清末筹备立宪档案史料》上册，561、563 页。
③ 金毓黻辑：《宣统政纪》卷 34，9～10 页。

支部尚书，唐景崇原为学部尚书，廕昌原为陆军部大臣，载洵原为海军部大臣，绍昌原为法部尚书，溥伦原为农工商部尚书，盛宣怀原为邮传部尚书，寿耆原为理藩部尚书。此所谓新内阁，无非是旧政府的翻版，如时论所谓是"变法不变人"①，乃"不中不西似改非改之阁制"②。甚至外国人也认为："此新内阁不过为旧日军机处之化名耳。"③

值得进一步探究的问题是，为什么这套内阁班底看似人员上并没有什么新的变化，却又历时半年之久才最后确定呢？大而言之，可以说这是清廷内部载沣派与奕劻派之间长期明争暗斗的结果。据《时报》披露："新内阁之发表期屡次迁延，兹闻政界中人言，此中变卦之原因，实由内中人物之暗斗。"④ 当然，这实际上也可以说是载沣与奕劻以及其他满族亲贵之间不断较量而寻求平衡的结果。这个结果充分地反映了满族亲贵内部各派系的权力与利益关系，而向来权重势大的奕劻派很明显地占了一定的上风。日本政界要人大隈重信评论这个新内阁时，认为"至其阁员之配置，则仍本之摄政王之意，不过咨询于庆邸而已，故满人占多数"，实属皮相之见，显然过高地估计了载沣的力量。其实，毋宁说主要是本奕劻之意，而以摄政王的名义公布而已。如大隈所谓"此次内阁之中心点，仍在庆王、那相、徐世昌、梁敦彦诸人"的说法⑤，则可谓切中肯綮。奕劻如愿出任总理大臣，自在意料之中。同为奕劻派的那桐、徐世昌一并出任协理大臣，就未免有点蹊跷了。这当然不可能是"本之摄政王之意"，而应该是奕劻的主意。"今二协理皆原军机大臣，自是监国俯顺邸意而定之。"⑥ 如时论以为，

---

① 《读设内阁上谕感言》，载《时报》，1911年5月10日，第1版。按：该社论下尚有一幅名为《养媳成亲之新内阁》的漫画，书书一联云："人是一番新气象，依然两扇旧门风"。

② 《对于钦定阁制之感言》，载《申报》，1911年5月10日，第1张第6版。

③ 《庆亲王历史》（译伦敦泰晤士报北京通信），载《申报》，1911年6月8日，第2张第2版。

④ 《内阁翻新记·其余之种种怪事》，载《时报》，1911年5月17日，第2版。

⑤ 《新内阁之内容与外论》，载《申报》，1911年5月23日，第1张第6版。

⑥ 《新内阁史·舍曰欲之之庆邸》，载《时报》，1911年5月18日，第2版。

那桐、徐世昌在旧军机处中唯奕劻之命是从，正符合奕劻专权的需要；新内阁中以那桐、徐世昌为协理大臣，也正符合"庆内阁"的根本精神。"今评内阁总理大臣外不当设置副大臣固也，而属之那、徐，则仍庆邸一人之政权，固无虑其有所掣肘也。"① 毓朗、载涛、载泽都曾是协理大臣的有力竞争者，但结果均退而求其次，而被另外安置，毓朗甚至没有入阁。时人解释说："朗贝勒之不获列座于内阁，外间皆谓朗本无意于此，其实亦有数因。朗虽亲贵，而资望尚浅，以任总理则太骤，以任协理则太亵；且总〔协〕理之额只有一人或二人，使朗为协理，则那不能去，其势必去徐，徐去而总、协理无一汉人，殊非所以昭示大公也。故出而专任军谘大臣。人谓监国本欲任朗，嗣以涛邸力诤，然亦以军谘府之权力，大可与内阁、弼德院鼎足而三也。"② 毓朗既被排除于内阁之外，则总、协理大臣组合不外"庆那徐、庆泽徐、庆涛徐。庆、徐均早早确定，所争只在中间一席。泽公位望势力本可直凌庆邸，惟究竟惮于先发，又以经某大臣力劝勿为第一次总理，故竞争差弱。庆则专守以进为退、以弃为取之法，以其辈老资深，监国严惮，而军机数人均与同进退，今内里局面万难尽易旧人、专用新派，造一绝大波澜，故其位置最稳、最固"。虽然有载涛将任新内阁大臣而那桐出长北洋的传闻，但结果还是由除毓朗以外的三位军机大臣奕劻、那桐、徐世昌联袂组阁。"卒之一人不易，其总因不外今日宫内宫外皆以不动主义为能相安，故监国卒从此主义也。"③

那桐、徐世昌出任协理大臣，不仅因为他们与奕劻同进退，而且还有其他特殊原因。那桐虽然是满族，但不是亲贵，"此次新内阁协理二席中，原定有朗邸，继以朗邸力辞，谓一内阁中不能有二亲贵，且以协理之责任，恐难负荷，辞意甚坚，故那相得列其选"④。至于徐世昌，则是汉大臣的点缀。与之类似的情况，还有陆润庠出任弼德院院长的背景。"弼德院院长本拟以礼亲王简授，嗣因监国以所用满大臣过

---

① 《论庆内阁》，载《申报》，1911 年 5 月 10 日，第 1 张第 2 版。
② 《内阁翻新记·军谘府之内幕》，载《时报》，1911 年 5 月 17 日，第 2 版。
③ 《新内阁史·内部之暗斗》，载《时报》，1911 年 5 月 18 日，第 2 版。
④ 《阁制发布后之种种揣测》，载《申报》，1911 年 5 月 15 日，第 1 张第 5 版。

多，恐启外间物议，陆中堂于汉大臣中资望较深，堪以充补，各枢老均表同情，遂以陆中堂充弼德院院长，以示朝廷不分满汉、一秉大公之意。"① 奕劻也是力保陆润庠，并主张弼德院与内阁同时发表，还于拟旨时特意面谕李家驹："措词务极隆崇，俾表面上与内阁为同等之分量，以示朝廷无歧视满汉之意。"② 显然，徐世昌与陆润庠等汉大臣的膺选，均有粉饰满汉矛盾的效用。正如时论所讥评："新内阁制未发表时，于副大臣中之一席，或曰本拟朗贝勒也，或曰本拟涛贝勒也，而其结果乃以无足重轻之徐世昌当之。弼德院制未发表时，于院长一席，或曰本拟礼亲王也，或曰本拟泽尚书也，而其结果乃以毫无能力之陆润庠当之。究其临时忽固之原因，则皆以所用满大臣过多，恐滋物议之故。然于盈廷多数据要津之重臣中，而仅仅有二三之汉大臣厕足其间，足见朝廷之大公。虽然，吾已为徐、陆两大臣幸矣。"③

载泽终究敌不过奕劻，只好固守原有的度支部，而寄望将来。"监国亦早属意泽公，只以该邸（奕劻——引者注）分遵资老，可以利用为过渡之人，故前日朱谕词甚活动，盖实为出自心肝之语。邸亦窥出此意，决定五月中旬再行借口老病上折辞职，届时监国恐亦未必慰留，而对于总理望眼欲穿之泽公，即可现大头角于内阁矣。"④

载涛、毓朗被安置于新改设的军谘府，是摄政王载沣掌握军权的需要；载沣派的廕昌为陆军大臣、载洵为海军大臣，也是这个目的。这是载沣派向奕劻派争夺军权的结果。"庆邸允任内阁总理，即倡议陆海军权均应归内阁统辖，廕〔廕〕尚书大反对，谓：大元帅是否在内阁总理之下？庆甚惭沮。"⑤《内阁官制》第十四条明确规定："关系军机军令事件，除特旨交阁议外，由陆军大臣、海军大臣自行具奏，承旨办理后，报告于内阁总理大臣。"《内阁办事暂行章程》第七条又补

① 《新内阁发表内幕·陆中堂得授弼德院长之原因》，载《时报》，1911 年 5 月 15 日，第 2 版。

② 《内阁与弼德院》，载《申报》，1911 年 5 月 17 日，第 1 张第 4 版。

③ 《时评其一·汉大臣之幸》，载《申报》，1911 年 5 月 16 日，第 1 张第 6 版。

④ 《内阁与弼德院》，载《申报》，1911 年 5 月 17 日，第 1 张第 4 版。

⑤ 《专电·北京电》，载《民立报》，1911 年 5 月 3 日，第 2 页。

充说明："按照内阁官制第十四条，由陆军大臣、海军大臣自行具奏事件，应由该衙门自行具奏呈递，毋庸送交内阁。"① 这是说陆海军大臣直接向皇帝/摄政王负责，内阁不负军事责任，将军权完全排除在内阁之外。"新内阁原拟草案，对于各部行政均负完全之责任。嗣因陆海军大臣以中国现在正值整顿全国陆海军备之时，总理大臣须具军事上之知识，方可负完全责任，否则将来殊多窒碍，力争于监国前。庆邸亦以此事重大，力辞不允。监国因召陆海军大臣暨军谘处涛、朗两贝勒，在三所连日会议。某枢相力请将军谘处改为军谘府，与新内阁同日发表，关于军事问题，军谘大臣应负完全责任。监国深以为然，遂决定关于军事上之责任，新内阁可不负责任，惟军谘大臣须逐日与内阁总、协理入值赞襄军务。"② 军谘大臣对军事负完全责任，也是绕过内阁而直接向皇帝/摄政王负责。军谘府的改设，是载字辈兄弟争夺军权的明证。

溥伦也曾是时论所谓内阁总理大臣人选之一，但在新内阁成立前便遭到奕劻派势力的排挤而失势。溥伦曾任资政院总裁（议长），与以奕劻为首的军机大臣颇有矛盾。宣统二年（1910）年底，资政院一再弹劾军机大臣，使奕劻等人颇觉难堪；宣统三年（1911）年初，资政院又因外患日亟而欲召开临时会议，筹商对策，奕劻、那桐不以为然，便以"关系外交事件宜严守秘密，断不能付之议会，致滋纷扰"为辞，借机向溥伦发难。③ 3 月 22 日，清廷以世续、李家驹取代溥伦、沈家本为资政院正、副总裁，命溥伦出任农工商部尚书。④ 尽管时人多以老弱守旧之世续取代溥伦为"失政"⑤，但世续为奕劻派人，李家驹更

① 《宪政编查馆会议政务处会奏拟定内阁官制并办事暂行章程折附清单二》，见故宫博物院明清档案部编：《清末筹备立宪档案史料》上册，562、564 页。
② 《新内阁发表内幕·不负军事责任之原因》，载《时报》，1911 年 5 月 15 日，第 2 版。
③ 《伦贝子调出资政院之由来》，载《申报》，1911 年 3 月 24 日，第 1 张第 4 版。
④ 金毓黻辑：《宣统政纪》卷 32，9 页。
⑤ 《庆亲王历史》（译伦敦泰晤士报北京通信），载《申报》，1911 年 6 月 8 日，第 2 张第 2 版。

是"近来为政府（军机处——引者注）第一红人"，其由来若此。时论分析其远因、近因有谓："当去年资政院未开会之先，政府对于伦贝子之感情即不甚善。某枢相曾对人言'议员之嚣张，由于议长之宽纵，此等乱闹，实非国家之福'等语。伦贝子之不能久任议长，此时已伏其机。况因二次弹劾军机案之表决，伦贝子大受政府之斥责。某枢相并谓：伦贝子有意与军机大臣开顽笑。伦贝子虽强为辩白，然已失政府之信任。此一因也。至今年议员等以政府外交失败，群议主张即开临时会。伦贝子立于最嫌疑之地位，左右为难，而政府力持强硬反对主义。前次伦贝子召见时，已在监国前面陈一切为难情形，并力陈才微望浅，难当此任，监国已有允意。次日，枢臣遂合保世相（大学士世续——引者注）以继其任，监国犹豫不决，意似别有所属。后经枢臣一再保荐，并保李柳溪（家驹——引者注）为副，事遂成议。……今年若不要求临时会，伦贝子虽有更动，断不于此时发表。此又一因也。"① 于是，溥伦以农工商部尚书转而为新内阁的农工商大臣。

梁敦彦以前任外务部尚书，他取代现任邹嘉来成为新内阁外务大臣，是此次内阁成立时人事方面的唯一变数。据说清廷因外患频仍而欲在外交上"实行联美主义"，美国公使也颇注重于梁；赵尔巽与盛宣怀又力保梁为难得的外交人才，"枢臣中亦皆赞成梁某复任，故有是日之谕"。② 因内阁总理大臣兼管外务部，故梁敦彦掌外务部，实不过奕劻手中的傀儡。"梁者不过熟谙外交事务及能外国语言而已，其实际之外交权必仍在庆王也。"③

盛宣怀素来善于逢迎贿赂、结交权贵，久欲得邮传部尚书之位。载洵曾亲笔致函盛宣怀借款造西式洋楼，并称"平夙引为知己者唯宫保阁下"④。盛宣怀的侄子盛文颐也曾力劝他设法运动结交载涛，以谋

① 《资政院更动议长原因》，载《申报》，1911 年 4 月 3 日，第 1 张第 5 版。
② 《梁敦彦再入外部原因》，载《申报》，1911 年 5 月 15 日，第 1 张第 6 版；《新内阁发表内幕·梁敦彦得外部之原因》，载《时报》，1911 年 5 月 15 日，第 2 版。
③ 《新内阁之内容与外论》，载《申报》，1911 年 5 月 23 日，第 1 张第 6 版。
④ 《载洵致盛宣怀函》，见陈旭麓、顾廷龙、汪熙主编：《辛亥革命前后——盛宣怀档案资料选辑之一》，76 页。

取邮传部尚书职位。他说："唐（绍仪——引者注）于邮部必不能久，沈（云沛——引者注）则候补侍郎断无升补之理。我们所不能不结交者，涛公一人。此公能结好，永无后虑。……侄男之日夜祷祝，总想一得尚书为荣。"① 载泽"认为盛宣怀是筹款好手，遂彼此互相利用，以对抗奕、那之排挤"②。其时，报上时有"泽公有力保盛杏孙宫保为度支部尚书"的传闻。③ 据说盛宣怀出任邮传部尚书，就曾贿赂载泽六十万金。④ 盛宣怀显然与载沣派关系密切，后来也自然成为新内阁的邮传大臣。

善耆在满族亲贵中别树一帜，是一个颇有政治野心的人。他曾与载泽力促摄政王载沣驱除袁世凯，以打击奕劻势力。表面上看来，他是载沣派，但实际上他既看不上奕劻，也与载沣兄弟貌合神离。善耆积极主张预备立宪，希冀自己出任第一任内阁总理大臣，以取代载沣、奕劻掌握国家大权。⑤ 因此，载沣、奕劻对他均有所防备，而不敢委以重任。善耆后以民政部尚书出任新内阁的民政大臣。

其他如唐景崇、绍昌、寿耆，均以旧部尚书而相应地出任新内阁大臣。限于所见资料，难以一一考察其膺选背景，但都多少与载沣派或奕劻派势力有关。

可见，新内阁的人事安排，正是满族亲贵各种政治势力之间不断较量而寻求平衡的结果；而与此相关的军谘府与弼德院的设立及其相应的人员安置，只不过是这种权力较量与平衡的补充措施而已。如果说弼德院的设立只是一个安置老臣、掩饰满汉矛盾的摆设，那么军谘府的设立则是"调停内部暗潮之一种办法"，即载沣兄弟向奕劻派势力争夺军权的手段。时论以为，经过一段时期的明争暗斗，清政府高层

① 《盛文颐致盛宣怀函》，见陈旭麓、顾廷龙、汪熙主编：《辛亥革命前后——盛宣怀档案资料选辑之一》，76～77 页。

② 恽宝惠：《清末贵族之明争暗斗》，见中国人民政治协商会议全国委员会文史资料委员会编：《晚清宫廷生活见闻》，59 页。

③ 《新内阁之新人物》，载《申报》，1910 年 11 月 11 日，第 1 张第 4 版。

④ 胡思敬：《盛尚书诱骗泽公》，见《国闻备乘》，85 页。

⑤ 载涛：《载沣与袁世凯的矛盾》、李泰棻：《独树一帜的善耆》，见中国人民政治协商会议全国委员会文史资料委员会编：《晚清宫廷生活见闻》，73、78 页。

权力结构便形成了"三头政治"格局："（一）内阁，（二）军谘府，（三）度支部。"①当然，奕劻、载涛与载泽分别是这三种势力的代表。尽管如此，但这并没有从根本上改变所谓奕劻派与载沣派（含载涛兄弟与载泽等）两极相争的基本格局。

尽管权力角逐始终在暗中较劲，但表面做戏仍是冠冕堂皇。奕劻、那桐、徐世昌受命之后，即各自上折恳请收回成命，另简贤能。清廷谕令："现在时事多艰，又当创设内阁试办之初，一切事宜均关紧要，端赖老成重臣竭力赞襄，用资辅弼。所请著毋庸议，即遵昨旨到阁办事。"奕劻再请，清廷又不允，并严谕"不可再行固辞"②。与此同时，奕劻等人又在清廷颁布的有关禁烟与铁路干线的国有谕旨上署名，不知是以旧军机大臣还是新国务大臣的名义，颇有令人费解之处。时论以为："今新内阁之办事，仍在旧军机，名虽改而实未变异。故邸得以一面上奏辞职，一面仍署名谕旨，令人莫测。斯亦各国政治史上所未有之一奇例矣。"③ 其实，对于奕劻等人的做戏，明眼人均一目了然。《时报》有云："庆、那、徐三大臣日前各递封奏，同请收回成命，同时奉旨慰留。人谓三大臣此举本无必辞之心，特恐外议攻讦，故先假朝命以自固，是为新内阁设施之第一著。且闻辞职之折稿，与慰留之谕稿，同出一人手笔，盖军机处章京自有此老手也。朝局之不可思议，一至于斯。"④《申报》更是直言，"诸大臣之一再辞职，迹其用心，无非借此为文过饰非之地耳"，并特意提出三条忠告："不可以在军机之心理办内阁之政务"，"不可以试办内阁之故而轻其负责之心"，"不可以既已辞职于先而存不必振作之心"。⑤ 尽管如此，人民对新内阁多少

① 《新内阁史·调停内部之暗斗》，载《时报》，1911 年 5 月 18 日，第 2 版。
② 奕劻等各辞职折与清廷谕旨见《政治官报》第 1265～1267 号，宣统三年四月十二日至十四日。
③ 《读连日慰留内阁总协理之上谕有感》，载《申报》，1911 年 5 月 12 日，第 1 张第 3 版。
④ 《内阁翻新记·内阁总协理之内幕》，载《时报》，1911 年 5 月 17 日，第 2 版。
⑤ 《敬告新内阁总协理大臣》，载《申报》，1911 年 5 月 16 日，第 1 张第 2、3 版。

有所期望，所谓"当此国步艰难之时，量必有大政方针表示"。但是，新内阁并未如人所愿带来新气象。其第一次会议"仅将吏礼两部、都察院、翰林院裁撤问题研究解决而已，其解决之法仍以暂缓裁撤为宗旨"①。新内阁议事仍是"纷议不决，毫无结果。与从前政务处会议之状态，初无稍异。呜呼！新内阁之大政见果若此乎"②。

新内阁设立后，"一般稍有智识者，无不绝望灰心于政府"③。恽毓鼎当天的日记载：上谕宣布新内阁官制，并设弼德院与军谘府，"共计十七人，而满人居其十二。满人中，宗室居其八，而亲贵竟居其七"。④ 时人关注的是亲贵专权问题。《时报》直斥其"用人之不公"，认为十三名国务大臣中汉人仅居其四，满人占三分之二多，且"行政重要之地位，皆以亲贵居之"。⑤ 御史欧家廉上疏"参劾内阁总协理窃位要挟贻误内外要政十款"，原折留中。⑥ 时论深表同情，认为："今日内阁之总、协理，不足以弼成宪政而缔国交，此无可讳言也。今新内阁成立矣……而以旧政界腐败之老废物入于其中，则虽新制度，亦将化而为无用之官厅以终；后虽欲如何之改革，而终不能收其效。则岂特贻误今日而已也，其障碍立宪政治之进步莫大矣。"⑦

"皇族内阁"推出，全国舆论哗然。时论以为："政府绝不以舆论从违为意，而实行宪政之神髓先亡。""窃恐内阁甫成立，而推翻之动机已伏矣。"⑧ 立宪派尤为失望，他们本来就对清政府拒绝速开国会的

---

① 《新内阁开议》，载《时报》，1911 年 5 月 18 日，第 2 版。

② 《时评其二·内阁之政见》，载《申报》，1911 年 5 月 23 日，第 1 张第 6 版。

③ 《新内阁史·发表后之舆论》，载《时报》，1911 年 5 月 18 日，第 2 版。

④ 史晓风整理：《恽毓鼎澄斋日记》，第 2 册，532 页。按：另有眉批云，"十三人中，而满人居其九。九人中宗室居其六，觉罗居其一，亦一家也。宗室中，王、贝勒、贝子、公，又居六七。处群情离叛之秋，有举火积薪之势，而犹常以少数控制全局，天下乌有是理！其不亡何待？"

⑤ 《四月初十日上谕恭注》，载《时报》，1911 年 5 月 12 日，第 1 版。

⑥ 《专电·北京》，载《申报》，1911 年 5 月 17 日，第 1 张第 3 版。

⑦ 《闻欧御史参劾内阁总协理感言》，载《申报》，1911 年 5 月 18 日，第 1 张第 3 版。

⑧ 《对于钦定阁制之疑问》《对于钦定阁制之感言》，载《申报》，1911 年 5 月 10 日，第 1 张第 6 版。

举措极为不满，现在又弄出一个集权皇族亲贵的内阁来，其失望至极可想而知。然而，在愤怒之余，大多数立宪派人士仍然理智地试图再以请愿的方式予以挽回。

其时，直省谘议局议员联合会第二届会议召开，以反对皇族内阁为基本宗旨，所谓"从根本上之解决，仍从内阁入手"①。具体而言，对于不准皇族入阁还是不准皇族充当内阁总理的问题，议员们颇有争论。"当初本意原注重在皇族不得充当内阁，后以事实甚难，再三讨论，遂专注重于总理"，即"专言皇族不得充当总理"②，斗争锋芒直指内阁总理大臣庆亲王奕劻。

6月10日，直省谘议局议员联合会向都察院呈递一份反对皇族内阁的公呈，请求代奏清廷，公呈明确地指出："立宪国家重内阁之组织，尤重总理大臣之任命，其最要之公例，在不令组织内阁之总理归于亲贵尊严之皇族。此非薄待皇族，谓其无组织内阁之能力，实皇族内阁与君主立宪政体有不能相容之性质，势不得不然也。"公呈特别反对庆亲王奕劻组阁，要求在皇族外另简大臣组织责任内阁。③ 公呈递上之后，清廷不予理睬。据说，此折未奏之先，奕劻得知联合会反对皇族内阁，特将此事面奏监国，并力请乞休。"监国曰：用舍之权，操之君上，何能任他们干预？庆邸退出，即密召李家驹商量拟旨。李曰：是不难办，《钦定宪法大纲》并无皇族不准入阁之规定，日本宪法亦然，况此系暂行阁制，尤有所相抵，内阁新立，断不可一推便倒，启头重脚轻之渐云云。"奕劻也曾私下与盛宣怀讨论此事。"又闻庆邸侦知联合会反对皇族内阁后，即谓盛宣怀曰：我本不愿干此事，屡次恳辞，监国不允，今日被他们攻击，殊觉无谓，但当初大家劝我就任，岂不是侮弄我吗？盛曰：宪法大纲本言用人大权操之君主，难道他们一篇文章就许其有攻击之效力？庆曰：我不管那些事，具折辞职罢了。

① 《联合会之风云梦》，载《民立报》，1911年5月22日，第2页。
② 《记事录·五月初二正式会第十二号》，见《直省谘议局议员联合会第二届报告书》，32页，京师北洋刷印局刷印本。
③ 《直省谘议局议员联合会呈督察院代奏皇族不宜充内阁总理请另简大臣组织内阁文》，见《直省谘议局议员联合会第二届报告书》，67~69页。

盛曰：此是王爷自作主张，若依宣怀愚见，还请三思后行。庆摇首不语，闻已俟人缮拟辞折矣。"奕劻还在政事堂公开发牢骚说："总理一席，老夫德薄能鲜，不能胜任愉快，日内必行坚辞，以避贤路，但于弼德院中得一顾问大臣位置，于国家稍有裨益，于愿足矣。"奕劻甚至在内廷对某大老说："联合会反对皇族内阁之议，深合吾意，吾国阁制既取法外洋，奈何于用人一事，独违立宪各国原则，余前此再三请退，未蒙允准，今该会既以此上达天听，余正可借此乞退，以终余年。"①其实，这些均并非由衷之言，仍是十足的做戏表演。都察院代奏联合会公呈后，"监国阅毕，交庆邸，庆邸默然，转示泽公，泽公亦不作一语。庆邸良久曰：此事关系重大，非我一人所能主张，须请大家公决。当召涛、洵、恭、朗四邸齐集会议。涛邸曰：各国宪法对于内阁总理之规定，并无不准皇族明文，惟近日汉人中不乏经世之才，似宜不分畛域，予以政权，将来总理大臣亦不宜专用皇族主任，以失人心云云。庆邸曰：我之去留于我毫无增损，但一经允许，恐于权限问题不无窒碍，如果大家能许，我又何苦作梗？监国蹙眉不语，洵、朗等皆嘿无一言，遂各引去"②。诸大老推诿沉默的结果，便是将联合会公呈留中不发。

7月4日，直省谘议局议员联合会再次上书都察院，重申"君主不担负责任，皇族不组织内阁，为君主立宪国唯一之原则"，认为现在以皇族组织内阁，"适与立宪国之原则相违反"，要求"仍请皇上明发上谕，于皇族外另简大臣组织责任内阁，以符君主立宪之公例，以餍臣民立宪之希望"。③ 次日，此书由都察院代奏之后，却遭到清廷谕旨的严词申斥："黜陟百司，系君上大权，载在先朝《钦定宪法大纲》，并注明议员不得干预。值兹预备立宪之时，凡我君民上下，何得稍出乎大纲范围之外，乃议员等一再陈请，议论渐近器张，若不亟为申明，日久恐滋流弊。朝廷用人，审时度势，一秉大公，尔臣民等均当懔遵

---

① 《庆内阁果将辞职耶》，载《申报》，1911 年 6 月 15 日，第 1 张第 4 版。

② 《皇族内阁会议情形》，载《申报》，1911 年 6 月 28 日，第 1 张第 4 版。

③ 《直省谘议局议员联合会呈督察院代奏请明降谕旨另简大臣组织内阁文》，见《直省谘议局议员联合会第二届报告书》，80～82 页。

《钦定宪法大纲》，不得率行干请，以符君主立宪之本旨。"① 立宪派的努力，在皇权的压制下毫无结果。

随即，直省谘议局议员联合会发表了一通告全国人民的《报告书》，揭露皇族内阁是"名为内阁，实则军机；名为立宪，实则专制"，坚决主张推倒皇族内阁，"故必去皇族内阁，始有责任内阁；有完全负责之内阁，而后有良美之政治"。② 稍后又发表了一通《通告各团体书》，认为："皇族政府之阶级不废，无所谓改良政府，亦即无立宪之可言。""日日言立宪，宪政重要机关之内阁，首与宪政之原则背道而驰。呜呼，其何望矣！"立宪派对于清廷的宪政改革几近绝望，但仍然表示要为内阁案"续行请愿"。③

9月3日，两广总督张鸣岐上奏反对皇族内阁。他认为，新内阁虽然成立，但"阳袭责任内阁之名，阴背责任内阁之实"。同时他又明确指出亲贵不宜总理内阁，"立宪国之原则，皇族不掌政权，故世界立宪之国皆无皇族总理内阁之成例，是非薄待皇族，不使得与阁臣之列也，更非谓皇族之人才皆不足当总理之任也。……皇族内阁与立宪政体其实必不能相容矣"。因而，他恳请清廷："确定内阁之责任，不以政权私之懿亲之手。"其折留中。④ 张鸣岐所奏系来自清政府内部的声音，且基本上与立宪派同调，无疑是其有力的声援。

奕劻虽如愿受命组阁，却备受时论攻击。然而，奕劻终究不愧为官场老手，每于此时便以称病请假甚至辞职相抗。摄政王载沣无可奈何。早在年前资政院弹劾军机大臣时，奕劻便曾一再以老病奏请开缺，

---

① 《各省谘议局议员请另组内阁议近嚣张当遵宪法大纲不得干请谕》，见故宫博物院明清档案部编：《清末筹备立宪档案史料》上册，579 页。

② 《直省谘议局议员联合会报告书》，见《直省谘议局议员联合会第二届报告书》，104 页。

③ 《为内阁案续行请愿通告各团体书》，见《直省谘议局议员联合会第二届报告书》，105、108、109 页。

④ 《粤督张敬陈管见折》，载《申报》，1911 年 10 月 23 日、24 日，第 2 张后幅第 2 版。按：张鸣岐的上奏时间与结果，参见《粤督救亡之要折》，载《申报》，1911 年 11 月 1 日，第 1 张后幅第 2 版。

摄政王只好慰留给假。一旦资政院闭会，奕劻便立刻销假。① "皇族内阁"组织后，舆论大哗，奕劻又故技重施。新内阁第一次会议，他便借病不予出席。② 直省谘议局议员联合会直欲推倒"皇族内阁"，奕劻更是藏头露尾，但又不便遽行辞职，以招人口实。"庆邸辞职之折，早经缮就，固联合会不认皇族内阁之呈，都察院业经代奏，此时辞职，外间必认为联合会所推倒，民权从此大涨，亲贵自无干预政权之一日，故此折暂时决不入递。"③ 当然，奕劻深知自己虽不孚舆望，但监国摄政王也不会轻易允准自己辞职，因而益加有恃无恐。"庆内阁连番称病，志在辞职，年来屡有所闻。兹又得内廷确实消息，庆邸因蒙监国屡次派朗贝勒至府温谕挽留，不准遽行乞退，已于日前扶病入值。复经监国谆谆面谕，庆邸已感激自矢，惟资政院开院时，亲贵内阁问题倘被攻击，仍须再请病假，以暂避其锋云。"④ 可见，奕劻经常称病辞职，只不过是其以退为进而自保权位的策略。

奕劻内阁不仅遭到立宪派与一般舆论的攻击，而且还承受着来自清廷内部反对派势力的压力。载泽虽然在新内阁中仅得度支部大臣职位，但他因为有隆裕太后为奥援，视度支部为禁脔，以与庆内阁分庭抗礼。事实上，他一直在运动各种势力，以便取奕劻而代之。"闻泽公因庆邸年迈，内阁总理一席终难久任，近日极力联络洵、涛两邸，恳求太福晋从中主持。又内阁总理，必须与政党联为一气，方能久于其任，遂罗致陈宝琛，托其在宪友会及辛亥俱乐部等处极力揄扬，并酌送津贴，以为牢笼之计。犹恐中国地方广大，与人民气息不能相通也，拟组织一《忠言报》鼓吹泽公实心为民之美德，使民党知崇拜之趋向。闻订定开办费系二十万金。故现时在京居要差者，皆为泽公笼中物；而各省自藩司以下，亦皆泽公所移植。但泽公得此势力，所费不下数

① 那桐宣统二年（1910）十二月十一日的日记载："庆亲王今日销假，资政院今日闭会。"参见北京市档案馆编：《那桐日记》下册，678 页。
② 那桐宣统三年（1911）四月十七日的日记载："到内阁会议，此初次也，午初二刻散，总理大臣因病未到。"参见北京市档案馆编：《那桐日记》下册，689 页。
③ 《老庆待时而动》，载《民立报》，1911 年 6 月 20 日，第 3 页。
④ 《庆内阁不愿再受攻击》，载《申报》，1911 年 9 月 2 日，第 1 张第 4 版。

十百万。"① 尤其是载泽与盛宣怀狼狈为奸，在对待四川保路风潮问题上采取强硬政策，"遂致酿不可收拾之局"。② 这无疑把庆内阁推到刀尖火口。

9月29日，迫于内外压力，奕劻不得不再次奏请开缺。清廷温谕慰留，并命那桐劝驾。③ 奕劻在辞职折中虽然奏称年老多病，精力难以胜任，但其实另有内情。他曾对奉命前来劝驾的那桐、徐世昌说："余非不欲报国，实因病体难支，恐负委任。且立宪国内阁，必有操纵舆论之大力，方能为所欲为，今余不论何事，反为舆论所攻击，殊觉难堪。故余意已决，不日仍当再疏乞休云云。"④ 这里仅道出了不堪舆论压力的一面，另一面则是因为与载泽、盛宣怀等人的矛盾。"庆内阁日前辞职，确系为盛宣怀而起，盖盛氏跋扈日甚，已有不克抑制之势。""盛宣怀恃有奥援，凶猜险狠，对于川路风潮，竭力主张压制。"盛宣怀以载泽为奥援，运动亲贵，试图借四川保路风潮推倒庆内阁。⑤ 时论分析认为，奕劻此次辞职"实为川路之事"，辞职亦非真心，其目的"一则欲卸川路以后之责任，一则欲示天下以处置川事之法非其本心而已"。⑥ 有趣的是，据说奕劻上折前还特意奏保载泽"年少学富，办事认真，曾游外洋，素有阅历，近日亲贵中实不可多得。臣若退位，请即授以总理之缺，必能式孚众望"，使载泽颇觉尴尬，"以总理一缺，外间已有皇族不宜充任之议，且己年轻资浅，列于皇族，若居然当之不疑，势必为万矢之的，殊与名誉有碍"。载泽无奈，也只好请病假躲

---

① 《北京紧要通信·泽公大手笔》，载《民立报》，1911 年 9 月 13 日，第 2 页。

② 《川乱声中之朝局·内阁势力消长谈》，载《民立报》，1911 年 10 月 1 日，第 2 页。

③ 《上谕》《专电》，载《申报》，1911 年 10 月 1 日，第 1 张第 3 版。奕劻辞职折见《内阁总理大臣庆亲王奏职任重要精力难胜恳恩开去差缺折》，载《申报》，1911 年 10 月 6 日，第 2 张第 2 版。

④ 《庆邸自愧不能操纵舆论》，载《申报》，1911 年 10 月 7 日，第 1 张第 4 版。

⑤ 《老庆辞职之里面》《东倒西歪之政局》，载《民立报》，1911 年 10 月 6 日、8 日，第 3、2 页。《此人乃欲推翻庆内阁耶》，载《申报》，1911 年 10 月 8 日，第 1 张第 4 版。

⑥ 《庆王辞职说》，载《申报》，1911 年 10 月 3 日，第 1 张第 2 版。

避。① 其实，这不过是奕劻反击载泽的手腕而已。

奕劻内阁成立以后，一直在内外交困中挣扎。武昌起义爆发，更使其迅速走向崩溃的边缘。

10月22日，资政院第二届常年会召开。因总裁世续长期病假，随后又病免，这届资政院常年会实际上由李家驹、达寿主持。② 因时局所迫，加速宪政改革步伐，尤其是改组皇族内阁、组织完全责任内阁便是此届常年会的重要议题。在会议开幕典礼上，由阁臣宣读了皇帝圣谕与监国摄政王训词，以示隆重。李家驹、达寿在谢恩折中称："方今时局艰难，人心恐惧，除实行宪政，急起直追，别无弭乱致治之策。惟愿朝野上下相见以诚，屏伪饰之虚文，泯猜嫌之成见，以政府负完全之责，俾议院尽协赞之忠。庶几通德达情，政治可有起色。"③ 25日，在第二次会议上，议员罗杰提议"内忧外患请本标兼治以救危亡具奏案"，其所谓"治本"之法有谓："至于行政之根本，须设真合于立宪国之责任内阁。"此案未经讨论，便经大多数人赞成通过。④ 第二天，资政院将此案上奏，有云："内阁为行政根本，内阁若无统一政策，则各省行政势必日见纷歧。拟请朝廷斟酌情势，迅速组织完全责任内阁，以一事权而明责任。"⑤ 27日，在第三次会议上，议员于邦华提议"时局危迫请顺人心以弭乱本具奏案"，认为当以"急简贤能以

---

① 《庆泽势力消长记》，载《民立报》，1911年10月11日，第2页。

② 宣统三年（1911）七月初八日，资政院总裁世续病假，由李家驹、达寿署理正、副总裁；九月初九日，世续病免，李家驹、达寿分任正、副总裁。（金毓黻辑：《宣统政纪》卷38，4页；卷40，30页。）按：《清末筹备立宪档案史料》辑入宣统三年（1911）九月初资政院重要奏折多件，均标题"资政院总裁世续等奏"（上册，92、94、363、596页），有误，应改为"资政院署理总裁李家驹等奏"。

③ 《资政院奏第二次开会钦奉谕旨训勉敬陈感激下忱折》，载《内阁官报》第67号，宣统三年九月初八日。

④ 《资政院议事记（二）》，载《申报》，1911年10月31日，第1张后幅第2版。另参见《资政院第二次会议纪略（〈资政院公报〉）》，见陈旭麓、顾廷龙、汪熙主编：《辛亥革命前后——盛宣怀档案资料选辑之一》，174～175页。

⑤ 《资政院总裁世续〔李家驹〕等奏请本标兼治以救危局折》，见故宫博物院明清档案部编：《清末筹备立宪档案史料》上册，364页。

组织完全内阁"为收拾人心之第一法则。会议决定次日开特别会议议决此案。① 29 日,资政院正式上奏反对皇族内阁,该折开宗明义道:"君主不担负责任,皇族不组织内阁,为君主立宪国唯一之原则。"新内阁以庆亲王奕劻为总理,"适与立宪国之原则相违反"。不仅"皇族内阁与立宪政体有不能相容之性质",而且"本朝定制,亲王不假事权"。所以必须取消皇族内阁。"伏愿皇上守祖宗之经制,采立宪之通例,明降谕旨,取消内阁暂行章程,实行完全内阁制度,不以亲贵充当国务大臣,博采舆论,特简贤能为内阁总理大臣,并使组织各部国务大臣,负完全联带之责任,以维持现今之危局,团结将散之人心,则责任明而政本以立,皇室固而国祚必昌。"②

在资政院第二届常年会召开前后,还有其他政治势力在相应地活动。其时,立宪派人士张謇本欲劝说江宁将军铁良奏请速定宪法,铁良嘱先商两江总督张人骏,但保守的张人骏"大诋立宪",颇不以为然。随后,应江苏巡抚程德全之邀,张謇与雷奋、杨廷栋等人为之起草速布宪法、开国会奏稿。10 月 21 日,此折由江苏谘议局径电内阁。③ 程德全曾通电各省将军督抚征求同意,以便联衔入告,热河都统溥颐、山东巡抚孙宝琦复电赞成列名。这个奏折即以溥颐、孙宝琦、程德全的名义联衔会奏,有云:"筹备宪政以来,立法施令,名实既不尽符;而内阁成立以后,行政用人,举措尤多失当。在当事或亦有操纵为国之思,在人民但见有权利不平之迹。志士由此灰心,奸邻从而煽动。于是政治革命之说,一变而为种族革命之狂,而蓄祸乃烈矣。"其主旨在改组皇族内阁,所谓:"拟请宸衷独断,上绍祖宗之成法,旁师列国之良规,先将现在亲贵内阁解职,特简贤能,另行组织,代君

---

① 《资政院议事记(三)》,载《申报》,1911 年 11 月 3 日,第 1 张后幅第 3、4 版。

② 《资政院奏内阁应实负责任国务大臣不任懿亲折》,载《内阁官报》第 70 号,宣统三年九月十一日。

③ 张謇:《日记》《啬翁自订年谱》,见张謇研究中心、南通市图书馆编:《张謇全集》,第 6 卷,659、875~876 页。

上确负责任。庶永保皇族之尊严，不致当政锋之冲突。"① 10 月 23 日，两广总督张鸣岐电奏，直斥立宪有名无实，"亲贵专权，纵欲败度"，恳请"颁布明诏，确定内阁责任，并将亲贵不任总理永著为令"。② 27 日，就在资政院第三次会议讨论罢亲贵、另组责任内阁的同一天，新军第二十镇统制张绍曾、第三镇护理统制卢永祥、第二混成协统领蓝天蔚、第三十九协统领伍祥祯、第四十协统领潘矩楹等人电奏清廷，代表各军将士请愿改革政治，要求实行真正立宪。奏折宣称，"皇位之统系宜定，人民之权利宜尊，军队之作用宜明，国会之权限宜大，内阁之责任宜专，残暴之苛政宜除，种族之界限宜泯，而归本于改定宪法，以英国之君主宪章为准的"，并提出政纲 12 条，明确要求组织责任内阁，总理大臣由国会公举，国务大臣由总理推任，皇族永远不得充任内阁总理大臣及国务大臣。奏折还要求清廷"立决可否，迅于二十四点钟以内即颁谕旨，明白宣示"③，真无异于最后通牒。同时，张绍曾等还直接致电奕劻，明确表示"奉有明谕方肯遄征"；又通电各省督抚、将军、谘议局及新军、防军将领，说明驻滦军队将"静候朝命以为进退"，希望"遥相声援"。④ 时张绍曾等正奉命南征，却在滦州屯兵不前，而毅然兵谏立宪。军人通电干政，更使清廷惶恐不安。

---

① 张謇：《热河都统溥颐山东巡抚孙宝琦江苏巡抚程德全会同奏请改组内阁宣布立宪疏》，见中国史学会主编：《辛亥革命》（四），48～50 页，上海，上海人民出版社，1957。按：程德全等通电联衔情形参见杨廷栋的跋语。奏折另见张謇研究中心、南通市图书馆编：《张謇全集》，第 1 卷，175～176 页。

② 《粤督救亡之要折》，载《申报》，1911 年 11 月 1 日，第 1 张后幅第 2 版。

③ 《张绍曾等奏请立宪折及拟定政纲十二条》，转引自杜春和编选：《辛亥滦州兵谏函电选》，见中国社会科学院近代史研究所《近代史资料》编辑部编：《近代史资料》总 91 号，67～69 页，北京，中国社会科学出版社，1997。另参见《滦州军队代表张绍曾等要求实行立宪原奏》《滦州军队要求立宪条件》，载《申报》，1911 年 11 月 3 日，第 1 张第 2～3 版、第 5 版。按：张绍曾等电奏的时间，参见《张绍曾致资政院电》，转引自杜春和编选：《辛亥滦州兵谏函电选》，见中国社会科学院近代史研究所《近代史资料》编辑部编：《近代史资料》总 91 号，55 页。

④ 《张绍曾致奕劻电》《张绍曾等通电》，转引自杜春和编选：《辛亥滦州兵谏函电选》，见中国社会科学院近代史研究所《近代史资料》编辑部编：《近代史资料》总 91 号，51、52 页。

在各方面压力之下，清廷被迫妥协退让。10 月 30 日，清廷在下诏罪己的同时，正式颁布取消皇族内阁的上谕，表示："一俟事机稍定，简贤得人，即令组织完全内阁，不再以亲贵充国务大臣，并将内阁办事暂行章程撤销，以符宪政而立国本。"① 奕劻内阁末日来临。

奕劻内阁中首先被扳倒的是邮传大臣盛宣怀。资政院第二届常年会召开之初，即以铁路国有政策与借款问题严参盛宣怀，认为盛宣怀是四川保路风潮和武昌起义的"祸首"，"盛宣怀实为误国首恶，去盛宣怀则公愤可以稍平，大难庶几稍息"。盛宣怀成了清廷的替罪羊。无奈，清廷只好谕令将盛宣怀"即行革职，永不叙用"，同时把内阁总理大臣奕劻和协理大臣那桐、徐世昌"交该衙门议处"。② 11 月 1 日，内阁总理大臣奕劻与协理大臣那桐、徐世昌，皇族亲贵国务大臣载泽、载洵、溥伦、善耆，以及汉族与非亲贵国务大臣邹嘉来、唐景崇、绍昌、吴郁生分别奏请辞职，请求清廷另简贤能，组织完全内阁。③ 同一天，清廷立即批准奕劻内阁成员全体辞职，并授袁世凯为内阁总理大臣，命其即行进京组织完全内阁；袁世凯未进京前数日间，奕劻内阁暂时照常办事。④ 事实上，这已正式宣告了以奕劻为首的"皇族内阁"的历史结局。

## 五、穷途末路时的袁世凯内阁

武昌起义爆发，日薄西山的清王朝面临灭顶之灾，却是蛰伏多时的袁世凯重新出山的天赐良机。袁世凯自被开缺回籍后，表面上似欲息影林泉，实则暗藏心机，韬光养晦，随时伺机东山再起。其时，袁世凯虽然下野，但仍然与各种政治势力保持密切的联系，并时刻关注

---

① 金毓黻辑：《宣统政纪》卷 40，27 页。

② 《资政院奏部臣违法侵权激生变乱据实纠参折》《宣统三年九月初五日内阁奉上谕》，载《内阁官报》第 66 号，宣统三年九月初七日。

③ 《内阁总理大臣庆亲王奕劻协理大臣大学士那桐徐世昌奏请准予辞职折》《国务大臣载泽载洵溥伦善耆奏请准辞职折》《国务大臣邹嘉来唐景崇绍昌吴郁生奏请准辞职折》，载《内阁官报》第 73 号，宣统三年九月十四日。

④ 金毓黻辑：《宣统政纪》卷 40，34 页。

国内局势的发展变化。他既可以依靠庆亲王奕劻和那桐、徐世昌等同党探悉朝廷动向，利用亲信段祺瑞、冯国璋、王士珍、段芝贵、曹锟、姜桂题等人控制北洋新军，又与各国驻华使馆联系密切，取得列强的信任与支持，还与张謇等立宪派人士暗通款曲，相互达成默契。武昌事起，国内外多种政治势力都期待着袁世凯重新出山。英国《大陆报》特派员认为："其时只有一个人可以应付时局，只有一个人能在与南方军对垒时可以使北方军队服从，这个人就是被贬的袁世凯。"① 英国《泰晤士报》驻北京记者莫理循转述日本武官青木宣纯的话说："袁世凯的权力时时刻刻在增长。他会拥有独裁权力。他能得到他所要求的任何条件。他是皇室的唯一希望，他在中国有信誉，在外国有好名声，是唯一可望从目前的动乱中恢复秩序的一个人。"② 袁世凯就是在如此"非袁不可"的氛围中成了清政府的救命稻草。

事实上，袁世凯蛰居彰德养疴期间，正值清政府内外交困之时，监国摄政王载沣懦弱无能，庆亲王奕劻老朽昏庸，均不能有效控制政局。因此，朝野上下时有吁请袁世凯出山的呼声。据近人研究，仅对《袁世凯未刊书信稿》的不完全统计，吁请袁复出者，就有近40人次；又据天津《大公报》与奉天《盛京时报》统计，这期间关于袁世凯活动的报道有106条，其中涉及出山问题的有64条，保荐、敦劝袁出山者有载涛、载洵、奕劻、鹿传霖、那桐、陆润庠、徐世昌、端方、赵尔巽、锡良、李经羲、邹嘉来、梁敦彦，等等。③ 其实，上海的《申报》等新闻媒体也有不少类似报道。例如，《申报》有云，"自涛贝勒回国，即向监国前力请起用项城。朗军机、锡制军继之，均极力保荐。此次廙尚书自德归来，于引见时即首请起用项城"，甚至说袁世凯已秘密进京，奕劻、徐世昌商议力保袁世凯，军机王大臣例行召见时也面

---

① ［英］埃德温·丁格尔：《辛亥革命目击记：〈大陆报〉特派员的现场报道》，刘丰祥等译，156页，北京，中国青年出版社，2002。

② ［英］莫理循：《致达·狄·布拉姆函》，见［澳］骆惠敏编：《清末民初政情内幕——〈泰晤士报〉驻北京记者、袁世凯政治顾问乔·厄·莫理循书信集》上册，刘桂梁等译，767页，上海，知识出版社，1986。

③ 刘路生：《彰德养疴时期的袁世凯》，见中国史学会编：《辛亥革命与20世纪的中国》上册，377～378页，北京，中央文献出版社，2002。

奏起用袁世凯，监国摄政王载沣更是等待着袁世凯来补鹿传霖所遗军机之缺："鹿相故后……惟大军机一缺，迄未补人，枢府所举之陈夒龙、张人骏、盛宣怀、沈云沛、邹嘉来、唐景崇、陆润庠、李殿林等，监国均未加可否，盖将虚席以待袁项城也。闻监国日前面奏皇太后，谓时局愈艰，迭据枢臣力保袁某才尚可用，废弃似觉可惜，吁请量材起用。太后默然，未置可否。监国拟得间再向慈宫奏恳，故此事一时尚难发表。"[1]《申报》报道又云："年来内忧外患，风云日紧，而政界之稍具才望堪支危局者，实属寥寥。近时舆论颇属意于罢职闲居之袁世凯，即当国者亦有弃嫌召用之意，无如阻力迭生，终成虚话。此次端方起用后，阁部及亲贵大臣乘机保袁者，不下六七人，如庆、那、朗、泽、廮、涛、洵等，均曾在监国前面奏，而锡、李两督尤表同情，机缘几将成熟。"[2]《民立报》也有报道："某枢臣"力保袁世凯出任东三省总督，"摄政王意似肯可"。外务部尚书邹嘉来因病不堪重任，"某方面之有力者力主张强制要求袁项城出山以代之"。[3]《民立报》又有文章说："政府现正在与袁世凯协商复职，袁要求将太后一切反对之举消除，惟太后目下仍反对起用袁，政府探询袁意，拟以内阁副总理位置，以制盛宣怀，因见盛之势力日涨。"[4] "近日人民多数属意项城，项城亦不欲郁郁久居。现闻太后怒亦稍解，监国见阁臣举事愤愤不及前人，思得如项城者而任用之，以救危局。故项城之复用，可操左券。监国曾商之庆邸，颇示赞成，惟不欲遽引入阁，有七月间先授资政院长之说。"[5] 这些新闻报道虽多系传闻，且真假莫辨，但亦从不同侧面提示如下几点值得注意：其一，袁世凯仍然有足够的政治能量引起清廷的高度重视；其二，迫于形势的压力，无论是奕劻派还是载沣派，不管出于什么动机，都主张重新起用袁世凯；其三，相对于奕劻而言，载沣显然有点勉强甚至无奈，隆裕太后则是比较坚定的反对者，她的

[1] 《袁项城确将起用》，载《申报》，1910年9月9日，第1张第4版。
[2] 《袁项城竟不容于政党》，载《申报》，1911年6月17日，第1张第5版。
[3] 《袁项城出山两说》，载《民立报》，1910年11月18日。
[4] 《袁世凯再起说》，载《民立报》，1911年5月26日，第2页。
[5] 《新人旧人哭笑记·袁世凯》，载《民立报》，1911年6月27日，第3页。

态度的最后转变颇有迫不得已的苦衷。考虑到戊戌政变中光绪皇帝与袁世凯的宿怨，以及载沣摄政伊始即将袁世凯开缺回籍的过节，载沣与隆裕太后的尴尬就不难理解了。

当然，袁世凯出山，既是当时各种主客观因素的机缘际会，也是多种政治力量合力作用的结果。这些政治势力包括清廷内部的奕劻派、地方督抚、北洋新军、立宪派，以及外国在华势力，甚至革命党人。但是，从清廷决策层的派系关系与权力斗争的角度来看，袁世凯能够复出的关键因素，还是奕劻等人的暗中力挺与明里支持。奕劻贪婪成性，袁世凯夤缘以进，双方狼狈为奸，结成政治同盟。光绪末年，"庆邸当国，项城遥执朝权，与政府沆瀣一气"[1]。宣统初期，袁世凯虽被开缺回籍，但仍能通过奕劻操纵政柄。"世凯虽家居，而奕劻在政府，政无大小，毕报北洋，宾吏布满京外，惟世凯意旨是瞻。"[2] 在某种意义上可以说，奕劻只不过是袁世凯的政治代言人而已。那桐、徐世昌也是著名的袁派人物。载沣摄政期间，奕、那、徐实际上控制朝政。一有时机，他们便不遗余力地推荐袁世凯。新内阁成立时，那桐在辞职折中就公然奏请起用袁世凯、端方，认为袁世凯"智勇深沉，谋猷闳远"，端方"才略优长，器识开敏"，"此两臣者，皆尝为国宣力，著有劳绩，其才具固胜臣十倍，其誉望亦众口交推"。徐世昌的辞职折也奏请"破除常格，擢用扶危济变之才，以收转弱为强之效"[3]。虽未明言，但明眼人不难看出所指。那、徐奏折均在《政治官报》刊载，这等于是向社会公开宣示。对此，载涛日后回忆认为，那桐、徐世昌的说法非常不可理解。"徐世昌本是袁一手提拔的私党，不足深论；那桐是一个著名圆滑的官僚，何以亦有这样说词？况且其时各省并无特别事故，必须袁出来收拾。他们两人既敢如此说，监国亦居然未加斥责，

---

① 刘体仁：《异辞录》卷4，1页，上海，上海书店，1984。
② 赵炳麟：《宣统大事鉴》卷1，5页，《赵柏岩集》刊本，无版次。
③ 《内阁协理大臣那桐奏恳请收回成命折》《内阁协理大臣徐世昌奏国务重要实难胜任沥情恳辞折》，载《政治官报》第1266号，宣统三年四月十三日。

凡看到官报的人无不诧异。"① 其实，这正是那桐、徐世昌密谋之后而有意为之。"辛亥四月，遂授奕劻为总理大臣，那桐、徐世昌为协理大臣。世昌告桐曰：此席予居不称，唯慰庭才足胜任，而以朋党嫌疑，不便论列，奈何？桐曰：是何难，我言之可耳。乃具疏以疏庸辞职，荐世凯、端方自代。"② 因"皇族内阁"屡受攻击，奕劻也有荐袁自代之意。据《申报》披露："庆王近致电袁世凯，谓曾奏保其接充内阁总理大臣，其材能资格最为相当，且可免皇族内阁之舆论攻击。"③ 后来，奕劻迫于内外压力再次奏请辞职时，舆论有云："或谓折中'威望素著，才优力强'数语，并含有保荐袁项城自代之意。"④ 在"皇族内阁"中，奕劻的权力经常受到载泽等少壮亲贵的掣肘，使其非常恼怒。"庆亲王尝怫然曰：'必不得已，甘让权利于私友，决不任孺子得志也。'故庆于袁之再出也，颇致其力。"⑤ 武昌起义后，奕劻正式向载沣提议起用袁世凯，得到那桐、徐世昌的附和。奕劻认为："此种非常局面，本人年老，绝对不能承当，袁有气魄，北洋军队，都是他一手编练，若令其赴鄂剿办，必操胜算，否则畏葸迁延，不堪设想，且东交民巷（各国驻华使馆——引者注）亦盛传非袁不能收拾。"⑥ 当天，清廷谕令袁世凯为湖广总督，督办剿抚事宜。这是袁世凯复出的起点。

---

① 载涛：《载沣与袁世凯的矛盾》，见中国人民政治协商会议全国委员会文史资料委员会编：《晚清宫廷生活见闻》，74 页。

② 沃丘仲子：《徐世昌》，19 页，见沈云龙主编：《近代中国史料丛刊三编》，第 38 辑（378），台北，文海出版社，1988。

③ 《译电》，载《申报》，1911 年 9 月 30 日，第 1 张第 3、4 版。

④ 《庆邸自愧不能操纵舆论》，载《申报》，1911 年 10 月 7 日，第 1 张第 4 版。

⑤ 金梁：《光宣小记·内阁官制》，见章伯锋、顾亚主编：《近代稗海》，第 11 辑，324 页，成都，四川人民出版社，1988。

⑥ 张国淦编著：《辛亥革命史料》，108 页，香港，大东图书公司，1980。载涛也说："到了武昌起义，革命爆发，那、徐协谋，推动奕劻，趁着载沣仓皇失措之时，极力主张起用袁世凯。袁在彰德，包藏野心，待时而动。冯国璋、段祺瑞是袁的嫡系心腹大将，亦认为'非宫保再出，不能挽救危局'。载沣本不愿意将这个大对头请出，以威胁自己的政治生命，但是他素性懦弱，没有独作主张的能力，亦没有对抗他们的勇气，只有听任摆布，忍泪屈从。"（《载沣与袁世凯的矛盾》，见中国人民政治协商会议全国委员会文史资料委员会编：《晚清宫廷生活见闻》，74 页。）

清廷虽然开始起用袁世凯，但仅用一个没有任何实权的湖广总督头衔，根本无法打动权势欲望正在急剧膨胀的袁世凯。于是，他声称"足疾"未愈，施展拖延战术，朝廷无可奈何。清政府不能满足袁世凯的要求，袁世凯也就继续按兵不动，待价而沽。经过一段时间的讨价还价，清廷不得不授袁世凯为钦差大臣，予以指挥清军的全权，随后又用袁世凯取代奕劻为内阁总理大臣，并命其进京组织完全内阁。

11 月 3 日，资政院上奏《宪法重大信条》十九条，清廷谕令颁布，其中第八条明确规定："总理大臣由国会公举，皇帝任命。其他国务大臣，由总理大臣推举，皇帝任命。皇族不得为总理大臣及其他国务大臣并各省行政长官。"第十九条又规定："国会未开以前，资政院适用之。"① 这个宪法信条既将皇族亲贵排除在责任内阁之外，又规定了总理大臣必须"由国会公举，皇帝任命"的法律程序。因此，尽管清廷已谕令袁世凯为内阁总理大臣，并一再催促其迅速进京，但他并不着急。袁世凯一面奏请辞谢，以示谦让，一面还要求通过资政院公开选举，以获得名义上的合法资格。"袁世凯打电报说要等到资政院给他任命后才来北京。许多资政院成员打电报请袁进京，但袁说，他希望在他来京前资政院能通过一个任命他的正式的决议。昨天有消息说，一个这样的决议已在秘密会议上通过。"② 8 日，资政院以无记名投票形式选举袁世凯为内阁总理大臣，并在 19 日上奏，即得清廷正式任命。③ 当天，袁世凯电奏"一二日立即启程"，清廷电谕"著即兼程北上"。④ 据《那桐日记》记载，袁世凯同时还与那桐联系，电告"一二

① 《择期颁布君主立宪重要信条谕》，见故宫博物院明清档案部编：《清末筹备立宪档案史料》上册，103～104 页。
② ［英］莫理循：《致达·狄·布拉姆》，见［澳］骆惠敏编：《清末民初政情内幕——〈泰晤士报〉驻北京记者、袁世凯政治顾问乔·厄·莫理循书信集》上册，刘桂梁等译，775～776 页。另据曹汝霖回忆称："袁要请由资政院通过，方能拜命，遂如其命。"（曹汝霖：《一生之回忆》，90 页。）
③ 《资政院总裁李家驹等奏遵照宪法信条公举袁世凯为内阁总理大臣折》《命袁世凯为内阁总理大臣谕》，见故宫博物院明清档案部编：《清末筹备立宪档案史料》上册，601 页。
④ 金毓黻辑：《宣统政纪》卷 40，52 页。

日来京"。13 日，"袁总理今日酉刻到京，寓锡拉胡同，戌刻往拜，稍谈即归"。14 日，"袁宫保到京请安，酉刻到锡拉胡同晚饭，亥初归"。15 日，"袁总理今日谢恩入阁办事，桐于本日交卸协理大臣"。① 可见其时那桐与袁世凯过从甚密。与此同时，"资政院代表汪荣宝、邵羲、陈树楷、陈枨鼎四员，往谒项城，解释宪法信条第八条'总理大臣由国会公举'之无障碍，并请其就职"②。16 日，袁世凯推举各部国务大臣：外务大臣梁敦彦、副大臣胡惟德，民政大臣赵秉钧、副大臣乌海珍，度支大臣严修、副大臣陈锦涛，学务大臣唐景崇、副大臣杨度，陆军大臣王士珍、副大臣田文烈，海军大臣萨镇冰、副大臣谭学衡，司法大臣沈家本、副大臣梁启超，农工商大臣张謇、副大臣熙彦，邮传大臣杨士琦、副大臣梁如浩，理藩大臣达寿、副大臣荣勋。经清廷任命，正式组织责任内阁。③ 这就是袁世凯内阁。

袁世凯内阁成员大致由三部分人组成：其一，主要是袁氏心腹及袁派人物，如民政大臣赵秉钧、度支大臣严修、陆军大臣王士珍、邮传大臣杨士琦，以及署理外务副大臣曹汝霖、署理邮传副大臣梁士诒等；其二，是原奕劻内阁成员及旧官僚，如外务大臣梁敦彦、学务大臣唐景崇、司法大臣沈家本、理藩大臣达寿等；其三，是著名立宪派人士，如农工商大臣张謇、司法副大臣梁启超、学务副大臣杨度等。其实，后两种人不过点缀而已。"所推国务大臣，凡有声望者，皆不应召。"④ 英国公使朱尔典向其外交部报告称："张謇之授农工商大臣，颇有趣味。……其任斯职，当为各省所乐闻。然允受职与否，尚难预料。""其最可惊讶者，则授梁启超为司法部副大臣之事。"⑤ 事实上，不但张謇、梁启超借故坚辞，梁敦彦、陈锦涛、严修、杨度等人亦均未到任。时论有谓："清内阁成立，所举之人，除与段芝贵相类者外，

① 北京市档案馆编：《那桐日记》下册，702～703 页。
② 《北京断命新闻·资政院》，载《民立报》，1911 年 11 月 23 日。
③ 金毓黻辑：《宣统政纪》卷 40，59 页。
④ 《北京断命新闻·梦吃内阁》，载《民立报》，1911 年 11 月 30 日，第 4 页。
⑤ 《英使朱迩典致英外部葛垒文》，转引自陈国权译述：《新译英国政府刊布中国革命蓝皮书》，见中国史学会编：《辛亥革命》（八），376～377 页。

非原有老朽，即决不肯到任之人。"① 此所谓"与段芝贵相类者"，即指袁氏私党而言。袁世凯内阁实际上由袁氏心腹赵秉钧、梁士诒等少数人操纵。

袁世凯内阁取代奕劻内阁，既有"非袁不可"的社会氛围，是各种政治势力促成的结果，又有《宪法重大信条》的法理基础，并符合由代行国会职能的资政院公举的法制原则，可谓名正言顺。既如此，为什么袁世凯内阁不能顺利引导清政府走向宪政道路而拯救清王朝呢？这除了革命形势迅速发展的客观局面难以逆转之外，袁世凯个人借责任内阁以揽权自重的政治野心是关键因素。的确，时人曾经对袁世凯出山抱有很大的希望，但很快便醒悟过来，看清了袁世凯揽权与专制的本质。据恽毓鼎日记，他在清廷谕令袁世凯取代奕劻为内阁总理大臣的当天认为："朝局大变，果能举从前老朽庸劣腐败之人物习气，一扫而空之，上下一心，力图整顿，巩皇基而安区寓，大有可望矣。"② 时论亦云："闻袁世凯拟即回京，外间皆信其能安定大局。"③ 但是，袁世凯内阁正式成立后，便立刻露出了真面目。恽毓鼎评论说："谕旨定内阁制度，国务大臣不值日，不召见，政事皆归阁臣议决。阁臣不每日入对，有事则特召或请对。言事者亦送阁。阁臣权重，于斯为极（前明首辅，权极重，然尚轻于此）！中国官僚政治之局，至此大变。"④《申报》进而揭露说："袁世凯之心，非特以为共和民主，今日之中国断无此事；即君主立宪云云，亦不过因现在时势所趋，用此粉饰以瞒一时之人心耳。其实如彼之意，以为非实行专制万不可也。……故'专制'二字，实与'袁世凯'三字相连。袁世凯不死，则中国之专制总无或已之时。呜呼！清廷之立宪，伪立宪也，然而亦伪专制，故破灭之也尚易。若袁世凯得志，则伪立宪而真专制矣。"⑤ 事实上，袁世凯内阁不但没有挽救清王朝，反而以牺牲清王朝的方式成就了袁世

---

① 《论袁世凯之用人》，载《申报》，1911 年 12 月 16 日，第 1 张第 3 版。
② 史晓风整理：《恽毓鼎澄斋日记》，第 2 册，556 页。
③ 《专电·十一日伦敦电》，载《申报》，1911 年 11 月 3 日，第 1 张第 4 版。
④ 史晓风整理：《恽毓鼎澄斋日记》，第 2 册，561 页。
⑤ 《再论袁世凯》，载《申报》，1911 年 11 月 25 日，第 1 张第 2 版。

凯。袁世凯内阁在形式上似乎比以奕劻为首的"皇族内阁"更符合宪政精神，但实质上也只不过是袁世凯借以实现自己政治野心的工具而已。

袁世凯内阁成立后，表面上看来，清廷正在加速朝着预备立宪的目标迈进，但为时已晚，客观形势今非昔比，在各省纷纷独立的全国革命大风潮中，立宪已经无法挽救风雨飘摇的清王朝。不但立宪派逐渐转入革命的洪流之中，业已攫取军政大权的袁世凯也在肆无忌惮地借革命之势而弃清廷以自重。当北洋军攻下汉阳而与革命军隔江对峙时，袁世凯便准备与南方革命政府进行和谈。关于南北议和，南方旨在清帝退位，试图以和平的手段达到革命的目的；袁世凯则是借机取得政权。为此，他不惜玩弄两面手法，"一方挟满族以难民党，一方则张民党以迫清廷，时人谓之新式曹操"[1]。所谓民党、清廷、袁世凯三方的关系颇为微妙，民党与清廷势不两立，袁世凯恰好操纵其间。因此，南北议和其实只不过是民党与袁世凯之间如何处置清廷的一桩政治交易罢了，其关键有两个互为前提的条件：一是南方革命政府许诺袁世凯为中华民国大总统，二是袁世凯答应迫使清帝退位。南北议和曾经因为南京临时政府的成立而一度出现波折，但南北双方事实上始终没有真正放弃议和，交易仍在秘密进行。这个时期，双方交涉的主要内容集中在袁世凯迫使清帝退位的交换条件上，即孙中山在清帝退位后辞去临时大总统职务，并推举袁世凯为中华民国大总统。对此，南方各派政治势力基本上是赞同的，孙中山也并不反对。他曾通过伍廷芳向袁世凯明确表示："如清帝实行退位，宣布共和，则临时政府决不食言，文即可正式宣布解职，以功以能，首推袁氏。"[2] 袁世凯得到孙中山的这个保证后，便开始加紧进行"逼宫"，迫使清帝退位。

对付清廷，袁世凯还是施展其惯用的威逼利诱的手段。奕劻、那桐等人不仅极力鼓动袁世凯出山，而且还是袁世凯"逼宫"的帮凶。

---

[1] 《胡汉民自传》，载《近代史资料》1981年第2期（总45号），58页。
[2] 《复伍廷芳电》，见中国社会科学院近代史研究所中华民国史研究室、中山大学历史系孙中山研究室、广东省社会科学院历史研究室合编：《孙中山全集》，第2卷，23页，北京，中华书局，1982。

袁世凯用重金贿赂贪婪的奕劻、那桐和隆裕太后宠信的太监张兰德，"一方面利用张兰德哄骗隆裕；另一方面又利用奕、那，挟制载沣"。正如载涛日后回忆所说："奕劻、那桐本来只认得钱，至于清廷封建统治的垮台，并不在他们的心上。他们二人与张兰德里应外合，不由得隆裕不入他们的圈套。"所谓宣统退位"这种'禅让'之局得以成功，可以说是全由奕、那、张三人之手"。① 载沣虽然并不赞成清帝退位，但他无力应对时局，只能听从命运的摆布。12 月 6 日，在袁世凯等人的压力之下，载沣不得不自请辞职，隆裕太后发布懿旨，命其退归藩邸，不再预政，有称："监国摄政王性情宽厚，谨慎小心，虽求治綦殷，而济变乏术，以至受人蒙蔽，贻害群生。自应俯如所请，准退监国摄政王之位。所钤监国摄政王章，著即缴销。仍以醇亲王退归藩邸，不再预政。……嗣后用人行政，均责成内阁总理大臣、各国务大臣担负责任。"同时，懿旨虽然规定"所有颁布诏旨，应请盖用御宝，并觐见典礼，予率同皇帝将事"，但又特授袁世凯私党世续、徐世昌为太保，命其"尽心卫护"年幼的皇帝。② 袁世凯完全攫取了清廷行政大权，并实际控制了隆裕太后与宣统皇帝。载沣退归藩邸后，袁世凯对付孤儿寡母更不在话下。

1912 年 1 月 16 日，袁世凯以内阁总理的身份，率全体国务大臣联衔上奏清廷，宣称清廷大局岌岌可危，"战地范围，过为广阔，几于饷无可筹，兵不敷遣，度支艰难，计无所出，筹款之法，罗掘俱穷……常此迁延，必有内溃之一日。倘大局至此，虽效周室之播迁，已无相容之地"，南方民军"万众之心，坚持共和，别无可议"，各国列强因此次战祸而贸易损失不小，"若其久事争持，则难免不无干涉"，希望清廷"俯鉴大势，以顺民心"，否则将出现法国革命那样不堪设想的后果，"读法兰西革命之史，如能早顺舆情，何至路易之子孙，靡有孑遗

---

① 载润：《隆裕与载沣的矛盾》、载涛：《载沣与袁世凯的矛盾》，见中国人民政治协商会议全国委员会文史资料委员会编：《晚清宫廷生活见闻》，71、75~76 页。

② 金毓黻辑：《宣统政纪》卷 41，21 页。

也"①，显然意在要挟。当天，袁世凯在退朝回家途中遭到革命党人的伏击，虚惊一场，便借故请假不再入朝，而仍在幕后操纵"逼宫"活动。第二天，清廷召开内阁会议。醇亲王载沣、庆亲王奕劻、恭亲王溥伟诸王及蒙古王公均与会，袁世凯称病未到，派民政大臣赵秉钧、邮传大臣梁士诒为代表。会上，赵秉钧传达了袁世凯的意旨，他说："革命党势甚强，各省响应，北方军不足恃。袁总理欲设临时政府于天津，与彼开议，或和或战，再定办法。"此言一出，当即遭到溥伟的强烈反对，双方唇枪舌剑，争执不下。最后，奕劻打圆场，认为"事体重大，我辈亦不敢决，应请旨办理"。众人随声附和，会议不欢而散。1 月 19 日，隆裕太后在养心殿召集满蒙王公亲贵载沣、溥伟、善耆、毓朗、载泽、那彦图等十余人举行御前会议，讨论君主立宪与民主共和问题。当太后提出"是君主好，还是共和好"的问题时，众人均"力主君主"，认为"无主张共和之理"。溥伟等人一面攻击"奕劻欺罔"，认为"嗣后不要再信他言"，一面坚决主战，甚至要求太后拿出宫中金银器皿，暂充战费，"虽不足数，然而军人感激，必能效死。如获一胜仗，则人心大定，恩以御众，胜则主威"。但隆裕太后已有无力回天之感，她说："胜了固然好，要是败了，连优待条件都没有，岂不是要亡国么？"会议无结果而散。② 同一天，外务大臣胡惟德、民政大臣赵秉钧、邮传大臣梁士诒联衔奏称："人心已去，君主制度恐难保全，恳赞同共和，以维大局。"③ 这显然是袁世凯意旨的进一步公开表露。

袁世凯在"逼宫"的过程中，曾经一度遭到部分清室王公亲贵的激烈反对，并以这些清室王公亲贵为中心而迅速形成一股强大的反对清帝退位的政治势力，即宗社党。宗社党"乃清帝退位以前，以清朝之皇族宗室及旗人为其核心，以及食清朝之禄之义士为挽救宗社而组

---

① 张国淦编著：《辛亥革命史料》，299～300 页。

② 溥伟：《让国御前会议日记》，见中国史学会主编：《辛亥革命》（八），111～114 页。

③ 凤冈及门弟子编：《三水梁燕孙先生年谱》上册，105 页，无出版地，1946。

织之政治团体"①。其主要成员有恭亲王溥伟、肃亲王善耆、贝勒载
洵、镇国公载泽、军谘使良弼、原陆军部尚书铁良等少数清室王公亲
贵，另有蒙古王公那彦图和陕甘总督长庚、署陕西巡抚升允等蒙古重
臣。他们以"君主立宪维持会"的名义，发布激烈的宣言，极力攻击
袁世凯。对于袁世凯借停战议和以"逼宫"的行径，载泽奏劾其故意
拖延，居心叵测，有云："前借口军饷不足，不能开战；后颁内国短期
公债，勒捐亲贵大臣，合内帑黄金八万两，款近千万，仍不开战，是
何居心。"② 宗社党人还以"直豫鲁晋奉吉黑七省文武官员绅商兵民"
的名义上书袁世凯，指责其"甘心为曹莽之后裔，作外人之奴隶……始
终欺负孤寡，卖国求荣"，并散发《北京旗汉军民函》，揭露袁世凯"巧
取上旨，与为议和，待以敌国之礼，蔑视纲常，损辱国体，于斯为甚。
况在汉阳克复以后，席全胜之威，忽倡和议，其居心更不可问。……观
望弥月，坐耗饷糈，必使国事不可收拾而后已，必使我北省军民同遭
涂炭而后已。嗟我同人，束手待毙，亦复何苦。司马昭之心，路人皆
知"。③ 当袁世凯加紧进行"逼宫"活动而势必将清廷逼上绝路的时
候，宗社党也企图铤而走险，准备用激烈的手段对付袁世凯。据时人
记载："宗社党上书袁内阁，其词旨极为严厉，略谓欲将我朝天下断送
汉人，我辈决不容忍，愿与阁下同归澌灭。袁内阁览之，恍若芒刺在
背，意不自安。"④ 袁世凯与宗社党已势同水火，必欲去之而后快。其
时，袁氏党羽在北京街市散布说帖，"有'先刺良弼，后炸铁良，二良
不死，满虏不亡'及'肃王好，肃王引贼反清了。载泽好，载泽家里

---

① ［日］宗方小太郎：《一九一二年中国之政党结社》，见章伯锋、顾亚主
编：《近代稗海》，第 12 辑，123 页。

② 杨玉如编：《辛亥革命先著记》，273 页，北京，科学出版社，1958。

③ 《直豫鲁晋奉吉黑七省文武官员绅商兵民公上袁总理书》《北京旗汉军民
函》，转引自吉迪整理：《大树堂来鸿集》，载《近代史资料》1982 年第 4 期（总
50 号），182～184 页。

④ 廖少游：《新中国武装解决和平记》，65～66 页，北京，陆军编译局印刷
所，1912。

堆元宝'等不伦不类之语"①，同时在暗中伺机对付宗社党。与此同时，革命党人也想除掉极端反对共和政体的宗社党。1912 年 1 月 26 日，革命党人彭家珍炸伤良弼，彭当场牺牲，良弼也在两天后不治身亡。② 良弼死后，宗社党闻风丧胆，纷纷逃离北京，潜往天津、大连、青岛等地租界。隆裕太后闻讯后颇感绝望，禁不住当朝掩面而泣曰："梁士诒啊！赵秉钧啊！胡惟德啊！我母子二人性命，都在你三人手中，你们回去好好对袁世凯说，务要保全我们母子二人性命。"③ 宗社党并没有阻挡清帝退位的步伐。虽然善耆、升允等人此后仍以宗社党的名义聚集前清遗老遗少，托庇于天津、大连、青岛等地租界，甚至勾结日本等列强，不断地从事拥清复辟活动，但终究不能挽救清室宗社覆亡的命运。

就在彭家珍炸伤良弼的同一天，在袁世凯的授意下，段祺瑞联合北洋将领姜桂题、何宗莲、段芝贵、倪嗣冲、王占元、曹锟、李纯、潘矩楹等 50 人，致电内阁，请代奏清廷，建议清廷接受优待条件，赞同共和，否则后果不堪设想。"虽祺瑞等公贞自励，死生敢保无他。而饷源告匮，兵气动摇，大势所趋，将心不固。一旦决裂，何所恃以为战？深恐丧师之后，宗社随倾。彼时皇室尊荣，宗藩生计，必均难求满志。即拟南北分立，勉强支持。而以人心论，则西北骚动，形既内溃。以地理论，则江海尽失，势成坐亡。"他们强烈要求清廷"明降谕旨，宣示中外，立定共和政体，以现在内阁及国务大臣等，暂时代表政府"④。其咄咄逼人之势，令清廷无处藏身，清帝退位已经毫无回旋

---

① 常顺：《贼臣被炸追记》，见中国人民政治协商会议全国委员会文史资料研究委员会编：《辛亥革命回忆录》，第 6 集，390 页，北京，中华书局，1963。

② 有人认为，良弼系革命党人彭家珍所炸，而实际上背后有袁世凯插手，彭家珍良弼是被袁世凯所利用，良弼被炸伤后，最终由袁世凯指使赵秉钧买嘱医生所毒死。参见吴兆清：《袁世凯与良弼被炸案》，载《近代史研究》1987 年第 2 期。

③ 凤冈及门弟子编：《三水梁燕孙先生年谱》上册，111 页。

④ 《宣统三年十二月初八日会办剿抚事宜第一军总统官段祺瑞等致内阁请代奏电》，转引自故宫档案馆：《关于南北议和的清方档案》，见中国史学会主编：《辛亥革命》（八），174 页。

余地。时人评论说，彭家珍之弹与段祺瑞之电，"足以夺禁卫军之魄，而褫宗社党之魂，实乃祛除共和障害之二大利器也"①。1 月 30 日，清廷再次召开御前会议，"各亲贵王公对于共和，均不反对"②。2 月 3 日，清廷发布上谕："著授袁世凯以全权，研究一切办法，先行迅速与民军商酌条件，奏明请旨。"③ 一纸上谕，终于使清廷把自己的命运完全交给了袁世凯。2 月 12 日，清帝正式宣布退位。15 日，南京临时参议院选举袁世凯为中华民国临时政府大总统。

历史在此开起了玩笑。袁世凯本是清政府在危难之际搬出来的"救世主"，然而，这个"救世主"不但没有尽力拯救清王朝，而且还在关键时候擅用清王朝为筹码做了一大笔政治交易，为自己换取了民国大总统的职位。

## 六、余论：预备立宪中的制度创新及其异化问题

对于预备立宪的认知与评价，不同的视角可能得出不同甚至极端相反的结论。早在预备立宪开始之初，两广总督岑春煊在被慈禧太后召对时，就曾提出过"改良是真的还是假的"的疑问，在他看来，朝廷固然希望"真心改良政治"，但"奉行之人，实有欺蒙朝廷不能认真改良之据"，所以有"改良是假的"的说法。④ 的确，推行预备立宪，清政府自以为是"真变法"，革命派甚至立宪派却在指责其搞"假改革""伪立宪"。显然，这是不同政治势力出于不同政治目的需要而做出不同价值判断的结果。

从学术研究史来说，以往很长一段时期内，在革命史的框架里，一般对于预备立宪的评价基本上是否定的，研究者认为这只不过是清廷用以欺骗人民群众并对付革命的手段，因而是"假改革""伪立宪"，

---

① 廖少游：《新中国武装解决和平记》，72 页。
② 张国淦编著：《辛亥革命史料》，311 页。
③ 金毓黻辑：《宣统政纪》卷 43，25 页。
④ 参见岑春煊：《乐斋漫笔》，见荣孟源、章伯锋主编：《近代稗海》，第 1 辑，100～101 页。

是一场"骗局"。20 世纪 80 年代后，经过学术界的"拨乱反正"，这种状况大有改观。但是，事物的发展又有走向另一个极端之势。尤其是近年来，有人从现代化理论的研究视角，充分肯定其对于推动近代中国政治现代化进程的积极意义，则又有拔高之嫌。显然，前者更多地着眼于主观动机，后者则较为注重客观效果，这两方面的结论看似矛盾，然而综合起来看，可能恰恰从不同角度反映了预备立宪的双重历史内涵与正、反两方面的历史价值。

从责任内阁制在晚清的历史命运看来，对于预备立宪的评价似应注意如下三点。

其一，无可否认其在制度变革过程中有创新之处。责任内阁、国会与宪法，是西方近代宪政制度构架的三大要素。在清末预备立宪过程中，这三者均不同程度地成为宪政改革的重要内容。责任内阁制度的引进，是对中国传统的宰相制度、明清时代的内阁制度、清代的军机处制度以及清末的会议政务处制度的根本否定，显然是政治制度变革过程中的极大创新。

无论是宰相制度，还是旧内阁制度、军机处制度及会议政务处制度，都是君主专制的产物。其基本特征就是政府不负责任，而由君主负责任，如著名立宪派人士杨度所谓："今中国政府之不负责任，其弊即由君主有责任而生者也。"这与君主立宪制度有根本不同。君主立宪制度的基本精神是君主不负责任，以政府代负其责，以保证君主的尊荣。"立宪君主国，必有责任政府之制。"①所谓代君主负责任的政府，就是西方近代立宪制度中的责任内阁。

中国要立宪，必须改革旧的军机处制度，建立责任内阁制度。时论认为："立宪国之官制，其本原所在，枢机所属，无不以内阁制度为中央官制特要之机关，责有专司，政无不举，有由来矣。""军机旧制断乎其不可仍，内阁组织断乎其不可缓。""欲求实事，自以设立新内阁为尤亟。盖必如是而后政府有一定之责成，国务有机关之总汇；亦

---

① 杨度：《金铁主义说》，见刘晴波主编：《杨度集》，309、310 页，长沙，湖南人民出版社，1986。

必如是而后政府有总决国务之利便，庶政有提纲挈领之实效。"① 丙午官制改革时，本拟裁撤军机处与旧内阁，设立责任内阁；但结果军机处与旧内阁仍旧，使责任内阁胎死腹中。时人的批评主要针对于此。例如，《申报》引述日本报纸的评论说："根本的改革终不可得也"，"所谓改革者，不过一'弥缝主义'四字而已"，"留存军机处，于改革之精神，最为背谬"。②

事实上，奕劻内阁就是在裁撤军机处、旧内阁与会议政务处的基础上设立的。论者认为："中国废掉历史上固有的内阁制，采用各国通行的内阁制，可算是从这个时期起首的。"③ 奕劻内阁在形式上无疑是制度创新。时人通过对新内阁官制的研究认为："内阁官制之要义，与已经裁撤之内阁、军机处，性质不同之点，不胜枚举。"其最要之点有以下四方面。一是新内阁担负责任，旧军机不负责任。二是新内阁制由总理大臣一人统一政权，负完全责任，不能诿过于人；旧制军机大臣在三四人以上，往往互相推诿，"除诿过于君主之外，尚有诿之同列，诿之各部，诿之各省之种种方法"。三是军机大臣自身不能发表意见，必须秉承谕旨，"乃借君主之喉舌，以为之用"；内阁总理大臣则有多种发表意见的方法，如阁令、训示等，不必再假谕旨，"庶君主因此得保其神圣尊严不能为恶之地位，斯真合乎设立责任内阁之精神"。四是责任内阁有代表民意的议院的监督，不至于权重；旧军机则没有监督，可能蒙蔽君主以专权，"专制政体之监督内阁者，惟君主一人，其势常劳而寡效，立宪政体之监督内阁者，遍及国民，其势常逸而少弊"。④

时人与后人多以奕劻内阁为"皇族内阁"，而对之大加非议。其实，所谓"皇族内阁"的人员结构即皇族不能组织内阁说宜进一步分

---

① 《敬注二十日上谕（南方报）》，载《宪政初纲》（《东方杂志》临时增刊），"舆论一斑"，8～10 页，上海，商务印书馆，光绪三十二年十二月。

② 《东报对于改革官制之批评》，载《申报》，1906 年 11 月 22 日，第 2 版。

③ 高一函：《中国内阁制度的沿革》，29 页，上海，商务印书馆，1930。

④ 陶保霖：《论新内阁官制》，载《法政杂志》第 4 期（宣统三年），转引自李定一等编：《中国近代史论丛》，第 2 辑第 5 册（政治），123～128 页，台北，正中书局，1979。

析。奕劻内阁成立时，直省谘议局议员联合会两次上书都察院请求代奏，明确反对"皇族内阁"。其主要理由是说皇族组织内阁不符合西方立宪国家的"公例"或"原则"，并以皇族比附同样神圣的皇帝，而推演其同样不宜担负责任，因而不宜组阁，但并没有具体列举某个西方立宪国家的相关法理条文或实际例证，事实上是难以令人信服的。奕劻面奏监国摄政王后，即密召李家驹商量拟旨。李颇不以为然，认为："《钦定宪法大纲》并无皇族不准入阁之规定，日本宪法亦然，况此系暂行阁制，尤有所相抵。"① 李家驹在此提示三点：一是当时中国唯一具有宪法性质的《钦定宪法大纲》并没有规定皇族不能组织内阁；二是日本宪法也没有类似规定，李家驹曾任驻日公使和出使日本考察宪政大臣，此说较权威；三是奕劻内阁只是暂行阁制，具有过渡性质。如此看来，所谓"皇族不能组阁"云云，似乎不成问题。事实上，与其说奕劻内阁是因皇族亲贵太多，不如说是因清朝皇族亲贵为满族，满汉矛盾才是问题的焦点。当然，从宪政基本原理来看，"皇族内阁"产生的程序确实有问题，内阁总理大臣与国务大臣均由皇帝特旨简任，而不是通过国会选举。清廷显然仍视此为黜陟百司的"君上大权"，并以此为压制立宪派请愿的尚方宝剑。这无疑是专制皇权的滥用，而与真正的宪政和责任内阁制精神相违背。就此而言，袁世凯内阁却有其进步之处，当然，其进步之处并不在于其成员多由汉人取代满族亲贵，而是其在形式上由《宪法重大信条》规定的"适用"国会职权的资政院选举产生。既有法理依据，又有正确程序，故袁世凯内阁被论者称为"中国历史上第一个具有现代责任制度意义的内阁"②。

其二，不能忽视其在制度创新的同时尚有异化现象。责任内阁制也称议会内阁制，或议会政府制，肇始于英国，后渐被各国仿行。"就元首与国务员的关系而言，责任内阁制可以说是含有四个条件：即（一）元首不负责任；（二）国务员对议会负责；（三）元首的命令及其他行为，须经国务员同意；及（四）在原则上，元首必须容纳内阁的

---

① 《庆内阁果将辞职耶》，载《申报》，1911 年 6 月 15 日，第 1 张第 4 版。

② 萨师炯：《清代内阁制度》，104 页，重庆，商务印书馆，1946。

政策。"① 其中关键是第二条，即内阁应对议会负责。反观清末预备立宪时期的责任内阁制，其异化的关键之处恰恰是议会的缺位问题，致使内阁只能对君主负责，而无法对议会负责。奕劻内阁成立时，并没有真正的国会为之监督，所谓责任内阁，实不过是变相的军机处，根本不能体现责任内阁制的精神。袁世凯内阁成立时，虽然有《宪法重大信条》明确规定"国会未开以前，资政院适用之"，赋予了资政院暂代国会的法理依据，但这只不过是给袁世凯内阁披了一层法理的外衣，事实上资政院不可能真正履行国会监督内阁的职责，因而也根本没有改变袁世凯内阁擅权专制的实质。②

其三，更重要的是，要探讨其在制度创新时发生异化的原因。最关键的因素，是各派政治势力之间的权力与利益关系。预备立宪的核心内容是政治体制改革，涉及各派政治势力特别是各个既得利益集团的权势与利益的问题，因而引发了一系列的矛盾冲突。这些矛盾主要表现在以下几个方面：一是清廷内部各派政治势力的矛盾，二是满汉权贵之间的矛盾，三是皇族亲贵内部的矛盾，四是清廷与地方督抚的矛盾，五是清政府与立宪派的矛盾，等等。宪政改革无疑是一次权力与利益的再分配，上述各派政治势力之间矛盾的焦点即在于此。

从清廷高层内部的权力结构来看，自光绪末年至宣统时期，奕劻、袁世凯势力始终是操纵朝政的主要力量。丙午官制改革与丁未政潮时，慈禧太后虽然利用瞿鸿禨等反对派势力，打破了奕劻、袁世凯势力的责任内阁制迷梦，但随后又不得不牺牲瞿鸿禨等人。载沣摄政后，虽然依靠载泽、载涛、载洵、毓朗等少壮亲贵而罢黜袁世凯，但并不能轻易对付朝中的奕劻势力。从奕劻内阁的成立，到其向袁世凯内阁的平稳过渡，正是奕劻、袁世凯势力实际把持朝政的必然结果。这是当时各种权力斗争的主线。

---

① 王世杰、钱端升：《比较宪法》，286～287 页，北京，商务印书馆，1999。

② 详细论述参见拙文：《清末两次日本宪政考察与预备立宪的师日取向》，见中国社会科学院近代史研究所编：《中国社会科学院近代史研究所青年学术论坛（2007 年卷）》，274～297 页，北京，社会科学文献出版社，2009。

至于皇族亲贵内部的矛盾，关键也是争权夺利。所谓载沣集团其实也不是铁板一块，诸如载泽、载涛、载洵、毓朗、溥伦、善耆、溥伟等皇族亲贵们为了争权夺利，不断地明争暗斗，以至于形成所谓"政出多门"的局面。围绕责任内阁制问题，始终贯穿着皇族亲贵的权力争斗。朝中派系林立，内耗不已，政治则无所作为。隆裕太后在清帝逊位之际曾经哀叹："一般亲贵，无一事不卖，无一缺不卖，卖来卖去，以致卖却祖宗江山。……事后却说现成话，甚至纷纷躲避。只知性命财产，置我寡妇孤儿于不顾。"①武昌起义的星星之火之所以能够迅速而成燎原之势，正是由于满族王公亲贵早已自坏长城，所谓"革命之事，乃诸王公之自革而已"②。

清廷与地方督抚之间，是中央集权与督抚分权的矛盾。地方督抚在国会请愿过程中曾经提出设立有国会监督的责任内阁，就有对抗清廷中央集权的目的，但结果事与愿违。在清廷不断集权的过程中，地方督抚则阳奉阴违，甚至消极抗拒。"自中央集权之说中于中央政界之心理，而督抚之权日削，而外省之力日瘠，迄于今几无一款之可筹、一事之能办，疆臣愤不能平，则相率托词乞退。呜呼，其流毒之巨有如是也。"③ 朝廷对地方督抚管理的失控，使得武昌起义以后各省督抚大都只管自顾逃命，而少有拼死抵抗、效忠朝廷的。

清政府与立宪派的矛盾，体现在对立宪派参政、议政权力的压制。预备立宪曾经一度为清政府与立宪派的合作提供了现实的可能性。然而，当清政府不能满足立宪派的要求时，当立宪派逐渐对清政府的立宪诚意失去信心时，事物走向了反面；在清政府不可救药的时候，立宪派终于弃清廷而投向革命的行列。立宪派泣血以请速开国会，设立责任内阁，但清廷却推出一个"皇族内阁"，使亲贵揽权。其结果"足令全国咨议局之议员人人丧气而绝望。咨议局议员绝望之日，即清廷基础动摇之时，至是内外人心皆去"④。清政府没有笼络住具有强烈参

---

① 史晓风整理：《恽毓鼎澄斋日记》，第 2 册，576 页。
② 刘体仁：《异辞录》卷 4，38 页。
③ 《时评·其一》，载《申报》，1910 年 9 月 12 日，第 1 张第 6 版。
④ 刘厚生编著：《张謇传记》，184 页，上海，上海书店，1985。

政欲望的立宪派，而使立宪派转向了革命。

满汉矛盾是清末政争焦点。无论是官制改革还是责任内阁的设立，其人事安排尤其是满族亲贵的人数比例与职权位置，均始终是时论关注的中心话题。丙午官制改革时，日本报刊舆论批评："此次之主义，重在将兵财二权收回政府，实行中央集权之制。又乘此机会占要路者，仍为多数之满人。"① 载沣摄政后，更是力图加强集权皇族，使满族少壮亲贵充斥朝廷，他们个个碌碌无为，而都占住显要位置，导致满汉矛盾空前激化。"皇族内阁"一出台，立刻成为矛盾爆发的焦点。正如时论所谓："今之主张中央集权者，实则防汉政策耳。夫以防汉之政策，而欲萃天下之全权，授于一二亲贵者之手。此不特与国家进化之公例违背也；即揆之天理人情，亦有所不合矣。盖中央集权云者，决非亲贵政体下之发生物也。乃政府既倡之，而一班草头名士复相与和之。呜呼！圣人生而大盗起，并其圣知之法而窃之。此之谓也。"② 王锡彤将慈禧太后的用汉政策与摄政王载沣的排汉政策相对照，说明清王朝的覆灭乃"自坏长城"，所谓"国不自亡谁能亡之"。③ 恽毓鼎更认为："醇王（载沣——引者注）承述父志，排斥汉人（重满轻汉，始于高宗，老醇王猜忌汉人尤甚）。劻耄而贪，泽愚而愎，洵、涛童骏喜事，伦、朗庸鄙无能，载搏乳臭小儿，不足齿数。广张羽翼，遍列要津，借中央集权之名，为网利营私之计，纪纲昏浊，贿赂公行。有识痛心，咸知大祸之在眉睫矣。……即无革命军，亦必有绝之者矣。呜呼！二百馀年培之而不足，三年馀覆之而有馀。"④

以上诸种矛盾纷纷在预备立宪过程中暴露出来，其焦点均在于权力与利益，而对于清王朝都是致命的。如果不能有效地解决这些内在的矛盾，结果便是灾难性的。对于清末新政与预备立宪的结局，时人

---

① 《外论选译》，12 页，载《宪政初纲》（《东方杂志》临时增刊），上海，商务印书馆，光绪三十二年十二月。

② 《学说误国论》，载《民立报》，1911 年 5 月 26 日。

③ 王锡彤著，郑永福、吕美颐点注：《抑斋自述》，143 页，开封，河南大学出版社，2001。

④ 史晓风整理：《恽毓鼎澄斋日记》，第 2 册，577 页。

即有颇为敏锐的观察。例如，御史胡思敬曾痛切陈言，"朝廷力行新政，原以图富图强图存，而不料转以速贫速乱速亡"①，确实并非危言耸听。辛亥鼎革之际，时论认为："二三年来，立宪既经绝望，人人心中即有革命之意。今日武汉事起，全国和之，如铜山西崩，洛钟西应，人心所趋，有莫知其然而然者。或以瓜熟蒂落喻之，理义甚合。"② 革命的爆发，真如水到渠成。清王朝就是在预备立宪过程中由于各种矛盾的激化而在革命的撞击下走上了自己的覆亡之路。

总之，预备立宪使清末新政指向了制度变革，本文提出制度创新与异化的解释框架，希望对于预备立宪有一个更加全面系统的新认识。笔者认为，责任内阁制的出现，无疑是预备立宪过程中的制度创新；但"皇族内阁"的出台，则是责任内阁制在宪政改革中被强烈扭曲而异化的结果，集中反映了各种政治势力的矛盾与利害关系。应该说，清廷走上立宪的道路确实有一定的被动因素，但是，一旦宣布预备立宪之后，其希望真正立宪的诚意也是毋庸置疑的。只是由于各种政治势力对于立宪的动机不一，均为了各自的权力与利益明争暗斗，而实在无法达到相对有效的平衡，因而其结果也就难免不尽如人意。因此，在某种程度上可以说，正是各派政治势力之间错综复杂而又难以调和的矛盾关系，直接制约了预备立宪的进程与结果，乃至造成了清王朝的历史结局。

原刊《明清论丛》第 8 辑，1～59 页，北京，紫禁城出版社，2008

---

① 胡思敬：《请罢新政折》（宣统二年五月二十日），见《退庐疏稿》卷 2，43 页，南昌，问影楼，1913。
② 《时事评论稿》，见国家图书馆善本部编：《赵凤昌藏札》，第 10 册，506 页，北京，国家图书馆出版社，2009。

# 韩国报刊对清末新政的观察与反应

## ——以《皇城新闻》与《大韩每日申报》为例

　　清末新政是清王朝自我救赎的最后努力。时人预言："行之而善，则为日本之维新，行之不善，则为法国之革命。"① 不幸的是，清王朝最终被革命推翻。大韩帝国与清王朝的命运有相似之处，但并不完全相同。当清王朝以行新政而亟图自救的时候，大韩帝国也以"独立自主"的名义而在日本殖民地化的过程中苦苦挣扎，但终究逃不脱被吞并的劫难。当然，这些都是今人的后见之明。至于在当时，清王朝与大韩帝国各自沿着几乎平行的轨道走向深渊之际，这对难兄难弟曾经是否及究竟如何互相观照，则是值得深入探讨的问题。关于日韩合并在华反响的问题，笔者拟另撰文讨论，这里先就韩国对清末新政的观察与反应略做探讨。学界以往的相关研究成果不多。最值得注意的是韩国学者白永瑞先生关于大韩帝国时期韩国舆论对中国的认识的研究论文，揭示了韩国舆论视野中清王朝的三个面相：一是作为韩国蔑视对象的中国，二是作为东亚和平一员的中国，三是作为改革模型的中国。② 另外，中国学者王元周先生在探讨韩国人对中国的否定认识的历史根源时，认为近代以来，尤其是甲午战争以后，韩国的启蒙思想家为树立民族主义，往往把中国作为大韩民族的对立面，这便使韩国的近代民族主义建立在对中国和中国人的否定认识的基础之上。韩国

---

　　① 《考察宪政大臣于式枚奏立宪必先正名不须求之外国折》，见故宫博物院明清档案部编：《清末筹备立宪档案史料》上册，337 页，北京，中华书局，1979。

　　② ［韩］白永瑞：《大韩帝国期韩国言论의 中国认识》，载《历史学报》第153 辑，1997 年 3 月，105～139 页。

学者朴敬石先生在评论该文时认为，这只是问题的一个方面，"不管哪个时代，对对方的否定认识和肯定认识都会共存"，"应考虑到韩国人对中国认识的整体侧面"。① 实际上，究竟韩国人对中国的认识如何，当然需要整体上的观照，但每一项具体的研究都可能提供一些具体的侧面，也是无可厚非的。本文拟以大韩帝国时期的重要报刊《皇城新闻》与《大韩每日申报》② 的报道和评论为基本材料，探讨韩国报刊对清末新政的观察与反应，关注的重点不仅仅是其中国认识问题，而且还有其自身反省问题，其实这个认识过程是双向互动的过程，这无疑为近代中韩两国之间的相互认识提供了又一个新的侧面。

## 一、报道涉及面及其偏差之处

《皇城新闻》与《大韩每日申报》均开设"外报"与"论说"栏目。这些栏目中有大量关于清末新政的报道和评论，具体涉及清末新

---

① 王元周：《近代中韩关系转变的理想与现实——韩国人对中国否定认识的历史根源》、［韩］朴敬石：《王元周〈近代中韩关系转变的理想与现实〉讨论》，见《东北亚关系史的性质——东北亚历史财团·北京大学共同学术会议论文集》，377～393、418～419页，首尔，东北亚历史财团，2008。按：该论文集由韩国国立首尔大学东洋历史系金衡锺教授赠送，特此致谢。

② 《皇城新闻》创刊于1898年9月5日，日刊，为韩汉文混用报纸。首任社长南宫檍，总务员罗寿渊，重要论说委员与记者有朴殷植、柳瑾、张志渊、南宫董、申采浩、金相天、崔昌植。《大韩每日申报》创刊于1904年7月18日，日刊，由英国记者裴说（Ernest Thomas Bethell）与韩国人梁起铎发起的韩英合资公司创办。初为韩文与英文合刊，1905年8月11日以后韩汉文混用，另外独立刊行英文版 *The Korea Daily News*，1907年5月23日又发行纯韩文版대한매일신보，裴说为社长，梁起铎任总务兼主笔，重要论说委员与记者有申采浩、朴殷植、玉观彬、卞一、张道斌、安昌浩。（参见［韩］金勋顺：《旧韩末五大纸研究——民族言论의历史的意义를 中心으로》，首尔，梨花女子大学校大学院新闻放送学科硕士学位论文，1979年11月。）这两家报纸发表了大量著名启蒙思想家朴殷植、申采浩、张志渊等人的论说文章，均是大韩帝国时期（1897—1910年）重要的思想启蒙报刊。1910年8月，日韩合并，大韩帝国灭亡。"大韩"不在，"韩皇"不再。于是，《皇城新闻》改称《汉城新闻》，旋即停刊；《大韩每日申报》改为《每日申报》，继续刊行。

政不断展开的各个方面及其整个过程。虽然国际形势变化多端，《皇城新闻》与《大韩每日申报》的新闻关注点时有转移，再加上清末新政也是在不断地调整政策的过程中进行，使《皇城新闻》与《大韩每日申报》的相关报道不免显得凌乱斑驳甚至舛误杂出，但综而观之，尚不难看出清末新政的整体概貌。

清末新政是清政府在其统治的最后十余年里所进行改革的总称，具体涉及政治、经济、军事、文化教育与社会生活领域等多方面的变革。对于这些变革，《皇城新闻》与《大韩每日申报》的报道均有不同程度的涉及。

1. 关于政治方面的改革

清末新政与洋务运动显著的不同之处，就在于变革指向制度层面，尤其是政治体制的变革。新政开始不久，清廷谕令设立督办政务处，作为办理新政的总机关。《皇城新闻》首先做了简要的报道："清国于去月廿一日发表组织督办政务处之上谕，以庆亲王、李鸿章、荣禄、崑冈、王文韶、鹿传霖为政务大臣，刘坤一、张之洞在其任地兼摄，还行北京后举行政务改革。"① 随后，该报又全文译载了这道上谕。② 日俄战争后，立宪思潮涌动，促使清廷进行预备立宪。对于清廷宪政改革的各个关键环节，《皇城新闻》与《大韩每日申报》都多有关注。例如，关于清廷宣布预备立宪上谕的报道载："各国富强之基础在于宪法，政务采诸公论，决于庶民。为济今日时艰，宣布立宪政治，大权统于朝廷，万机决于公论。然而民智未开，准备未齐，先以官制改革为始，然后改革法律、教育、财政，振兴武备，斟酌各国政法，制定宪法。"③ 再如，关于丙午官制改革的报道载："清国颁布官制改革上谕，内阁、军机处之一切规定依旧，外务部、吏部依旧，巡警部改称

① 《清国新政府의组织》，载《皇城新闻》第4卷第96号，第1版，1901年（光武五年）5月3日。
② 《政务处创立의上谕》，载《皇城新闻》第4卷第100号，第1版，1901年（光武五年）5月8日。
③ 《立宪实施의上谕》，载《皇城新闻》第2276号，第1版，1906年（光武十年）9月5日。

民政部，户部改称度支部，合并财政处，礼部合并太常、光禄、鸿胪三寺，学部依旧，兵部改称陆军部，合并练兵处与太仆寺，海军部及军谘府未设前，暂时归陆军部，刑部改称法部，大理寺改称大理院，工部与商部合并，改称农商工部，邮传部新设，理藩院改称理审院（即理藩部——引者注），资政院新设，审计院新设。"同时，报道中还列举了军机大臣及各部院尚书、侍郎等名单。① 随后，报道还将新旧官制及各衙门新旧职官详细列表对照②，其变与不变之处一目了然。又如，关于九年预备立宪上谕的报道载："清帝颁下上谕，从本年起九年间，国会开设诸般准备完毕，同时颁布钦定宪法，施行各种规定，宪法、议院法、选举法、逐年准备条项在官报颁布。"③ 还有，关于奕劻内阁设立的报道载："庆亲王被命总理大臣，以下各大臣亦有任命。"④ 稍后，还就清朝新设内阁发表了评论文章。⑤ 其他如五大臣出洋，第二次考察宪政大臣的派遣，谘议局与资政院的创办，国会请愿运动等，均有相关报道，不再一一列举。

2. 关于经济方面的改革

《皇城新闻》与《大韩每日申报》对于商部的设立与银行货币、财政税收等制度改革多有关注。例如，报道设立商部的文章载："为振兴商工业，下达新设商务部之上谕，命载振贝子、袁世凯、伍廷芳等办成律令章程。"⑥ 又如，报道新货币制度的文章载："清国从来货币制度在区域上多有不同，经济上颇不便利。清国官宪为此作统一之改良，

---

① 《官制改革의颁布》，载《皇城新闻》第 2331 号，第 1 版，1906 年（光武十年）11 月 12 日。

② 《清国의官制改革》，载《皇城新闻》第 2351 号，第 1 版，1906 年（光武十年）12 月 5 日。

③ 《国会准备의上谕》，载《皇城新闻》第 2869 号，第 1 版，1908 年（隆熙二年）9 月 2 日。

④ 《庆邸总理被命》，载《每日申报》第 1664 号，第 2 版，1911 年（明治四十四年）5 月 10 日。

⑤ 《清国新内阁评》，载《每日申报》第 1670 号，第 2 版，1911 年（明治四十四年）5 月 17 日。

⑥ 《商务部의新设》，载《皇城新闻》第 1355 号，第 1 版，1903 年（光武七年）5 月 2 日。

数年前计划以来，意见不一，主张各异，今尚确决。今番度支部新制货币制度内容：以银为本位，单位一元，其重量七钱二分（银九分铜一分），其辅助货币为五角、三角、五钱（共银八铜二）及一钱，加以五角铜制、五元铜货，与小银货交换。"① 还有对清朝财政状况与清理财政的报道载："清国财政极度紊乱，殆至不能收拾之情状。"据统计，当时清朝中央政府岁入银 8820 万两，岁出银 10112 万两，岁入不足银 1292 万两，度支部之填充策乃命各省增纳银 1870 万两。各省岁入银 207572552 两，岁出银 224556516 两，岁入不足银 16983504 两。各省中仅奉天、江北、河南、四川四省岁入超过岁出，其余皆呈入不支出之穷况。清末新政中有一项重要举措是清理财政，但并不成功。"泽公任度支部尚书，整理全国财政。设全国清理局，中央泽公亲裁，地方各巡抚处理。各派督监官，调查真相。世事中如意者不过十二，况乎清国财政朽废已久。清理官一到，急调账簿一览，急制暂时瞒过，其实际情状如前，旧态难祛。泽公之中央集权主义毕竟失败，至有其辞职说传播。"②

### 3. 关于军事方面的改革

早在洋务运动后期已经开始用西法编练新军，但军事制度改革还是始于清末新政，其中一个重要方面就是建立近代常备军制。据《皇城新闻》报道："直隶总督袁世凯与督办政务处大臣王文韶，相谋上奏各省常备军编制意见。"③ 后来，陆军部拟订了一个全国编练陆军三十六镇的计划。"陆军部尚书铁良以强国之基础在陆军，全国编制三十六个镇（师团）：近畿四镇以外，直隶、湖北、甘肃、广东、云南、江苏各置二镇，四川兼辖西藏特置三镇，热河、山东、山西、河南、湖南、江西、江北、陕西、安徽、浙江、福建、广西、贵州、东三省、新疆

---

① 《清国의新货币法》，载《皇城新闻》第 3378 号，第 1 版，1910 年（隆熙四年）5 月 25 日。

② 《清国의财政》，载《皇城新闻》第 3375～3377 号，第 1 版，1910 年（隆熙四年）5 月 21 日、22 日、24 日。按：各省岁入不足银数有误，不知何故。

③ 《常备军编制의议》，载《皇城新闻》第 1219 号，第 1 版，1902 年（光武六年）11 月 7 日。

各置一镇，由各总督巡抚五年内完成。万若期限前编成有褒奖，期限后完成则惩戒。"① 实际上，因各省财政困难，新军编练进展缓慢。三年后，"目下完成者，袁世凯建设四个师团，端方、张之洞二个师团，合其他不过八个师团。各省艰辛，不过组成一旅团，且其中皆无附设骑兵、炮兵、工兵等特科队，仅为单纯之步兵，故全体统算不过建设七八个师团"②。直到清朝灭亡，编练陆军三十六镇的计划并未完成。清朝在改良陆军的同时，也试图振兴海军（详见下文）。

　　4. 关于文化教育方面的改革

　　清末新政时期教育改革的目标是建立新式学堂教育体制，以及奖励海外留学生，培养新式人才。《皇城新闻》报道："教育制度改革与文官新登用法相持并行。清帝先废曩日科举八股文，别设经济特科之新登用法；其次奖励聪俊子弟海外游学，开启破格登用修了外国专门学科者之门径。各省州县设立大中小学堂，讲修文明学术，其实施方法仿照袁世凯在山东施行之例。本月五日又下上谕，对此等新设学堂出身者开启特别仕用之道。小学堂课程为备斋，中学堂课程为正斋，大学堂课程为专斋。小学堂毕业生考取合格者入中学堂，其毕业更待考取合格者再入其省之大学堂，其毕业合格者经总督巡抚考校选拔咨送京师大学堂，再行试验待旨钦定任举人贡生。其有望考取举人贡生者再次经大学堂严密试验咨送礼部，经选派大臣再试立待旨钦定任进士，允为从来出身者之同样擢用。近来清国之学风一变，少年子弟有竞劝讲究新学术之状。今又奖励创设新学堂，定特别登用之法，足见上下人心之趋向与大势之变动。"③ 由于到日本留学者较多，清政府还鼓励到西洋留学。"清帝下上谕，日本留学者不少，泰西各国道远费多，资送每少。为开发风气，养成人才，各省督抚选择明通端正学生，

---

　　① 《清国陆军의扩张》，载《皇城新闻》第 2594 号，第 1 版，1907 年（隆熙元年）9 月 29 日。

　　② 《清国陆军의前途》，载《皇城新闻》第 3348 号，第 1 版，1910 年（隆熙四年）4 月 20 日。

　　③ 《清国文科의新登用法》，载《皇城新闻》第 4 卷第 292 号，第 1 版，1901 年（光武五年）12 月 21 日。

借给经费，派往西洋诸国。"① 留学生回国通过考试后可获得进士、举人功名，在政府机关分别叙用。"今番试验合格日美两国留学毕业生，最优等生为进士，优等生及中等生为乡［举］人。法政科进士美国留学生三名、日本留学生一名，文科进士美国留学生二名，商科进士日本留学生一名，其他为法政科、农科、医科、工科、格致科五科。"② 清政府还改革教育行政管理机构，设立学部，统筹全国教育。"清国仿照日本制度，创设学部。"③ "清国学部在科举废止后以普及新教育与完成设备为急务，命各省调查各学务经费预算，由学部统一全国学务。又于今进士馆教习任用外国留学毕业生，特别优待，以培养俊才。"④ 另外，清政府还裁撤学政，在各省改设提学使司，"清国去月二十五日上谕曰：旧来各省学政裁撤，创设提学使司，属督抚节制，统辖各省学务"⑤。

5. 关于社会生活方面的改革

打破旧的社会生活秩序，建立近代社会生活新秩序，也是清末新政的重要内容。一方面，革除一般社会生活陋习。例如，为禁止鸦片烟，清廷多次下达禁烟上谕。"清帝本月七日上谕曰：屡次敕令禁鸦片烟，至今吸烟者尚多。今番庆亲王、鹿传霖、影［景］星、丁振铎任禁烟大臣，选择内外良医，以三个月为限，设立戒烟所，其创设费三万两，经常费每年支出六百万两，收容中央大小官吏至今不能禁烟者。地方官亦当讲究适当之法，实行禁烟。"⑥ 又如，禁止缠足，"清国政

① 《泰西留学奖励의上谕》，载《皇城新闻》第 1205 号，第 1 版，1902 年（光武六年）10 月 22 日。
② 《留学生叙用》，载《皇城新闻》第 2620 号，第 1 版，1907 年（隆熙元年）10 月 31 日。
③ 《清国学部의创设》，载《皇城新闻》第 2047 号，第 1 版，1905 年（光武九年）9 月 16 日。
④ 《清国学部의教育发达计划》，载《皇城新闻》第 2184 号，第 1 版，1906 年（光武十年）5 月 19 日。
⑤ 《提学使司의创设》，载《皇城新闻》第 2169 号，第 1 版，1906 年（光武十年）5 月 2 日。
⑥ 《禁烟实行의上谕》，载《皇城新闻》第 2749 号，第 1 版，1908 年（隆熙二年）4 月 12 日。

府就妇女缠足之事，业已饬令各省革除弊风，剀切劝谕。官吏视为具文，愚民狃于积习，改革不为不难。今法部就缠足订定专律，颁布各省，一律遵行"①。再如，禁止早婚，"考政大臣伏奏清廷之结果，近日颁布早婚禁止令。原来清国人男子十四五岁、女子十三四岁结婚者多，今番男女不达二十岁以上不许结婚，万若犯科者，对其父兄处罚。制定法律目下正协议中，此考政大臣之议。政治馆提调亦上奏，故不日间将颁布法律"②。另一方面，改变旗人生活习性与特权。例如，关于剪发易服，"泽公及端方谒见清帝及西太后，上奏改正服制、励行断发之必要。西太后训谕：此等事官制改革后再商议"③。随后又有报道："清国会议政务处王大臣等会议服制改正问题后，决定明春先为军人、警官、教育官中各三品以上者改正服制，此亦为继行断发之阶梯。"④ 又如，废除八旗俸禄，"八旗驻屯兵改定屯田制，北京八旗兵第一师团右卫护军巡捕居多，故军机大臣张之洞主张废止该八旗兵之俸禄，使其各谋自力生活"⑤。驻防八旗亦被裁撤归农，"政务处议决驻防八旗裁撤归农方法如左：（一）身体强壮者编入京畿陛军（近卫兵）之事；（二）其余移民开垦事；（三）幼年子弟入学学校事；（四）为妇女设立各处职业学校学习实业事"⑥。

当然，《皇城新闻》与《大韩每日申报》关于上述清末新政各方面的报道并不是平分秋色，而是有所侧重。实际上，其关注的重点是政治与军事方面，这与当时复杂的国际形势及韩国自身的艰难处境相关。

---

① 《禁止缠足》，载《皇城新闻》第 3234 号，第 1 版，1909 年（隆熙三年）11 月 28 日。

② 《清国의早婚禁止令》，载《皇城新闻》第 2282 号，第 1 版，1906 年（光武十年）9 月 12 日。

③ 《服制改正의断发》，载《大韩每日申报》第 4 卷第 324 号，1906 年 9 月 18 日。

④ 《服制改正件决定》，载《皇城新闻》第 3214 号，第 1 版，1909 年（隆熙三年）11 月 3 日。

⑤ 《八旗俸禄撤废의议》，载《皇城新闻》第 2601 号，第 1 版，1907 年（隆熙元年）10 月 8 日。

⑥ 《八旗归农方法》，载《皇城新闻》第 2653 号，第 1 版，1907 年（隆熙元年）12 月 11 日。

　　清朝的政治改革，立宪自然是重点。日俄战争后，立宪的日本战胜了专制的俄国，树立了东亚国家振兴的榜样。清朝开始预备立宪，韩国也是感同身受，固然多有关注。以上所述较多，下面着重探讨另一个重点，即清朝政治改革过程中各种势力派系的权力斗争问题。这种派系矛盾错综复杂，主要表现在三个方面。一是清廷内部革新派与保守派的矛盾。"清国保守派领袖军机大臣荣禄恃西太后之宠信，有虞于自己不利，抑制革新派有力者之权限。两三年以来，从各方面策划恢复自派失坠之势力。当时革新之气运频频勃兴，西太后固有威力阻止，然万若阻止，荣禄深虑政治上保守派地位反被大打击，遂嗾使御史黄祖承等弹劾革新派之领袖袁世凯或瞿鸿機等，至再至三。"① 二是中央与地方督抚的矛盾。"为商议对袁世凯总督之改革意见书，王大臣等开内阁大会议，学部尚书荣庆、军机大臣世续两氏提议中央集权之说。湖广总督主张依然维持督抚之权限，对此辩驳曰：首都在地方辽远，督抚之权限减削，地方施政上时时待中央政府之训令，有缓慢掣肘之虑。陕甘总督升允亦同意。"② 三是满汉之间的矛盾。"清国袁世凯受满洲大臣之反对，醇亲王、肃亲王、世续、铁良、庆亲王诸人互相结合对付袁氏。袁氏在中央无有力之党援，其党与为徐世昌、杨士骧、段祺瑞、赵秉钧［钧］、严修等诸人，因严查革命党得西太后之信任。则今袁氏之失败，可预度将来两党之大决战。"③ 正是各派政治势力之间的矛盾斗争影响了清朝新政的进程，因而也是韩国报刊关注的一个焦点，并不足怪。

　　至于军事改革，当然陆军军制建设是一个重点，已如上述；《皇城新闻》等韩国报刊关注的另一个重点是清朝海军复兴问题，这方面有大量报道。清朝洋务运动时期建立的北洋海军于甲午战争中全军覆灭，

---

　　① 《总督权限抑制案》，载《皇城新闻》第 1214 号，第 1 版，1902 年（光武六年）11 月 1 日。

　　② 《内阁大会议》，载《皇城新闻》第 2558 号，第 1 版，1907 年（隆熙元年）8 月 14 日。

　　③ 《满汉의大决战》，载《皇城新闻》第 2621 号，第 1 版，1907 年（隆熙元年）11 月 2 日。

从此海军一蹶不振。清末新政时期，海军复兴再次成为重要议题。尤其是在第二次海牙国际和平会议上，中国因为没有海军而被列为三等国，振兴海军更是刻不容缓。《皇城新闻》报道："清国海军自日清战争以后，舰队并未复旧。昨年海牙万国平和会议，清国无海军，故被贬下三等国，此无非加深国家之耻辱。迩来清国官民间有海军复旧之议，近者毕竟为海军复旧之决定，先支出二千万两，设置南洋、北洋及越［粤］洋三洋之海军根据地。"① 后来，清朝设立筹办海军处，以贝勒载洵与水师提督萨镇冰为筹办海军大臣。载、萨两大臣出洋考察欧美与日本海军，加紧进行清朝海军建设。1910 年，清朝建立两支海军舰队：第一巡洋舰队，有巡洋舰 4 只，练习舰、水雷炮舰、哥尔贝德型船各 1 只，另有水雷艇 8 只，其附属陆上官衙学校兵营有巡洋舰队司令部、芝罘水师学堂、芝罘海军水师营舍；第二长江舰队，有炮船 13 只，哥尔贝德型船 2 只，运送船 1 只，其附属陆上官衙学校兵营有长江舰队司令部、南京水师学堂、南京鱼雷学校。② 其实，这与甲午战争以前清朝之北洋、南洋、闽洋（福建）、粤洋（广东）四洋海军相比，还差得很远。载洵、萨镇冰等还在谋划改筹办海军处为海军部，并进一步提出海军发展草案，包括海军军港建筑、舰队组织、教育振兴、工厂建设等重要问题，甚至希望借外债办海军。③ 然而，终清之世，其海军并未振兴。

另外，《皇城新闻》与《大韩每日申报》比较关注细节，也能揭示出一些很有意思的现象。例如，关于慈禧太后变法态度的报道载："清帝召集翰林院学士、编修面谕：宜研究泰西政治学。其时西太后同席，自思今后清国如仍持以前之守旧主义，国家之富强永不可期，不得已而背祖宗成法，效仿泰西文物制度，不可不行革新。抚今追昔，不禁

---

① 《清国海军의复旧》，载《皇城新闻》第 2802 号，第 1 版，1908 年（隆熙二年）6 月 13 日。

② 《清国海军의现况》，载《皇城新闻》第 3349 号，第 1 版，1910 年（隆熙四年）4 月 21 日。

③ 《清国陆海军改良》，载《每日申报》第 1606 号，第 1 版，1911 年（明治四十四年）2 月 28 日。

自然垂泪，左右旁列者亦一同放声啼泣。"① "清人文海之夫人每日供奉西太后左右，出语其所亲人云：太后居恒郁郁不乐，曰：不变法万不能行，变法又毫无把握，轻动妄举，又恐贻笑外人，如何是好？大小臣工屡次召见，所说各各不同，令人闷煞！"② 从中可见慈禧太后对于变法的矛盾心态。报刊上还有关于慈禧太后学英语的报道："近日西太后每日读习英文，前日各国使臣陛见时，采英音하우두유두（How do you do——引者注）向各使致礼。"③ "西太后目下正学习英语，其进步颇著。"④ 尽管慈禧太后学英语难免有作秀之嫌，但这多少也是一种开放姿态的表露。再如，关于预备立宪的报道，有两个细节颇值得注意。一是资政院派员学习速记法的报道："清国资政院派送赴日德两国速记法视察员，拟归国后设立学校，为国会之议事笔记及其他必要时使用该法。"⑤ 二是资政院设立旁听席的报道："清国资政院总裁伦贝子与各提调会商，在该院正座左边设立新闻记者旁听席（外人不得与列），正座右边设立各国驻京公使旁听席（中人不得与列），除军政上交涉上会议外，皆许其报名入座旁听。"⑥ 无论是速记法还是旁听席，都在资政院与谘议局会议中使用。事实上，资政院与谘议局的会议程序是非常规范的，由此对清末预备立宪应该有新的认识。

由于清末新政并非一场有严密计划、按步骤推行的改革，实际上是在不断摸索与调整的过程中逐步展开的，而《皇城新闻》与《大韩每日申报》又毕竟是外国媒体，故其对清末新政的观察与报道确实难

---

① 《翰林院新艺의西后垂泪》，载《皇城新闻》第 1014 号，第 1 版，1902 年（光武六年）1 月 23 日。

② 《西后의有意变法》，载《皇城新闻》第 1051 号，第 1 版，1902 年（光武六年）3 月 12 日。

③ 《清国宫廷琐事》，载《皇城新闻》第 1068 号，第 1 版，1902 年（光武六年）4 月 2 日。

④ 《西太后의英语学习》，载《皇城新闻》第 1087 号，第 1 版，1902 年（光武六年）4 月 20 四日。

⑤ 《速记法의视察》，载《皇城新闻》第 2779 号，第 1 版，1908 年（隆熙二年）5 月 17 日。

⑥ 《资政院의旁听席》，载《皇城新闻》第 3453 号，第 1 版，1910 年（隆熙四年）8 月 24 日。

免有偏差失误之处，主要表现有三。其一，有些信息反应滞后，并有重大遗漏。清廷颁布新政上谕是在 1901 年 1 月 29 日①，其时正值庚子事变期间，国际形势异常复杂。《皇城新闻》当时有关中国的报道也主要是关注庚子事变，直到将近两个月之后的 3 月 22 日才发表一篇论说《清国有革新之善策》。清廷那个新政上谕一直未见报道。在清末新政启动阶段，两江总督刘坤一与湖广总督张之洞联衔合奏的《江楚会奏变法三折》，酝酿多时，正式上奏于 1901 年 7 月 12 日、19 日、20 日。② 慈禧太后于 10 月 2 日发布懿旨③，予以批准实行。《皇城新闻》并没有报道江楚会奏前两折，而直到慈禧太后懿旨发布两个月之后的 12 月 3 日，才简要地报道了第三折的内容。④ 载泽、戴鸿慈、端方等五大臣出洋考察政治，每考察一国，都会向清廷上奏考察报告。1906 年 2 月 13 日，载泽一行上奏考察日本大概情形报告；3 月 12 日，清廷朱批：知道了。⑤《皇城新闻》也是在两个多月后的 5 月 18 日，才做了简要报道⑥，其他大量相关考察报告并不见报道；《大韩每日申报》也是如此。另外，还有一些重要遗漏，如学制改革中的"癸卯学制""壬寅学制"的制定与科举制度的废除，甚至《钦定宪法大纲》的颁布，都未见有关报道。

其二，也有混乱不清甚至前后矛盾之处。关于清廷内部的政治派系，《皇城新闻》有报道："目下西安朝廷分三党派：鹿传霖一派，专

①　中国第一历史档案馆编：《光绪宣统两朝上谕档》，第 26 册，460～462 页，桂林，广西师范大学出版社，1996。

②　刘坤一、张之洞：《变通政治人才为先遵旨筹议折》《遵旨筹议变法谨拟整顿中法十二条折》《遵旨筹议变法谨拟采用西法十一条折》《请专筹巨款举行要政片》，见张之洞：《张文襄公全集》卷 52，9～29 页；卷 53，1～33 页；卷 54，1～36 页，北京，中国书店，1990。

③　中国第一历史档案馆编：《光绪宣统两朝上谕档》，第 27 册，188 页。

④　《两总督의上奏》，载《皇城新闻》第 4 卷第 276 号，第 1 版，1901 年（光武五年）12 月 3 日。

⑤　《出使各国考察政治大臣载泽等奏在日本考察大概情形暨赴英日期折》，见故宫博物院明清档案部编：《清末筹备立宪档案史料》上册，6～7 页。

⑥　《视察概意의上奏》，载《皇城新闻》第 2183 号，第 1 版，1906 年（光武十年）5 月 18 日。

唱排外主义，与外兵决战；荣禄一派，尚持久驻西安之说，取糊涂态度；王文韶一派，主张速回銮北京，稍倾改革主义。此三党互相排挤，竞争势力，然此际无一人奏请皇帝亲政。"① 另一报道载："清国今后北京政局如何？欲解此疑问者，先不可不知清国大官之系统，与此系统对外国关系好恶情感之缘故。日英派为庆亲王、王文韶、张之洞、刘坤一及其他南清国督抚；俄国派有荣禄、鹿传霖及其党与，在宫中有一定势力；中立派是袁世凯（颇近日英派）。李鸿章身故以后，清国失去有力而聪明之俄党首领，荣禄亦没有昔日之势力，故现今情态是日英派得意，又有袁在后暗援，可知北京今后政局。"② 其中两个关键人物荣禄与鹿传霖原来说分属两派，后来又说是一派，读者如何分辨？清朝筹议立宪之初，有关上、下议院的组织，有报道称："清廷参考立宪制度，曩有设置众议院效仿下议院，政务处效仿上议院。政务处改称议政处，决定由各部大臣侍郎以上之高等官组织。不日间将颁布施行。"③ 又有报道载："支那政府曩日准备颁布立宪制度，有设立议会之议，计划下议院由现在政务处改定，上议院由各部侍郎以上之高等官组织。"④ 其间政务处的角色，原来说是上议院，后来又说是下议院，亦使人莫名究竟。

其三，还有错误报道，不知所据。《皇城新闻》报道伊犁地区军制改革，有云："清廷改革伊犁方面之军制，以兵部尚书长庚任伊犁将军，伊犁将军马亮任乌里雅苏台将军。"⑤ 其实，长庚只是兵部尚书衔，而伊犁将军与乌里雅苏台将军只是清代八旗驻防地的最高行政长

① 《势力竞争》，载《皇城新闻》第 4 卷第 103 号，第 1 版，1901 年（光武五年）5 月 11 日。

② 《清国大官의系统》，载《皇城新闻》第 1021 号，第 1 版，1902 年（光武六年）1 月 31 日。

③ 《清国의立宪实施》，载《皇城新闻》第 1910 号，第 1 版，1905 年（光武九年）4 月 7 日。

④ 《清国议院计划》，载《皇城新闻》第 1923 号，第 1 版，1905 年（光武九年）4 月 22 日。

⑤ 《军制改革의计画》，载《皇城新闻》第 1997 号，第 1 版，1905 年（光武九年）7 月 18 日。

官，长庚与马亮的调任，只是地方官调动，并不是军制改革。《皇城新闻》与《大韩每日申报》还先后报道同一消息："清国出洋大臣归京后，张之洞、袁世凯、岑春煊等各总督一齐上京，开御前会议制定立宪政体事。"① 事实上，五大臣考察回国后，只有北洋大臣直隶总督袁世凯就近进京参与了预备立宪决策的廷臣会议及其后的官制改革，不但湖广总督张之洞与两广总督岑春煊没有参与有关立宪决策的御前会议，官制改革也只能选派司道大员进京随同参议。② 显然，《皇城新闻》等报道的是一条假消息。清廷宣布预备立宪没几天，官制改革刚刚着手，《皇城新闻》与《大韩每日申报》就同时披露一份清朝新内阁名单："清国官制改革采用日本制度，各大臣任命如左：内阁总理大臣庆亲王，参谋总长袁世凯，外务大臣唐绍仪，内务大臣泽公，司法大臣徐世昌，农商务大臣振贝子。端方、张之洞、瞿鸿機三氏入枢密院。"③ 这同样是一条假消息。

尽管如此，但这些并不妨碍时人与后人通过《皇城新闻》与《大韩每日申报》等韩国报刊对清末新政有一个大概的了解。媒体报道的及时性、客观性、真实性固然重要，但其主观认识与反应更值得探讨，这便是以下需要论述的内容。

## 二、对清末新政的认识与评论

在东亚政局变动的过程中，清末新政始终是韩国报刊关注的重要对象。《皇城新闻》与《大韩每日申报》有大量的相关报道，并时常发

---

① 《清国御前会议》，载《皇城新闻》第 2243 号，第 1 版，1906 年（光武十年）7 月 27 日。《立宪会议》，载《大韩每日申报》第 4 卷第 282 号，第 1 版，1906 年 7 月 28 日。

② 《考政大臣之陈奏及廷臣会议立宪情形》，载《宪政初纲》（《东方杂志》临时增刊），"立宪纪闻"，2～5 页，上海，商务印书馆，光绪三十二年十二月。中国第一历史档案馆编：《光绪宣统两朝上谕档》，第 32 册，129 页。

③ 《清国立宪의实施》，载《皇城新闻》第 2277 号，第 1 版，1906 年（光武十年）9 月 6 日；《新内阁》，载《大韩每日申报》第 4 卷第 315 号，第 1 版，1906 年 9 月 6 日。按：《大韩每日申报》的报道缺袁世凯、唐绍仪两人。

表颇有针对性的"论说"文字。韩国报刊究竟如何看待清末新政？通过分析《皇城新闻》与《大韩每日申报》的相关"论说"文字，可以有如下四方面的认识。

一是对清政府政治腐败的批判，指出不改革将不可救药。清廷在庚子事变中逃亡西安后，迫于内忧外患的压力，发布了新政的上谕，各省督抚纷纷上奏各种改革之策。对此，《皇城新闻》不以为然，批评各督抚"何其见事之晚也"。有谓："清室之萎靡不振，盖亦久矣。内乱蜩集，外患鸷张，尤为岌岌于十年之间者，即天下之所共知也。为其臣者，苟有一分犬马之诚，悲愤慷慨，唏嘘叹息，何以则图存国家？何以则拯济生灵？议出此案，固在十年之前。"这期间，各省督抚"希觊荣宠，窥伺权势，自图肥己，与同狗彘，忘弃邦国，与同秦越"。即使光绪皇帝发动戊戌变法，他们也是无动于衷，"或阿附助虐，或袖手旁观，遂至洪流稽天，大火燎原，宗社之危亡，人民之酷烈，一陷于四千年无前之祸坑"。这些"误君亡国之臣"现在纷陈改革之策，希望在局势和平之后实行，并不是有悔改之心，实际上这不过是他们企图与顽固派划清界限以私谋自救之计而已。"以今观之，平和回复未可期必于何时；虽至平和回复之日，毕竟倨傲之心复萌，懈怠之习复作，岂可卧薪尝胆、忘餐废寝汲汲为国家计也？此辈之心，明若观火者存焉。处罚元凶，诛戮禁锢，几回相续，渠亦胆寒肝冷，魂不附体，所以出于弭患求生之穷计也。"① 地方督抚如此，清廷又如何呢？清廷在危难之际逃至西安，偏处一隅，朝廷上下仍不思振作，而是文恬武嬉，一派歌舞升平景象。"西太后好观剧，公宴日开。皇太子游荡无度，耽观剧场，放僻私游，住宿娼家。各官酿金会宴，广招梨园，大张演戏，殆无虚日。士商尚风，宴饮日张，一次酒席，银至三四十两。上自宫廷，下至市井，优嬉逸乐之像，流连荒亡之态，不见如睹。大抵清国之宗社倾覆，城阙沦陷，生灵屠戮，祸出谁手，罔非西宫之酿成厉梯也。现今万里蒙尘，十分危惧，宿过未忏，旧恶未悛，幸其矢丸未及之暇，犹有姑息昵乐之念，此何忍斯？然西后不过一寡妇，溥儁不过

---

① 《覆清者谁恢清者谁》，载《皇城新闻》第4卷第92号，第2版，1901年（光武五年）4月29日。

一纨绔，各官不过是逐逐蝇狗之一辈，士商不过是无学问无爱国心之一流，此辈亦何足深诛也。如鹿传霖、荣禄、王文韶等皆元老大臣，当此危亡匪朝伊夕之日，虽如越俘尝胆，楚囚对泣，犹不知置身何地。未闻进一谏以止宴嬉，未闻决一策以靖危乱。派分党列，互相排挤，不顾国难，各图私计，纷纭争哄，坐失时局。大事一去，是谁之责？宴饮游嬉，处堂之燕雀也；分派争哄，相持之蚌鹬也。火势一及，舆堂俱然，已无暇论；渔叟一至，坐收其功，理所难免。全清一局，将何以援之？"① 《大韩每日申报》分析，清朝国权萎弱与社会紊乱的原因，主要是官吏的贪风。卖官鬻爵，贿赂公行。总督卖将官，总兵之职需银二千两至万两，尉官之职需不下一二千两；总兵、尉官便干没粮饷和吃空额以中饱私囊，作为补偿。布政使卖文官，知县之职需银数千两，亦靠搜刮重敛作为补偿。总督、巡抚与布政使之职需银数万两，而其所卖管下文武官吏可得数十万两。都察御史拟参劾某大官，其暗中花费数万两打点便可无事。至于诉讼案件，大者数千两，小者数百两。"清人俚谚曰：衙门虽开，理直而无钱勿入。"贪风盛行，全国人心思乱。"此风不革，其国其民虽不欲灭绝，其可得乎？"② 尽管如此，清廷毕竟已经开始实施新政，幡然变革虽晚，然或有可图。"若使清廷见机运斡在于戊戌政变之日，则拳匪之祸，联合之烈，偿金之毒，播越之苦，不但不止于此极，励图六七年之间，未知踆后于列强。今乃经营于覆辙之后，反未知十年之间而能回复其渐尽之元气，此岂非为清国执政者失策乎？虽然，覆辙之余，不能有后车之戒而长往不返，必至亡灭乃已。何幸维新之议遽出于此头，使全清一局得此苞桑之系也！"③ 清朝虽然错失了戊戌变法的大好时机，但在遭受庚子事变重创之后实行新政，尚不失亡羊补牢之意。

---

① 《西安近闻日甚一日》，载《皇城新闻》第 4 卷第 108 号，第 2 版，1901年（光武五年）5 月 17 日。

② 《论支나贪风戒韩国官吏》，载《大韩每日申报》第 4 卷第 196 号，第 1版，1906 年 4 月 18 日。

③ 《清举新策晚犹可图》，载《皇城新闻》第 4 卷第 212 号，第 2 版，1901年（光武五年）9 月 18 日。

　　二是对清末新政整体意义的颂扬，肯定其对中国前途乃至东亚大局的贡献。清廷颁布新政上谕后，《皇城新闻》最早的评论文字认为：清朝在危难之际穷极思变，或可从噩梦中唤醒，以图转危为安。"故极则必变之理，在乎今日维新之举。则是举也，定是唤醒恶梦，固非呓语也审矣。余于团匪倡乱之初，尝论全清之变局，以今日危亡之端，即他日兴存之机云者，致以此也。大凡有国者，处安危存亡之局，善其措置而安而存，否则而危而亡。无爽毫发，不待唇舌而可下。况乎清国之人心不至瓦解，清国之时势不至土崩，则豫机奋图，光兴国谟，岂不易于反手于今日之清国哉？"① 随后，评论又称赞两江总督刘坤一与湖广总督张之洞的改革意见为进步主义，将一扫清廷内部的顽固守旧风气；而且清廷所派谢罪使醇亲王载沣赴德国、那桐赴日本，也将顺便调查东西洋文明国之文物制度。"回銮北京以后，将行一大革新。"② 对于清朝新政后的一些新变化尤其是预备立宪，《大韩每日申报》给予了热情的赞扬，有谓："改革乎，改革乎，清国政府今日实施改革乎？实可欢迎与祝贺。彼虚骄自大之清人今日唤醒宿梦、脱却旧习乎？因循偷惰之清人今日思想进步、志气鼓励，腐败无能之清人今日精神刷新、事业进取。世界最古之支那国将呈现出新面目，东洋最大之爱新觉罗氏政府将发布新制度。"③ 清末新政进展虽缓，但亦有种种进步之表现。"就其政治而言，则宪法实施之预备与国会开设之催期是也；就其教育而言，则全国各处学校稍稍设立，海外留学生达数万名；就其军备而言，新式操演陆军四十万，计划新设海军部并完设舰队；以及为增进实业，向东西各国派遣工业学生；为使自国人之手制造新式武器，而增设机器局等事是也。"④ 光绪皇帝与慈禧太后相继去

---

　　① 《清国有革新之善策》，载《皇城新闻》第 4 卷第 61 号，第 2 版，1901 年（光武五年）3 月 22 日。

　　② 《清廷의进步主义》，载《皇城新闻》第 4 卷第 176 号，第 2 版，1901 年（光武五年）8 月 5 日。

　　③ 《清廷改革의好望》，载《大韩每日申报》第 5 卷第 631 号，第 1 版，1907 年 10 月 6 日。

　　④ 《清国의进步有望》，载《大韩每日申报》第 6 卷第 942 号，第 1 版，1908 年 10 月 31 日。

世后，对于清末新政之前途，《皇城新闻》提出了四种忧虑和两种希望。其忧虑是：第一，清朝政界新旧两派复杂，万一守旧派急骤势力反对维新，新旧两派竞争激烈，可能发生奇变；第二，满汉两族关系紧张，汉族对满族久抱不平积怨，如因此国家非常事变，而起满汉冲突，将酿成大局危机；第三，革命党与哥老会乘机扰乱滋事；第四，其他列强乘此危乱出面干涉。其希望是：第一，现在醇亲王居摄政之位，其人格温良，曾游览泰西各国，了解欧洲文明，主张开明，有识见，近几年来于守旧与开明两派之间无所偏依，如今仍以审机观变之手段，实行维新政治，可以维持大势；第二，宪政预备之大政由光绪皇帝诏敕颁行，摄政王企图维新文明乃遵行先帝之遗旨。"皇天眷顾我东洋，使支那大局不陷四种忧虑，而得达二种希望。"[1] 其对清末新政期望甚高，并对摄政王给予了很高的评价。《皇城新闻》认为："清国自摄政王代理以来，诸般政治渐臻改良。"其引用美国某博士的话说："中国执政柄者无有再胜于摄政王者，且近十年中国一切变法之良结果必多出王之手，故摄政王造就中国之幸福良为不浅。"[2] 清末新政不仅关系中国前途，而且关系东亚大局。"就中与东洋之安危和黄种之存灭有关系者为支那，盖支那拥有三万里版图、四亿万民族，成立一大帝国。若支那富强发达，足有能力抵敌欧美诸国，东洋大势巩固而有幸福。若支那一向腐败不振，至被欧美人瓜分之境遇，我东洋诸国均受其败乃必至之势"，因而对清末新政充满着希望与信心。"清国自道咸以来，政治腐败，国力堕落，被海外诸国之蹂躏，至于光绪朝而极矣。最近摄政王当国以来，上下人心有发愤自强之态度，预备宪政，奖励教育与实业，复兴海军，改革陆军，实行满洲之移民垦地，及国会速开运动，诸般事业，稍稍振兴。彼欧美诸国对清国不加强压，欲得欢心，外交程度亦实有进步之美观。孟子曰：大国五年，小国七年，必为政于天下。盖大国之进步比小国有迅速之效果，乃势之固然。即今

---

① 《清国前途如何에观念》，载《皇城新闻》第 2938 号，第 2 版，1908 年（隆熙二年）11 月 28 日。

② 《清国近闻에对한观念》，载《皇城新闻》第 3078 号，第 2 版，1909 年（隆熙三年）5 月 21 日。

时代虽大国之势五年间不能满足发达程度，近则十年，远则二十年，其兴也勃焉。今支那之势其进步继续，宜其不出此限。"① 当然，这种信心是对清末新政改革方向与前途的期待，但对腐败的清政府能否承担这个改革的领导重任则尚存疑问（详见下文）。

　　三是对清末新政具体改革的分析与评论，多有赞扬之意。宪政是韩国报刊关注的重点。在清廷颁布预备立宪上谕之后没几天，《皇城新闻》发表评论认为：清朝从鸦片战争到庚子事变期间，外则饱受列强侵略，内则各派势力政争不已，政治腐败，国是日蹙，如今终于开始宪政改革，或现一线曙光。"今就其诏谕之思想与官制之改革观之，虽其九仞之一篑与掘井之汲泉，未知当在于何时，抑亦万里之远，发轫之初也。由此而织成锦绣之宪章，照耀于全地球上，固未可知；由此而巩固爱新氏之宗国，杜绝外族之侵侮，固未可知；由此而永保东洋之和平，造得黄种之幸福，固未可知。不然而徒侈一时之外观，贻了他人之耻笑，亦未可知。此在任命诸氏满腔之热达于极度与否，实非吾辈之容易论断者也。虽然，现今支那亦可谓乱极思治、苦尽得甘之时。"② 预备立宪以改官制为先，但丙午官制改革随即受挫，"改革派失败，守旧派胜利，可谓龙头蛇尾之改革"。③ 不过，清朝既已走上立宪道路，其前景可观。"此全部方策实行，依例将要几年光阴，然今其皇帝与首领元老于此问题进路，以此形态观之，美哉清国后运！"④《皇城新闻》甚至把清朝看作当时世界上新出现的立宪国家的代表。光绪皇帝去世后，据说清朝王公大臣向摄政王建议要给他铸立铜像，以纪念其开创立宪之首功。该报颇有感慨，有谓："光绪皇帝御极三十八年之间，凡几遭国家之非常奇变矣！……乃及摄政王朝，克遵先帝之

---

　　① 《清国现状에对한观念》，载《皇城新闻》第 3287 号，第 2 版，1910 年（隆熙四年）2 月 3 日。

　　② 《清国의宪法新政》，载《皇城新闻》第 2279 号，第 1 版，1906 年（光武十年）9 月 8 日。

　　③ 《龙头蛇尾의改革》，载《皇城新闻》第 2336 号，第 1 版，1906 年（光武十年）11 月 17 日。

　　④ 《清国内改良》（续），载《大韩每日申报》第 5 卷第 646 号，第 1 版，1907 年 10 月 25 日。

遗意，立宪预备着着进行，天下颙望日新。今亲王大臣等以纪念其立宪首创功德之意，奏议建立铜像于殿上，然则光绪皇帝创立立宪之功德，贻支那四亿万人民之无量福祉也。"① 显然，其对宪政的期望甚高。其他如经济改革方面，该报从清朝绣品出口认识到振兴实业的重要性，有云："目今当产业竞争之时代，何种营业发前未发有进步能力者，便得生存之幸福；若因陋袭故，不图进步者，便不免败灭之惨祸。"② 军事改革方面，该报认为清朝通过编练新军，将成为"一大武略国"。清朝地广人众，财源丰富，将练成三十六镇陆军及更多后备部队。在普遍聘请日本人教练下，必将成就一强大陆军，尤其是其军官训练有素，将更加引人注目。"武官大加教练，特别谨慎，且其品级及顺序整列，无限优美。清国一次觉梦，欲担待所当职务，其十分完全。惹起世人之惊骇，今既多著其机矣。"③ 文化教育改革方面，清末新政中建立了学校教育体制，派遣出洋留学生，并改革科举八股选材之道，讲求西学新知。《皇城新闻》认为："今此学程一款，实其更张之第一大关键也。""盖支那之不振，厥由于教育之不明与选举之不公，人才杳然，无以振作治道之衰替。今既迅先着手于此二事，岂非清国维新之基兆乎？"④ 在论及出洋留学之效时，《皇城新闻》也以清朝为例，有谓："支那自屡经变乱以来，渐知新学之有益，连遣游学生于日本及欧美诸国，奖励成就之效。"⑤ 据《北京报》载，清政府颁布义务教育实施新令：男女七岁以上入普通小学校受学，有违反此令者，处罚其父兄。《皇城新闻》大加赞赏："新令颁布，旭日升空，春雷振蛰，东

---

① 《各国新史의观念》，载《皇城新闻》第 3069 号，第 1 版，1909 年（隆熙三年）5 月 11 日。

② 《清国绣业에对한观念》，载《皇城新闻》第 3133 号，第 1 版，1909 年（隆熙三年）7 月 24 日。

③ 《一大陆军의渐长》，载《大韩每日申报》第 5 卷第 660 号，第 1 版，1907 年 11 月 13 日。

④ 《论清国学校维新之兆》，载《皇城新闻》第 1007 号，第 2 版，1902 年（光武六年）1 月 14 日。

⑤ 《论游学外国之效》，载《皇城新闻》第 1250 号，第 2 版，1902 年（光武六年）12 月 13 日。

风解冻，三万里江山宿氛冥雾快霁，文明光线普照一大机会也。……今日义务教育行将实施，其文明富强之发展指日可期，则岂不为之祝贺万万哉！"① 对于清朝用简字学堂推广普及教育，该报亦有赞叹："支那处东洋之中心点，乃文明教化最先发达之地。至于近世，文明程度居最迟缓，至国家权利坠落，国民中读书识字者止少数之缘故。所以，近日设立简字学堂，艰深难解字须删除，编写简易文字教科书，普通国民无不受学，无不读报。此方法实行，为教育普及必要之方针。"② 关于社会生活领域的改革，如禁烟问题，《大韩每日申报》认为："彼庞然巨国致此萎靡不振，未尝非鸦片之为因。今日至稍稍自觉，禁止鸦片之诏谕如雨下至民间，戒绝鸦片之丸药广告在报纸上如雪飞。将来清国之存亡，以此吸鸦片者之加减与否可卜也。"③ 又如，在剪发问题上，贝勒载涛出洋考察各国军事，深受海外新空气刺激，有奏请颁布断发令之举。《皇城新闻》发表评论文字认为：头发问题对维新事业而言不过形式，"人之思想与形式互为表里，形式一新，则思想一新。今企图维新事业，不得不从形式上着手"。该文还以历史的眼光，对清末新政做了鸟瞰式的评论："大抵支那为东洋世界最古文明国和最大帝国，其疆土焉跨有三万里，其民众焉具有四亿万，其势力发展可占宇内之霸权。但其泥古不变，政治腐败，结果东败西丧，列强之压迫日加，国威之堕落日甚，瓜分豆剖之势十分危凛。幸其折肱而知医，尚属未晚。年来发愤自强之思想，革旧图新之事业，次第励行：第一，宪法预备实施，建筑上下一体之基础；其次，为输入海外文化，留学派遣增加，学校设立扩张；是图阴雨之绸缪，专力陆海军备；促短宪法实施之期限，拟议国会速开等事，着着进行，稍有耸动世界之

---

① 《清廷의义务教育实施》，载《皇城新闻》第 2744 号，第 2 版，1908 年（隆熙二年）4 月 7 日。

② 《清国简字学堂에대하야比较的思想》，载《皇城新闻》第 3233 号，第 2 版，1909 年（隆熙三年）11 月 27 日。

③ 《鸦片吸者의增加함을叹함》，载《大韩每日申报》第 8 卷第 1300 号，第 1 版，1910 年 1 月 28 日。

耳目。"① 该文认为中国本可雄踞世界，不幸清朝因腐败而堕落，又渐起改革，方略有起色。

四是对清末新政结局与清王朝覆灭的检讨。韩国报刊对于中国的衰败，确实颇有哀惋之意，而清政府政治腐败的现实也是客观存在的，因而其对于清末新政之心态不免有矛盾之处：期待与忧虑共存，希望与失望并生。清廷宣布预备立宪后，确曾给中国政治改革带来一线生机。《大韩每日申报》认为："其实际之状态如何勿问，其内容之真假如何勿论，但其外面之发露如是，已可称文明前途之初启轫也。"至于中国宪政之原动力何在，该报并不认为现存之清政府能承担这个领导责任。"试思其原动力之所在何处？观宫廷，西太后之垂帘如故；观政府，满汉之党派如故；观大臣，袁世凯、张之洞不敢望曾国藩之一指趾；观封疆大吏，端方、鹿传霖不能肖李鸿章之一毛发。康有为、梁启超尚且有亡命海外之踪迹，以笔舌坐捣无情岁月而已。异哉，此维新风潮何自而发生耶？虎狼之暴可驯，厉妇之性难变。此风潮之发生曰由西太后，吾不信也。凡夫之顽可开，声闻人之心脑难穿。此风潮之发生曰由袁世凯、张之洞，吾不信也。然则此风潮之发生原因果然何在？曰：壮哉，志士之血！伟哉，英雄之泪！维血与泪可为购入如荼如锦之文明之价金。"这里居然把希望寄托在革命者的身上，其中有一个奇怪的逻辑，就是清政府的预备立宪是由革命不断促动的。"今兹清国讲究文明发轫之立宪预备，几年来革命党、暴动党中此去彼来，此死彼进，乃由许多志士英雄之血痕泪点购得。吾于是乎拜志士之血，舞英雄之泪。"中国要建立真正的宪政国家必须通过革命，"况清国今且发轫之初，不可不多多产出血泪种子，支那乾坤一大洗涤，然后成立东亚大陆一等文明国"②。诚然，革命固然可以完全改变中国的面貌，但那已经不是清王朝的天下了。清政府仍在搞预备立宪，并于1911 年 5 月设立以庆亲王奕劻为首的责任内阁。其时，大韩帝国已被

---

① 《清国断法令에对하야》，载《皇城新闻》第 3443 号，第 2 版，1910 年（隆熙四年）8 月 12 日。

② 《清国立宪问题에对한对所感》，载《大韩每日申报》第 6 卷第 778 号，第 1 版，1908 年 4 月 11 日。

日本吞并。业已站在日本立场上发言的《每日申报》评论清朝新内阁，虽然认为其是清朝宪政之准备，为可庆贺之事，但实际上多有批评。尽管新内阁仿照日本的制度，但其总理大臣之下又设置两位协理大臣，为"列国之立宪内阁制中其例所无"，尤其是其"阁臣之配置不得其宜，即朝廷之威信置重，满汉钳制之遗策尚存，使人一见即知为皇族政治不容置疑之事，此即宪政政治之禁物"。新内阁之组织"不过旧军机处之变形"。① "皇族内阁"的出台，使清政府预备立宪的诚意受到普遍的怀疑，一时舆论哗然，宪政陷入绝境。武昌起义爆发，使清王朝迅速走向覆亡之路。《每日申报》认为："现今满朝之败，为革命军所败，亦即满朝之自败。"② 其进而认为，清朝之败正是败在立宪问题上，其实是对日本之所以强盛的误解，其败亡不过自招而已。"清国政府之误解以为，日本帝国采用立宪政体所以致如斯富强，实即致富强故采用立宪政体。可怜清朝政府不解此政治学上之通则，徒然对日清、日露之两战役为日本之赫赫战胜所眩惑，依赖立宪政体筑造国家之基础。……故新政体准备之继续不废，派遣考察宪政大臣赴日本及欧美即是已。当时吾人评曰：此考察宪政大臣，即亡清准备大臣。支那帝国将来陷入大混乱者，即在此立宪政体。今果然不外吾人之观察，故清朝其灭亡乃自招。当革命党灭此之际，我借其国古来之格言下一断案曰：'天作孽犹可违，自作孽不可逭。'即此清国之谓也。"③ 当然，说清朝败于立宪，并不是说立宪制度本身有问题，而应该是清朝预备立宪实际运作不当的结果所致。

通观《皇城新闻》与《大韩每日申报》对清末新政的认识与评论，可见韩国报刊既有对清朝政治腐败的批判，更有对清朝命运与前途的同情与期望。其批判，固不乏哀其不幸而怒其不争之意；其同情与期

---

① 《清国新内阁评》，载《每日申报》第 1670 号，第 1 版，1911 年（明治四十四年）5 月 17 日。

② 《朝鲜과清国》，载《每日申报》第 1828 号，第 1 版，1911 年（明治四十四年）11 月 19 日。

③ 《支那再造论》（五），载《每日申报》第 1869 号，第 1 版，1912 年（明治四十五年）1 月 13 日。

望，则尚有两方面的原因。一方面，因其与韩国自身密切相关。《大韩每日申报》曰："吾侪对彼清廷之改新窃有所感：在东方四千年历史中，支那与韩国恒常安危休戚与治乱盛衰有互相关系。以其风气与性质相适，俗尚与文字不远，大抵支那之文明发达之日，即是韩国之文明发达之期。大韩人士勉之。"① 另一方面，因其与东亚大局密切相关。《皇城新闻》谓："夫在我东洋文明之大发展与和平之大幸福基础者为支那版图，为我黄种之前途，不得不注目支那政界之如何，亦不得不企祝其政治渐臻佳良。"②这方面其实归根结底也是与韩国自身安危有紧密的关系。

## 三、对韩国自身的反省与期望

韩国报刊关注清末新政，在某种意义上可以说，其目的更主要的是反观自我，即对韩国自身的反省。《大韩每日申报》在长篇连载《对光绪及西太后崩逝后支那问题之研究》的结尾特别说明："本记者此论观其变革，不在支那，而在韩国。"③ 在此，清朝不过是韩国的一面镜子。从这面镜子中，韩国报刊又究竟看到了什么？对韩国有什么意义？这是需要进一步探讨的问题。

韩国报刊关于韩国自身的反省性认识主要表现在如下三个方面。

一是对韩国政府自身腐败问题及社会与国民劣根性的批判。韩国报刊在批判清朝政治腐败的同时，对韩国自身的问题也做了深刻的反省。《大韩每日申报》特设"韩日人问答"之题，以韩国人质问日本何以背信弃义而虐待韩国，借日本人之口详细剖析了韩国社会各界腐败不堪之状况，并得出其自取灭亡的惨痛结论。有谓："夫人必自侮而后

---

① 《清廷改革의好望》，载《大韩每日申报》第 5 卷第 631 号，第 1 版，1907 年 10 月 6 日。

② 《清国近闻에对한观念》，载《皇城新闻》第 3078 号，第 2 版，1909 年（隆熙三年）5 月 21 日。

③ 《光绪及西太后崩逝后支那问题에对한研究》（续），载《大韩每日申报》第 6 卷第 966 号，第 1 版，1908 年 12 月 1 日。

人侮之，国必自伐而后人伐之。以波兰、越南之历史观之，凡天下有心之人莫不哀之怜之。其实波兰自亡也，非俄人亡之也；越南自灭也，非法人灭之也。今以日韩之关系言之，我日本何尝有侵占疆土、虐害人民之主义耶？其实韩人自召其侵占也，自取其虐害。余此来贵国，观于政界社会，所谓世禄之家，大官之属，但知有身，不知有国，但知有家，不知有民，对我日人先意承迎，惟恐不及，一切权利无不让与，此非自取灭亡者乎？又观于士林社会，峨冠博带，坐则屈膝，立则如痴，号召其徒曰：'我辈圣人之徒，大明遗民，近世所谓新学问，皆夷狄之道，决不可留意；所谓新闻纸，亦皆异端邪说，决不可挂眼。吾党中若有语及世界形便者，是杂念也，妄想也，切宜戒之。日后有真人自某中出，铳穴生水，使用神妙之技，彼铁舰轮舶自当退去。'此辈口读雪〔圣〕贤之书，名在四民之首，昏迷狂妄，如是其甚，此非自取灭亡者乎？又观于人民社会，或甘于利诱，或甘于威胁，以其所有之家屋田土拱手让渡于外人。又有一种奸民，将其同胞之所有，使之卖渡于外人，为其媒介，取其口文之余利，看作能事。以此观之，不出数年，全韩人民之田土家屋，尽入于外人之买取，此非自取灭亡者乎？吾子幸勿归怨于他人，宜反诸己而省之。于是韩人气结臆塞。"① 日本人所言，确实是韩国人不得不承认的惨痛现实。《大韩每日申报》与《皇城新闻》以康有为之爱国强国论与梁启超之辨真伪爱国，批评韩国人缺乏爱国心。"试问大韩人民其有爱国之性质者耶？奈之何外人临之以势力则帖耳相从，导之以小利则争趋若鹜，大者卖其国权，小者卖其田土，甘心于为奴为仆者首尾相续也。由此观之，不可谓其有爱国之性质者也。"② 因此，从韩国的前途着想，必须进行"根本的改良"，以去除其"社会上人心之恶根"。③ 中国某报载张謇有

---

① 《韩日人问答》，载《大韩每日申报》第 5 卷第 559 号，第 1 版，1907 年 7 月 10 日。

② 《康南海爱国论》，载《大韩每日申报》第 4 卷第 172 号，第 1 版，1906 年 3 月 20 日。

③ 《举梁启超氏辨术论하야痛告全国人士》，载《皇城新闻》第 3034 号，第 2 版，1909 年（隆熙三年）3 月 31 日。

被保荐破格擢用之说，以其因儒者而办教育、实业闻名，《皇城新闻》颇为感叹韩国学者的无用，有谓："嗟乎！吾国所谓理学文学家者流，未见其以文章言论鼓励一般同胞之事业者，况得见其有联合财政家扩张实业与教育之事业者乎？对国家与人民未曾献有分毫之效力，尚以读书者自居，以能文者自负，实可谓无谓之甚者也。"① 中国某报披露有某孝廉请罢修筑铁路、某秀才指斥世界新器为奇技淫巧，《皇城新闻》颇为感叹腐儒心事如出一辙，"吾侪将此报与吾国儒生界对照，其思想之腐败何其相类耶！"② 梁启超将中国亡国之责归咎于那"顽迷蠢呆之数千名村学究"，《皇城新闻》则以为："谓我韩亡国之责在顽迷固陋之儒生界并非过言。"③《大韩每日申报》还特别批判了所谓上流社会的腐败，有谓："然而自上流社会观之，尚未见其有变动之机也。何以言之？哲学家之以著述而倡导之者几人？雄辩家之以演说而鼓发之者几人？实不可多得矣。以言乎政界，则过去及现在，非庸劣无能之徒，则皆混浊不洁之流，但其伎俩，东奔西趋，甘作外人之爪牙，戕害祖国之命脉而不顾者也。何足论哉！何足论哉！至若教育家、法律家与实业家等属，仍属萌芽时代，尚未发现其特色矣。所谓世臣巨室与阀阅富贵之家，依然是旧日习惯，仕宦之瘾结于脑髓，一资半级与一官一职，患得患失，蝇营狗苟，全没廉隅，此辈肚里何尝有救国救民的思想乎？至若纨绔子弟、游荡少年，凭借先世之遗业，罔念自身之修养，携朋掣侣，往来驰骤者，惟是协律社、光武台、料理店、赏花室、与花间骨牌之场而已。彼于身家生活尚不顾念，况于民国思想乎？"④ 其甚至认为，韩国整个社会弥漫着一种"失望病"，这是一种毒害惨酷的急性流行传染病。"昨日无病跃跃活动之政治家，今日罹此

① 《支那报의张謇氏擢用说》，载《皇城新闻》第3199号，第2版，1909年（隆熙三年）10月15日。

② 《读支那报叹腐儒心事如出一辙》，载《皇城新闻》第3217号，第2版，1909年（隆熙三年）11月7日。

③ 《甚矣라顽固陋儒의弊害》，载《皇城新闻》第3324号，第2版，1910年（隆熙四年）3月22日。

④ 《韩国之进化程度》，载《大韩每日申报》第5卷第625号，第1版，1907年9月29日。

病，则忽然其心灰，抚髀鸣呼；昨日无病热腾瞑狂之法律家，今日罹此病，则忽然其脑迷，仰天号嘘；昨日无病热血疾呼之演说家，今日罹此病，则忽然其胸塞，击地痛哭；昨日无病热心教授之教育家，今日罹此病，则突然其志冷，长太息咄咄；昨日无病孜孜勤勉之实业家，今日罹此病，则突然其眼朦，忧愁满胸；昨日无病勃勃前进之学生，今日罹此病，则突然其气死，烈泪洒洒。此病惨酷啊！……只是希望心断，失望心生，谓之失望病。盖韩国晚近数年国力日退，民情日悲。今日望生挽回之力，乃者今日比昨日尤惨；明日望有医救之期，乃者明日比今日尤剧。创孔益出，悲境益迫，于是全国人民之脑中闯发失望病。上流社会曰已矣，韩国灭亡乃已；中流社会曰休矣，韩国灭亡乃已；下流社会曰悲夫，韩国灭亡乃已。人不杀而自杀，悲夫！悲夫！"这是最悲观的论调。要救此病，唯有激发其希望之心，"余今日双手敬奉神药一剂，猛投于二千万脑髓之中，即'希望心'三字是也"①。

二是主张以清朝为鉴和以清朝为戒。近代中韩两国不仅唇齿相依，更有同病相怜之感。韩国报刊关注清末新政，在反观自我的同时，非常注意吸取其经验与教训。当清廷宣布预备立宪，《皇城新闻》在赞美之余，便也想到韩国自身当如何的问题。"然则今此宪法之前途，满清人之劳心祷祝，固无可言。吾辈对此不禁一番之感慨，即此东洋之全局何时如鼎足之俱峙，如辅车之相依，兄劝弟勖，胥邀将来之幸福耶？世界进化实不可推测，蛮昧之人衡感于文明之风潮，只在一悔悟之间耳；衰弱之国进列于富强之同等，只在一转移之顷耳。或因于政党之热心，或由于民族之实力。嗟乎！嗟乎！所望于我韩者，其在政党欤？其在民族欤？维愿全国志士昼夜极力而研究之。"② 《大韩每日申报》更认为：实行宪政与否，是国家兴亡的根本。"大抵此世界为宪政（立宪政治）世界，行宪政之国必兴，不行宪政之国必亡。"其还以土耳其、波斯与清朝为例，以论证当日韩国不可不行宪政。"近年至彼千年

---

① 《哀哉라韩人의失望病》，载《大韩每日申报》第 6 卷第 955 号，第 1 版，1908 年 11 月 17 日。

② 《清国의宪法新政》，载《皇城新闻》第 2279 号，第 1 版，1906 年（光武十年）9 月 8 日。

回教国之土耳其奏宪政之功，长睡不醒之波斯奋行宪政制度，衰颓老大之清国方急宪政准备，悉皆有旭日将升之势。……今日韩国同胞当以奋起权利思想，预备文明制度为急务。果然，韩国同胞脱地狱而登乐土之日，不可不行此宪政，亦不可无宪政之预备。"① 经济改革方面，从清朝的绣品销售海外，想到韩国安州绣物，以及高丽瓷器与金俞器、江华之席与固城之螺钿笼等民族特产，"皆适合外国人需用，以制度制造，向美国大博览会输出，可达数万元价值"。故特表提倡之意，希望当地实业家于此注意，以图扩张利源，开拓必要之事业。"惟我实业同胞亟亟奋发，无论何种营业，各尽其所长与能力，勇进不怠，精益求精，结果可自求生活之福利。十分颙祝，嗟我同胞！"② 又从清朝在东北地区种棉，想到振兴韩国棉业。韩国土地肥美，除江原、咸镜两处山地外，皆适宜栽培棉花，比中国东北高寒地区条件更加优越。"我国之棉花超过印度品，不难与南美名产争雄，外人之评判昭然可证。实眼前现活无穷之富源，不待外来者也。"然而因韩国人竞争力缺乏，安怠心盛富，反而依靠进口棉花。"呜呼！国内留意实业诸氏，其亦与满洲于不宜种棉区域奖劝种棉事项相对照，宜亟其从事于棉草栽培也。"③ 文化教育方面，清朝振兴学校教育，《皇城新闻》感叹韩国教育不兴，"顾我韩官私立学校徒存虚名，而未闻成就之实，或称学徒之卒业者，亦无选用之定法。懵陋如古，漫混如前。未知何日能幡然觉悟，奋起教选之实效，不归画葫之虚文也哉？"④ 清朝奖励留学外洋，《皇城新闻》既批评韩国不重视留学，又认为韩国文明进步必须要重用留学生。"我韩略干游学于外国者，不过零星，而或不拨其资，穷饿异域，无以力学；或其成而归者，政府乃淡漠视之，不但无荐用之

① 《宪政研究会의必要》，载《大韩每日申报》第 8 卷第 1340 号，第 1 版，1910 年 3 月 19 日。

② 《清国绣业에对한观念》，载《皇城新闻》第 3133 号，第 1 版，1909 年（隆熙三年）7 月 24 日。

③ 《满洲种棉论에对한感念》，载《皇城新闻》第 3174 号，第 1 版，1909 年（隆熙三年）9 月 14 日。

④ 《论清国学校维新之兆》，载《皇城新闻》第 1007 号，第 2 版，1902 年（光武六年）1 月 14 日。

实而已，往往为人措陷于不测之地。故绝其愿学之志，而反以出洋游外为戒。岂敢望奖劝之效哉？然而，有志游学者亦岂以此为惧而不自力于为学可乎？如学成而归，则必有需用之日矣。余以为吾邦文明之步，不得不待留学之诸少年也。"① 据报载，清廷有实行义务教育之说，《皇城新闻》慨叹韩国此前亦有提倡义务教育之议，并由元老大臣陈奏太皇帝降谕，不意被阻碍不行，因而主张既然政府不愿实施，只有国民自己承担。"到此地头，为我大韩国民者不得不各其自担教育义务，不待强制实施之懋图，是所谓不待文王而兴者，其自由进步之效力尤岂不十分勇进一层巩固哉？嗟我同胞，我之子孙于政府教育已无望矣。各其自奋，各其自担，使世界列邦翕然称之曰：大韩国民初无政府之强制，义务教育自由实施，此世界之优等人种也。我韩前途确有希望。"② 对于清朝以简字学堂推行普及教育，《皇城新闻》亦主张韩国注重国文，以普及国民教育。有谓："我韩教育之普及，当利用简易国文，以全体国民无不读书、不识字者为第一方法。所谓汉文学之习性固结，儒生贱视国文，国文之报纸与国文之书籍决不挂眼，崇拜汉文是为自己之习惯，全不思念全体国民之教育方法。岂不愚哉？岂不谬哉？夫支那汉文即其国文，有难解之弊，因施简易识字之法以教育。况吾国对汉文言文不同，其艰深难解之弊尤甚焉。能扩张国文之教法，方有教育之普及。嗟乎！汉文学者更加三思，当十分注意国文学之发达。"③ 社会生活方面，清朝有实施断发令之说，《皇城新闻》感叹："观今日清国之断发令，世界人类保有头发者何处得见，至若吾韩也。大皇帝陛下之敕令励行断发，经过几年，尚此顽固人士固执国可亡发不可断之义，何其不思之甚至此？呜呼！更加观察世界之风潮，

---

① 《论游学外国之效》，载《皇城新闻》第 1250 号，第 2 版，1902 年（光武六年）12 月 13 日。

② 《清廷의义务教育实施》，载《皇城新闻》第 2744 号，第 2 版，1908 年（隆熙二年）4 月 7 日。

③ 《清国简字学堂에对하야比较的思想》，载《皇城新闻》第 3233 号，第 2 版，1909 年（隆熙三年）11 月 27 日。

断行从形式之维新着手。"① 清朝严禁鸦片烟,《大韩每日申报》批评韩国此种恶习有方兴未艾之势,"奈何近日韩人争蹈彼之覆辙,鸦片吸者之数爻日加"②。《皇城新闻》更是警告移住中国东北之韩国人,不要沾染吸食鸦片烟的习气。有谓:"对该地情形最可怕可虑者,为清人之吸鸦烟习惯也。盖鸦烟为消磨人之志气,妨碍事业,戕贼生命,至毒之恶物。今日支那之腐败不振,专中鸦毒之结果。万若我同胞传染此等恶惯,是移住该地为觅生路,反自陷死路。岂不可畏?岂不可痛?我同胞对此严防痛戒,勿失健全国民资格,文明程度蒸进,故特表警告之意。"③ 近代以来,在西方列强侵略之下,中国国力日削,政界衰颓。《大韩每日申报》提醒韩国人民,虽然韩国与中国同处黑暗时代,但必须置之死地而后生,置之亡地而后存。"大韩人民以支那之衰颓前辙作戒,百般奋励,百倍图始。"④

三是对韩国前途的忧虑并寄予希望。日本变韩国为其保护国之后,康有为写吊韩人诗,揭露日本灭亡韩国的阴谋与韩国人的悲惨处境。有云:"八道山川磨逻青,旧封箕子不神灵。夏商血属惟存汝,晋楚干戈可有名。保护有人宁遣使,太平无事可裁兵。汉阳姬氏如今尽,抚鼎摩沙目不瞑。"《大韩每日申报》也认识到:"然则日人之心,路人所知。其所谓维持大局、保全同种云者,不过是欺人弄人、逞其野心的手段而已。"中韩两国虽同遭日本及西方列强侵略之厄运,但亦有共同振兴之希望。"夫极则必反,穷则思通。目下两国之遭值境遇可谓悲哉惨哉!就一般人士之知耻自厉、发愤自强的思想观察,实有勃然莫遏之势。现二十世纪新文化普通收入,一步更进一步,一日增高一日。青丘三千里江山与支那四万里幅员,一齐超登于文明富强之域。其兄

---

① 《清国断法令에对하야》,载《皇城新闻》第 3443 号,第 2 版,1910 年(隆熙四年)8 月 12 日。

② 《鸦片吸者의增加함을叹함》,载《大韩每日申报》第 8 卷第 1300 号,第 1 版,1910 年 1 月 28 日。

③ 《移满同胞를对하야特别히警告함》,载《皇城新闻》第 3359 号,第 2 版,1910 年(隆熙四年)5 月 3 日。

④ 《支那关系》,载《大韩每日申报》第 8 卷第 1407 号,第 1 版,1910 年 6 月 9 日。

弟之好联结，唇齿之势巩固，彼日人之狡焉思启之图必不能售矣。吾侪两国人士为执手而祝，拭目而待。"① 清朝因推行宪政而有进步之望，韩国亦宜锐意进取。"今就韩国专情言，自主之权专失，落在他国范围内，自强之能力难以养成。全国人民若能一致奋发，开明事业着着进步，毕竟东洋大势之关系得自由活动机会。幸勿落望，锐意进步，韩国同胞。"②《大韩每日申报》还从文明兴衰论的角度，论证韩国将有崛起于世界舞台的希望。其用来说明世界文明兴衰相代的典型事例有二：古时希腊废罗马盛，近世清朝败日本兴。日本十数年前在东亚崛起，其次便将是韩国。"原来我韩输来支那之文物，当时诗书礼乐蔚兴，文明程度反凌驾先进国支那，开导指挥日本与其他未开化邦，尽其师表职分。这间几百年，元力渐弱，昼夜不分，春秋忘却，一向困睡，鼻声如雷。于是群盗窥隙而入，夺取各样宝物与财货，甚至于侵害人命。此时几个人目先醒，则见东天曙色方渐，群盗任意横行，杀气腾腾。先觉人慌怯愤郁，大声疾呼，提醒梦人。梦人尚不知此，贼势益肆。忽然甲午炮声，惊起几个；于焉甲辰炮声，又惊起几个。互相提醒，互相警戒，从此举国皆醒，何患如干盗贼？二千万同胞兄弟速起！余思量东洋文明之时代红日东出，确信我国有超登世界舞台之机会。"③ 这无疑是一种理想主义的憧憬，因为其时韩国正陷入被日本逐步殖民地化的深渊。其实，正是这种不屈的信念，才是一个民族终将得以振兴的精神源泉。

韩国报刊通过对清末新政的观察，在进行自我反省时，既看到了韩国政府与社会的种种问题，也试图为解决这些问题借鉴一些域外的经验与教训，同时还对韩国的振兴充满着期待与希望。虽然这些并没有从根本上改变大韩帝国被日本并吞的命运，但在一定程度上为近代

---

① 《读康南海吊韩人诗》，载《大韩每日申报》第 5 卷第 443 号，第 1 版，1907 年 2 月 20 日。

② 《清国의进步有望》，载《大韩每日申报》第 6 卷第 942 号，第 1 版，1908 年 10 月 31 日。

③ 《韩国의将来文明마论사》，载《大韩每日申报》第 5 卷第 658 号，第 1 版，1907 年 11 月 9 日。

韩国的启蒙思想提供了精神养料。

总之,通过对《皇城新闻》与《大韩每日申报》有关清末新政的报道与评论文字的全面系统研究,从总体上感觉,在大韩帝国这个时期,韩国报刊对中国的认识尚不失客观、理性和正面评价。就所见上述两大报刊而言,诸如《皇城新闻》所谓"环球之人,无不痛骂清国之人士,视之如鹿豕者"①的说法,极为罕见。故如论者所谓其时韩国人以中国为蔑视之对象,或对中国与中国人持否定认识,其实并非社会常态或主流意识。实际上,虽然清王朝业已日薄西山,几乎到了无可救药的地步,但当时大韩帝国的命运也并没有好到哪里去。尽管其在名义上可谓"独立自主",但其生存空间不断地遭受日本殖民侵略势力的挤压,直至最终被吞并于无形,并在清王朝覆灭之前寿终正寝。无论是大韩帝国,还是大清王朝,均面临着列强侵略与国家振兴的难题,就此意义而言,其命运与前途可谓同病相怜、休戚相关。正如《大韩每日申报》所谓:"然则清国将来发达时代,其密接关系在何国?乃韩国是也。就其地势言,大陆相接,隔江相望,有辅车唇齿之势,最为紧密。就其历史言,四千年治乱存亡之影响,恒常交通。目今形便,韩国与满洲处同一境遇,万若韩国不存,则满洲不存;满洲不存,则清国之全体随之。是以清人失澳门,失香港,失台湾,犹是有恬然自若之态度。乃者对韩国丁未政变,君臣上下一层恐惧,催促宪法实施与国会开设之期限。韩国之遭值事变,如自国之遭值,有遑遑汲汲、战战栗栗之状态。此无他,利害休戚之关系最为密接缘故。"② 这实在是一对十足的难兄难弟。因此,以《皇城新闻》与《大韩每日申报》为代表的韩国报刊,不但能够客观地报道清末新政,而且能够理性地做出正面的评价,同时对韩国自身进行深刻的反省。从中可以看到,清末新政虽然没有挽救清王朝,却在洋务运动的基础上进一步推动了中国的近代化进程,尤其是预备立宪开启了政治体制改革的新方向,

---

① 《清举新策晚犹可图》,载《皇城新闻》第 4 卷第 212 号,第 2 版,1901 年(光武五年)9 月 18 日。

② 《清国의进步有望》,载《大韩每日申报》第 6 卷第 942 号,第 1 版,1908 年 10 月 31 日。

而这些对于近邻韩国社会尤其是思想界的刺激与影响，也是一股不容忽视的力量，不但为当时韩国启蒙思想家呼唤改革以救亡图存提供了思想资源，而且给他们带来了一定的信心与希望。

原刊《当代韩国》2012 年第 3 期，73～94 页

# 日韩合并与清末宪政改革

    在近代东亚历史上，中、日、韩（朝）三国的关系颇为微妙。其中，日韩合并更是改变传统东亚国际秩序与政治格局的重大事件。在这个过程中，中国并不能置身事外。那么，中国究竟如何反应及其对中国历史进程有何影响，便是值得深入研究的历史课题。学界以往的相关研究不多。值得关注的论文有两篇：一是台湾学者张存武先生关于中国对于日本亡韩的反应的专题论文，二是大陆学者邹振环先生有关梁启超的朝鲜亡国史研究的论文。① 另外，在一些关于近代中国人的韩国认识与中韩外交关系史研究的论著中，对这一问题也有所涉及。② 以往的研究，多关注中国人对于韩亡的同情、哀惋以及对日本殖民侵略行径的谴责，而较少注意国人自身的反省及其对中国内政改革的影响等问题。本文拟在既有相关研究成果的基础上，从一般民间舆论，革命派、立宪派人士的反应，清政府官员的应对策略，以及朝野互动关系等多个层面，对此做进一步深入系统的研究，以期从东亚国际关系变动这一更加广阔的视野，力图在近代中国历史序列上书写日韩合并这样的国际性事件，为观察晚清政治史尤其是宪政改革史提供新的视角。

---

① 张存武：《中国对于日本亡韩的反应》，见《清代中韩关系论文集》，382～407 页，台北，台湾商务印书馆，1987。邹振环：《清末亡国史"编译热"与梁启超的朝鲜亡国史研究》，见复旦大学韩国研究中心编：《韩国研究论丛》，第 2 辑，325～355 页，上海，上海人民出版社，1996。

② 王元周：《认识他者与反观自我：近代中国人的韩国认识》，载《近代史研究》2007 年第 2 期，61～79 页。蔡建：《晚清与大韩帝国的外交关系（1897—1910）》，205～208 页，上海，上海辞书出版社，2008。

# 一、报刊媒体反映的一般民间舆论

对于日韩合并,中国朝野究竟如何反应?其时,革命党人戴季陶有严厉的批评,有谓:"朝野上下,一若毫不相关者,报章既不登载其内容,舆论亦不研究其利害,吾诚不知其何识见之陋而眼光之小也。"① 戴氏痛切言之,意在警醒国人。中国朝野果真反应这般冷漠吗?其实情并非如此。这里拟先从《申报》《时报》《大公报》《盛京时报》《香港华字日报》《桂林南报》《东方杂志》等报刊入手,考察一般民间舆论的反应。

浏览清末报刊的强烈印象,恰与戴季陶批评的情形截然相反。其时,不但各种报刊大量登载有关日韩合并的消息,而且民间舆论对于其与中国前途命运的利害关系也多有探究。

日本图谋侵略与吞并朝鲜,有一个较长的历史过程。早在 1904年,梁启超撰《朝鲜亡国史略》认为:"日本处心积虑以谋朝鲜者,既数十年。其第一著,则谋离朝鲜于中国,其策源在天津条约(指 1885年的《中日天津会议专条》——引者注),其收果在中日战争;其第二著,则谋并朝鲜于日本,其策源在日英同盟,其收果在日俄战争。"② 其时,梁氏所谓"朝鲜亡国",尚是预感经过日俄战争,朝鲜将被日本控制,名存而实亡。到 1910 年日韩合并后,梁启超再撰《日本并吞朝鲜记》,便禁不住感慨道:"朝鲜今真亡矣!朝鲜之亡,不自今日,特今日则名与实俱亡云尔。"这时,他又把日本灭亡朝鲜的历史分为四个阶段:"一曰与中国争朝鲜之时代,二曰与俄国争朝鲜之时代,三曰以朝鲜为保护国之时代,四曰并吞朝鲜之时代。"③ 可见,日本吞并朝鲜的起点,至少可以追溯到中日甲午战争。其时,《马关条约》解除了朝

---

① 戴季陶:《日韩合邦与中国之关系》,见唐文权、桑兵编:《戴季陶集》,30 页,武汉,华中师范大学出版社,1990。

② 梁启超:《朝鲜亡国史略》,见《饮冰室合集》专集之十七,5 页,北京,中华书局,1989。

③ 梁启超:《日本并吞朝鲜记》,见《饮冰室合集》专集之二十一,1、2 页。

鲜与清朝的宗藩关系，标榜"独立自主"的大韩帝国建立（1897 年），日本侵略势力不断向朝鲜半岛渗透。日俄战争以后，日本变朝鲜为其保护国，其吞并朝鲜的步伐进入实质性阶段。对此历史进程中的每一个关节点，中国报刊舆论均予以密切关注。

（1）关于"顾问政治"。1904 年 8 月，日本迫使韩国签订《外国人顾问佣聘协定》（《第一次韩日协约》），规定韩国政府聘用日本政府推荐的一名日本人为财政顾问，一名其他外国人为外交顾问。据此，日本选派大藏省官员目贺田种太郎为韩国财政顾问，推荐其外务省雇员美国人士的温（Stevens）为韩国外交顾问。《东方杂志》认为，日本根本不想与其他外国人分享控制韩国政府外交的权力，那个被日本推荐充当韩国外交顾问的美国人士的温，其实是日本驻美公使馆参赞官，不过"一白色之日本人也"。所以，日本实际上控制了韩国的财政与外交大权，"韩国者，日本人之韩国也，此断案殆毫无疑义"①。

（2）关于"统监政治"。1905 年 11 月，日本又迫使韩国签订《乙巳保护条约》（《第二次韩日协约》），规定韩国的外交事务由日本外务省监理，具体由日本在韩国京城设立一名统监负责。随后由伊藤博文在汉城设立统监府。《东方杂志》在第 3 年第 1 期刊载了这个"日韩新约"的全文，并在第 3 期转载了《中华报》的文章《韩国灭亡史》，认为日本在甲午战争之后，行"欲夺先予之计"，扶助大韩帝国独立，但韩国君臣"眩于帝国之虚名，遂谓可坐享保全之利益，因循富贵，粉饰太平"，内政外交一味苟且，遂致灭亡。"呜呼！曾几何时，所谓完全无缺、独立自主之尊荣帝国者，已一笔勾消，祝贺鸿文虚称万岁，独立纪元不及十稔，而皇皇箕子之遗封已为日本舆图之附属品矣。伤哉！"②《香港华字日报》亦有评论："至日本之图高丽，欲收为殖民地，其野心已披露，立伊藤为之监察协同办理国政，则高丽王亦可以

---

① 《韩国延聘顾问官》，载《东方杂志》第 1 年第 9 期，光绪三十年九月二十五日。

② 《韩国灭亡史》，载《东方杂志》第 3 年第 3 期，光绪三十二年三月二十五日。

安然熟睡而无劳擘画矣。事势如此，今之高丽王其高丽之终欤！"①

（3）关于海牙密使事件与"次官政治"。1907 年 6 月，韩皇高宗派密使李俊等三人前往参加荷兰海牙万国和平会议，试图寻求国际援助。但是，由于欧美列强与日本的百般阻拦，韩国代表未能如愿出席和会。李俊愤而血溅海牙，其余两位代表流亡国外。7 月，日本政府利用海牙密使事件，强制高宗李熙退位，将皇位让与皇太子李坧（即纯宗）。随后，日本又迫使韩国政府签订《丁未七款条约》（《第三次韩日协约》），规定韩国政府完全接受统监指导以改善施政和任免官吏。该协约具体实施的照会还规定解散除少数皇宫卫队以外的韩国军队，韩国政府各部次官，警务局局长及法院、监狱的重要官职，由日本人担任。"次官政治"的实行，使韩国政府名存实亡。对此，中国报刊多有报道与评论。《大公报》有言："适见韩皇密遣使至荷兰万国平和会事，又见让位事，又见种种可悲可叹事，瞿然曰：韩国乃从此真亡矣！"②《香港华字日报》则以之为亚洲一大怵目之事，有谓："韩王已废，韩国就亡。曷言韩之就亡？则以韩之政治由日本执行，昨日西电所言又将韩兵遣散是也。夫国苟未亡，未有政府不能自由而国民不能为兵者。今政府行政权既已尽失，国民当兵之务又已全无，尚得言国之云乎？哀哉，韩其亡矣！"③

（4）关于伊藤博文被刺事件。1909 年 10 月，韩国义士安重根在中国哈尔滨刺杀了日本枢密院院长、前朝鲜统监伊藤博文，使日本加快了吞并韩国的步伐。《申报》《大公报》《东方杂志》等报刊对于伊藤被刺事件与安重根受审和处置的过程均有详细报道。据《东方杂志》记载：日本舆论因伊藤被刺而极力主张并韩。日本旅韩记者团认为：

---

① 《论高丽亡于日本》，载《香港华字日报》，光绪三十一年十二月九日，转引自赵中孚、张存武、胡春惠主编：《近代中韩关系史资料汇编》，第 1 册，402 页，台北，"国史馆"，1987。按：本文转引该书资料，标点或有改动处，以下不一一注明。

② 《哀韩篇》，载《大公报》，1907 年 8 月 19 日，第 3 版。

③ 《亚洲同时两大怵目事》，载《香港华字日报》，光绪三十三年六月二十九日，转引自赵中孚、张存武、胡春惠主编：《近代中韩关系史资料汇编》，第 1 册，432 页。

"伊藤此次遇害于韩人之毒手，足认为韩人排日思想之代表，现因欲绝将来之祸根起见，须期待当局者，于处分高丽政策上，行最后之解决。"一般舆论将伊藤被刺归咎于为韩国当局所唆使，"如此，则日本合并韩国而统治之，废韩皇，处之以日本贵族之位，为甚当"。据说日本首相桂太郎亦向人声言："必继伊藤之政策，以广展文化于东亚。"①《香港华字日报》认为，由于伊藤的经营，韩国早就名存实亡。有谓：甲午战争后，日本"阳以助韩人之独立，而阴实钤制之，嗣是而朝鲜一片土，骎骎乎入于日本之势力范围中矣。未几而伊藤亦遂以日本之重臣，统监韩国，凡属韩国国内之政治所有权，殆罔不由日人监督之，统辖之。盖韩国之名，虽至今尚存，而其实则韩国之灭亡于无形也，固亦久矣"②。

（5）关于日韩正式合并。1910 年 8 月 22 日，日本新任统监寺内正毅与韩国总理大臣李完用签订了《日韩合并条约》，规定将韩国的主权和领土以及全体国民完全合并于日本帝国。29 日，条约正式公布，纯宗皇帝宣布退位，大韩帝国寿终正寝。日本所宣扬的日韩"合并"，并不是把日本和韩国平等地组合成一个国家，其实质是日本吞并韩国。从此，韩国完全沦为日本的殖民地，直到 1945 年第二次世界大战结束。这是东亚历史上的重大事件，中国报刊媒体非常重视。《申报》《时报》《大公报》《盛京时报》等重要报刊从不同角度详细报道了有关合并情形。为了准确而及时地提供日韩合并条约及宣言书的内容，《申报》先是于 8 月 27 日以《哀哉日韩合邦之条约》为题，登载所获条约大略内容，其时日本尚未公布条约。29 日，《申报》又根据驻日通信员探明报告"立意大略相同而措词稍有出入"的新信息，发表《再纪日韩合邦条约之内容》，并特别说明："本馆以此事甚大，不厌繁复，特录于左，以供留心时事者研究焉。"31 日，《申报》又把业已公布的《日韩合并条约及宣言书》全文照译刊载。对于日本宣称与韩国"合

---

① 《日本伊藤公爵被刺记》，载《东方杂志》第 6 年第 11 期，宣统元年十月二十五日。

② 《论韩人枪毙伊藤事》，载《香港华字日报》，宣统元年九月十六日，转引自赵中孚、张存武、胡春惠主编：《近代中韩关系史资料汇编》，第 1 册，481 页。

邦"的行径，《时报》感慨："呜呼！合邦云乎哉，直并吞而已矣。"①《大公报》更是哀叹："呜呼！韩亡矣，韩竟亡矣。三千年之古国，殷箕子之遗风，至今日而溘然长往矣。……自今以往，地球上无韩国之名称，世界中无韩国之历史矣！"②

在如上所述有关日韩合并的多个关节点上，中国报刊舆论均做出了及时的反应。在不断地报道日韩合并历史的诸多面相的过程中，报刊媒体所反映的一般民间舆论可谓纷繁复杂。具体而言，除了同情韩国灭亡与谴责日本殖民侵略的情感因素以外，大致尚有三个方面的理性思考。

其一，对韩国灭亡原因的分析。

清末正是社会达尔文主义盛行的时代，强权即公理，弱肉强食、优胜劣败，乃社会进化之极则。近代中国人本来深受其害，对此有切肤之痛，但在分析近邻韩国灭亡的原因时同样也离不开这具体的语境。在他们看来，大韩帝国存在仅十余年（1897—1910 年）便至灭亡，这固然是日本帝国主义殖民侵略的结果，但更有韩国自身内在的原因。《大公报》发表《哀韩篇》，在感慨"日本以同文同种欲扶植之使独立者，口血未干，言犹在耳，胡为而竟至于此耶"的同时，竟然又认为："亡韩国者韩国也，非日本也。在公理上韩国为应亡，在天演上韩国为尤应亡。"这是一种典型的社会达尔文主义论调。作者甚至认为，韩国"幸而遇文明之国，待之以文明之手段，不然者，在昔野蛮时代，则墟其宗社，屠其子孙，亦何难之有"，不无反讽意味。然而，作者真正深感痛心的是韩国内部的腐败与不可救药，有谓："闻韩国之危险亦屡经不一经矣，乃经一次危险，则为一次之痛哭流涕，下诏罪己，成为例事。曾未几时，朝野晏然，歌舞升平，境过情迁，转瞬已成极乐世界。卖官鬻爵，朘国剥民，古赋新诗，竞夸风雅，汉宫唐苑，竭力经营，门户激成冰炭，萧墙时伏干戈，依赖之心为惟一之经济，排外媚外，毫无成算，军事不修，外交不讲。窃叹韩国之君臣上下，处何等时势，

---

① 《读日韩合邦草约有感》，载《时报》，宣统二年七月二十五日，转引自赵中孚、张存武、胡春惠主编：《近代中韩关系史资料汇编》，第 5 册，140 页。

② 《哀亡韩》，载《大公报》，1910 年 8 月 27 日，第 3 版。

居何等地位，顾漠然不动其心，一至于此。"①

在时论看来，韩国灭亡的根本原因是其不能自立自存。一方面，韩国在外交上长期奉行所谓事大主义，企图依赖强邻，而不能真正地独立自主。这或许是韩国在地缘政治上的尴尬，且终于逃不脱灭亡的命运。正如《香港华字日报》所谓："高丽亡国，惟不自立之故。数十年来，皆以倚赖强邦为政策。初则倚赖中国，继则倚赖俄罗斯，终则倚赖日本。卒之，凡彼之所谓倚赖者，皆倾宗覆社之渐也。……高丽所以致亡之故，即亡于不能自立，而待他人之庇我扶我。"② 另一方面，韩国在内政上不能自强。在此弱肉强食的时代，不能发奋图存，就必然走向覆亡之路。"高丽之亡，虽由其政治不修，盈廷昏聩，酣嬉优游，落沸釜而不知，居焚堂而大睡，不知亡国之祸，其机伏之于数十年之前，而其祸遂见之于数十年之后。然此数十年之中，邻国之谋我利权，攘我土地，未尝无形势之发露，未尝无迹象之可寻，苟能未雨绸缪，惧危懔灭，当此强邻觊觎之际，愤发为雄，急图补救，或可稍延国脉。乃于甲午以后贪独立之荣名，而一切国政仍听其腐败而不整顿，识者早知其不亡于日，即亡于俄也。今也果亡于日。"③ 所以，韩国虽然被日本所灭，但在某种意义上可以说，其实际上无异于自取灭亡。例如，《桂林南报》有言："亡韩者韩也，非日本也。使韩之君臣能鉴于世界风潮之恶，早图自存，则虽有百日本，亦畴得而侮之者。"④"人必自侮，而后人侮之；国必自伐，而后人伐之。日人有灭国之野心，苟朝鲜无自灭之原因，朝鲜未易灭也。朝鲜有自灭之政府，苟国民无自灭之奴性，朝鲜亦未易灭也。朝鲜有自灭之原因与奴性，

---

① 《哀韩篇》，载《大公报》，1907 年 8 月 19 日，第 3 版。

② 《哀高丽》，载《香港华字日报》，宣统元年十月四日，转引自赵中孚、张存武、胡春惠主编：《近代中韩关系史资料汇编》，第 1 册，490 页。

③ 《论高丽亡于日本》，载《香港华字日报》，光绪三十一年十二月九日，转引自赵中孚、张存武、胡春惠主编：《近代中韩关系史资料汇编》，第 1 册，401～402 页。

④ 《殷鉴篇其一》，载《桂林南报》第 2 期，宣统三年正月，转引自赵中孚、张存武、胡春惠主编：《近代中韩关系史资料汇编》，第 9 册，275 页。

则不灭于白〔日〕人，亦难自立于世界。"①

当时中国人之所以着力探究韩国灭亡的内在原因，诚如论者所言，其根本着眼点正在于中国自身。②《大公报》刊登了一份韩国学生上清朝载洵贝勒书，其分析韩国灭亡原因有三：民智不开，外交失败，官吏腐败。记者跋语云："此书论韩亡之三大原因，何一非中国之现相。余读至'韩既亡矣，无能为也'等语，泪为之堕。欲知山下路，须问过来人。"③ 的确，当时的中国同样面临着亡国灭种的严重的民族危机。检讨近邻韩国灭亡的原因，正是为了警醒国人。《桂林南报》痛切言之："今日之朝鲜，即将来之中国。"中国如果不自强自立，将有成为"第二朝鲜"的危险。"今日吾侪之痛人者，他日又将有人之痛我也。"④中国时论与其说是同情韩国，不如说是在忧虑自己的前途与命运。

其二，对日本殖民侵略手法与阴谋的揭露。

日本侵略朝鲜的手法很是隐秘、阴毒。虽然经过两次惨烈的战争——中日甲午战争与日俄战争，但表面上看来，这两次战争的对象分别是中国与俄国，而并不是朝鲜。而且，日本还打着保护朝鲜独立与维持东亚和平的旗号，甚为蛊惑人心。对此，中国报刊舆论多有揭露。日俄战争以后，日本变朝鲜为其保护国。时论即一针见血地指出朝鲜从此亡国了，有谓："甲午之役，日本因高丽与中国开衅，马关议和非认高丽为完全自主之国耶！何图日俄之役和议告成，高丽归日人保护，派伊藤总监握其政柄，撤各国驻使，外交悉委诸日本。查日俄宣战诏有云：扶植韩国独立。独立者，完全自主之谓也。何图日本竟食前言，不顾公理，阳以维持东亚平和为名，阴行其攘夺利权之术，

---

① 《日并朝鲜》，载《桂林南报》第 2 期，宣统三年正月，转引自赵中孚、张存武、胡春惠主编：《近代中韩关系史资料汇编》，第 9 册，284～285 页。

② 参见王元周：《认识他者与反观自我：近代中国人的韩国认识》，载《近代史研究》2007 年第 2 期，64～65 页。

③ 《韩学生上洵贝勒书》，载《大公报》，1910 年 11 月 13 日，第 2 张第 4 版。

④ 《殷鉴篇其一》，载《桂林南报》第 2 期，宣统三年正月，转引自赵中孚、张存武、胡春惠主编：《近代中韩关系史资料汇编》，第 9 册，275 页。

而高丽从此亡国矣！"① 果然不出几年，日本吞并韩国之真相便大白于天下。其所谓"保全""维护"云云，不过是欺世盗名的幌子而已。时论有云："当其初时，日本之宣布于各国曰：保存韩国之领土也！维持韩国之独立也！巩固韩韩〔国〕皇室之尊严也！今则所谓保存韩国领土者，而其领土已并入日本矣。所谓维持韩国独立者，今已将其一切独立之主权让与日本矣。所谓巩固韩国皇室者，今已降为准皇族矣。曾几何时，当日宣布各国之文书，墨尚未干也。使日本人回忆当日宣布之言，当亦哑然自笑矣。虽然，此亦古今之常事，无足为怪者也。……盖保全与巩固云者，乃并吞攘夺之别名者也。"② 这便一语戳穿了日本殖民侵略者既虚伪又阴险的把戏。

不唯如此，中国报刊媒体还进一步揭露，日本殖民侵略的目标不仅是韩国，更重要的是中国，并且还想称霸东亚。这有日本政界要人伊藤博文与大隈重信赤裸裸的表白为证。据《香港华字日报》载，日俄一战，韩国被日本控制，伊藤博文为统监。"闻彼渡韩之始，大隈妒其勋名，彼则公然以告人曰：姑先让我成此统监韩国之功，尚有清国留以待汝为统监也！"③《大公报》亦披露："大隈重信有言曰：伊藤为朝鲜统监，吾当为清国统监。伊藤博文有言曰：对韩问题今已解决，此后对于清国，一宜预备军务，二宜预备财政，三宜预备外交人才，有此三者，何难执牛耳于东亚！"④ 日韩合并时，《时报》记者便敏锐地指出其并吞韩国—进逼东北—瓜分中国的阴谋。有谓："抑记者犹有虑焉，自甲午一役之后，日韩连合之名词，乃发现于世界中；自日俄一役之后，满韩连合之名词，又发现于世界中。今者日韩关系既经解决矣，所未解决者满韩关系而已。吾不知政府诸公，其对于此日韩合邦草约，将视之为隔岸观火乎？抑视之为同舟遇风乎？夫以满与韩较，

① 《论高丽亡于日本》，载《香港华字日报》，光绪三十一年十二月九日，转引自赵中孚、张存武、胡春惠主编：《近代中韩关系史资料汇编》，第 1 册，401 页。

② 《韩鉴》，载《香港华字日报》，宣统二年八月十四日，转引自赵中孚、张存武、胡春惠主编：《近代中韩关系史资料汇编》，第 1 册，527 页。

③ 《悼伊藤博文》，载《香港华字日报》，宣统元年九月二十日，转引自赵中孚、张存武、胡春惠主编：《近代中韩关系史资料汇编》，第 1 册，485 页。

④ 《韩学生上洵贝勒书》，载《大公报》，1910 年 11 月 13 日，第 2 张第 4 版。

韩之结果在并吞，满之结果任其所欲，亦不过出于割让，似满不如韩之惨。然而今日为均势时代，彼既攫得一脔，此亦思分我一杯羹，浸假而列强效尤，则大局不堪设想矣。然则此一草约也，谓为进逼满洲过渡之桥梁也可，即谓为瓜分中国开场之楔子也亦无不可。"① 《桂林南报》也以日本外务省发表合并朝鲜事为"扰乱东洋之爆弹"与"经营中国之先锋"。② 其实，在日韩合并的同时，日本还与俄国签订协约，已把侵略触角进一步伸向中国东北地区。《申报》译载《字林西报》关于俄日协约的评论，以日本曾经担保韩国独立而转瞬之间就吞并韩国为例，认为俄日协约及相关条约"所谓维持及尊重满洲之现局者，亦必有转变之一日"③。其又转载《纽约日报》评论韩国近来之变局称："俄日协约，实为分割及并合满洲之入手办法。"④ 可见，日本并韩之后的侵华阴谋有如司马昭之心，路人皆知。

其三，也是最重要的一点，是对中国前途命运及其出路的思考与探究。

一般民间舆论关注日韩合并，无论是探究韩国灭亡的原因，还是揭露日本殖民侵略的阴谋，归根结底，均着眼于中国自身前途与命运的忧思。至于如何解决中国的民族危机与出路问题，报刊媒体所反映的民间舆论大致提供了两方面的思考。

一方面，是以韩为鉴。近代以来，中国所面临的民族危机，与韩国相比，有过之而无不及。然而，韩国却迅速走向覆亡。这对中国人的刺激是刻骨铭心的。日俄战争后，韩国沦为日本的保护国。中国留日学生潘子寅归国途经朝鲜海域，闻讯愤极，蹈海而死。《大公报》将潘君与反对日本取缔规则的革命烈士陈天华相提并论，认为："潘君之

---

① 《读日韩合邦草约有感》，载《时报》，宣统二年七月二十五日，转引自赵中孚、张存武、胡春惠主编：《近代中韩关系史资料汇编》，第 5 册，141 页。

② 《日并朝鲜》，载《桂林南报》第 2 期，宣统三年正月，转引自赵中孚、张存武、胡春惠主编：《近代中韩关系史资料汇编》，第 9 册，281 页。

③ 《俄日协约》（译二十七日《字林报》），载《申报》，1910 年 9 月 2 日，第 1 张第 3 版。

④ 《西报译要·美报论满洲之前途》，载《申报》，1910 年 9 月 2 日，第 1 张后幅第 2 版。

死为痛韩之将亡而死也，为痛韩之将亡，恐世界上有为亡韩之续者而死也。"面对举国麻木不仁的现象，潘君之死，意在警醒国人。"潘君之思想，犹冀官之一悟，俗之一改也，故不惜以一人之身，而激发全国之瞆瞆焉。"① 其实，报刊媒体对于"亡国"之说还是非常敏感的。据说日本以驻朝公使林权助改任驻华公使，"中国舆论谓朝鲜乃已亡之国，今由朝鲜调任中国，是朝鲜我也，故对于林公使之来华大有不满之意"②。在一般舆论看来，韩国的命运就是中国的缩影。例如，《香港华字日报》曾云："此有强权无公理之世界中，国不兴则亡，断无中立之理。亡韩之现象即亡中之小影，彼日使林董氏尝以此意警告中国人矣。于此而不引以为鉴，夫岂尚有心肝者哉？"③ 又如，《大公报》曾谓："吾之所哀者，哀夫一韩亡，而凡类于韩者，势愈危，景愈迫，处将亡之境，有可亡之机，而犹不知速定救亡之策。此所以接东京之来电，而不禁肉为之颤，魂为之飞也。……夫韩国乃中国之竿影也。"④ 在此民族危亡的关键时刻，中国如果不能以韩为鉴，就可能重蹈韩亡之覆辙。

另一方面，是立宪自强。在近代中国民族危机日益严重的形势下，救亡图存始终是仁人志士最迫切的课题。如何救亡图存，则不同的政治势力有不同的政治主张。除了具有鲜明政治倾向的革命派报刊以外，就其他报刊媒体所反映的一般民间舆论来看，大多主张温和的改良，基本上同当时的新政与立宪的潮流相一致。日俄战争刚起，《大公报》预测战后东亚局势，认为无论孰胜孰败，东亚形势将大变，而受害最大的将是中国。"俄之胜也，中、日、韩三国必皆不能自立，无复可以壮东亚之声名。""日之胜也，日本必为东亚之主人翁，堂堂我中国必降而为三等国矣。"无论如何，中国要想挽救危亡，"惟有急起直追，

---

① 《论陈潘两烈士之死节》，载《大公报》，1906 年 1 月 16 日，第 2 版。

② 《东报解释林公使之来华》，载《大公报》，1906 年 7 月 8 日，第 3 版。

③ 《论袁世凯请政府引韩为戒》，载《香港华字日报》，光绪三十三年七月二日，转引自赵中孚、张存武、胡春惠主编：《近代中韩关系史资料汇编》，第 1 册，434 页。

④ 《哀亡韩》，载《大公报》，1910 年 8 月 27 日，第 3 版。

力行改革之一途。倘或不然，则不堪设想矣"①。至于如何改革，日俄战争的结局——立宪战胜专制，给中国提供了一个立宪的正面标本。相反，韩国的灭亡，却是一个反面的例证。《香港华字日报》认为：朝鲜、安南为中国同洲、同种、同文之国，两国一时皆亡，正因不立宪之故。"天下无立宪可亡之国，以国能立宪则君民共主，其君可囚而其民不能尽囚也，其君可废其民不能尽废也。若专制君主，则以其国为一人之私物，但取其君而亡之则国亦与之俱亡矣。如安南，如朝鲜，非近日亚洲亡国之绝好榜样乎？"② 然而，当时中国不正在大搞新政、立宪吗？对于清政府的新政，报刊舆论啧有微言。《大公报》以韩亡为鉴，认为韩皇也曾召见群臣，谕以变法维新，但宣誓之后，仍是因循如故，而并不励精图治，不过自欺欺人而已。所以，"伪新政"不能救亡。③ 对于某些改革志士的作为，报刊舆论亦颇有非议。《香港华字日报》举伊藤被刺事件为例，以韩国志士善打枪，讥讽中国志士善打电。"中国之所谓志士者，则专以善于打电见称于世。凡争矿争路，一切种种关于地方政治之事，皆电报纷驰，或电外部，或电邮、学、商等部，或电军机，或电各省督抚，或电各省绅商，或电各省谘议局，或电各报馆。其电文则曰愿以死拒，曰誓死不承认，曰国民必为政府之后盾，曰始终坚持，凡一切爱国、保种、保利权、公益、合群等等极美之名词，皆为电报文字所用尽。我国今日之所谓志士者，真可称打电之能手矣！"此等志士，无非沽名钓誉之徒，均于实事无补，根本不可能使中国自强。④ 中国不新政不行，假新政也不行；不立宪不行，假立宪更不行。《香港华字日报》认为，处于 20 世纪之专制君主必须变政，"丁此民权发达时代，天下虽有极专制之君主，不为国计，亦当自为位

---

① 《日俄战后之亚东变态》，载《大公报》，1904 年 4 月 1 日，第 2 版。
② 《亚洲同时两大怵目事》，载《香港华字日报》，光绪三十三年六月二十九日，转引自赵中孚、张存武、胡春惠主编：《近代中韩关系史资料汇编》，第 1 册，432 页。
③ 《哀亡韩》，载《大公报》，1910 年 8 月 27 日，第 3 版。
④ 《韩国志士善打枪中国志士善打电》，载《香港华字日报》，宣统元年九月二十七日，转引自赵中孚、张存武、胡春惠主编：《近代中韩关系史资料汇编》，第 1 册，488～489 页。

计，而竟思以'变政'二字，为对付亡国之败阵铳矣。然不变固亡国，不善变亦亡位"。当时列强帝国之所以强大，"惟先立宪之故"。列国皇位之所以稳固，"惟真立宪之故"。故变政即立宪，善变政即真立宪。至于"不变"与"不善变"的结局，则可以东亚之韩国与西欧之葡萄牙两国为鉴。"不鉴韩皇，不知亡国之惨祸；不鉴葡王，不知失位之痛心。然鉴韩皇而不知自鉴，行将作韩皇之再续；鉴葡王而不知自鉴，必将步葡王之后尘。"因韩皇不知变政，韩国被日本吞并；因葡王变政不善，葡萄牙发生民主革命，葡王失去君位。韩、葡两国，"询现世君主之宝鉴也"①。在清政府推行预备立宪的形势下，一般民间舆论多希望其实行真正的立宪。

## 二、革命派、立宪派人士的观察与反应

与清政府相对而言，革命派与立宪派是清末政治舞台上两股在野的重要政治势力。在当时内忧外患的历史背景下，清政府、立宪派与革命派各自设计了不同的政治方案，开展了既互有歧异又相互关联的政治运动——新政、立宪与革命，三股势力互争雄长。可以说，正是这三股势力的较量与消长决定了中国政治的新走向。

革命派与立宪派人士如何看待日韩合并，以及日韩合并对其政治策略有何影响，这是需要进一步探讨的问题。下面拟分而论之。

### （一）关于革命派人士的观察与反应

张存武先生以《民吁日报》为基本资料，着重论述了革命党人对伊藤博文被刺的反应：痛斥日本对韩国的贪残暴虐，痛斥伊藤博文监韩时的淫威，赞美安重根的爱国英雄之气，哀中国人面临亡国危机而不觉悟。②这些论述，主要还是关注其爱憎悲喜的情感因素，而尚未涉

---

① 《不变政欤试看韩皇变政欤试看葡王》，载《香港华字日报》，宣统二年九月十三日，转引自赵中孚、张存武、胡春惠主编：《近代中韩关系史资料汇编》，第 1 册，531 页。

② 参见张存武：《中国对于日本亡韩的反应》，见《清代中韩关系论文集》，391～396 页。

及其理性诉求。

其实，进而论之，《民吁日报》之所以关注伊藤博文被刺事件，其目的在于揭露日本的侵华阴谋，并警醒中国政府与国民。在尚未得知伊藤被刺消息以前，《民吁日报》即看破了伊藤赴中国东北之行的阴谋。"伊藤数年以来，经营高丽既已告厥成功，今复移其经营高丽之手腕，渐进经营满洲，以为经营中国之起点。"伊藤预料中国立宪改革难以成功，势必陷于列强群起瓜分的局面，将来各列强势均力敌，日本难占优胜地位，故拟捷足先登。伊藤此次到哈尔滨与俄国财政大臣会晤，"盖与俄国订满洲处分之策也"。此举目的当然不仅在中国东北，而是为将来瓜分中国抢得先机。"伊藤公之满洲旅行，非独为满洲，为全中国也，为中国之必将瓜分，而思有以固日本之地位，而立进取之基也。"① 伊藤被刺后，《民吁日报》进而认为，日本必将吞并朝鲜，进逼中国东北、蒙古，直至与列强瓜分全中国。此前，日本虽然已变朝鲜为"保护国"，但"日本之对待三韩人民，犹带假魔王面，而不若法国对待越南之残虐酷暴，无复人理者，非不能为也，实惧俄、美之抵议，而不敢逞也"。伊藤被刺，正为日本提供并吞朝鲜之口实。"自有哈尔滨之枪杀，实与日本以对韩政策进一步之绝好机会。"一些政治野心家"遂阴为日韩合邦之计画"。当然，日本并吞朝鲜后，下一步的目标就是中国，"又将与俄协商，瓜分我满洲，得满洲之后，吾知日本之野心，犹未有艾也，势必又将伸手于蒙古，中间再有各国之利益均沾，而我庞大之帝国，势将分为十数之朝鲜"。为此，《民吁日报》特别提醒："我今日哀朝鲜，又窃恐后日他人之哀我也。我政府何以为计，我国民何以自处，勿使以哀朝鲜者之转而自哀，则幸甚矣！"② 革命派报纸《民吁日报》虽然隐约表达了对清政府立宪的不满，以及对中国将有亡国危机的忧虑，但并没有明确标举革命的目标。

---

① 《侵华阴谋之揭露》《伊藤满洲旅行之阴谋》，载《民吁日报》，1909年10月26日，转引自赵中孚、张存武、胡春惠主编：《近代中韩关系史资料汇编》，第5册，11~12页。

② 《哀韩国》，载《民吁日报》，1909年11月9日，转引自赵中孚、张存武、胡春惠主编：《近代中韩关系史资料汇编》，第5册，43~45页。

其实，与《民吁日报》一样，革命派人士关注日本灭韩的目的，也主要在于中国自身的危亡问题，并进而筹措挽救危亡的策略。

著名革命党人宋教仁非常关注东北亚国际局势，尤其是中国东北边境问题。在他看来，朝鲜与中国东北地区是远东问题的关键，也是正在崛起的日本为实行其"海外经济政策"而势所必争之地。"满洲、朝鲜，极东问题之导火线，而日本所卧薪尝胆，竭全国之力以经营之者也。"从国际战略目的来看，日本之所以不惜血本与俄国拼死相争，是因为这直接关系到其存亡安危问题。"使不经营朝鲜以为屏蔽，则日本海不能高枕，而俄人直可抚其背而扼其吭。朝鲜与满洲，有唇齿辅车之势，使经营朝鲜而不经营满洲以为藩篱，则朝鲜不能高枕，而俄人仍可捣其腋而断其臂。"当然，日本的目的绝不仅仅是在朝鲜与中国东北地区，而是以此为基础，进而侵占整个中国，以称霸东亚。他认为，在各国列强侵略中国的大背景下，其实日本是中国最大的敌国，也是东亚最主要的祸源。"日本者，自古及今，以并吞东亚为遗传之国是者也。""其有假同洲同种之谊，怀吞噬中原之心，日日伺吾隙，窥吾间，以数数谋我者，此则真为东亚祸源唯一之主原因。吾中国既往将来之大敌国，吾人不可不知之，且不可不记忆之也。所云为何？则日本是已。"他特别指出，日本通过明治维新完成大国崛起的历程后，必然走向对外扩张的道路。"而环顾四方，惟脆弱之朝鲜与老大之支那尚可问鼎之轻重，于是殿手三韩，伸足辽左，长驱以入禹域之政策，遂为彼国唯一之国是，而东亚天地无宁日焉。"①

戴季陶于日韩合并前夕，在《中外日报》上发表一系列评论，分析了日本灭韩的必然性及其对中国前途的影响。一方面，日本并韩乃势所必然。自丰臣秀吉以来的三百多年间，日本一直奉行"灭韩政策"。中日甲午战争、日俄战争中，日本"洒数十百万之热血，耗亿万之国费"，其目的当然就是要并吞韩国。在进行武力侵略的同时，日本还大施其国际外交的策略，宣称保全韩国独立，维持韩国领土完整，直到日韩合邦论出，阴谋终于败露。这些不过是其阴险、狡诈的侵略

---

① 宋教仁：《间岛问题》《东亚最近二十年时局论》，见陈旭麓主编：《宋教仁集》上册，125、137～139页，北京，中华书局，1981。

手法而已。"前日之保护韩国，变而为今日之合邦；今日合邦之论，则灭国而更灭其种之第一步手段也。"有人把日韩合并归咎于卖国贼李完用，戴氏不以为然，认为李不过是一个日本的走狗，"虽无此人，而韩亦必灭于日也"。另一方面，韩亡直接关系到中国的安危。他认为，日韩合邦"为满洲生死存亡之一大问题"，"苟一旦此举成立，则满洲非吾中国有矣"。韩亡不仅涉及中国东北地区的存亡，其实更关系到整个中国的存亡。"韩亡则满洲亡，满洲亡则内地之日本势力益盛，大好神州恐将变为岛夷之殖民地矣。"所以，中国将是韩亡之后直接受害最大的国家。尽管如此，但最可悲的是国人的麻木而不觉悟。"合邦成局之日，即满洲毙命之日，亦即吾国全部大敌接近之日也。奈之何全国之人毫不注意，一若他人之事，与我毫无关涉者，何麻木不仁之一至于斯也？"显然，戴季陶所论亦最终归宿于中国自身问题。有谓："观日本对韩近事，不禁为韩国国民哭，又不禁为吾国前途忧。"①

日韩合并后，另一份重要的革命派报纸《民立报》系统总结了韩亡的教训，以警醒国人。该报认为，韩国走向灭亡的每一个环节，均为日本阴谋策划，而韩国人懵然不觉，甚至自落其圈套，终于不免亡国的结局。朝鲜本与中国有宗藩关系，中日甲午战争时期，日本煽动朝鲜独立，朝鲜举国欢欣，"惊为外交史上之一新纪元"，以为"朝鲜真正之独立，将有望矣"。随后，大韩帝国建立，但日本"无日不阴图于韩人之背，思扼其吭而盐其脑，而韩人实不悟也"。日俄战争后，日本变韩国为"保护国"，"自此而韩人始悟其国家为既亡，曩之独立为梦幻，数十年怀柔诱掖，皆大盗之阴谋、灭国之诈术，然亦成不谏之遂事矣"。然而，在日本的统监政治之下，韩国人又有渐渐安于被"保护"之势。尽管日本"无日不在并吞三韩预备之中，而韩人且以为被保护国何地蔑有，国权虽丧而社稷正朔当不改王朝之旧，方当以王国小朝廷之名号，遗国运末期之暮景"。韩国人对于日韩合并之传说，多不以为意，或疑信参半，甚至纷纷斥之为浮谣、诬妄。直至日韩合并条约宣布，"始知前日外间合并之传闻，非讹言，非蜚语"，而韩国真

---

① 戴季陶：《短评》《日韩合邦与中国之关系》《并韩》，见唐文权、桑兵编：《戴季陶集》，29、29~31、33 页，武汉，华中师范大学出版社，1990。

亡矣。其时，列强亦表面上倡言保全中国领土完整，而实际上正进行无形的瓜分，必须警惕这种变相的侵略政策。《民立报》之所以要全面揭露日本灭韩的阴险手法，就是希望中国要把韩国沦为殖民地的惨痛教训引以为鉴。"吾独悲朝鲜今日不皇再辩废立并合、封藩置县之为真为伪，复无光复中兴时期之可冀，惟有延颈日望新政府统治者之仁政，以苏亡国之民命，斯可为酸鼻流涕者矣。前事匪遥，殷鉴不远。余安得勿当暑而栗，不寒而战耶？"①

当然，革命领袖人物孙中山与黄兴的反应最值得关注。日本吞并韩国，直接威胁到中国的存亡。孙中山于 1910 年 10 月 16 日致函檀香山同盟会会员，认为此乃革命最好时机。"乃者时机日逼：外而高丽既灭，满洲亦分，中国命运悬于一线；内而有钉门牌，收梁税，民心大变，时有反抗。吾等新军之运动，已普及于云南、广西、三江、两湖，机局已算成熟。……弟提倡革命以来，至今日为第一好机。"② 黄兴也有同感，他于 1911 年 1 月 11 日致书暹罗同志称："日并高丽，而与强俄协约，满洲、蒙古势已不保。英窥其隙，今已进兵卫藏，置防缅边，西鄙之亡，又可日计。德之于山东，法之于云南，铁路所过，蹂躏无完土。美于中国土地无所侵占，不能恣虐，特倡保护领土之美名，包揽其公债。而满洲政府方醉生梦死，昏不知觉，于日、俄、英、德、法则默认之，于美则欢迎之。对于国民，诡名立宪，以为欺饰，其实则剥夺国民种种权利，以行其中央集权之实。是中国目前状态，不亡于有形土地之瓜分，即亡于无形财政之监督。呜呼！是可忍也，孰不可忍也！今秋，中山先生特召集内地各部代表南来，相与确定计画，急起实行，破釜沉舟，拼此一举。"③ 其时，黄兴正拟到香港谋筹广州黄花岗起义。

① 大召：《斥为瓜分阴谋辩护者之误国》（三续），载《民立报》，1911 年 5 月 15 日。

② 孙中山：《致檀香山同盟会员函》，见广东省社会科学院历史研究室、中国社会科学院近代史研究所中华民国史研究室、中山大学历史系孙中山研究室合编：《孙中山全集》，第 1 卷，486 页，北京，中华书局，1981。

③ 黄兴：《致暹罗同志书》，见湖南省社会科学院编：《黄兴集》，27 页，北京，中华书局，1981。

### （二）关于立宪派人士的观察与反应

立宪派人士中，以往学界主要关注梁启超，因为他留下了《朝鲜亡国史略》《朝鲜灭亡之原因》《日本并吞朝鲜记》等有关日本吞并韩国史方面的系统的资料。对此，张存武、邹振环两位先生的相关论文剖析较详①，不再赘述。这里只着重进一步分析一个问题，即作为立宪派领袖人物的梁启超研究韩国灭亡史与其现实政治诉求之间的关系究竟如何？

在清末，梁启超研究韩国灭亡史，不是为了成为这方面的史学专家，而是以史论政，为中国的政治变革寻求动力与压力。他关注近邻韩国的命运，目的就是希望清政府以韩为鉴。"殷鉴何当远，周行亦匪赊；哀哀告我后，覆辙视前车。"②梁启超在说明其之所以要探究韩国灭亡的原因时说得更清楚："昔汉陆贾作新语，意在推论秦之所以亡，以为汉戒。一时方闻之士，若贾山、贾谊、董仲舒，其所著述，指引秦事，词并危切。汉世鉴之，赖以小康。窃附斯义，次论朝鲜灭亡之原因，以告我后、我大夫百执事暨我邦人诸友。"在具体分析韩国灭亡的原因时，梁启超着重指出关键在于韩国是专制国，而不是立宪国。"朝鲜灭亡最大之原因，实惟宫廷。今世立宪国，君主无政治上之责任，不能为恶，故其贤不肖，与一国之政治无甚关系。惟专制国则异是，国家命运全系于宫廷，往往以君主一人一家之事，而牵一发以动全身，致全国亿兆悉蒙痛毒。征诸我国史乘，其覆辙若一丘之貉，而朝鲜则其最近殷鉴之显著者也。"虽然韩国也曾标榜改革，如练新军、立宪法、改官制等，正如清政府的新政与预备立宪一样，但是，在梁启超看来，这些似乎只是说说而已，具体操作敷衍塞责，并没有实际的效果。"朝鲜于四十年前，已知练兵之为急，尝改革兵制，请外国人

---

① 参见张存武：《中国对于日本亡韩的反应》，见《清代中韩关系论文集》，396～402 页；邹振环：《清末亡国史"编译热"与梁启超的朝鲜亡国史研究》，见复旦大学韩国研究中心编：《韩国研究论丛》，第 2 辑，335～349 页。

② 梁启超：《朝鲜哀词五律二十四首》，见《饮冰室合集》文集之四十五（下），50 页，北京，中华书局，1989。按：此处"我后"之"后"，是指清朝隆裕太后。

为教习矣，而其所发军饷，乃至杂以泥沙，故所练者不久旋溃。我国何如？甲午以后，韩皇尝率群臣誓于太庙，颁布洪范十四条矣，考其条目，视我之宪法纲领九年筹备案，尤为体大而思精也，而一誓之后，其君若臣，即已渺不复记忆。我国何如？尝大改革官制矣，建所谓一府八衙门者，名称悉仿日本，日本政府所有之机关，无一而缺也，而据当时游韩者记载，惟见有巍巍广厦若干所耸立汉城中，大榜于门曰某部某部，而其中乃无一文牍，大臣会议，则惟围坐一桌，烟气弥漫，游谈无根，无一语及政务也。我国何如？略举数端，他可隅反。"他对韩国改革的总体评价是："励精图乱，发愤自戕而已。"① 显然，梁启超痛斥韩国的假改革，其命意所在正是为了批评清政府的假新政、假立宪。作为清末立宪运动的重要领袖，梁启超所期待的是清政府能够以韩亡为鉴，而将预备立宪推向正轨。

另一立宪运动的重要领袖康有为，也曾在日本于韩国建立"顾问政治"之后，写有哀朝鲜诗，有谓："八道山川磨逻青，旧封箕子不神灵。夏商血属惟存汝，晋楚干戈可有名。保护有人宁遣使，太平无事可裁兵。汉阳姬氏如今尽，抚鼎摩沙目不瞑。"② 该诗在谴责日本阴谋灭韩的同时，既有对韩国灭亡的哀恸，也有对清朝命运的忧虑，哀韩亦有自哀之意。正如《大韩每日申报》所谓："康南海之诗意，一以吊韩人，一以吊清国。"韩国与清朝有唇齿相依之势，"韩国之不保，岂非清人之深耻？清国之不振，亦非韩人之大惧耶？"③ 确实，这"清国之不振"与"韩国之不保"的现实及其间的微妙关系，正是康有为心中无法抹去的痛楚。后来，康有为还上书监国摄政王载沣，认为日本急行宪政，"故三十年之间骤致霸强"，"缅甸、安南、高丽地与欧国

---

① 梁启超：《朝鲜灭亡之原因》，见《饮冰室合集》专集之二十，1、5、6页。

② 康有为此诗写于光绪三十年除夕，即1905年2月3日。参见康同璧编：《南海康先生年谱续编》，见楼宇烈整理：《康南海自编年谱（外二种）》，124页，北京，中华书局，1992。

③ 《读康南海吊韩人诗》，载《大韩每日申报》第5卷第443号，第1版，1907年2月20日。按：此引吊与韩国人所记之诗字眼略有不同，韩国人所记为："八道山川ᄆ逦青，旧封箕子不神灵。殷商血属犹存汝，晋楚干戈可有名。保护有人宁遣使，泰平无事可裁兵。汉阳姬氏于今尽，周鼎摩사目不瞑。"

等，以不早变，遂以致亡"。他希望摄政王以此为鉴，速行立宪。① 康有为在吁请速开国会时，特别强调了日俄协约以瓜分中国的背景。有谓："顷闻日俄协约，有分割黄河、攘夺蒙古、监理财政之说，薄海震动。"他认为，九年预备立宪的时间太长，"迟是乎，日俄夹至，他国并兴，虽开国会，压于强兵之下，亦无济也"，因而建议宣统三年（1911）即开国会。②

其他立宪派人士也有相同的理念。他们虽然没有专门研究日本灭亡韩国史，但他们在主张实行立宪与呼吁速开国会时，也多以韩国为鉴，或以救亡图存为标的，而着重关注日本侵华而导致的民族危机。杨度认为，中国在列强环伺进逼之下，处在生死存亡的危险时刻，"能自立则存，不能自立则亡"。如何自立？关键就在于建设立宪政体。"惟将专制政体改为立宪政体，斯对于内对于外，而皆为自立求存之良法也。"中国如能自立，则不致再有覆亡之忧。否则，中国将难免灭亡的命运。"中国虽欲为无形之亡国，如印度、如埃及、如朝鲜者而不可得，惟能如四分五裂之波兰耳。"③ 张謇在吁请速开国会时，特别强调了日本侵占朝鲜并进而渗透中国东北地区的背景。有谓："日人之图统监中国，则于其大隈重信饯别伊藤博文统监朝鲜时昌言之，亦见日报。彼时我国人民稍有爱国思想者，即相与扼腕愤叹，而闻我政府及政界要人，则以为是特空言而已，未必果有是事。今年则日人占筑安奉铁路发见后，又有占及吉长之说。"在他看来，为了挽救民族危机，必须速开国会。有云："救急之法，惟有请明降谕旨，声明国势艰危，朝廷亟欲与人民共图政事，同享治安，定以宣统三年召集国会。"④ 随后，全国性的国会请愿运动便如火如荼地开展起来，但并没有达到宣统三

① 康有为：《上摄政王书》，见上海市文物保管委员会编：《康有为与保皇会》，298 页，上海，上海人民出版社，1982。

② 康有为：《代美国宪政会请开国会折》，见上海市文物保管委员会编：《康有为与保皇会》，299～301 页。

③ 杨度：《金铁主义说》，见刘晴波主编：《杨度集》，303、304 页，长沙，湖南人民出版社，1986。

④ 张謇：《请速开国会建设责任内阁以图补救意见书》，见张孝若编：《张季子九录·政闻录》卷 3，25、26 页，上海，中华书局，1931。

年（1911）即开国会的目的（详见下文）。日韩合并后，张謇在筹议挽救东三省危机时，颇有感慨地说："惜我国会未成，全国人民无一总机关。"① 显然，立宪派意在加速立宪运动。

## 三、清朝政府官员的筹议与对策

对于日韩合并，中国政界如何反应？张存武先生在分析清朝政府官员（主要是驻日韩使领与东三省官员）的言论后，得出所谓"中国由于自身难保，对日本灭韩未作任何军事外交积极反应"的论断。② 这个说法值得商榷。事实上，当时清朝政府官员反应强烈，而筹议了一系列相应的应对策略。据恽毓鼎日记，他在日韩合并次日即得知消息，有云："日韩两国于昨日定约，联邦合并，归日本管理。东方古国从此亡矣（韩皇岁给俸一百五十万元）。麦秀黍离之感，长蛇封豕之忧，不禁交集于心，为高丽痛，为吾国危，与锡三相向叹息，几至泪下。"又云："余自闻日韩并邦之信，忧闷悲愤，不可言状，未识当国诸公亦动心否乎？"随后，他便奏请清廷注重军事外交以为救危保邦之策，其大意有谓："日本灭韩，东三省已无可设防，京师亦难安枕。此正我君臣上下卧薪尝胆、全力保邦之时，而非创制显庸、文饰承平之时也。……若再贪慕美名，厉行不已，恐功未见而国已亡矣。宜将新政浮费痛加裁汰，专注意于练兵、外交，为救危之策。"③ 这是一个普通京官的感受与反应。

至于恽氏所谓"当国诸公"，亦并非无动于衷。摄政王得知日本合

① 张謇：《为东三省事复韩子石函》，见张孝若编：《张季子九录·政闻录》卷3，36页。

② 参见张存武：《中国对于日本亡韩的反应》，见《清代中韩关系论文集》，390页。

③ 史晓风整理：《恽毓鼎澄斋日记》，第2册，497、498、504页，杭州，浙江古籍出版社，2004。

并韩国消息，当即召集军机大臣那桐、毓朗"密议对待之策"①。他还屡次告诫枢臣，"以后办理外交益须谨慎，内政尤宜极力整理"，尤其是"民心不可使之涣散"。② 据《大公报》披露：军机大臣与各部参预政务王大臣连日迭开会议，为日韩合邦与日俄协约两问题妥筹保护权利办法，拟先与某某两国订立某约，以资抵制。东三省总督锡良此时进京，亦大半为筹此政。③ 据说隆裕太后也曾特召摄政王垂询日韩合并及韩国灭亡后之情形，颇为感慨，有言："三韩真亡矣！我国自顾不遑，断难干预。惟我各处边陲，外人窥伺，日益紧逼，务与各廷臣妥速筹防，勿令稍有损失，是为至要。"④ 可见，尽管当时的中国确实自身难保，无力干预国际事务，但要想方设法自保则是毋庸置疑的。至于清政府官员究竟筹议了什么对策，这是需要进一步探讨的问题。

日韩合并对清政府官员的刺激异常强烈，其反应也同样强烈。政府官员因有具体的职责，其所关注的问题均与现实的具体事务有关。或者说，他们均从自己的职责出发，立足中国的现实政务，提出自己的应对策略。他们的观察与反应复杂多样，这里拟从外交、军事与内政三方面略做探讨。

**（一）外交方面的反应：对日本侵华阴谋的揭露与救亡举措，以及处理华侨、边界与韩侨问题**

日韩签订合并条约后，当清朝驻韩总领事马廷亮电呈外务部日韩合并条约及宣言书时，外务部回电指示："该约宣布，各国如何应付，我亦一律办理。"⑤ 这是清政府基本的外交原则。有人认为，清政府

---

① 《清廷密议对日韩合邦之策》，载《香港华字日报》，宣统二年七月二十七日，转引自赵中孚、张存武、胡春惠主编：《近代中韩关系史资料汇编》，第 1 册，514 页。

② 《专电·电二》，载《申报》，1910 年 9 月 10 日，第 1 张第 3 版。

③ 《清政府商议对外策略》，载《大公报》，1910 年 9 月 2 日，第 4 版。

④ 《皇太后召询韩亡之情形》，载《大公报》，1910 年 9 月 21 日，第 4 版。

⑤ 《外部致马廷亮日使面交合并约各国如何应付我亦照办希详覆电》（宣统二年七月二十五日），见王彦威辑，王亮编：《清季外交史料全书》，第 36 册，14964 页，北京，学苑出版社，1999。

"竟不能对日本背弃中日《马关条约》提一抗议"①。在强权即公理、弱肉强食的时代，中国凭什么提出抗议呢？时人认为："夫以数千年臣服中国之朝鲜，乃日本不许朝鲜臣服中国，强令独立，不十余年，竟敢攘为己有。中国此时理应诘问日本之并朝鲜与乙未年争朝鲜为独立国之意大相刺谬，日本将何辞以解？又当诘问俄国及各国昔认日本争朝鲜为独立国者，今何又认日本之并朝鲜，将俄与各国其又何辞以解？乃中国不能诘问者，以陆军不能战，又未兴海军，未造飞行艇机，军力太弱，实不能与争也。"② 因军事实力不济，清政府确实处于心有余而力不足的尴尬境地。

其实，日本侵吞韩国蓄谋已久，"合并"只不过是完成一个形式上的手续。日本驻华公使伊集院彦吉在向清外务部送达合并条约与宣言书时就曾明确表示："此事早已决定，因他故尚未发表，且数年来韩国国政早归日本，合并条约不过表面事耳。"③ 对于日韩合并的事实，西方列强也是默认的。马廷亮报告称："日韩合邦发表以后，各国均未闻有异言。"④ 王慕陶以远东通信社的名义向外务部官员详细报告了各国舆论反应，有谓："日本并吞高丽之新闻达于欧洲，欧报均谓此为意想中耳，已预料之事，在理则为固然，在势亦所必至，毫无新奇足令人惊异者也。"⑤ 清政

---

① 蔡建：《晚清与大韩帝国的外交关系（1897—1910）》，208 页。

② 《翰林院编修王会厘为日并朝鲜时局愈危请精练陆军兼兴海军并制飞行艇机事呈文》（宣统二年九月初九日），中国第一历史档案馆藏（以下简称"一档藏"），录副奏折，档号 03-7498-025，缩微号 557-1167。可查阅国家清史编委会网上工程：中华文史网（http：//www. qinghistory. cn）。按：王会厘呈文为翰林院掌院学士陆润庠等代奏，时间在宣统二年九月初九日。参见《翰林院掌院学士陆润庠等奏为编修王会厘代呈折件事》，一档藏，录副奏折，档号 03-7444-064，缩微号 553-0831。中华文史网"录副奏折库检索集"误为宣统三年，今改正。

③ 《宣统二年七月二十四日收日本伊集院使会晤问答》，见"中央研究院"近代史研究所编：《清季中日韩关系史料》，第 10 册，7108 页，台北，"中央研究院"近代史研究所，1972。

④ 《宣统二年八月初九日收驻韩总领事马廷亮函》，见"中央研究院"近代史研究所编：《清季中日韩关系史料》，第 10 册，7121 页。

⑤ 《宣统二年十一月初九日收远东通信社致丞参函》，见"中央研究院"近代史研究所编：《清季中日韩关系史料》，第 10 册，7161 页。

府能如何反应呢？据《申报》译述《字林西报》载北京电云："据政界
中人称述谓：当韩国独立之时，早已料及该国日后必为日本附庸，归
入日本版图。中国既未反对于前，故今日实行兼并，虽为抱痛，亦不
便起而抗议。"① 确实，清政府亦觉得日本并韩乃势所必然而无可奈何
之事，唯有哀叹而已。因此，在对待日韩合并的事实上，清政府不得
不采取与西方列强相同的默认态度。

尽管如此，清政府实在无法亦无力顾及韩国，只是问题的一个方
面。另一方面，从地缘政治上看，清朝在东亚地区的角色与战略利益，
毕竟与西方列强完全不同。因而，清政府官员在日本吞并韩国的过程
中，并非毫无反应。他们对日本侵华阴谋的揭露与救亡举措，以及有
关华侨、韩侨与边界问题的处理，均是从中国自身的角度所做出的积
极应对。

1. 关于日本侵华阴谋的认识

早在 1907 年，中国出席第二届荷兰海牙国际和平会议的代表陆徵
祥，在看到韩国所派赴和会密使的遭遇与得知韩皇被逼退位的消息时，
认为："此次韩廷变局，与我国危机关系尤为密切。"他深刻地认识到，
"天下事只有强权，本无公理"；日本在侵占韩国之后，必然进一步侵
略中国。"海牙三会将复现何幻象，神州莽莽，良可寒心！东邻政策，
咄咄逼人，得陇望蜀，宁有止境！其敢于施之韩者，固无不可施之于
他国。当林权助之来驻我国，司马昭之心，固已路人皆见。近更纷纷
与欧洲各国订立协约，其未发表者不可知，而就其所发表者，一则曰
尊重中国主权，再则曰保全中国土地。夫主权之当保重，土地之当保
全，奚烦强邻越俎，其命意可以推知。且往往以我满洲之名与韩并列，
一曰满韩，再曰满韩，其视满洲之与韩相去几何？由满以推之全国，
其视中国之与韩相去又几何？"② 日韩合并前不久，中国驻日代办吴振
麟报告日韩合并势在必行，欧美各国并无异议，日本之野心将在中国，

① 《西报译要·中国对于日韩合邦之观念》，载《申报》，1910 年 8 月 30
日，第 1 张后幅第 2 版。

② 《光绪三十三年八月初六日收驻和专使陆大臣函》，见"中央研究院"近
代史研究所编：《清季中日韩关系史料》，第 10 册，6568～6569 页。

中国宜未雨绸缪。"中日之役日本欲推朝鲜为独立国，俄日之役日本欲援朝鲜为保护国，约章俱在，曾几何时，竟欲据为己有。明治以来，始灭流球，继割台湾，再割桦太（库页岛——引者注），今将欲并朝鲜。自兹以后，日本之雄心其稍已乎，其犹未已乎，诚不敢遽加以臆断。要其得步进步，似不能无绸缪牖户之思矣。"① 日本并韩后的下一个目标在于侵华，清政府官员对此有清醒的认识。

当日本并韩不可避免而为既成事实后，清政府官员更深感民族危机迫在眉睫，尤其东三省总督锡良首当其冲，反应强烈。锡良曾多次探报日方相关情报，呼吁清政府寻求对策。根据锡良的报告，值得注意的有三点。一是日本将实行赤裸裸的侵华政策。"日韩合并以后，彼国政府对于东省野心勃勃，已有经营第二朝鲜之想。"②锡良向外务部报告了一份日本政府颁布给外交属官的秘密对清政策，其中规定：多遣侦探、多费金钱，务悉北京外交界对日政策，多方设法阻止有外交能力之官员任职，多方罗致、以利引诱官商人士为侦探向导，不择手段暗握清朝财政用人之权，用金钱诱惑、煽动蒙古各部离叛清朝，暗中添派南满铁路沿线驻军至三师团之数，设法破坏欧洲人与清朝议办实业或借款，阻止欧洲人插手东三省林、矿、交通，全力经营东三省之豆、盐两大宗出产。③ 这便将日本的侵华阴谋暴露无遗。二是日本将实行统一殖民政策。日本政府决定将现有之拓殖局升为拓殖省，将以后藤新平为殖民大臣，"以便统一满、韩、台湾、桦太之殖民事业"，并在东三省扩张农业、工业与植林事宜，以"吸取东三省之财力，补助高丽之经营"。日本还拟在朝鲜建造"离宫"，名为日皇巡幸，甚至有"迁都高丽"之说，其阴谋诡计，路人皆知。日本政府于朝鲜总督府专用武官，其用意在于所谓"武装的平和"。"其目的何在？即在我

---

① 《驻日代办吴振麟呈外部日欲并朝鲜雄心未已函》（宣统二年六月初一日），见王彦威辑，王亮编：《清季外交史料全书》，第 36 册，14846～14847 页。

② 《宣统二年八月十四日收东三省总督函》，见"中央研究院"近代史研究所编：《清季中日韩关系史料》，第 10 册，7127 页。

③ 《宣统二年八月二十日收东督函》，见"中央研究院"近代史研究所编：《清季中日韩关系史料》，第 10 册，7129～7130 页。

东三省！"① 三是日本将实行急进主义侵华政策。日本在朝鲜建造京元湖南铁路，拟缩短年限，并力经营；又在镇海湾建设海军兵舍及水雷团；且在安奉铁路沿线加增警察。种种迹象表明，日本将实行急进主义。"盖五六年后高丽经营即可告成，彼时将以全力注我东三省。"同时俄国又有侵占蒙古之势，"前虎后狼，协谋吞噬，祸患之来，不知所届"。② 锡良一再呼吁急图防备与抵制之策。他主张内则以移民实边、兴办实业为要图，外则抢在日本之先迅速联美联德，以图补救。有谓："为今之计，似惟有急从移民实边、兴办实业著手，以期抵制外力；一面请用敏捷手段联美联德，以维国势，迟则日人先我为之，悔无及矣。"③

为了挽救东三省的危机，时人主张利用列强均势，实行门户开放主义的外交政策。日俄协约达成后，翰林院侍讲文斌便愤激地指出，这是日俄与列强瓜分东三省与整个中国的阴谋。有谓："此协约告成，即东三省危亡之渐，亦即中国危亡之渐也。……外观似可暂保满洲之和平，静思实为编入版图之铁证。""今者日俄协约成立，为列强对于亚东之结局，亦即列强宣告中国危亡之定居。盖列强既合，即瓜分之局定。故日俄协约者，非惟明示我满洲之主权已无，实宣布我全国之主权自今皆可消灭也。言之寒心，闻之股栗。"他因美国主张满洲铁路中立化与门户开放主义，而建议采取联美政策，密订中美协约，利用列强均势，以瓦解日俄联盟。"美国素守门罗主义，似无领土侵略之虞，而以经济之通为协约之要旨，如经营蒙古及内地之修路、开矿，皆借其资。苟因应得宜，则利用邻国以救危亡，亦今日之不得已而无策之策也。如再能实行开放门户主义，将东三省多开商埠，多联与国，借列强之力以破日俄之狡谋。再借美国之缔约，以厚我势力，中美既

---

① 《宣统二年八月二十八日收东督函》，见"中央研究院"近代史研究所编：《清季中日韩关系史料》，第 10 册，7136～7139 页。

② 《宣统二年九月初六日收东督函》，见"中央研究院"近代史研究所编：《清季中日韩关系史料》，第 10 册，7141～7146 页。

③ 《宣统二年八月十四日收东三省总督函》，见"中央研究院"近代史研究所编：《清季中日韩关系史料》，第 10 册，7127 页。

属联盟，他国亦不能援最惠条款而争利益均沾，则目前之祸可免，日后乃有余力以图强。"① 日韩合并后，试署湖北交涉使熊希龄奏称："朝鲜既并，满洲益危，非大变政策，无以救亡图存。"他认为，东三省自甲午战争以后，之所以亡而复存，危而又安，无非各国牵制之力。而日俄战争后，列强改变远东侵略政策，日本渐取强势扩张主义，日俄签订协约，日本吞并朝鲜，东三省又处于危迫形势。欲谋抵制之法，必须重新利用列强均势，使各国陷于共同利害关系之中，"以转移各国之视线，而使东三省化为万国工商竞争之区，永久中立之地"。其策有四：一是裁撤东三省已设各洋关，改为无税口岸；二是改正东三省通商条约，允许各国商人杂居内地；三是东三省矿产森林，均许各国公司招股承办；四是加借外债，大办移民开垦。他希望通过将东三省向列强完全开放，以打破日俄分占局面，挫败日本独吞的阴谋，所谓"明以示开放主义，阴以为永久中立，列强所许，日、俄所忌"，最终达到保全东三省领土与主权完整的目的。② 清廷谕令东三省总督锡良审议。锡良认为，第一条可以实行，第二条宜从慎行，第三条已在试行，第四条利在速行，完全肯定了熊希龄的建策，有谓："细察四端之宗旨，皆以实行开放为主义，所见远大，与顾此失彼、畏首畏尾者，不可同日而语。"③

2. 关于在韩华侨问题

日本侵略韩国对在韩华商的影响，向来为清朝驻韩使领所关注。1905年，日本在韩国设立统监府，管理韩国外交，各国驻韩使馆裁撤。中国末任驻韩公使曾广铨感叹："所可虑者，我之商民不能自振，

①《翰林院侍讲文斌奏为时局日危外患日亟密陈大计事》（宣统二年七月十二日），一档藏，朱批奏折，档号04-01-01-1118-037，缩微号04-01-01-172-0241。

② 熊希龄：《为朝鲜既并满洲益危敬陈管见折》，见周秋光编：《熊希龄集》上册，398～402页，长沙，湖南出版社，1996。

③ 锡良：《遵旨密陈东三省大局应行分别筹办情形折》，见中国科学院历史研究所第三所编：《锡良遗稿·奏稿》，第2册，1240～1242页，北京，中华书局，1959。

难与日商竞争耳。"① 1907 年，驻韩总领事马廷亮报告：日本经营韩国不遗余力，"华人商业暗受其亏"。华商在汉城约有一千五六百人，向无指定租界，二百余家铺户散处，"势难列肆而居，商情因之隔膜"。马廷亮到任后，即着手建造华商总会与华商学堂，"借以合群联志，融洽商情"。② 日韩合并后，马廷亮以总领事身份承担起保护华侨之责。一方面，他要求华侨商民自我约束，遵纪守法。"密谕华商总会各邦[帮]董事，敦劝华民固结团体，安分谋生，勿蹈法而营私，勿逞忿而斗狠，先各立于不败之地，外人自不得而欺，纵或事有为难，饬由总会秉公排解，免起争端。"③ 另一方面，他积极与朝鲜总督府沟通交涉有关事宜。据朝鲜总督府新规定，外国人在朝鲜，非特受地方长官许可，不得在向有租界地以外居住、营业及从事苦力等事，违者罚款。其时，朝鲜各道内地，向有华侨从事贸易与种植等工作，历年既久，且多置有田地房产。日督所定新章，"于华侨殊有妨害，商情颇滋惶惑"。马廷亮亲到总督府商议请弛苛禁，得到有关官员通融，准许既往者照常安业，后来者按新章办理。马廷亮还与日本警务总长达成协议，要求日捕从优处理华侨案件。通过马廷亮的工作，据说华商市廛尚称安静，邦交亦尚辑睦。④

3. 关于中韩边界问题

当日本伊集院公使向清外务部送达日韩合并条约与宣言书时，外务部官员特意询问了处理中韩边界问题。"又闻［询］以中韩国界相接，自与各国情形不同。此后中韩边界各种事件，即如延吉特别办法，

① 《光绪三十一年十一月十六日收驻韩国大臣曾广铨函》，见"中央研究院"近代史研究所编：《清季中日韩关系史料》，第 9 册，6157 页。

② 《光绪三十三年二月初二日收驻韩总领事马廷亮函》，见"中央研究院"近代史研究所编：《清季中日韩关系史料》，第 9 册，6379 页。

③ 《宣统二年八月初九日收驻韩总领事马廷亮函》，见"中央研究院"近代史研究所编：《清季中日韩关系史料》，第 10 册，7121 页。

④ 《宣统二年八月二十五日收驻韩总领事马廷亮函》，见"中央研究院"近代史研究所编：《清季中日韩关系史料》，第 10 册，7133 页。

谅当仍照中日所订之条款办理。伊云：然。中日条款仍是有效。"① 双方承认中国与日本于 1909 年签订的《图们江中韩界务条款》继续有效。随后，外务部致函东三省总督锡良、吉林巡抚陈昭常，要求遵照办理，并特别提醒注意边界相关问题。"惟日韩并合，前与韩界，今即与日界，情形不同，办法自异，沿边各地方遇有交涉事件及边界往来人民，应格外妥慎办理，免生枝节。"② 但是，锡良很快发现《图们江中韩界务条款》无法解决在华韩侨问题，陈昭常也有同感（详见下文）。陈昭常认为："去岁所订延吉条款，日人借口皆以中韩旧约根据，今韩已合并于日，他约悉皆消灭，此约根据已去，不应独存。盖此约中所称韩民今已无有，自应一并视为无效，方是正当办法。岂有于国则已肆吞并之谋，于民则犹留未亡之号？此而不争，更无时矣。"因此，陈昭常建议废除该约。他还主张与日本重勘中朝边界，"至中韩界务，自延吉问题解决后，尚未经两国会同勘丈，设立标识，并恳转告日使派员会勘，以清界限"。③

4. 关于在华韩侨问题

在清末，韩国人到中国东北边境越界垦殖成风。奉天有韩侨三万余，吉林延边的韩侨更高达十八万之多。④ 由于日韩合并，更有大量韩国人涌入中国。本来，根据 1909 年中日所订《图们江中韩界务条款》的规定，延吉地区韩侨服从中国法律，归中国地方官管辖裁判，日本领事或其所派官员可到堂听审。但是，日韩合并后，韩国人变成日本人，显然上述条约无法处理在华韩侨问题。东三省总督锡良认为：

① 《宣统二年七月二十四日收日本伊集院使会晤问答》，见"中央研究院"近代史研究所编：《清季中日韩关系史料》，第 10 册，7108 页。

② 《宣统二年七月二十六日发东督吉抚函》，见"中央研究院"近代史研究所编：《清季中日韩关系史料》，第 10 册，7112 页。

③ 《宣统二年八月二十一日吉抚陈昭常致外部日韩合并请与日使妥商韩民越垦问题函》，见王彦威辑，王亮编：《清季外交史料全书》，第 36 册，15036～15037 页。

④ 《宣统二年八月二十九日收东督函》《宣统二年九月初七日收司员吴经铨条陈》，见"中央研究院"近代史研究所编：《清季中日韩关系史料》，第 10 册，7139、7147 页。

"从前韩为我属，特准杂居。甲午以后韩已服属于日，然韩国名义犹存，新旧侨民咸听我州县管辖。今韩为日并，若听其内地杂居，以法律不同之故，日人出而干涉，则巡警裁判等事，处处伸张势力，损害主权，恐此数万韩侨将为并吞满洲之导线。"在他看来，处理在华韩侨其实只有两个办法：要么把韩侨看作日本人，则其不能在中国内地杂居，只能在通商口岸居住，可享受领事裁判权；要么使韩侨归入中国籍，成为中国人，完全归中国法律管辖。另外还有一个变通的办法，就是依据习惯与日本订立专门条约，明确规定：已领地、给照、居住年久之韩侨悉令归入中国籍；其余已来韩侨准其杂居，但悉归中国地方官管理，日本人不得干涉；后来者非有护照不准入境。这样或可防患于未然，否则将难以与日本人妥善交涉。"数月以后，日人将韩事稍稍整理，必将起而干涉，届时与之辩驳，不免转失事机。"① 吉林巡抚陈昭常也认为不能按照《图们江中韩界务条款》处理韩侨问题。他说："若仍照中韩界务条款办理，则凡居留韩侨，皆将以日韩既并之故享有日人同等之权利。不惟吉省祸患不堪设想，且英可援例驱缅人越垦滇南，法可援例遣安人越垦西粤，求诸万国，未闻有此通例。外交情势移步换形，一著失败，全局尽溃。"他识破日本人之所以承认《图们江中韩界务条款》继续有效，其实是一个阴谋诡计。"在彼视为有效，或系别有深心，我如隐忍不言，是真堕其诡计。"因而他请外务部向日本公使声明废除此约，以免纠葛；如果日使不允，也应就韩侨越垦问题提出条件，与日使协商，"求一限制妥善之策"。② 随后，锡良又多次向外务部建议要尽快妥善处理韩侨问题。他还派奉天交涉司韩国钧详细调查奉天省韩侨现状，发现奉省韩侨有三万余人，分布于十一府县，根本不可能按照《图们江中韩界务条款》规定的延吉成例办理。"奉省韩侨延至十一府县之多，以后递年增加，势必普及东三省而后已。日既并韩，吉省之延吉一带，尚有集居区域，成案服我法权。奉省前未

---

① 《宣统二年八月初五日收东督函》，见"中央研究院"近代史研究所编：《清季中日韩关系史料》，第 10 册，7119 页。

② 《宣统二年八月二十一日收吉抚函》，见"中央研究院"近代史研究所编：《清季中日韩关系史料》，第 10 册，7131～7132 页。

规定，虽词讼一切向由我地方官判断，万一日人借口合并，以相干预，抑或以查户口为名，分派警察，入我内地，听之则失我主权，不听则龃龉立见。良前函谓韩侨为日本兼并满洲之导火线，非感危词以耸听，实有见于眉睫之祸，不得不然。"① 后来，新任东三省总督赵尔巽再次重申锡良的主张，并呼吁外务部与日使另订专章，"所有从前已来之韩侨，我纵不加驱逐，日亦不应干预，仍照旧归我国地方官管辖办理；嗣后续来韩民，一律请领护照，无照不准入境"②。这些东三省督抚之所以迫切希望解决在华韩侨问题，主要是从中日关系的角度出发，担心韩侨可能成为日本借以侵华的工具。正如锡良所说："窥彼政策，盖欲以朝鲜人民逐入我国，扩张其势力，又以日本人民迁入朝鲜，巩固其边陲，设谋至狡且毒，我国取缔韩侨问题宜早解决。"③

**（二）军事方面的反应：整军经武，加强边防戒备**

近代以来，中国之所以在外交上经常受制于人，主要是因为军事实力太弱，尤其在甲午战争以后，国人对此更有痛切感受。在这个弱肉强食的时代，军事实力是立国的根本。清政府在推行新政时，编练新军与复兴海军，便成为其救亡图存的重要举措。正如浙江巡抚增韫所说："立国于近世，强弱之势，惟视兵力。皆强而有一弱，则弱者为鱼肉；皆强而无一弱，则相持莫肯发难，而公法乃行乎其间，无一国不可以战，乃无一国敢轻于言战。我国有鉴于此，陆军划定三十六镇，克期成立，海军亦正筹办，所以图自强而巩国防者，亦既得其要领矣。"④ 宣统初年，监国摄政王载沣分别任命其两个胞弟载涛、载洵为管理军谘处大臣和筹办海军处大臣，以图整顿军政。载涛、载洵受命后，即分赴欧美各军事强国，考察其陆海军建设，并着手制订清朝军

---

① 《宣统二年十一月十五日收东督函》，见"中央研究院"近代史研究所编：《清季中日韩关系史料》，第 10 册，7169 页。

② 《宣统三年闰六月二十五日收东三省总督信》，见"中央研究院"近代史研究所编：《清季中日韩关系史料》，第 10 册，7203 页。

③ 《宣统二年十月初十日收东督函》，见"中央研究院"近代史研究所编：《清季中日韩关系史料》，第 10 册，7154 页。

④ 《浙江巡抚增韫奏为条陈军政事宜请敕部核议事》（宣统二年十月二十二日），一档藏，录副奏折，档号 03-7479-017，缩微号 556-0051。

事振兴计划。

日韩合并直接刺痛了清政府脆弱的神经，促使其进一步考虑加紧扩充军备的步伐。就在日本宣布吞并韩国之后没几天，军谘大臣载涛奏陈练兵筹饷与筹划国防事宜。他从考察各国军政的经验出发，认为列强政策大都以扩张军备为第一要义，不惜竭全国之力经营军队，多以国家财政收入的一半或三分之一为军费。"所以然者，世界日启竞争之局，列邦皆以雄视为心，非固本不足以图强，非整军不足以御侮。"中国要图强御侮，也必须尽力扩充军备。针对近来各省因财政困难而有核减军费之说，他颇不以为然。有谓："彼固未及深思，不知兵不足则国无所恃以自存，饷不足则兵无所恃以为养，欲减军费势不得不裁兵额。以中国之大，处列强环伺之交，即奏定三十六镇如数编成，已嫌单薄。若并此而复减之，岂非自撤其藩篱而甘居于削弱耶？"因此，他特别强调嗣后所有军费绝不能裁减或挪作他用，必须保证军事建设。他认为："中国积弱不振，由来已久，近更受制强邻，祸机日迫，尤非扩张军备，难以谋独立而救危亡。故一切费用皆可力求节省，惟练兵一项，无论如何拮据，总当力任其难。即万一为财力所限，无可增加，亦断不能减去已定之饷需，以限制将来之兵额。此为国家根本重计，固非所持消极主义以苟安于目前者也。"[①]

海军大臣载洵与萨镇冰在历考欧美海军强国后，提出了一个中国海军振兴的初步计划。他们上奏说："现当日韩合并，我国时事日亟，加以海疆延亘七千余里，外国战舰常川游弋，非设数枝舰队，即不足以保海权而资策应。"但是，因目前财力匮乏，数支舰队同时并举相当困难。于是，他们建议缩小规模，先建海军第一舰队，"以为续设各舰队之模范。盖必有完全之舰队，始可以练将练兵，成完全海军基础"。其计划是：以前一年所拟编建之巡洋舰队略为变通，增购战斗舰两艘，钢甲巡洋舰两艘，鱼雷猎船八艘，加上原有各巡洋舰，合成第一舰队。统计约需银三千五百万两。同时，他们还建议把筹办海军处改为专门

---

① 《管理军谘处事务载涛奏为练兵筹饷筹划国防敬陈管见事》（宣统二年七月三十日），一档藏，朱批奏折，档号 04-01-01-1108-016，缩微号 04-01-01-170-1061。

行政机关海军部，并早日厘定其官制，以与即将实行的宪政体制相适应。① 据《申报》披露，当时海军大臣载洵以筹办海军"为国家整军经武之要图"，对中国海军建设做了整体规划。他曾派员详细调查沿海各属居民的一般风俗习惯，拟划分四大海军征兵区域：以北洋鲁直等省为第一区，南洋江浙等省为第二区，闽洋福建等省为第三区，粤洋广东等省为第四区。② 其实，这是甲午战争之后中国北、南、闽、粤四洋海军全面复兴的蓝图。

浙江巡抚增韫还提出了军国民教育的设想。他认为，在如今海陆交通大开之时，非人人知兵，不可轻言战事。中国即使完全编练三十六镇陆军，每镇约万人，也只可得三十六万兵力。但中国以大陆之国，当列强之冲，仅此兵力，并不足以抵御外侮。如果练兵过多，而军备不继，亦不得计。故只有实行军国民教育。"所谓教育者，非谓多设军事学堂已也。其主义仍寓于普通教育之中，而趋重尚忠尚武之趣，以体育练其力，以秩序练其心，以国家思想练其忠爱。十年以后，不必有练兵之名，而兵已不可胜用，既足救吾国数千年文弱之弊，亦足寝列强吞并之谋。战胜之机，无逾于此。"③

翰林院编修王会厘则提出了一个振兴陆、海、空三军的初步构想。王会厘这个构想直接由于日韩合并的民族危机而引发，其叙述恳请代奏的缘由时即明确表示："为日并朝鲜，唇亡齿寒，时局愈危，请精练陆军，兼兴海军，并制飞行艇机，以救危亡，力图自强。"他清楚地知道日本侵略东三省的野心，"日俄两国今年协约，日本即并朝鲜，日国君臣又欲迁都朝鲜，为侵掠东三省之计"。王会厘希望振兴陆、海、空三军的目的，不仅在于挽救东三省被日俄侵占的危机，而且力图挽救中国被列强瓜分的危局。"将来日俄两国有侵占东三省情事，必与之决

---

① 《筹办海军大臣载洵筹办海军大臣海军提督萨镇冰奏为拟设海军第一舰队并拟厘订海军部官制各情事》（宣统二年十月二十五日），一档藏，朱批奏折，档号 04-01-01-1113-046，缩微号 04-01-01-171-1064。

② 《海军处划定征兵区域》，载《申报》，1910 年 9 月 3 日，第 1 张第 4 版。按：原文将海军大臣误作"涛贝勒"，今更正。

③ 《浙江巡抚增韫奏为条陈军政事宜请敕部核议事》（宣统二年十月二十二日），一档藏，录副奏折，档号 03-7479-017，缩微号 556-0051。

一死战，战而期其必胜，方可杜各国瓜分之局。不独东三省为国朝发祥之地，陵寝所在，不可轻易与人也。盖中国如被各国瓜分，则四万万人皆将为人奴隶。一言奴隶之苦，实为寒心。"关于精练陆军，他主张以直属于陆军部的近畿六镇陆军为一师团，其余各省陆军按区域划分，山陕甘新、鄂皖豫宁、闽浙两广、滇黔湘蜀各为一师团，"平日各省陆军所有枪法、阵法、战法逐一训练，各师团于秋冬时调集一处会操，必期有整齐划一之观。……此数师团每年归训练大臣分两起轮流阅看，平时为弹压地方盗匪之用，一有战事，或召一师团及数师团，以一省军力联络数省军力，军力既厚，即胜大敌而无难"。他还主张仿效德法俄日各国的征兵制，指出"中国人数之多甲于环球，如仿行各国征兵之制，则地广人众，能战者多，外国人自不敢轻侮中国矣"。关于振兴海军，他主张必先开设海军学堂，除山东已设一所外，沿海如福建、广东、上海、南洋、北洋各处必各设一所，以造就海军人才。因旅顺、威海卫、胶州湾各海港业已租借各国，中国应于辽东之鸭绿江、山东之烟台、江苏之崇明、浙江之象山定海镇以及三门湾、广东之琼州各海口建立船坞。"每坞只购铁甲船一二只，并佐以利水战者之铁衡船、利肆击者之转轮船、利环攻者之蚊子船、利撞击敌舰者之碰船各号，凑成一军，再辅以水雷艇、巡洋舰多只，用以筹设防备，游弋海面，方能联络各国各省行军之需。"关于制造飞行艇机，王会厘也提出了自己的意见。其时，欧美各强国已经发明氢气球与飞行艇机，并可用于战争。"近日各国所造飞行艇机，飞翔空中，下抛炸弹，海陆军遇之，立见披靡。"王会厘已敏锐地感觉到制空权对于国土防御乃至国家地位的重要意义。"各国空中形胜，必本国有飞行器，方能保守。否则，此国被彼国侵占，则不能保守。中国宜急制艇机，以保守中国空中形胜。否则，一被别国侵占，将下次海牙平和会开议，必援上次开会谓中国无海军欲列为三等国之例，此次又失空中形胜，复列为三等国矣。又何辞以解？"他还特别推举两个造机人才，即福建学生刘佐臣、李宝焌。他们曾在美、德等国研究飞行器，颇有心得，并在日本试造成功，已被驻日使臣咨送回国，正可利用其为中国制造飞行艇机。当时，日本已派人赴德国购买飞艇，"其进取野心实有勃不可遏之势"。

俄国拟于次年造飞行机三十只，而法国亦有来华试验飞行艇之说。中国正宜急图抵制，速筹制造艇机。"即予择地开厂赶速造机艇二种，为储中国军备。如造此飞行艇机，以包括海陆军，不独可救危亡，并可力图自强，实为莫大之幸。"①

当然，最值得注意的还是东三省总督锡良有关加强边防的对策。军谘大臣载涛"以整顿军政宜先由东三省入手"，拟派员前往切实整顿。② 其时，锡良亦正苦心筹划。作为镇守边防的重臣，锡良对日韩合并以后日俄的侵华野心，有最清醒的认识。他说："日俄之视我东三省为殖民地，环球皆知。近自协约告成，继以日韩合邦，吞噬之心日炽。……其所以未进实行侵略主义者，因近甫并韩，困于财力，故未能大作野心。稍缓须臾，朝鲜全境布置粗完，势必席卷而西，踞吉奉以窥顺直。俄则逼视蒙古，如在掌握。近于西伯利亚沿路车站增建营房，添扎军队，其用意可知。"锡良所筹划之策有四。一是编练新军。东北门户洞开，轮轨毕达，一旦有事，在两三天之内，日本可调集全国之军队与兵船，俄国也可从沿海州及西伯利亚一带调集数十万兵力。而东三省连同客军仅有二镇二协，众寡过于悬殊，即使再练一二镇，也不足以抵御日本或俄国的侵略。他主张必须倾全国之力以谋东三省，即以保固全国。这一方面要求近畿陆军勤加训练，另一方面还需添练数镇以为后援。"人人有同仇之忾，日日存决死之心，建威稍萌，敌或有所惮而不敢轻发。我再及时修明内政，固结民心，筹办移植路矿等事，以为补牢之计。"否则，防线土崩瓦解，结果将不堪设想。二是设厂制械。中国枪炮弹药多购自外洋，平时无法以真枪实弹训练，战时又不能及时接济，甚至受制于各国禁止购运，有兵等于无兵。沪鄂各厂能造枪而不适于用，德州有厂能制弹而不应所需，川粤道远而不能救急。"自非于北省特设大工厂，兼聘各国名匠，极力讲求，赶速制

---

① 《翰林院编修王会厘为日并朝鲜时局愈危请精练陆军兼兴海军并制飞行艇机事呈文》（宣统二年九月初九日），一档藏，录副奏折，档号 03-7498-025，缩微号 557-1167。

② 《京师近事》，载《申报》，1910 年 9 月 3 日，第 1 张第 6 版。

造，不足以顾东陲。"① 三是借款购械。东三省所存枪弹仅备一日之战，电商德州制造厂定造枪弹五百万颗需要三年方能交齐，设厂制械亦是缓不济急。"为救急计，速宜借债数千万，购枪三十万枝，每枪随带子弹一千颗，立刻定购，接续运来，俾应急需。迟恐小有事端，外人即借口禁卖军火，不可不急。"至于所需巨款，拟创办京外官吏所得税，约计每年可得银二三百万两，如借债银二千五百万两，不及二十年，本利可清。此法取之于官，事权易举，上不亏国，下不病民。② 他还探悉德国有1889年式七密里九口径新枪五十万杆，存储待售，便建议陆军部从速全数定购，分期付款，无须添借外债，仍抽收内外官吏所得税陆续归还即可。四是普练民兵。东三省迭遭外侮，民气奋发。从前各属举办堡防，抽丁编练。后经奏明改办预备巡警，由官督率训练，将有二三十万人规模。如果以所购定前项枪械武装，足备干城。③ 锡良坚信加强武备，才是救亡图存的根本途径。"若武备不修，欲借笔舌之争以固吾国，不出三稔，恐关以东将为朝鲜之续耳。"④

### （三）内政方面的反应：加速新政与立宪

在某种意义上可以说，日本吞并韩国，对于清末新政有一定的警示作用。庚子事变后，清政府开始推行新政。清末新政虽然在政治、经济、军事、文化教育与社会生活等各个领域逐渐展开，但因种种原因而举步维艰，以至于两广总督岑春煊在被慈禧太后召对时，曾提出"改良是真的还是假的"的疑问。慈禧当然不同意"改良是假的"，但是岑春煊认为，朝廷固然希望"真心改良政治"，而"奉行之人，实有

---

① 《东三省总督锡良奏为密陈东省阽危亟宜练兵制械及时准备事》（宣统二年九月十八日），一档藏，录副奏折，档号03-7479-006，缩微号556-0019。
② 《东三省总督锡良奏为密陈东省阽危亟宜借债购买枪枝弹药事》（宣统二年九月十八日），一档藏，录副奏折，档号03-7479-007，缩微号556-0023。
③ 《东三省总督锡良奏为密陈军械重要请饬购备事》（宣统二年九月二十五日），一档藏，录副奏折，档号03-7483-071，缩微号556-0850。
④ 《东三省总督锡良奏为密陈东省阽危亟宜练兵制械及时准备事》（宣统二年九月十八日），一档藏，录副奏折，档号03-7479-006，缩微号556-0019。

欺蒙朝廷不能认真改良之据",所以有"改良是假的"的说法。① 在岑春煊看来,新政之所以进展并不顺利,主要是因为各级官员奉行不力,甚至阳奉阴违、遇事推诿。日韩合并给萎靡的清朝官场注射了一针警醒剂。据说某亲贵以日韩合并之事陈诉于摄政王,语极沉痛。摄政王有谕:"国家固贵上下一心。"又谕枢臣:"外交日艰一日,赶治内政犹虞不及。今各督抚动以款绌迁延,应饬监理官切实查复,责成妥办。"② 显然,摄政王对于各省督抚借口财政困难而迁延不办的现状颇不满意,而希望力图整顿,加速新政。

早在日本吞并韩国的过程中,北洋大臣直隶总督袁世凯就曾呼吁以韩为鉴,而打出"自强"的旗号。1907 年,袁世凯奏称:日本借海牙密使事件强迫韩皇禅位,并与韩国加订新约,"举凡韩国之立法、行政、用人均归日本统监节制,则外交内政之权,全在日人掌握。韩政府实去名存,与亡无异"。其引证英国路透社电报所载日本外务大臣林董"中国当以韩国为鉴戒,否则恐他强仿韩京之案,为中国整顿国政"之言,以为"实足为吾国之暮鼓晨钟,发人深省","前车可鉴,来轸方遒",因而呼吁"亟图自强",有谓:"内政既修,外侮自戢。"③ 时论以为:"袁督之言其即药,目前政府之第一对症方哉!"④ 当时韩国报刊亦认为,日韩新约及韩皇禅位刺激了清朝的新政改革,有谓:"盖其今者君臣上下一心儆惕,锐意改新,韩国之新协约与政变,即刺激其中心之药石。"⑤

日本宣布合并韩国之际,贝勒载洵正在日本考察海军。根据亲身

① 参见岑春煊:《乐斋漫笔》,见荣孟源、章伯锋主编:《近代稗海》,第 1 辑,100~101 页,成都,四川人民出版社,1985。

② 《专电》,载《申报》,1910 年 9 月 5 日,第 1 张第 3 版。

③ 袁世凯:《密陈日韩新约情形折》,见天津图书馆、天津社会科学院历史研究所编,廖一中、罗真容整理:《袁世凯奏议》下册,1498~1499 页,天津,天津古籍出版社,1987。

④ 《论袁世凯请政府引韩为戒》,载《香港华字日报》,光绪三十三年七月二日,转引自赵中孚、张存武、胡春惠主编:《近代中韩关系史资料汇编》,第 1 册,434 页。

⑤ 《清廷改革의好望》,载《大韩每日申报》第 5 卷第 631 号,第 1 版,1907 年 10 月 6 日。

见闻，载洵密电军机处与外务部，请代奏清廷。在略述韩国被日本灭亡的惨状之后，载洵揭露了日本侵华的阴谋，并对清廷提出了改革庶政的建议，有云："现查日人有大不利于我之举动，危急存亡，间不容发。我国庶政若再不加改革，亟为预备，窃恐覆辙之虞，祸在眉睫，不胜恐惧迫切之至。"① 随后，载洵再次致电枢府，请为代奏，力陈日俄将侵占满蒙，西方列强将瓜分中国，恳请清廷力挽危局。有谓："日俄协约甫成，日韩合并之事随即发现，恐该两国之所图，断不能抵此而止，则我满洲、蒙古之危局，日促一日。万一稍有变迁，而欧洲列强自必援利益均沾之例，益逞狡思，则东南、西南各省，亦恐因之摇动。务请朝廷迅即妥筹变通办法，力为振作，以保大局。"②

其时，东三省总督锡良与湖广总督瑞澂正进京陛见。据朝鲜《汉城新闻》披露，锡良此次进京，是应监国摄政王急召，筹议关于日俄协约与日韩合并的对策，以及东三省军政事宜。③ 在被监国摄政王召见时，锡良首先力陈东三省现状及日俄两国对待中国之情形；次言东三省需款孔急，及目前急需举办之事，如移民实边暨锦洮铁路等事，为万不容缓之举；末又陈述当时办理的为难情形。监国温谕："素知卿能任劳怨。三省为祖宗发祥旧地，朝廷决无弃置之理，此次可与枢部各臣熟筹进行之策。此外各项要政，如有所见，尽可随时面陈。际此时事多艰，总须内外一心，方可共支危局。"瑞澂亦力陈湖北情形，有谓："鄂中财政异常窘迫，罗雀掘鼠，办事极难。如再因循，不图补救，则将来新政必致一件不能举办。似非切实整顿吏治以收民心，兴办实业以裕富源，则鄂事必益不可问。"监国颇以为然，勉励有加。④ 显然，作为封疆大吏，锡良与瑞澂正在为各自辖区应对危机与新政建

---

① 《考察海军大臣载洵致枢垣外部日并韩国将有不利于我举动亟应改革庶政电》（宣统二年七月二十三日），见王彦威辑，王亮编：《清季外交史料全书》，第36册，14948页。

② 《洵贝勒电陈时局之悲痛》，载《申报》，1910年9月10日，第1张第3、4版。

③ 《锡总督의上京》，载《汉城新闻》第3459号，第1版，1910年（明治四十三年）9月1日。

④ 《东鄂两督奏对汇志》，载《申报》，1910年9月5日，第1张第4版。

设苦筹对策。

为了加强边防建设，东三省督抚计划商借外债，以建造铁路、兴办实业与移民实边。锡良奏请商借外债二千万两，拟以一千万两设立东三省实业银行，以五百万两为移民兴垦之需，以五百万两为开矿筑路之用。这个计划得到清廷批准，并由度支部与美国驻华公使议借。不久，吉林巡抚陈昭常也奏请借债二千万两，拟以一千万两为开矿资本，以一千万两筹办林垦要政。外务部与度支部会商认为，吉林巡抚应与东三省总督彼此商量，统一筹划，再具奏请旨议覆。① 随后，锡良等人以"实行借款筑路，可为我国第一救亡政策"为由，又酝酿了一个更大的借债造路计划。他们奏请从速修筑粤汉、川藏、张恰、伊黑四条铁路干线，拟以各该铁路为抵押，募借外债十万万两。由度支部、邮传部主持，一面议定借款，一面议定包工，限十年完竣。度支部会同外务部、邮传部、农工商部核议，认为"借款重在兴利，即重在还本。筑路计画，似宜先近而后远，先富庶而后荒凉"，原奏所指四路，除粤汉路以外，其余川藏、张恰、伊黑三路多属荒远，"盖以实边固圉为急，特是成本既重，收利难期，将来还款恐无把握。现计我国应修干路，如临潼之达新疆，滇蜀之接川汉，似当急于张恰三路"，因此，建议原奏所请议定借款、包工、限年之处，皆应从缓办理。② 尽管如此，锡良等人筹边救亡的急迫心情可以理解。

清政府官员在筹议加快推行新政的同时，更呼吁加速立宪，尤其是速开国会。在立宪派发动国会请愿运动的同时，一些地方督抚与驻外使臣也纷纷奏请速开国会。"疆臣中则有湖广总督陈夔龙、两江总督端方、河南巡抚林绍年、四川总督赵尔巽，皆以请开国会为言。使臣中则孙宝琦、胡维（惟）德、李家驹三人，又皆以中外观听所系，请

---

① 《总理王大臣奕劻等奏为遵旨议复吉林巡抚陈昭常奏拟借外债兴办实业片事》（宣统二年八月二十八日），一档藏，录副奏折，档号 03-7525-014，缩微号 559-2458。《奉旨东三省借款并未立有合同作罢著遵前旨与美议借事》（宣统二年九月初四日），一档藏，电报档，档号 1-01-13-002-0208，缩微号 003-0547。

② 《总理外务部事务奕劻等奏为遵议东三省总督锡良等奏财政日窘请利用筹借外资办法事》（宣统二年九月二十八日），一档藏，录副奏折，档号 03-7566-012，缩微号 562-1006。

速定年限，免外人笑。立言婉切各不同，同以国会为急。"①

值得注意的还有东三省督抚对于立宪的态度。暂署黑龙江巡抚程德全迫于边疆危机而力主实行宪政。他在奏陈预备立宪办法时称："微臣久处边陲，见闻僻陋，频年目击两强攫我东方权利，深为忧心。况自日俄协约、日法协约屡见报章，彼皆弃仇寻好，协以相谋，侵逼之来，岂必在远。我若不于此时大辟新规，实行宪政，开国会以大伸民气，先躬行以激动人心，不惟有他族吞噬之忧，抑将有自相鱼肉之祸。"② 吉林巡抚陈昭常"因目击时局之艰危日甚一日，非著手于政治之根本无以图宪政之实行"，因而奏请从速组织责任内阁。他说："今欲更张百度，咸与维新，莫如裁撤军机处，设立责任内阁，以各部大臣组织之，其上置一总理大臣，以统一各部。苟有失政，则全内阁之大臣连带以负责任，庶功过皆有所归，而庶绩自以日理。"③ 东三省总督锡良也认为，目前朝野上下各种举措，均应以救亡图存为宗旨。但是，从京师到各省，十年新政，有名无实，并无改观，必须有所变通，实行立宪，方可挽回危局。有谓："筹备立宪，限年进行，挽回危局，实恃通变。……欲实行立宪，无贵贱上下，胥当受治于法律，先革其自私自利之心。若败坏纪纲，蔑弃公理，政治日弛，人心日漓，虽九年立宪，终为波斯、土耳其、越南、朝鲜之续，庸有幸乎！此宪法不可不实行也。"④

日韩合并后，据《大公报》披露，驻京某国公使与清朝某外交家谈及日本并韩之事，有云："此事在表面上观之，似于中国有损，然中国朝野上下果能因此益加奋厉，顿增其锐进之心，谁谓于立宪前途毫

---

① 孟森：《宪政篇》，载《东方杂志》第 5 年第 8 期，光绪三十四年八月二十五日。

② 《暂署黑龙江巡抚程德全奏陈预备立宪之方及施行宪政之序办法八条折》，见故宫博物院明清档案部编：《清末筹备立宪档案史料》上册，258～259 页，北京，中华书局，1979。

③ 《陈昭常奏设责任内阁折》，见中国第二历史档案馆编：《中华民国史档案资料汇编》，第 1 辑，124、122 页，南京，江苏古籍出版社，1991。

④ 锡良：《时局危急密陈管见折》，见中国科学院历史研究所第三所编：《锡良遗稿·奏稿》，第 2 册，1126 页。

无裨益?"① 中国朝野上下究竟能否及如何"奋厉",且在下节分解。

## 四、朝野互动与宪政改革进程

近代以来,随着西力东侵,中国、韩国、日本这些古老的东亚国家也被逐渐纳入西方殖民体系。在这势不可当的殖民化潮流中,国际关系日益紧密,世界逐渐成为一个整体,任何国家都难以独善其身而置于这个世界之外。这是一个弱肉强食的世界,殖民与被殖民只能二选其一。日本通过明治维新而与西方列强为伍,中、韩两国则沦落至被列强侵略的境地。这似乎是难以避免的宿命,姑不置论。值得注意的是,在这个因殖民化而日趋于有机的世界里,一些国际性事件便可能对各相关国家的内部事务产生影响,而一些国家的内部事务又可能成为国际性事件,也就是说,一个国家内政的变革可能难免有因应外交危机的缘故。在晚清,如果说甲午战争激起了戊戌变法,那么庚子事变则无疑是清末新政的导因。日俄战争使清末立宪运动高涨,并催生出清廷预备立宪,已为学界之共识;而日韩合并与清末宪政改革进程的关系则有待于进一步研究。这里主要探讨日韩合并对第三次国会请愿的相关影响。

如前所述,日韩合并在中国产生了广泛的反响。除了革命派因而进一步坚定了其革命的宗旨之外,无论是立宪派,还是清政府官员,乃至于一般民间舆论,大都注目于立宪。这些究竟如何影响清廷宪政改革决策,以及清廷究竟对此如何应对,则是需要进一步深入探讨的问题。

日俄战争后,日本变韩国为保护国,设统监府管理韩国外交,清朝末任驻韩公使曾广铨被撤回国,有鉴于韩之外交而嘉谟入告,密奏清廷"速定立宪期限,庶于外交上不致大受影响"。其时尚有某侍御密奏请速立宪,以期永保主权,并云"立宪期限宜近,不可拘于旧例,

---

① 《某公使之日韩合并谈》,载《大公报》,1910 年 9 月 9 日,第 4 版。

以免国际上有失利权"。据说"两宫深为嘉纳"。① 几乎与此同时，中国驻外使臣也联衔奏请"期以五年，改行立宪政体"。他们认为："我国东邻强日，北界强俄，欧美诸邦，环伺逼处，岌岌然不可终日。言外交，则民气不可为后援；言内政，则官常不足资治理；言练兵，则少敌忾同仇之志；言理财，则有剜肉补疮之虞。循是以往，再阅五年，日本之元气已复，俄国之宪政已成，法国之铁道已通，英国之藏情已熟，美国之属岛已治，德国之海力已充，焱然交集，有触即发，安危机关，岂待蓍蔡。臣等反复衡量，百忧交集，窃以为环球大势如彼，宪法可行如此，保邦致治，非此莫由。"② 其时，清廷已派载泽等五大臣出洋考察政治，为宪政改革决策做准备。

五大臣回国后，清廷宣布预备立宪，但对所谓"预备"的期限，却做了模糊处理。起初，官制改革之事颇费周折，不仅遭到地方督抚的反对，而且还引起了立宪派的不满，清廷立宪的诚意受到怀疑。在内忧外患之中，有识之士力图挽救。湖广总督张之洞应召进京为军机大臣，在被慈禧太后召对时，坚决主张速行立宪。有谓："立宪实行，愈速愈妙；预备两字，实在误国"。"现在日法协约，日俄协约，大局甚是可危。各国均视中国之能否实行立宪，以定政策。臣愚以为，万万不能不速立宪者此也。"③据说慈禧太后因受韩皇被日本逼迫禅位的刺激，也赞成从速立宪。据《时报》报道："太后因韩皇让位刺激脑筋，特面谕军机大臣从速实行立宪。"④ 显然，慈禧太后赞成速行立宪，主要是着眼于大清王朝政权统治的稳固问题。后来，在内外压力之下，清廷颁布《钦定宪法大纲》，并确立了九年预备立宪的期限。对此，立宪派并不满意。1910 年上半年，立宪派掀起了两次全国规模的

---

① 《曾广铨请宣布立宪期限》《曾广铨请速立宪》，载《香港华字日报》，光绪三十一年十二月一日、四日，转引自赵中孚、张存武、胡春惠主编：《近代中韩关系史资料汇编》，第 1 册，399、401 页。

② 《出使各国大臣奏请宣布立宪折》，载《宪政初纲》（《东方杂志》临时增刊），"奏议"，3 页，上海，商务印书馆，光绪三十二年十二月。

③ 《八月初七日张之洞入京奏对大略》，见《时务汇录·丁未时务杂录》，中国社会科学院近代史研究所图书馆藏档案，乙 F99。

④ 《电报一》，载《时报》，1907 年 7 月 25 日，第 1 版。

国会请愿运动，要求在一年之内召集国会，但清廷不为所动，仍然坚持九年期限不变。

就在第三次国会请愿运动酝酿之际，日本正式宣布合并韩国。不仅韩国的灭亡为清王朝敲响了警钟，而且日本进一步侵华的阴谋也因此而暴露无遗，迫使清政府不得不正视立宪派与地方督抚联合发动的第三次国会请愿，以急谋应对之策。

尽管第三次国会请愿运动的兴起可能有内外多方面的原因，但日韩合并所昭示的迫在眉睫的民族危机的影响不可忽视。日韩合并对于第三次国会请愿运动究竟有何影响，可以从如下两个方面来分析。

一方面，日本吞并韩国，中国为挽救民族危亡，必须速开国会，已成为社会各阶层与政府官员的共识。《申报》发表时评称："自朝鲜灭亡后，我国人民罔不悚然警惕，而益冀国会之速开。今闻政府诸公亦有缩短国会期限之说，其亦鉴于朝鲜而蹴然动其救亡之意乎？果若是，则召集国会之期，其将不远矣。或曰：我国要政往往屡经会议，卒以意见纷出而莫能迅速举行，故缩短国会年限，今纵有是说，未必有是事也。虽然，政府既有是说，未必无是意也。乘其意之方萌，速为请愿，则其势当有可成之望。吾深望代表团之速举行也。"① 这是报刊所反映的一般民间舆论。立宪派也有同感。他们认为，非速开国会无以救国亡，"朝廷迟一日立宪，中国早一日丧亡"。"不开国会，集全国人民之聪明才力以速解决国家大计，日目危机，不为中国历代末年之割据，则埃及、波兰、印度、高丽之续耳。"② 海外华侨顾念家国，也迫切希望速开国会以图自存。有旅美华侨公电各报馆，警告政府与国民说："韩亡，华侨哀悼三天。中国殷鉴，不速开国会，难自存。"③ 地方督抚亦请速开国会以救亡，如湖广总督瑞澂在京被监国摄政王召见时奏称："现在日俄协约成立，日韩合并已行，实于吾国有密切之关系。吾国内而政府，外而督抚，犹互相推诿敷衍，不知切实整顿。务

① 《时评·其一》，载《申报》，1910 年 9 月 3 日，第 1 张第 6 版。
② 《谘议局联合会陈请资政院提议请速开国会提议案》，载《申报》，1910 年 9 月 9 日、10 日，第 2 张后幅第 2 版。
③ 《公电》（纽约），载《申报》，1910 年 8 月 31 日，第 1 张第 3 版。

请吾王于用人行政，急从根本上解决，以救时艰。"至于应如何"从根本上解决"，他认为："宪政固宜急办，然当先择其切要者行之，不可但抄写外国宪法成文，徒滋扰乱，不求实际。且中国现在所以不亡者，只有民心不失可恃，欲固结民心，当速开国会。"监国深韪其言。① 又据《申报》披露："近自涛邸回国，怵于外势之迫，谓非速开国会，无以图存。而朗贝勒亦极力主张缩短国会，诸大老中如庆邸、徐中堂、泽公现亦均表同意，肃邸、良弼尤常与涛、朗细商此事。监国亦为涛贝勒所感动，已深知速开国会之利益，将饬令宪政馆拟陈如何缩短国会之法，即由朝廷颁布施行。"② 可见，清廷高层迫于外势危机的压力，也在考虑速开国会以救亡图存的问题。

另一方面，立宪派与地方督抚在向清政府请愿时，多以日本灭韩为鉴，试图耸动天听。第三次国会请愿与前两次最大的不同有二：一是日俄协约尤其是日韩合并成为新的背景，加重了民族危机，增添了速开国会的压力；二是地方督抚参与进来，与立宪派相呼应，增加了请愿的声势与力量。无论是立宪派还是地方督抚，他们一再重申日韩合并及其引起的中国民族危机，加重了促使清政府加快进行宪政改革的砝码。国会请愿代表团上资政院书认为，自第二次请愿以后，时局骤变，中国面临被列强瓜分的危机。"日俄缔结新约，英法夙有成言，诸强释嫌，协以谋我。日本遂并吞朝鲜，扼我吭而拊我背；俄汲汲增兵，窥我蒙古；英复以劲旅捣藏边；法铁路直达滇桂；德美旁观，亦思染指。瓜分之祸，昔犹空言，今将实见。"中国非实行宪政不足以救危亡，而自预备立宪以来，有宪政之名，无宪政之实，正是因为没有国会。韩国的灭亡可为中国所借鉴，"昔朝鲜当光绪二十一年，其主亦尝誓庙告天，宣言预备立宪，设责任内阁，其所颁大诰十二条，略与我宪法大纲相类，徒以无国会之故，监督机关不立，凡百新政，皆有名无实，利不及弊，坐是鱼烂，以底于亡。诗曰：殷鉴不远，在夏后

---

① 《瑞督尚知为探本之论》，载《申报》，1910 年 9 月 6 日，第 1 张第 4 版。

② 《然则国会果有速开之望矣》，载《申报》，1910 年 9 月 2 日，第 1 张第 3、4 版。

之世。若朝鲜者，可以鉴矣"①。资政院议员也以日韩合并致民族危亡为由，要求从速议决国会请愿案。议员易宗夔说："中国当此危机存亡之秋，除开国会无救亡之法。自日韩合并以后，东亚之风云日恶，政府衮衮诸公尚在醉生梦死之中，现拟按照议事细则，请改定议事日表，开议此项重大问题，一切枝枝节节之问题可从缓议。"② 资政院奏请提前设立上下议院奏稿引述侨寓日本横滨等处代表汤觉顿等的说帖称："日本因开国会，财政始能发达，内乱始能消灭，外交始能平等。朝鲜以不开国会，监督机关不立，百事皆有名无实，庶政废弛，民生凋悴，以至于亡。今我国欲统一财政，销弭内乱，维持外交，鉴于日本之所以兴，朝鲜之所以亡，皆非有国会不可。"③ 各省谘议局纷纷向地方督抚请愿，也多以日韩合并与民族危机为由头。福建谘议局拟呈请督部堂代奏请愿书认为："两次各省请愿，降谕以后，又新见日俄之约，韩国之亡，此皆于我国有制死之几。"④ 江西谘议局请愿书称："乃者日俄协约告成，时事瞬变，日本实行并吞朝鲜，举数千年之土地、千数万之人民，囊括而席卷之，拊背扼吭，陪京人民惊惶无措。海外群雄又各抱均势主义，抵隙蹈瑕，巨祸何堪设想！当此唇亡齿寒之时，已无曲突徙薪之暇，即欲从容坐论以待九年而不可得。"⑤ 奉天谘议局更以东三省危亡形势，认为国会不可须臾即缓。自第二次请愿后，"乃甫逾一月而日俄协约之事成，又逾一月而日韩合并之祸急，风云惨变，朝野震惊，一若幸我国会之未成立，乘此上下不交之际，急图乘时进取之谋。两月之间，事变如此其剧，而谓能从容图治，竟九年完全筹

---

① 《国会请愿代表孙洪伊等上资政院书》，载《国风报》第1年第26号，宣统二年九月二十一日。

② 《资政院第一次常年会议场速记录》第8号，宣统二年九月十七日。

③ 《资政院总裁溥伦副总裁沈家本奏请提前设立上下议院事》（宣统二年九月二十六日），一档藏，朱批奏折，档号04-01-01-1095-068，缩微号04-01-01-167-2315。

④ 《福建谘议局第二次会议速记录》第5号，2页，宣统二年九月初十日。

⑤ 《江西巡抚冯汝骙奏为江西谘议局议员呈请速开国会事》（宣统二年九月二十六日），一档藏，朱批奏折，档号04-01-01-1107-010，缩微号04-01-01-170-0574。

备之事，恐狡焉思启者不我待矣"①。各省督抚由东三省总督锡良领衔奏请立即组织内阁，并于次年开设国会，有云："比者日俄协约成后，一举亡韩，列强均势政策皆将一变方针，时局危险，远过于德宗在位之日，缓无可缓，待无可待。此即阁会克期成立，上下合力，犹恐后时，奈何以区区数年期限争持不决乎？"②

正是在这样的背景下，清廷采取了与对待前两次请愿不同的态度，对第三次请愿中关于速开国会的请求有所接受。1910 年 11 月 4 日，清廷颁布上谕，宣布开设国会的期限缩短三年，"著缩改于宣〔统〕五年，实行开设议院。先将官制厘订，提前颁布试办，预即组织内阁"，并申明："此次缩定期限，系采取各督抚等奏章，又由王大臣等悉心谋议，请旨定夺，洵属斟酌妥协，折衷至当。缓之固无可缓，急亦无可再急，应即作为确定年限。一经宣布，万不能再议更张。"同时，清廷还特别说明了之所以做出这种改变的原因："彼时为郑重要政起见，诚有不得不一再审慎者。乃揆度时势瞬息不同，危迫情形日甚一日，朝廷宵旰焦思，亟图挽救，惟有促成宪政，俾日起而有功，不待臣庶请求，亦已计及于此。"③ 虽然没有点明日韩合并的影响，但清廷的决策显然考虑到了形势的急切变化。在此意义上可以说，日韩合并所造成的更加严重的中国民族危机，进一步推动了清政府加快宪政改革的步伐。

虽然清廷严谕已缩改于宣统五年开设议院，不准再议更改，但宣统五年的期限与立宪派和地方督抚请愿次年即开国会的要求相差甚远，各种宪政势力并不满足。于是，奉天全省各界绅民又发动了第四次请愿。请愿代表谘议局议长吴景濂等公呈总督锡良，有谓："东省大势，较三次上书时日俄协约，日韩合邦情形，更有迫不容待者。日则安奉

---

① 《奉天全省谘议局呈请代奏即开国会奏稿》，载《盛京时报》，宣统二年九月二十日，第 2 版。

② 《各省督抚合词请设内阁国会奏稿》，载《国风报》第 1 年第 26 号，宣统二年九月二十一日。

③ 中国第一历史档案馆编：《光绪宣统两朝上谕档》，第 36 册，376～377页，桂林，广西师范大学出版社，1996。

宽轨日夜并工,闻于明年即拟告成,沿路线内移民日多,且以协剿胡匪挟我外部。俄则以侵蚀瓯脱、扩张交通为政策,移民之谋更亟于日,不惟航权界约狡执无方,且阴以诱我边民借窥蒙古,是危机之伏已岌岌不可终日。诚俟至宣统五年而此土尚为我有与否已不可知。现今朝野上下,无不公认国会为救亡之良药。果无此良药则已,既有此良药,则早服一日即早救一日之亡。乃犹纡徐以待,坐使良药不能即时收效,以致三省坐亡,牵及全国,此所由焦心沸血而不能已于再请缩短者也。"锡良颇表同情,认为东三省人民自甲午战争以后,既受强邻之侵略,又目睹朝鲜亡国之惨状,对于民族危机有切肤之痛,深恐三省版图沦落异域,故与其他行省相比有特别的危机感,也便有特别的请求。如果不忍心使东三省"拱手授之他人,为朝鲜之续",就不必"靳此区区二年之时间,不与万姓更始"。他甚至以官职担保,向清廷奏请次年召集国会。① 但清廷并未允准,同时更加严厉地压制了各处的请愿活动。

值得指出的一点是,尽管清廷在日韩合并所致民族危机严重的形势下,因应各种宪政势力的压力,把原定九年的预备立宪期限缩短了三年,确实加速了宪政改革的进程,但这种加速是有相当限度的,而且并不一定就能把预备立宪推向正轨。1911 年 5 月,清廷推出"皇族内阁",预备立宪走进死胡同,同时也把清王朝推向绝路,使其很快便被革命推翻。可见,面对日韩合并的国际形势,尽管中国朝野反应强烈,并在一定程度上加速了宪政改革的进程,但并没有取得挽救清王朝命运的实在效用。

原刊《近代史研究》2011 年第 4 期,105~119 页,多有删节

---

① 锡良:《奉天全省各界绅民因时局迫不及待呈请代奏明年即开国会以救危亡折》,见中国科学院历史研究所第三所编:《锡良遗稿·奏稿》,第 2 册,1262~1263 页。

# 性别冲突与民初政治民主化的限度
## ——以民初女子参政权案为例

在清末民初这个政治与社会转型的新时期，近代中国妇女解放运动开始向纵深发展。其时，部分先进妇女从不缠足和兴女学等社会变革活动转向投身于反清革命及相关政治运动，她们在参加革命军事斗争之余，还掀起了以要求男女平权和争取选举权与被选举权为中心的女子参政权运动。① 民初女子参政权运动虽然只是当时纷繁复杂的政治局势中的一个小插曲，结果也以失败告终，却将近代中国妇女解放运动推向一个新的高潮，用鲜活的史实描绘了一幅近代民主政治运动的新图景。

## 一、性别：一个观察民初社会政治的新视点

以往学术界对民初社会政治问题的研究，关注较多的是党派政争。清末三股重要的政治势力革命派、立宪派与清政府之间的派系关系，在民初演化为革命派，原立宪派与旧官僚，以及相应的同盟会—国民

---

① 据日本学者解释，参政权一般是指"人民以国家或地方团体之机关的资格，而参与国家或地方的公务之权利"，"不独含有议员之选举权，且还含有议员之被选举权，以及其他以国家机关的资格，如文武官吏或地方团体之公民等，参与其应分之公务的权利"，其中"最重要者实为立法议会之议员选举权；且从来妇女参政运动者所要求的，也主要是此立法议会之议员选举权"。（参见［日］森口繁治：《妇女参政运动》，刘絜敖译，1～2页，上海，商务印书馆，1932，初版；香港，商务印书馆，2001，按需印刷版。）按：民初女子参政权运动的基本内容，是女子向参议院请愿要求约法上的男女平权，以及国会议员的选举权与被选举权，最后以选举权为重点，但均以失败而告终。

党与由中华民国联合会—统一党、共和党、民主党等组成的进步党之间党派体系的互动关系，其间政治派系与政党分野虽有交叉互渗，但基本脉络清晰可见。这是观察民初政治的基本框架。对于民初政治民主化问题的分析，一般是以革命派系统的同盟会—国民党为积极的主导因素，而以原立宪派、旧官僚系统的各政党为阻碍甚至破坏力量。这种派系与政党之间互动关系的分析框架，在一定程度上似乎可以清晰地建构民初政治的基本线索，但其局限也是十分明显的：一方面是用两条基本对立的阵线模糊了两者之间某种程度的共同取向，另一方面是无法再现各政治派系与政党体系内部成员之间的个体差异。比如，民初女子参政权问题，不仅遭到袁世凯当权时期北京临时参议院的否决，而且在孙中山领导的南京临时政府时期基本上由革命派控制的南京临时参议院也没有通过。在这里，使用党派关系的分析框架是很困难的，因为其所涉及的与其说是政治党派之间的政争，毋宁说是社会性别之间的矛盾冲突。民初政治变幻多端，政局波谲云诡，多角度的研究或许更能揭示历史的本相。因此，突破党派观念，引入性别分析，也许可以提供另外一个视角。

女子参政权案是一个从性别的角度分析民初政治民主化问题的典型案例。关于民初女子参政权案，学术界已有不少研究成果。[①] 以往的研究虽然建构了一些基本的史实，但其研究取向大致不出党派关系

①　谈社英：《中国妇女运动通史》，上海，妇女共鸣社，1936；亦见《民国丛书》编辑委员会编：《民国丛书》，第二编（18），上海，上海书店出版社，1989。吕美颐、郑永福：《中国妇女运动（1840—1921）》，郑州，河南人民出版社，1990。徐辉琪：《唐群英与"女子参政同盟会"——兼论民初妇女参政活动》，载《贵州社会科学》1981年第4期。荣铁生：《辛亥革命前后的中国妇女运动》，见中华书局编辑部编：《纪念辛亥革命七十周年学术讨论会论文集》上册，北京，中华书局，1983。王家俭：《民初的女子参政运动》，见中华文化复兴运动推行委员会主编：《中国近代现代史论集　第十九编·民初政治（一）》，台北，台湾商务印书馆，1986。张莲波：《民国初年的妇女参政》，载《史学月刊》1988年第2期。金炳亮：《孙中山与民初妇女参政问题》，见《中山大学学报》编辑部编：《孙中山研究》第8集《中山大学学报论丛·哲学社会科学（25）》，1991。徐辉琪：《辛亥革命时期妇女的觉醒与对封建礼教的冲击》，载《近代史研究》1994年第4期。严昌洪：《唐群英与民初女子参政运动》，载《贵州社会科学》1998年第4期。

的分析框架，不仅使性别冲突的面相被党派政争所掩盖，而且使女性的声音被男权话语所遮蔽，因而难以揭示民初女子参政权案的精神实质。民初女子参政权问题提出的背景及其被否决的真实原因是什么？对于女子参政权请愿被拒的问题，男性的态度与女性的感受有何矛盾冲突？该案与民初民主政治的关系如何？这些问题都并没有令人信服的答案。本文拟在既有研究成果的基础上，力图转换视角，突破党派关系的分析框架，着重从性别冲突的角度考察，在关注各种男性相关态度的同时，尤其注意发掘女性的声音，试图设法体会女性的感受，以期为探究民初政治民主化问题提供新的认识。

## 二、国民意识中的性别与权利之关系

国民意识的觉醒，是清末启蒙运动的重要内容。什么是国民？梁启超说："国民者，以国为人民公产之称也。国者积民而成，舍民之外，则无有国。以一国之民，治一国之事，定一国之法，谋一国之利，捍一国之患。其民不可得而侮，其国不可得而亡，是之谓国民。"① 可见国民是构成近代国家的必备要素。近代的"国民"概念是相对于传统的"臣民"而言的，与此相对应的一组概念是"主人"与"奴隶"。如果说臣民在传统封建国家里只是专制君主的奴仆，那么国民则是近代民主国家的主人。与臣民只有俯首听命于专制君主的情形不同，国民理应有参与治理国家的自主权。时人引述近代西方的天赋人权思想称："天之生人也，既与以身体自由之权利，即与以参预国政之权利。故一国行政之权吾得而过问之，一国立法之权吾得而干涉之，一国司法之权吾得而管理之。""所谓国民者，有参政权之谓也。"② 这里所说

---

① 梁启超：《论近世国民竞争之大势及中国前途》，见《饮冰室合集》文集之四，56页，北京，中华书局，1996。有人认为梁启超这段话是近代最早自觉阐述"国民"概念的文字，参见梁景和：《清末国民意识与参政意识研究》，10页，长沙，湖南教育出版社，1999。

② 《说国民》，见张枬、王忍之编：《辛亥革命前十年间时论选集》，第1卷上册，72、76页，北京，生活·读书·新知三联书店，1978。

的国民含义，是笼统的指称"一国之民"或全体的"天之生人"，其性别观念是模糊的。试问：女性是不是国民及其有没有参政权呢？清末民初关于国民意识中的性别与权利之关系的问题，答案可以从两方面考察。

一是少数男性女权主义者，尤其是个别先进女性，做了正面的肯定回答，提出"女国民"的概念，认为女性与男性一样都是国民的一部分，女性既具国民资格，则当然具有相应的参政等方面的权利。这是民初女子参政权运动得以兴起的思想根源。

在清末启蒙运动中，敢于为女性说话而倡导女权主义的男性并不多见，其中马君武与金天翮是较突出的两位。马君武在译介西方近代自由平等学说的过程中，较早地关注了男女平权思想。1902—1903年，他翻译了英国社会学家斯宾塞的《女权篇》，并译述了英国哲学家穆勒（即所译弥勒约翰）的《女人压制论》和西欧社会民主党的《女权宣言书》中关于男女享有平等权利的思想主张。《斯宾塞女权篇》开首即云"公理固无男女之别也"，认为人类不分男女，均享有平等之自由，"男女同权者，自然之真理"。根据天赋人权的理念，女人当与男人一样享有参政权，所谓"与妇人以政权，乃自第一感情（指自然——引者注）而生，因人生当依平等自由之天则，以获人类之最大幸福，故不得不尔，固非第二感情（指习惯——引者注）之所能夺也"①。穆勒的《女人压制论》也是"力主男女同权之说"，其要点是：女人与男人能力相等，其权利必然平等，"女人之有政治权也，乃终必不可免之事也"。至于西欧社会民主党的《女权宣言书》，则更强调女人应与男人共享人的一切公权与私权，包括教育权、经济权、政治权、婚姻权、人民权。马君武把男女平权与民主共和相提并论，认为欧洲之所以能够进入近代文明社会，是因为经历了"君民间之革命"与"男女间之革命"这两大革命，要改变"人民为君主之奴仆，女人为男人之奴仆"的专制国家状况，"必自革命始，必自革命以致其国中之人，若男人、

---

① 马君武：《斯宾塞女权篇》，见莫世祥编：《马君武集（1900—1919）》，16、17、26 页，武汉，华中师范大学出版社，1991。

若女人，皆有同等之公权始"。① 1903 年，金天翮所著的《女界钟》出版，敲响了女界革命的钟声，是近代中国女权主义思想史上的里程碑之作。从《女界钟》引述的西方近代思想资源来看，金天翮的女权主义思想来源与马君武极为相似，主要也是斯宾塞、穆勒与西欧社会民主党人由天赋人权引申出的男女平权的思想主张。金天翮着重从人的道德、品性、生理结构、禀赋、能力等方面，系统地探讨了男女平等的问题，认为男女不应该有尊卑贵贱之别，女子与男子一样，同具国民资格，"各居国民之半部分"。② 他特别重视女子参政权问题，认为 20 世纪是女权革命时代，"二十世纪女权之问题，议政之问题也。议政者，肩有监督政府与组织政府之两大职任者也。""使中国而为女子参政之国，理想国也。"他甚至说："二十世纪新中国、新政府不握于女子之手，吾死不瞑，愿吾同胞亦死不瞑。…… 女子而参预政治乎，是可决矣。吾祝吾女子之得为议员，吾尤愿异日中国海军、陆军、大藏、参谋、外务省皆有吾女子之足迹也。吾更愿异日中国女子积其道德、学问、名誉、资格，而得举大统领之职也。"③ 时人称金天翮为"我中国女界之卢骚"④，可见《女界钟》在近代中国女权主义思想启

---

① 马君武：《弥勒约翰之学说》，见莫世祥编：《马君武集（1900—1919）》，142～145 页。

② 爱自由者金一：《女界钟》，36 页，上海，大同书局，1903。

③ 爱自由者金一：《女界钟》，56、65～67 页。

④ 《侯官林女士叙》，见爱自由者金一：《女界钟》卷首，2 页（原版《侯官林女士叙》与《黄菱舫女士序》排印错页）。按：有人指出，用"我中国女界之卢骚"指称《女界钟》作者金天翮，其实是一个具有吊诡性的称呼。因为在西方女性主义者看来，卢骚关于贤妻良母式的女性教育主张，破坏了他自己主要的伦理与社会学说的重要原则，可视为整个西方父权传统看待女人的代表。卢骚对于女性的意见，从未获得所谓西方女权主义者之青睐。但是，在 20 世纪初的中国，出现了以"我中国女界之卢骚"作为称誉一位中国男性女权先声的赞词的现象，这正是关于所谓"中国女权"的学说、历史或再现之种种矛盾复杂性的一个症候。（参见刘人鹏：《近代中国女权论述——国族、翻译与性别政治》，80～81 页，台北，学生书局，2000。）笔者认为，这确实是近代中国输入西方思想学说时生吞活剥的一个典型例证。但是，卢骚在近代中国主要是一个启蒙思想家的形象，因此，用"我中国女界之卢骚"指称《女界钟》作者金天翮，正是揭示其对于女权主义思想启蒙的意义。

蒙史上的不可低估的地位。

当时，著名的新女性代表人物也是屈指可数的。广州女医士张竹君是一个典型。"凡言清季之女志士，不能不推广东女医士张竹君为首届一指。"[1] 作为近代中国较早走上社会的职业女性，张竹君在一定程度上摆脱了传统女性的依附性，而具有新时代女性的独立人格，因而能自觉地萌发与男子争权以求男女平等的思想意识。马君武曾为之作传，称张竹君演说，"发明男女所以当平等之理，以为女人不可徒待男子让权，须自争之。争权之术，不外求学。又不当为中国旧日诗词小技之学，而各勉力研究今日泰西所发明极新之学"[2]。女革命家秋瑾是另一个典型。秋瑾是倡导女权革命的先驱，她认为，"女子当有学问，求自立，不当仰给男子"，"革命当自家庭始，所谓男女平权是也"。[3]她曾作《勉女权歌》，宣称："男女平权天赋就，岂甘居牛后？"[4] 为此，她竭力号召全国女同胞"脱奴隶之范围，作自由舞台之女杰、女英雄、女豪杰"，效法法国的罗兰夫人、俄国的苏菲亚女士、美国的批荼夫人等世界著名的女性革命者，以"无负此国民责任"。[5] 后来，秋瑾为她的革命理想献出了年轻的生命，成为中国历史上不世出的女界英杰。时论以为："以国民之权利、民族之思想，牺牲其性命而为民流血者，求之吾中国四千年之女界，秋瑾殆为第一人焉。……以巾帼而具须眉之精神，以弱质而办伟大之事业，唤起同胞之顽梦，以为国民之先导者，求之吾中国二万万之女界，秋瑾又为第一人焉。"[6] 她的死成了新时代女性觉醒的契机。张竹君、秋瑾之外，尚有陈撷芬、吕碧城、吴芝瑛、徐自华、徐宗汉、何香凝、吴弱男、张默君、尹锐志、尹维俊、唐群英、林宗素、沈佩贞等先进女性，当然，再列举若干，

---

① 冯自由：《女医士张竹君》，见《革命逸史》，第 2 集，37 页，北京，中华书局，1981。

② 马君武：《女士张竹君传》，见莫世祥编：《马君武集（1900—1919）》，2 页。

③ 吴芝瑛来稿：《纪秋女士遗事》，载《时报》，1907 年 7 月 25 日。

④ 秋瑾：《勉女权歌》，见《秋瑾集》，117 页，上海，上海古籍出版社，1979。

⑤ 秋瑾：《精卫石·序》，见《秋瑾集》，122 页。

⑥ 明夷女史：《敬告女界同胞》，载《时报》，1907 年 8 月 10 日。

对于时人所称的中国二万万女同胞来说，也还是凤毛麟角的。

清末女权思潮的勃兴，不仅有少数男性女权主义者的倡导，以及个别先进女性的现身说法，而且还有一些报刊媒体尤其是妇女报刊的宣传鼓动。例如，陈撷芬主编的《女学报》（1902 年），以兴女学、复女权为宗旨①；丁初我主编的《女子世界》（1904 年），以"改铸女魂"为职志②；秋瑾主编的《中国女报》（1907 年），乃"欲结二万万大团体于一致，通全国女界声息于朝夕，为女界之总机关"③；唐群英主编的《留日女学会杂志》（1911 年），则致力于"恢复女权，还我自由"④，等等。这些报刊的宣传鼓动，对于当时女权思潮的兴起，在一定程度上起了推波助澜的作用。

女子与男子一样都是国民的一部分，以及女子理应具有参政权，是清末女权思潮的重要内容。"今日中国女学，渐普及矣！女权之说，渐腾越矣！抑知阴阳相配，男女各半，国民二字，非但男子负此资格，即女子亦纳此范围中。文明之国，男女有平等之权利，即有平均之责任。"⑤ 随着女学的兴起与女权思潮的勃兴，人们逐渐认识到女子与男子一样，同具国民的资格，同有平等的权利与义务。与此同时，一些先进女性已具有自觉其国民资格的意识，她们颇为自豪地声称："社会进化权力伸，我女子亦国民。"⑥ 正是由此国民意识中的性别自觉，而衍生出了"女国民"的概念。⑦ 她们甚至认为女子是国民之母，是强

---

① 参见匡珊吉：《女学报》，见丁守和主编：《辛亥革命时期期刊介绍》，第 3 集，77 页，北京，人民出版社，1983。

② 参见徐玉珍：《女子世界》，见丁守和主编：《辛亥革命时期期刊介绍》，第 1 集，461 页，北京，人民出版社，1982。

③ 秋瑾：《中国女报发刊辞》，见《秋瑾集》，13 页。

④ 《唐群英遗稿选辑·留日女学会杂志发刊词》，见蒋薛、唐存正：《唐群英评传》附录，240 页，长沙，湖南出版社，1995。

⑤ 《论文明先女子》，见李又宁、张玉法主编：《近代中国女权运动史料》上册，457 页，台北，龙文出版社，1995。

⑥ 江阴潘梦蕉：《女子歌》，见李又宁、张玉法主编：《近代中国女权运动史料》上册，451 页。

⑦ 佛哉：《女国民歌》，见李又宁、张玉法主编：《近代中国女权运动史料》上册，458～459 页。

种强国的根本，所谓"国无国民母，则国民安生；国无国民母所生之国民，则国将不国。故欲铸造国民，必先铸造国民母始"①。男女既同是国民，则自然同具权利与义务。"夫天生男女，各有义务，即各有应享之权利。"②作为国民的女子，理所当然享有参与国家政治的权利。时人引述西人话语说："女子也是国民一分子，国家的事也有责任的，也可干预的。"③ 总之，基本的结论是："男子有参政权，即女子亦有参政权。"④ 这是对于女性是否国民及其有没有参政权问题的肯定回答，这种思想直接导引了民初女子参政权运动的兴起。

在民初，当女子参政权运动受到压抑与打击的时候，女性辩护的声音主要是着眼于男女平等和男女平权的理念，肯定男女同是国民并同享国民之权利。她们辩称："人民是国家的原素，人民的组织，半是女子，约法上所载的国民，便概括男女在内，可见女子与男子立于平等的地位。男子所有的公权，也是女子同有的，并不要求参议员将男子的公权，分予女子。"⑤ 这种男女同是国民并同享国民之公权的思想，显然没有脱离清末女权思潮的樊篱。

二是大多数人在探讨近代国民意识时，或是有意无意地忽视性别这个问题，或是很自然地扬男抑女，贬低甚至否定女性的国民资格及其相应的参政等方面的权利。这是民初女子参政权运动之所以失败的思想根源。

梁启超著名的《新民说》是清末倡导塑造近代新式国民的代表作，文中多次提到"四万万人""四百兆人""国民全体"与"中国人"等

---

① 亚特：《论铸造国民母》，见张枬、王忍之编：《辛亥革命前十年间时论选集》，第 1 卷下册，929 页。

② 亚特：《论铸造国民母》，见张枬、王忍之编：《辛亥革命前十年间时论选集》，第 1 卷下册，931 页。

③ 《告全国女子其二》，见李又宁、张玉法主编：《近代中国女权运动史料》上册，412 页。

④ 《说国民》，见张枬、王忍之编：《辛亥革命前十年间时论选集》，第 1 卷上册，74 页。

⑤ 《〈女子白话报〉文章选辑·参议院之黑暗》，见蒋薛、唐存正：《唐群英评传》附录，281 页。

笼统的概念，其国民意识中的性别观念是模糊不清的。他在论及参政权问题时说，"参政权问题，凡生息于一国中者，苟及岁而即有公民之资格，可以参与一国政事，是国民全体对于政府所争得之自由也"①，性别观念仍然模糊不清。如果不能确定女性是否具有国民或公民的资格，当然也就难以确认女性是否应具有参政权。

与梁启超的《新民说》一样，清末不少论述国民意识的言论，都多少存在着有意或无意忽视性别问题的倾向。这主要是长期以来中国女子地位卑劣低下的传统观念所致。时人描述女性在家庭与社会中的悲惨境况时说："忧愁惨淡，家庭被压制，娇躯弱质，身体被戕贼，得永远监禁之罚，以'三从'、'七出'而终；而且谗妇扇动之，淫婢引诱之，三姑六婆相左右之，僧道妖蛊乃间入以摇惑之。塞聪堕明，弃圣绝智，或流为人奴，或转为人妖，种种恶孽，种种谬因，种种恶果，吾言所不能殚，吾笔所不能述。乃相因相仍相薰陶相掩饰，积成今日不知不识之女界。"② 这个因长期以来深受封建传统势力压制而积淀形成的"不知不识之女界"，自然容易被强大的男权话语所漠视。③

在清末，虽然有少数女权主义者鼓吹女权革命，力图为女性争取国民的资格及其相应的权利，但并不能从根本上改变女性的奴隶命运。有人说："女人者，米国某新闻家称为副产，而吾国人视为玩物者也。虽近来女界革命之声，稍倡于世，而倡之者几人，人莫与为和，且从而败沮之。故从历史上、现势上观察女界，女子二万万，殆无不可称为奴隶者也。"④ 有人甚至认为女子是无用的废物，是亡国的根源。

---

① 梁启超：《新民说》，见《饮冰室合集》专集之四，40～41 页。

② 亚特：《论铸造国民母》，见张枬、王忍之编：《辛亥革命前十年间时论选集》，第 1 卷下册，929～930 页。

③ 1907 年，燕斌女士创办《中国新女界杂志》时曾经痛切地指出："中国男界的学说，比起女界来，已算是很发达了，但是对于女界这一面，总是以为无关紧要，未曾著实的研究一番。别的且不讲，即如最有名的，两个大党派的机关杂志（指革命派的《民报》与改良派的《新民丛报》——引者注），各逞说论，争持不下，却无片语只字，道及女界。"（炼石：《本报五大主义演说》，见李又宁、张玉法主编：《近代中国女权运动史料》下册，776～777 页。）

④ 《箴奴隶》，见张枬、王忍之编：《辛亥革命前十年间时论选集》，第 1 卷下册，710 页。

"我国四万万人，女子居其半，此二万万女子，皆无用之人也。""今我
国女子，大都废人、病夫，乃愚乃顽乃怯乃惰，遑论女权！虽欲国之
不亡，乌得而不亡！所谓亡国之源也。"① 如果说，在男性权势视野下
女性确实难逃被歧视的命运，那么，一些女性自己的反思更是发人深
省。首先，她们认为，男女不平权主要是女性自己放弃了权利而自甘
堕落的结果。"今日女界卑贱、鄙污、奴隶、玩物种种惨恶之现象，岂
男子举手投足区区压制之能为力哉？毋亦我二万万同胞不学无术，自
放弃其权利也。屏息低首，宛转依附，深闭幽锢，二千年矣。纵有不
甘于奴隶、玩物，大声疾呼，起而抗之，则举世之人莫不戮之、辱之、
摧之、梏之，非独男子然也，女子亦目为怪物。悍者肆口诋毁，弱者
腹诽远走，相戒不敢信。"② 其次，她们认为，男女平权在理论上是可
以的，但在事实上是行不通的。"吾国志士，愤世俗之日非，阃内外显
分畛域，遂倡男女平权主义，谓同具面目，不应有所轩轾，于理论上
诚当如是。然天赋既殊，义务即异，性有所近，才有所长，政治从军，
男宜优于女，教育美术，女宜优于男，相辅而行，不可事事相提并论
也。"③ 再次，她们认为，女权主要由男子提倡，女性靠男子赠予权
利，仍然无法摆脱其附属于男子的命运。"朝闻倡平权，视其人，则曰
伟丈夫；夕闻言平权，问其人，则曰非巾帼。……男子之倡女权，因
女子之不知权利而欲以权利相赠也。夫既有待于赠，则女子已全失自
由民之资格，而长戴此提倡女权者为恩人，其身家则仍属于男子，且
男子既可以权利赠人，必其权利之范围恢恢乎。"④ 最后，她们认为，
女子不要男子越俎代庖，而应该自己起来恢复女权。"女子曷不自谋恢

---

① 竹庄：《论中国女学不兴之害》，见张枬、王忍之编：《辛亥革命前十年间
时论选集》，第1卷下册，924页。

② 《黄菱舫女士序》，见爱自由者金一：《女界钟》卷首，1页。

③ 龚圆常：《男女平权说》，见李又宁、张玉法主编：《近代中国女权运动史
料》上册，404～405页。

④ 龚圆常：《男女平权说》，见李又宁、张玉法主编：《近代中国女权运动史
料》上册，405页。

复？曷不禁他人之越俎而增我新中国之光彩乎？"① 这些女性自己的声音，既反映出女性自身觉醒的一面，又从一个侧面揭示了女性降伏于男权的无奈现实。

一个有趣的现象是，时人或以民权与女权相对而言，所谓"与民权并现于社会之上，而有待于倡导者，实惟女权"②，这便暗含了"女"在"民"之外的意味。女权主义者也许认为女权与民权同样值得提倡，但一般人则从时局危急的现实境况出发而将女权置诸民权之后。例如，有言论称："欧洲十八九世纪，为君权革命世界；二十世纪，为女权革命世界。今中国犹君权时代也，民权之不复，而遑言女权！"③"女权非不可言，而今日中国之女子则必不能有权，苟实行之，则待诸数十年后。"④ 这种将民权与女权割裂的思想观念，不但取消了女性的国民资格，而且否定了女权的现实意义。

还应强调的一点是，清末关于国民意识中性别与权利之关系的问题，存在着两股相悖的思想潮流，这正是民初女子参政权运动得以兴起与终至失败的思想根源。论者探讨清末女权思潮时，往往有片面夸大之处，似乎女权主义已经得到整个社会的认同，对于另一股相悖的思潮或视而不见，或有意避而不谈，因而并不能全面反映客观真实的历史，更无法解释复杂历史的矛盾纠葛。其实，清末女权思潮的兴起固然毋庸置疑，但其影响的深度与广度均不可估计过高，事实上女权思潮仍然受到强大的男权势力的制约。这一点还可以清末舆论控制权问题为例证做进一步说明。有人往往列举女性报刊的创办及其数量，以作为清末女权思潮发达的一个重要标志。但是，稍做比较观察，便可知女性报刊在清末舆论界的分量其实是非常有限的。据统计，

---

① 忆琴：《论中国女子之前途》，见李又宁、张玉法主编：《近代中国女权运动史料》上册，409 页。

② 龚圆常：《男女平权说》，见李又宁、张玉法主编：《近代中国女权运动史料》上册，404 页。

③ 丁初我：《女子家庭革命说》，见张枬、王忍之编：《辛亥革命前十年间时论选集》，第 1 卷下册，926 页。

④ 亚庐：《哀女界》，见李又宁、张玉法主编：《近代中国女权运动史料》上册，465 页。

1815—1911 年，中国及海外出版的中文报刊有 1753 种，其中妇女报刊仅有 37 种①，约占总数的 2% 强，与女性占全国人口半数之比是极不相称的。可见，清末舆论空间基本上被男权话语所控制，女性的声音是极其微弱的，甚至女权还要依靠男性来鼓吹②，以至于在民初女子参政权运动遭受挫折的时候，唐群英等人方才有所悔悟，认为："共和的国家，人民言论自由，无分男女，都可以在那报纸上发表出来，但是现在中国的报纸，虽然是多得很，究竟都是一班男子办的，从没有女子办的，因这个原故，所以二万万女同胞，就有许多意见，总不能在报纸上发表出来。"③ 在这样的情形下，清末民初一度高扬的女权主义的声音很快就被淹没在男权话语的汪洋大海之中，也就不足为怪了。

## 三、女性声音的高扬与被压抑

民初女子参政权运动的兴起，既是清末女权思潮发展的必然结果，也是反清革命胜利形势下政权转移过程中的必然趋势。清末女权主义者认为，女子"改革时之尽义务既与男子等，他日之权利亦必与男子平"④。武昌起义后，一些先进女性积极投身于革命运动。她们或组织女子北伐队，直接参加革命战争；或组织女子医疗队，参与革命救护工作；或组织女子后援会，为革命军队募捐筹饷，等等。据不完全统计，辛亥革命前后参加各种革命工作的妇女，有姓名可查者约 380 人，

---

① 史和、姚福申、叶翠娣编：《中国近代报刊名录》，389～421 页，福州，福建人民出版社，1991。按：最早的妇女报刊是康同薇、李蕙仙、裘毓芳等人于 1898 年在上海创办的《女学报》。

② 有人以《女子世界》为例说明，清末"鼓吹女权最力、言论最激烈的，往往竟是男性"。（参见桑兵：《近代中国女性史研究散论》，载《近代史研究》1996 年第 3 期。）

③ 《〈女子白话报〉文章选辑·女子参政之先声》，见蒋薛、唐存正：《唐群英评传》附录，286 页。

④ 楚南女子：《中国女子之前途》，见李又宁、张玉法主编：《近代中国女权运动史料》上册，395 页。

其中有 54 人参加了同盟会。① 这些事实表明，女子为革命做出了自己应有的贡献。因此，她们在中华民国南京临时政府成立以后，理所当然地提出了女子参政权的要求。

1911 年年底，革命战争方酣，原同盟会会员、中国社会党女党员林宗素即发起成立第一个女子参政团体——女子参政同志会，明确宣称以"普及女子之政治学识，养成女子之政治能力，期得国民完全参政权"为宗旨。② 1912 年 1 月 5 日，南京临时政府刚刚成立，林宗素便以女子参政同志会代表的身份面见临时大总统孙中山，据说得到孙氏面允"国会成立，女子有完全参政权"的许诺。③ 消息公布，对于要求参政权的妇女是一个极大的鼓舞。她们纷纷成立女子参政团体，响应林宗素等人要求参政权的呼声。例如，吴木兰组织女子同盟会，以"助民国促进共和，发达女权，参预政事"为宗旨④；沈佩贞组织男女平权维持会，以"破除一切专制，尊重人道主义，维持男女平权，抵抗强权恶习，使男女享负对等权义"为宗旨⑤；张昭汉（默君）与伍廷芳夫人联合发起神州女界共和协济社，以"联合五族女界，普及教育，研究法政，振兴实业，提倡国货，养成共和高尚完全女国民，协助国家进步"为宗旨⑥；上海女界组织中华女子竞进会，以"研求

---

① 参见沈智：《辛亥革命前后的女子报刊》，见中华书局编辑部编：《纪念辛亥革命七十周年学术讨论会论文集》下册，2035 页，北京，中华书局，1983。

② 《女子参政同盟会草章》，载《申报》，1911 年 11 月 29 日。按：该团体初拟名为女子参政同盟会，但正式成立后则称为女子参政同志会。

③ 《公电·南京电》，载《民立报》，1912 年 1 月 8 日。林宗素面见孙中山的情形，《申报》有详细的记载："林君先陈述该党组织情形，及参政同志会成立情形，随将章程呈阅。孙总统异常欣慰，面允将来必予女子以完全参政权，惟女子须急求法政学知识，了解自由平等之真理。林言：本会现正办理法政讲习所，拟为将来要求地步，但此事总统极力赞成，仍恐不免有横生阻力者。孙言：我必力任排解保护之责。林谓：本党女党员若联络上书要求参政，能否有效力？孙言：我甚承认贵党可以为全国女同胞之代表而尊重之。林言：总统既承认，我将宣布此言，为他日之证据。孙曰：甚善。"（《女子将有完全参政权》，载《申报》，1912 年 1 月 8 日。）

④ 《女子同盟会之组织·宣告书》，载《申报》，1912 年 2 月 22 日。

⑤ 《男女平权维持会章程》，载《天铎报》，1912 年 3 月 16 日。

⑥ 《神州女界协济社章程》，载《神州女报》（旬刊）第 4 期，1912 年 12 月。

政治上及军事上之智识，以期养成人材，发达女权"为宗旨，"以为将来参政之地步"①；浙江女界组织女子策进社，以"唤醒女界，策进完全国民"为目的，反对"男界专制"②；湖南女界成立女国民会，号召女界同胞"捐弃数千年脂粉恶习，尊重亿万年神圣人权"③；广东女界组织女权研究社，"力争女子选举权"④，等等。这些团体，多以争取女子参政权为首要目标。在此基础上，女界先进唐群英、张汉英、王昌国等人拟联络全国女界，由各省女界公举代表到南京组织统一机关女界参政同盟会，向参议院和临时大总统孙中山提出请愿书，"要求中央政府给还女子参政权"⑤。于是，由女子参政团体的请愿活动掀起了民初女子参政权运动的风潮。

除林宗素等人以个人身份谒见孙中山，要求女子参政权以外，较早以组织名义上书请愿的团体是神州女界共和协济社。该社上书孙中山，提出了创办女子法政学校及发刊《女子共和日报》以"勉为将来参政之预备"的主张，请求孙中山予以赞成。他们说："某等窃思共和国既建设矣，国内必无不平等之人，男女平权，无俟辞费。此番改革，女子幸能克尽天职。或奔走呼号，捐募饷糈；或冒枪烟弹雨，救护军士；或创立报章，发挥共和，鼓吹民气；或投笔从戎，慷慨杀敌。莫不血诚垒涌，视死如归，侠肠毅力，奚让须眉？……际兹宪法将定，国会未集，敢代表全国女界，专诚请愿，乞赐赞成，于参议院存案，俾国会决议时，为女界预留旁听及参政一席。数载后女子之政治知识既具，资格已备，乃可实行。"孙中山复书对于神州女界共和协济社"并不遽求参政"而是预备参政的主张深表赞赏，表示愿拨款五千元赞

---

① 《中华女子竞进会简章》，见中国史学会主编：《辛亥革命》（七），547页，上海，上海人民出版社，1957。

② 《浙江女子策进社缘起及草章》，载《民立报》，1912年4月14日。

③ 《湖南女国民会宣言书》，见中华全国妇女联合会妇女运动历史研究室编：《中国近代妇女运动历史资料（1840—1918）》，573页，北京，中国妇女出版社，1991。

④ 《女子参政大热闹》，载《天铎报》，1912年3月10日。

⑤ 《女界参政同盟会纪事》，见中华全国妇女联合会妇女运动历史研究室编：《中国近代妇女运动历史资料（1840—1918）》，577页。

助该社开办女子法政学校，并说明："至女子应否有参政权？定于何年实行？国会能否准女界设旁听席？皆当决诸公论，俟咨送参议院议决可也。"① 稍后，唐群英、张昭汉、张汉英、王昌国、吴芝瑛、张群英、沈佩贞等人又以中华民国女界代表的名义，上书南京临时参议院请愿，正式提出将女子参政权写入宪法的要求。请愿书说："兹幸神州光复，专制变为共和，政治革命既举于前，社会革命将踵于后。欲弭社会革命之惨剧，必先求社会之平等；欲求社会之平等，必先求男女之平权；欲求男女之平权，非先与女子以参政权不可。…… 用是联络全体女界，上书贵院执事诸公，请于宪法正文之内，订明无论男女，一律平等，均有选举权及被选举权；或不须订明，即请于'本国人民'一语，申明系包括男女而言，另以正式公文解释宣布，以为女子得有参政权之证据。"② 2 月 23 日，临时参议院将女界代表唐群英等请求的女子参政权案交请愿审查会审查。③ 当时报界传闻，参议院对于女子参政权案"不赞成者居多数"，女界中有激烈派数人声言"此举如办不到，当以炸弹对付议员"。④ 一场冲突在所难免。

3 月 11 日，经临时参议院议决，由孙中山以临时大总统的名义公布了具有宪法性质的《中华民国临时约法》（以下简称《临时约法》），其关于人民权利和义务的第二章第五条规定，"中华民国人民一律平等，无种族、阶级、宗教之区别"⑤，显然对于男女性别问题做了模糊的处理。这使女界大失所望，非常不满。唐群英等人又以中华民国女子参政会的名义上书孙中山，提出了强烈的抗议。她们认为："此约法

① 《女界共和协济会上孙总统书》《孙总统答书》，载《时报》，1912 年 3 月 4 日。亦参见《女界参政之要求》，载《民立报》，1912 年 3 月 3 日、4 日。

② 《女界代表张群英等上参议院书》，载《申报》，1912 年 2 月 26 日。亦参见《中华民国女界代表上参议院书》，载《时报》，1912 年 2 月 27 日，转引自中华全国妇女联合会妇女运动历史研究室编：《中国近代妇女运动历史资料（1840—1918）》，579～580 页。

③ 《参议院议事录》，南京，1912 年 2 月 23 日。

④ 《专电》，载《申报》，1912 年 2 月 29 日。

⑤ 《中华民国临时约法》，见中国社会科学院近代史研究所中华民国史研究室、中山大学历史系孙中山研究室、广东省社会科学院历史研究室合编：《孙中山全集》，第 2 卷，220 页，北京，中华书局，1982。

者，虽属临时，为期甚暂，然与宪法有同等之效力，亦即将来成文宪法之张本，国家组织、人民与政府之权利义务系焉，胡可轻易出之？苟有疵戾，非国家之福也。乃读至第二章人民第五条云'中华民国人民一律平等'，而其下复曰'无种族、阶级、宗教之区别'。就其条文寻绎之，既曰'中华民国人民一律平等'，则凡为中华民国人民均须平等，则种族也、阶级也、宗教也，或其他之种种也，而皆为中华民国人民也，均须平等，固已了无疑义，何必复为解释之语曰'无种族、阶级、宗教之区别'，以狭小条文之意耶？在立法者之意，岂不曰吾国固尚有种族、阶级、宗教之区别也，明言之，或足以释不平等之疑，而昭大公无我之见。斯言诚是也，独不计及种族、阶级、宗教之外，固尚有不平等之嫌者在耶？列举既有未赅，则不如仅以概括的规定，尤能以解释而尽善也。况立法者之意并不如是，既已以'一律平等'之言欺人耳目，复怀鄙吝之见而为限制之辞，司马昭之心，已路人皆知之矣。吾女子之要求参政权也，既已一再上书参议院，求其将女子共男子权利一律平等明白规定于临时政府约法之中。今观此项条文，不独不为积极的规定，反为消极的取消。是参议院显欲与吾侪女子为意气之争，而不暇求义理之正。吾党宁能默然？吾党之意，仅以闻于吾女子者，对于约法第五条或请删去'无种族、阶级、宗教之区别'一语，以为将来解释上捐除障碍；或即请于'种族、阶级、宗教'之间，添入'男女'二字，以昭平允。二者惟择其一，吾侪权利关系，抑亦条文之正轨也。"她们根据《临时约法》有关精神请大总统向参议院提议"以重法律，以申女权"①，即要求修改《临时约法》，使女子参政权得到宪法的确认。

3 月 18 日，临时参议院开始讨论女子参政权案审查报告。19 日，续开该案第二读会，并以多数可决通过了审查报告。② 最后的结论是："查女子请求参政风动，欧美尚未见诸实行，吾国若能创开其例，亦属历史之光荣。据来书所称世界潮流日趋平等，各国女子之有参政权，

① 《女子参政会上孙总统书》，载《天铎报》，1912 年 3 月 23 日。亦参见《女子要求参政权·附女子参政会上孙总统书》，载《民立报》，1912 年 3 月 23 日。

② 《参议院议事录》，南京，1912 年 3 月 18 日、19 日。

特迟速之问题，非有无之问题云云，本审查会一再讨论，多数认为吾国女子参政亦应有之权利，惟兹事体重大，非可仓卒速定，应俟国会成立再行解决，以昭慎重。"① 其实这个审查报告否决了女子参政权请愿案。

就在女子参政权案被否决的当天，发生了请愿女子大闹参议院的风波。上午，唐群英、张汉英等女子二十余人（或曰十余人、三十余人），以"武装的状态"闯入参议院的议事厅，要求参政权，"至提议女子参政案时，咆哮抗激，几至不能开议"。下午，她们又试图阻止议员出席会议，"竟坚执议员衣袂，禁不听前"，议长无奈，只好请求守卫军兵干预，迫使女子退入旁听席。女子请愿心切，结果却适得其反。据参议院议员说："该院对于此事，原无必不赞同意思，不过拟俟国会成立，然后解决此等问题。今见如此举动，确知女子程度不齐，现已全体一致决意反对。"当时还有一个议员历述欧美故事，认为"文明国女子，决无此种不法行为"。3月20日，又有女子二十余人哄至参议院，求见议长未果，遂将议场门窗玻璃击碎，把议员未经发表之议案搜索一空，并将一稍有违言之警兵踢倒在地。同日，请愿女子又推举唐群英、蔡惠为代表，向临时大总统孙中山上第三次请愿书，请求提议于参议院，词甚激昂。孙中山婉言劝诫，认为"此事未有一经提议即能通过者，倘能坚忍耐劳至再三，将来或能达此目的。幸毋为无意识之暴举，受人指摘；否则，殊非本总统赞成女子参政权之始意"。21日，请愿女子增至六十余人，并带有武器，欲直入参议院，议长电请总统派来近卫军士200人救援，故不得入院，便转而到总统府谒见临时大总统孙中山，请求援助。孙中山允为代向参议院斡旋，并令女公子陪同前往。当时有北京某报代表陈绍唐正在总统府，亦极力反对参议院，当即偕女公子及某卫戍参谋官前往该院排解。结果，参议院允许由女子同盟会再具一呈，将《临时约法》重行提议。3月25日、26日，又有请愿女子多人到总统府求见国务总理唐绍仪，但两次均未被接见。3月30日，唐群英再率女子数人闯入参议院，"强要改正临时

---

① 《否决案·女子参政请愿案》，见《参议院议决案汇编》甲部二册。

约法，大肆哮骂，势将用武"。议长唤卫兵严加戒备，某女士声言："若不容再来，必诉以武力。"① 终因临时参议院正准备北迁，这次请愿并没有实质性的结果。

值得一提的是，这次女子参政请愿虽然失败，却引起了英国急进女界的关注。伦敦女子政治及社会联合会来电，深表敬意与同情，并寄予厚望。她们勉励中国妇女"防止男子垄断政治权利，速见成功；使妇女政治上之平等，首为支那妇人所得，开世界女子参政之新纪元，作全球文明各国之模范"②。这对于要求参政权的中国女子无疑是一极大的鼓舞。她们以南京女子参政同盟会本部的名义复电，深表感谢，并表示："现在同人等均誓以死力达目的，速改约法条文；尚求海外各团体联络一致，以谋进行。"③

4 月 8 日，上海女子参政同志会、女子后援会、女子尚武会、金陵女子同盟会、湖南女国民会在南京召开联合大会，正式成立女子参政同盟会。该会以"实行男女平等，实行参政"为宗旨。④ 其发表宣言称，因为习惯、教育、财产、法律等方面的原因，女子长期以来不能享受与男子平等的权利，表示"吾侪回复权利，当以今日为其始期"；宣言特别关注公民政治权利，认为女子应先从宪法上争得"公民之地位"，尤其是"政治上之地位"，所谓"吾党今日所争者在此，而所最难达目的者亦在此"，表示"吾党当挟雷霆万钧之力以趋之，苟有障碍吾党之进行者，即吾党之公敌，吾党当共图之"。⑤ 同时，女子参政同盟会还公电各省都督、各政党及各报馆，认为南京参议院制定的《临时约法》，是纯以专制手段剥夺女权，"意欲将二万万之聪颖黄裔，

① 以上情形参见《女子以武力要求参政权》，载《申报》，1912 年 3 月 24 日；《要求女子参政权之武力》，载《时报》，1912 年 3 月 23 日；《女子参政之捷音》，载《天铎报》，1912 年 3 月 24 日；《女子要求参政权》《专电·南京电报》，载《民立报》，1912 年 3 月 23 日、28 日、31 日。

② 《英国女界赞同要求参政权电》，载《民立报》，1912 年 3 月 29 日。按：该电原题为"旅英女界"，次日又特别更正为"英国女界"，今据此改正。

③ 《女子参政同盟会要电》，载《民立报》，1912 年 4 月 5 日。

④ 《女子参政同盟会简章草案》，载《天铎报》，1912 年 4 月 6 日。

⑤ 《女子参政同盟会宣言书》，载《时报》，1912 年 4 月 10 日。

永远沉沦于黑暗世界，忍心害理，一至于此！"该会宣称，"所有南京参议院所布之《临时约法》，我女界绝不承认"①，表示了继续奋斗、不达目的决不罢休的坚定决心。

随着临时参议院北迁，女子参政请愿团体也一同北上，"继续要求，以期必达完全之目的。是将来北京参议院，必将重演一出改良新剧矣"②。此后，女子参政请愿运动的中心便从南京转移到北京。

早在请愿女子大闹南京临时参议院时，参议院议案起草员已提出《国会之组织及选举法大纲案》，并开始讨论。③ 该案明确规定了国会议员的选举人与被选举人资格，其第一项就是年满 25 岁以上之男子④，断然将女子排除在外，进一步激起了女性的反抗。

唐群英等人进京后，便联络北方女界组织女子联合会，以"要求女子参政权"为目的，连日开会讨论进行方法，宣言"如参议院不赞成其议，即以兵戎从事"。⑤ 当唐群英等人得知国会选举法案完全将女子排除在外时，便以中华民国女界全体联合会的名义上书参议院，要求参议院"于国会选举法条文内申明，民国人民无论男女若干岁得有选举权及被选举权；或即不申明男女，但以人民二字概括之，以泯畸重畸轻之迹。庶与约法人民平等之条文相符，而共和之真精神亦于是乎在"⑥。但书上之后，参议院并不提出讨论，而只复书于请愿介绍人，称："本院对于人民请愿，初经却下者，二次即视为无效，今女子请求理由虽甚充分，但前在南京已经批复候国会解决，兹援前例，亦

---

① 《女子参政同盟会致各省都督等电》，见中华全国妇女联合会妇女运动历史研究室编：《中国近代妇女运动历史资料（1840—1918）》，587～588 页。

② 《女子团亦有北上消息》，载《大公报》，1912 年 4 月 10 日。

③ 《参议院议事录》，南京，1912 年 3 月 28—29 日、4 月 3 日。

④ 《参议院提出国会之组织及选举法大纲案》，载《申报》，1912 年 4 月 2 日。据说这是参议院因被女子请愿激怒的结果，有报道云："参议院因屡次受女子骚扰，拟将议院法加订，祇男子有选举权及被选举权。"（《南京电报》，载《民立报》，1912 年 4 月 4 日。）

⑤ 《女子要求参政权》，见中华全国妇女联合会妇女运动历史研究室编：《中国近代妇女运动历史资料（1840—1918）》，591 页。

⑥ 《英雌又出风头》，载《民立报》，1912 年 6 月 15 日。

仍须候国会解决，不能提出。"① 唐群英等人的请愿书被参议院认为
"无提议之价值"而搁置起来，使请愿女子颇感失望。于是，她们便推
举沈佩贞等六十余人到参议院请见议长吴景濂，"代表女界欲以革命要
求参政权之意见，大有不达目的不肯干休之势"。吴景濂惊恐万状，
"只得含糊敷衍，并不敢表示赞否之主见"②。诸位女士也是无可奈何。

　　尽管请愿女子的行为渐趋激烈，但北京临时参议院也并未做出丝
毫的让步。临时参议院北迁后，讨论国会组织法及选举法是其中心议
题之一。关于国会议员的选举人资格问题，参议院在 7 月 3 日和 8 日
的第 31、35、36 次会议上展开了激烈的讨论。完全由男性组成的参议
院议员们就年龄、财产、纳税额、教育程度等方面的资格限制问题进
行了反复辩论，根本没有涉及性别问题。有议员梁孝肃提出在选举方
式上应采取普通选举而不应采取限制选举，认为限制选举有违《临时
约法》中人民一律平等的精神，其实他只是反对财产限制，也并未涉
及性别问题。对此，议员李国珍反驳认为，普通选举也是有所限制的，
并不是所有的人都有选举权。他以当时世界上最先进的民主共和国家
美国、法国为例说明，美、法两国可谓人民平等，并实行普通选举法，
但"妇女童孺"也并没有选举权。其结论颇为怪异："以人民必须平等
释之，则妇女童孺等何尝不是人民？何以美、法以共和先进之国，向
以上下平等自居，而亦有此等不平等之行为？可知约法上所谓人民平
等者，非就选举法而言者。必以如是释约法，则中国四万万人有一不
予以选举权者，即为违背约法。所以，一方面须参照先进国之成例，
一方面须量度本国之情势，由两方面观察，非行限制选举不可。"③ 此
处虽未明言，但"妇女"与"童孺"并列，其潜意识是清楚的，那就
是妇女没有参政权是理所当然的。参议院在 7 月 20 日第 46 次特别会

---

　　① 《女子参政同盟会参政请愿书》，见中华全国妇女联合会妇女运动历史研
究室编：《中国近代妇女运动历史资料（1840—1918）》，601 页。
　　② 《女子要求参政权》，见中华全国妇女联合会妇女运动历史研究室编：《中
国近代妇女运动历史资料（1840—1918）》，591 页。亦参见《女参政权之直接要
求》，载《时报》，1912 年 8 月 16 日。
　　③ 《参议院会议速记录》第 35 次会议，北京，1912 年 7 月 8 日。

议上讨论蒙藏人民的选举权问题时，议员杜潜根据《临时约法》有关国民权利平等的精神，以女子与蒙藏人民同是中华民国人民相比附，提出了女子应有选举权与被选举权的问题，结果被一句"此另一问题，不在今日讨论范围之内"打断，未能引起议论。① 8 月 10 日，袁世凯北京临时政府公布《中华民国国会组织法》《参议院议员选举法》《众议院议员选举法》，关于国会议员资格问题，仍然只是规定男子有选举权与被选举权②，再一次激起女子参政权请愿运动的高潮。

8 月底，张寿松等人以女界联合会的名义上书参议院，要求参议院在国会选举法中加入女子有选举权及被选举权一节，但参议院以女子参政权案在南京时已议决"此事体重大，俟国会成立后，再行解决"为由，认为："今国会尚未成立，本会即不能以该会之要求，再行提出，重事讨论；况国会选举法业经议决，咨送政府公布实行，碍难提付院议。"这个结果使女界联合会大失所望。③

9 月初，唐群英以女子参政同盟会的名义发表宣言书，从天赋人权的理论，说明男女在法律上的权利是平等的。她认为，虽然女界程度不够，其实男子程度也是不齐，但参政权作为人民的基本人权，应该得到宪法的确认，尤其不必特别限制女子的参政权，所谓"有绝对的可以认许在宪法上永久不移易者，则如人民之参政权是；有不必为特别之限制以待其将来之程度发达齐一而亦可认许之者，则如现在我国女子参政权是"。她承认女界程度幼稚的现状，认为其事实上暂时难以达到参政的目的，因而退一步"不要求政府法律上积极的保护"，却希望女界全体合力争取"以要求其消极的保护"，即"不必法律上明界我女界参政权，但使对于女子不加制限，对于男子不认专有"。也就是说，法律上可以不写明女子有参政权，但也不能写明参政权为男子所专有，从而对女子有所限制。这显然是针对国会选举法的。她特地从约法、现行法、中国社会及当时的世界趋势等方面，具体阐述了女界对于参政权不能不争的理由，号召全体女界以死力争，"故身可杀，此

---

① 《参议院会议速记录》第 46 次特别会议，北京，1912 年 7 月 20 日。
② 《众议院议员选举法》第四、五条，载《申报》，1912 年 8 月 13 日。
③ 《女政客之失望》，载《民立报》，1912 年 8 月 26 日。

心不可死；头可断，此权不可亡。…… 将修我戈矛，整我甲兵，凭我
一腔血与诸男子相见"①，表示了极度悲壮的气概。

恰在此时，万国女子参政同盟会代表访华，给正在奋力争取参政
权的中国妇女以极大的精神鼓舞。8 月 31 日，万国女子参政同盟会会
长嘉德夫人、会员斐恒夫人（或曰马克维夫人）及荷兰女子参政同盟
会分部长觥古柏斯女博士等人抵达上海，随后在 9 月又访问了南京、
天津和北京。所到之处，受到中国女界领袖人物陈撷芬、张昭汉、张
汉英、唐群英、沈佩贞、王昌国等人及其领导的神州女界协济社、女
子参政同盟会等妇女团体的热烈欢迎。嘉德夫人一行纷纷发表演说，
介绍了世界各国尤其是英、美等国女子参政权运动的基本情形，并给
中国女子参政权运动以具体的指导，认为提倡女子教育以提高女子知
识程度及其独立能力是女子参政的先决条件。她们还勉励中国女界联
络结成一大团体以早日加入万国女子参政同盟会，并对中国女子参政
权运动寄予厚望，认为"中国女子程度实不亚欧西，且超迈其他各
国"，"中国女子或可先于各国争得参政之权，为各国所不及"。这使中
国女界大受鼓舞。张昭汉对于嘉德夫人所说"中国女子欲争参政，第
一要提倡女子教育"深表钦佩，认为中国女子应反躬自省，从根本上
着手，养成实在能力，"凡男子所知者，吾女子无不知；男子所能者，
女子无不能。则要求参政，男子亦无所借口，而女子始当之不愧矣"。
沈佩贞也赞同通过发展女子教育与实业以养成女子独立的知识与能力，
才可使女子不依赖男子。同时，她认为女子在革命时已经与男子一样
尽了义务，共和告成后理当享有一样的权利。她提出，如果女子不能
达到参政的目的，将不惜采取极端手段以对待男子，即"未结婚者，
停止十年不与男子结婚；已结婚者，亦十年不与男子交言"。关于女子
参政权问题，她们都希望在民国宪法未定以前，通过积极的运动以收

---

① 《女子参政同盟会代表唐群英宣言书》，见中华全国妇女联合会妇女运动
历史研究室编：《中国近代妇女运动历史资料（1840—1918）》，595～600 页。

到实在的效果。①

10 月 20 日，女子参政同盟会本部在北京成立，选举副总统黎元洪之夫人吴汉杰为名誉总理，唐群英为责任总理，继识一、王国昌为协理，沙慕新为庶务，沈佩贞为交际，骆仲儒、莫宝珠为书记，李瓒元为会计，王云樵为调查。唐群英演说认为，女子与男子同是国民，既承担了国民的义务，就应该享受国民的权利。她坦诚地承认现在女子参政的程度确实不够，可暂且不争被选举权，但不能不争选举权，其具体方法是："组织团体，坚持到底，上书参议院，要求女子的选举权。一次争不到手，二次再争，二次争不到手，三次四次以至无量数次，不达目的是万万不能止的。"在她看来，女子争取选举权是其获得完全参政权的关键。她说："第一次国会，女子既无选举权，将来第二次第三次的国会，女子更能争被选举权吗？所以现今争选举权，是第一次国会最要紧的问题，便是将来争被选举权最重的关键，诸君切不可放松。"② 这样，便明确了女子参政请愿继续进行的近期目标就是争取选举权。

经过一段时间的酝酿起草，女子参政同盟会再次上书参议院请愿。首先，请愿书对于此前张寿松、唐群英等人的上书被参议院依南京前例却下进行辩解，认为南京上书是修改《临时约法》第五条字面案，现在上书是争取女子选举权案，两者不能混同。其次，请愿书认为国会选举法规定中华民国男子有选举权与被选举权，将《临时约法》中的"人民"换成"男子"，公然剥夺了女子应有的权利，是"有心之构陷以欺压我二万万女子"，显然是"违背约法，蹂躏人权"的粗暴行为。再次，请愿书以《临时约法》为依据，说明《临时约法》在规定中华民国的构成，主权所属以及人的权利、义务时，都是用全称的"人民"一词，并没有排除女子在外，女子也是中华民国人民的一部

---

① 以上参见《张园今日之盛会》《女权大活动·欢迎万国女子参政会会长》《女子参政会长之临别赠言》《南京通信·欢迎女参政会长》《女子参政会纪事》，载《民立报》，1912 年 9 月 4 日、5 日、9 日、10 日、27 日。

② 《女子参政同盟会成立志盛》，见中华全国妇女联合会妇女运动历史研究室编：《中国近代妇女运动历史资料（1840—1918）》，606～608 页。

分，与男子一样尽义务，当然要一样享有权利。国会选举法用特称的
"男子"一词，"屏我女子于人民之外"，严重违反了《临时约法》精神
与人道原则。最后，请愿书指出选举权关系到女子的基本人权问题，
必须拼死力争，所谓"此乃切肤之利害，所不能不痛首痛心全出死力
以争于此日者也"①，表示了坚定的决心。

参议院收受请愿书后，便交请愿委员会审查，然后提交大会讨论。
11月6日，参议院议决女子选举权案。首先由王鑫润代表请愿委员会
提出审查报告，认为兹事体大，应请大会公决。随后有十余名议员发
言，覃振、陈家鼎、杜潜、江辛等人表示赞成，李国珍、李素、孙孝
宗、谷钟秀、赵世钰、李榘等人表示反对，双方争论激烈。反对者认
为：此案在南京已经否决，北京参议院只是南京参议院的继续，故不
得再次提出讨论；已经参议院否决的议案，只有大总统有权提出复议，
请愿人再次提出是侵犯大总统之权；如赞成此案，当修改国会议员选
举法，并另造选举人名册，国会选举在即，仓促恐难办到；请愿书有
辱骂参议院之词，不应受理。赞成者认为：此案为女子选举权请愿案，
与南京时请愿修改《临时约法》第五条之请愿案不同；此案在南京并
未否决，南京参议院对此案只是敷衍推诿，再这样下去，必致争闹不
休；就人道主义而言，男女本应平等，而且女子也为革命尽了义务，
给女子以参政权与《临时约法》并不违背；满族共进会与华侨选举法
案都是在国会选举法公布后所定的补救办法，女子选举法可依例暂时
制定一种施行办法；请愿书内称诸公云云系侮辱参议院中之个人，而
并非侮辱参议院之机关，不得以此作为不受理的理由。双方针锋相对，
相持不下。最后由议长宣布就此案应否开二读会进行表决，结果赞成
者仅6人，相对于出席此次会议的66名议员来说，可谓绝对的少数。

---

① 《女子参政同盟会参政请愿书》，见中华全国妇女联合会妇女运动历史研
究室编：《中国近代妇女运动历史资料（1840—1918）》，601~605页。按：此请
愿书已于1912年9月2日开始起草（《唐沈两女士之墨泪·上书参议院》，载《申
报》，1912年9月3日），其末尾仅署"中华民国元年九月　日具"，具体上书日
期待考。

此案终被撤销。①

女子参政同盟会对这次请愿本来抱有不达目的誓不罢休的决心，但请愿案再次被参议院无情地否决，激起了请愿女子无比的失望和愤怒。她们纷纷谴责参议院议员"真是民国的妖孽，女界的蟊贼"②。如时论所言，女子团与参议院"自必大演活剧"③。12 月 9 日，唐群英、沈佩贞邀集女同志数人前往参议院谒见议长吴景濂，强行要求参政权。吴景濂勉强接谈，便逃入议场，避而不见。被激怒的女士们遂大肆谩骂反对女子参政权的议员，"娇艳含恚，声色俱厉"。她们声言："议员亦女子所生，当民军起义时代，女子充任秘密侦探，组织炸弹队，种种危险，女子等牺牲生命财产，与男子同功，何以革命成功，竟弃女子于不顾？女子亦组织中华民国之重要分子，二万万女同胞，当然与男子立于平等之地位。凡反对女子参政权者，将来必有最后之对待方法。即袁大总统不赞成女子有参政权，亦必不承认袁为大总统。三日后当再来参议院，为最后之解决。将来中华民国之民法，凡关于女子之能力，若不采用德国制，女子等必用武力解决此问题。"④ 虽然请愿女子仍是豪气干云，但终归已是强弩之末。此后，唐群英等人主要转向办女报、兴女学的活动，女子参政权问题再也没有回旋的余地了，民初女子参政权运动渐趋沉寂。

参议院为什么否决女子参政权案？女子的反应是直接针对男性霸权的。她们认为："原来这班议员，大半是眼光不很远大，知识亦甚平常，并不知道女子参政对于民国有绝大的益处。见得中国数千年没有

① 《参议院会议速记录》第 104 次会议，北京，1912 年 11 月 6 日。一般报道见《参议院初六日议事纪略》，载《大公报》，1912 年 11 月 8 日；《参议院第九十五次开会纪事》，载《盛京时报》，1912 年 11 月 12 日；《十一月初六日参议院会议记》，载《民立报》，1912 年 11 月 13 日；《女子参政权又历一劫》，载《申报》，1912 年 11 月 13 日；《十一月初六日参议院常会纪要》，载《时报》，1912 年 11 月 16 日。

② 《〈女子白话报〉文章选辑·参议院之黑暗》，见蒋薛、唐存正：《唐群英评传》附录，282 页。

③ 无妄：《闲评二》，载《大公报》，1912 年 11 月 9 日。

④ 《女士大骂参议员》，见中华全国妇女联合会妇女运动历史研究室编：《中国近代妇女运动历史资料（1840—1918）》，609 页。

这桩事，向来女子连户外的事都不许过问，还说什么参政呢！一旦见了这个大问题，便咋口吐舌，惊讶起来。更有一事，就是怕女子有参政权，将来或选为议员，或任为行政官，夺了男子的饭碗。他们心里怀了这两种鬼胎，所以女子的选举法案，只有少数赞成，不能通过。"① 显然，女子的切身感受有二：一是男子轻视女子的传统习惯，二是男女性别之间的权利冲突。在某种程度上可以说，正是男权世界的传统思想意识和现实利害关系，致使民初女子参政权运动不可避免地遭受失败的命运。

## 四、男性的一般态度：置为缓图与压制打击

民初女子参政权运动看似高潮迭起，但相对于波谲云诡的党派政争而言，实只不过是一片小小的波澜。民初政坛完全由男权所控制，女性及其争取女权的声音是极其微弱的。据有人对民初政党研究的统计分析，在民初 312 个政治性的党会中，专为争取女权者仅 15 个；而在 35 个具有政纲的重要政党中，只有统一国民党、中华民国竞进会和中国同盟会 3 个政党主张"男女平权"。② 同盟会后来改组为国民党时，还公然取消了"男女平权"的政纲条款。事实上，民初各种政治势力（主要是男性党派组织）对于女权的基本态度大体上是一致的，表明了一般男性对于女权普遍的不以为然，甚至压制和打击。下面拟以民初女子参政权案为例从三方面略做分析。

其一，孙中山与革命党人的态度颇为微妙，是首先值得注意的。

有人认为孙中山对民初妇女要求参政的态度大致是原则上同意，但不能立即实施，认为必须重视女子教育，努力提高妇女的文化素质，

---

① 《〈女子白话报〉文章选辑·参议院之黑暗》，见蒋薛、唐存正：《唐群英评传》附录，283 页。

② 参见张玉法：《民国初年的政党》，"中央研究院"近代史研究所专刊（49），36～38 页，台北，"中央研究院"近代史研究所，1985。

为男女平权、妇女参政创造条件。① 这个论断大致不错，但支撑这个论断的基本精神理念则需要进一步分析。

武昌起义以后，尚在美国的孙中山四处游说，曾公开表示："中国宣告民主后，中国妇女将得完全选举及被选举权，不特寻常议会可举妇女为议员，即上议院议员及总统等职，妇女均得有被选举权。"② 如前所述，中华民国成立之初，林宗素曾以女子参政同志会代表的身份面见临时大总统孙中山，得到孙氏面允"国会成立，女子有完全参政权"的许诺。神州女界共和协济社上书孙中山要求女子参政权，孙中山复书称："天赋人权，男女本非悬殊，平等大公，心同此理。自共和民国成立，将合全国以一致进行。女界多才，其入同盟会奔走国事不折不回者，已与各省志士媲美。至若勇往从戎，同仇北伐，或投身赤十字会，不辞艰险，或慷慨助饷，鼓吹舆论，振起国民精神，更彰彰在人耳目。女子将来之有参政权，盖事所必至。贵会员等才学优美，并不遽求参政，而谋联合全国女界，普及教育，研究法政，提倡实业，以协助国家进步，愿力宏大，志虑高远，深堪嘉尚。"③ 孙中山解除临时大总统职务的次日，特地到女子同盟会话别，"屡嘱该会极力振兴女学，以期与男子并驾争雄，共维持中国前途"④。国民党成立时取消了同盟会关于"男女平权"的政纲，孙中山在演说中解释道："男女平权，本同盟会之党纲。此次欲组织坚强之大政党，既据五大党之政见，以此条可置为缓图，则吾人以国家为前提，自不得不暂从多数取决。然苟能将共和巩固完全，男女自有平权之一日。否则，国基不固，男子且将为人奴隶，况女子乎？"⑤ 当唐群英与沈佩贞谒见孙中山"力争

① 参见邵雍：《孙中山与近代妇女问题》，载《广西师范大学学报》2002 年第 3 期。

② 《孙逸仙行踪》，载《申报》，1911 年 12 月 9 日。

③ 《孙总统答书》，载《时报》，1912 年 3 月 4 日。

④ 《女同盟会饯总统》，载《民立报》，1912 年 4 月 5 日。

⑤ 孙中山：《在国民党成立大会上的演说》，见中国社会科学院近代史研究所中华民国史研究室、中山大学历史系孙中山研究室、广东省社会科学院历史研究室合编：《孙中山全集》，第 2 卷，409 页。

男女平权"时，孙中山只能以"事实上之困难"而婉言相劝。① 随后，孙中山又在给女子参政同盟会的复函中进一步说明："男女平权一事，文极力鼓吹，而且率先实行。试观文到京以来，总统府公宴，参议公宴，皆女客列上位可证也。至党纲删去男女平权之条，乃多数男人之公意，非少数人可能挽回，君等专以一、二理事人为难无益也。文之意，今日女界宜专由女子发起女子之团体，提倡教育，使女界知识普及，力量乃宏，然后始可与男子争权，则必能得胜也。未知诸君以为然否？更有一言奉献：切勿倚赖男子代为出力，方不为男子所利用也。"②

以上是孙中山当时关于女子参政权问题的主要言论，大体是在公开演讲、接见女子谈话及与女子通信中表述的，可谓公开表态。值得注意的有两点：一是孙中山的态度有一个从大言炎炎的宣言到谨慎的许诺以至爱莫能助的转变过程，这与他的政治地位和处境的变化有着微妙的关系；二是孙中山虽然公开表示了支持与同情的态度，但他也非常清楚地表示了女子程度不够而只可"置为缓图"的思想认识，这与一般反对女子参政的理由是一样的。

还有一个问题需要探究，那就是孙中山的内心思想究竟如何呢？这方面的材料不多，但有一个事例提供了另类的答案。当林宗素登报公布与孙中山的谈话时，以章太炎为首的中华民国联合会致函孙中山质问，对于孙中山关于女子参政问题因"某女子以一语要求"便"片言许可"的做法颇不以为然，不意孙中山竟回函表示："前日某女子来见，不过个人闲谈，而即据以登报，谓如何赞成，此等处亦难于一一纠正。"③ 对此，林宗素特发表宣言，对于孙中山以"毅然许可并允登报宣布当时问答之语"为"个人闲谈"表示"不禁骇诧"，认为："该

---

① 《唐沈两女士之墨泪·哭诉孙中山》，载《申报》，1912 年 9 月 3 日。

② 孙中山：《复南京参政同盟会女同志函》，见中国社会科学院近代史研究所中华民国史研究室、中山大学历史系孙中山研究室、广东省社会科学院历史研究室合编：《孙中山全集》，第 2 卷，438 页。

③ 《本会复临时大总统书》《临时大总统再复本会书》，见统一党本部编：《统一党第一次报告》，7 页，南京，京华印书局，1913。

会指宗素为一女子谒见，孙总统亦谓为他人闲谈，将置全体会员公举代表名义于何地乎？"①

显然，孙中山具有高超的政治家艺术，其两方面的表态真给人雾里看花的感觉。

另一位革命领袖黄兴，在两次女界欢迎会上演讲的公开表态与孙中山相似。他认为，女子在这次共和革命中尽心尽力，"与男子一德一心，演出此一段光荣历史"，迎来了男女平等的绝好机会，"中国人数四百兆，女子占二百兆，先要达到教育平等目的，然后可达政治平等目的。即女子参政，兄弟以为不久就要成了。现在欧洲女子，不仅为本党运动，并为世界女子运动。中国不能不应世界潮流，予女子以参政之权。故女子参政，兄弟以为不成问题"。"女子有了学问，就可以参政。现在美国各州，女子为律师者、为行政官者已居多数，我中国正宜以美国为法。人类进化，男女平等，故参预政治为人类之天赋人权，不能有轩轾于其间。"②

事实上，孙中山、黄兴等革命家当时并不认为女子有参政的知识与能力，因而关于参政权问题只能是高悬理想而已。正如蒋作宾给《神州女报》写的祝词所称："天赋人权，男女所共；女子参政，人道当然。然主张参政，为学理上所期许；是否有参政能力，则系事实上之判断。观今女界，较其大凡审识名物者，千取一焉；备取常识者，万取一焉；若夫法理精深、政论渊博者，虽千万一之比例犹不逮也。……故平情而论，女子享有参政权为世界将来必经之阶级；若言吾国今日之女子参政权，则应在预备之时期、进行之初步，断断然矣。"③ 所谓"预备"之说，与其说是原则上同意但不能立即实施，不如说是理论上赞许但事实上否定。这一点切切不可轻易放过。

---

① 《女子参政同志会会员林宗素宣言》，见中华全国妇女联合会妇女运动历史研究室编：《中国近代妇女运动历史资料（1840—1918）》，560～561 页。

② 黄兴：《在北京女界欢迎会上的演讲》《在北京湖南女界欢迎会上的演讲》，见湖南省社会科学院编：《黄兴集》，262～263、267 页，北京，中华书局，1981。引文标点略有改动。

③ 蒋作宾：《谨祝神州女报》，载《神州女报》（旬刊）第 2 期，1912 年 12 月。

一般革命党人的态度可以同盟会—国民党的机关报《民立报》为例说明。1912 年 2 月 28 日，因女子上书参议院请愿要求参政权，《民立报》发表署名"空海"的社论，对于"女子果宜有参政权乎"的问题表示怀疑。社论从男女程度、男女特性及社会秩序三方面立论，提出女子不宜参政的三点理由：一是女子在政治上的知识与能力之程度不够；二是男居外主政务，女居内主家务，男女特性各有长短，是自然规律，不可违背；三是女子是家庭生活的维持者，家庭是巩固国家与社会秩序的基础，女子参政将破坏这个基础。结论强调："世之论者但据第一理由，以为女子之知识程度不足，不宜有参政权；而不知若据第二、第三理由，女子纵人人读书识字，知识可与男子平等，亦不可有参政权。"① 此论一出，立即在女界引起强烈反响。来函连篇累牍，或支持，或反对。《民立报》遂开辟"女子参政之讨论"专栏，持续约一个月，至 3 月 26 日，登载近 10 篇文章。反对"女子不能参政"者以杨季威、朱纶、姚蕙、张汉英、陈唤兴等人为代表，支持"女子不能参政"者以张纫兰、张孝芬、李净业等人为代表。

张纫兰等支持者对空海所提女子不能参政的三条理由深表赞同，并进一步提出一些新的理由：一是从私德方面攻击要求参政的女子，认为有人私德不检，人格败坏，甚至有倡为"无夫主义"者，如是以往，"吾中华民族行将灭绝，又安用参政权为耶"；二是指责女子争参政权是"挟有以官为乐之劣性"，是女子的虚荣心所致，"与昔之争诰命无二致"；三是提倡"平权分职"，认为男治外、女治内并不是不平等，只是职业不同，男女各有天职，"分职非不平等之谓，而平等实莫贵于分职"；四是认为男女的生理构造不同，"女之性质最不适于从政"；五是进一步强调女子参政程度不够，"女子参政请求，以程度论可不行于今日"，当急求教育与男子平等。②

杨季威等反对者则对空海及张纫兰等人的论调进行一一反驳。一是认为男女程度的差别是因为后天教育的不同，女子通过教育也可以

---

① 空海：《对于女子参政权之怀疑》，载《民立报》，1912 年 2 月 28 日。

② 《张纫兰女士来函》《张孝芬女士来函》《（李净业）致江南张纫兰同志书》，载《民立报》，1912 年 3 月 9 日、18 日、24 日。

达到与男子同样的程度。二是认为所谓男主外女主内并不是男女特性之长短，其实是传统习惯使然，破除旧时恶习，则女子也可以主政。三是认为女子之天职固然是维持家庭生活，但其时有不少女子离开家庭从事实业与教育等职业而并没有破坏家庭，正如男子既有从政者，也有从事工、商、农诸业者，其实男子从政者只是一部分人，女子也可一部分人参政，而其余则仍可维持家庭生活。四是对于有关要求参政之女子的私德的攻击不以为然，认为所谓"无夫主义"与参政乃绝然两物，风马牛不相及。五是从生理结构上认为，男子在身体上可能强于女子，但女子在精神与智力上并不亚于男子，女子的表现似乎有不如男子之处，主要是因为没有受到平等的教育，并不是生理上的关系。六是认为女子与男子一样是国民的一分子，就应该享有一样的权利，并承担一样的义务，"女子之争参政权者无他，乃欲尽其应尽之义务耳，受其应受之权利耳"。她们充分相信："女子之有参政权，为人类进化必至之阶级。"①

这场论争看似主要是在女子之间进行，其实离不开《民立报》记者与编辑的刻意安排，因为所谓各女士的来函都是由该报社选编的，显然该报是在有意宣扬自己对于女子参政权问题并不怎么赞成的主张。如果继续翻看下去，可以得到进一步的证明。4 月 22 日、23 日，该报连载英国著名医学家埃尔穆来脱所著《论女子参政权》的译文，埃尔穆来脱以女子生理上之欠缺为理由而反对女子参政权，译者按语称埃尔穆来脱所论"盖由经验得之，论中种种指摘均著实地，较诸前此反对女子选举权诸说，不可同日而语。此论出后，尚无为妇女辩白者"②。同时，该报还特地报道了英国女子争取参政权运动的种种暴烈行为，以说明其"女子选举案未获通过，实因近来女子暴动"③。有趣的是，为了表明该报记者"初无成见"和"素主平允"的心迹，该报

① 《杨季威女士来函》《朱纶女士来函》《姚蕙女士来函》《（张汉英）复张纫兰女士函》《陈唤兴女士来函》，载《民立报》，1912 年 3 月 5 日、16 日、20 日、21 日、26 日。

② 步洲：《论女子参政权·案语》，载《民立报》，1912 年 4 月 23 日。

③ 《英国女子之暴横》，载《民立报》，1912 年 4 月 23 日。

又接连刊登了两篇赞成女子参政权及反对埃尔穆来脱之说的译文。① 6月7日、8日，该报连载广州女士欧佩芬的专论《敬告争选举权之女同胞》，仍然借女子之口表达对力争参政权之激进女界的忠告，认为："我国女界不患无急进之雄心，而患乏自治之能力；不患无参政之权，而患乏参政之学。"其着重点在于培养女界的自治能力，具体途径是普及教育、设立演说团、革妾媵之俗、开放婢女、禁娼妓之俗，以免"徒争参政之虚名而乏参政之实际"而为世俗所指摘诟病。"故今日欲重女权，当从参预政治始；欲参预政权，当先亟图自治始。"② 最后还是具体落实到了女子自身的能力问题。或许是为了再显其"平允"心态，该报紧接着又刊登了一篇女子法政学校预科生杜有枕的月考文《男女平权足以救国论》，认为"男女平权乃救国之良策、兴国之根本"，极力主张女子应在政治、家庭、学术等方面与男子平权，尤其女子参政权对于养成新国民之国家思想至关重要，只有真正实现男女平权，"如此方不失为从根本上救治我民国"。③ 透过该报眩人耳目的编辑技巧可见，《民立报》在女子参政权问题上，看似能照顾正反两方面的意见，其实还是有所偏向：虽然不能说其是持完全反对的立场，但其赞成的态度确实是有所保留的。

如果说《民立报》可以反映一般革命党人的态度，那么他们与革命领袖孙中山、黄兴等人的态度似乎大致相似。正如有一署名"剑心"者所说："凡属国民，皆有参政之权利。女子要求参政权，是极正当之理由，且分内应为之事。不争参政权，直自弃其国民之资格。但今日女界中程度高尚者，寥若晨星。吾愿热心参政女志士，对外则坚持到

---

① 步洲：《论女子参政权》《女子之心理》，载《民立报》，1912年4月28日、5月1日。有趣的是，译者在第一篇译后按语中特别强调，自己对此前所译英国医学家埃尔穆来脱之反对女子参政权论"初无成见，其间据医理而言之处，尤非门外汉所敢妄参末议。不料此论一出，引起各报研究，于无意之中，提出重要问题，为之喜跃"。其得意忘形之态溢于言表，颇可玩味。

② 广州女士欧佩芬：《敬告争选举权之女同胞》，载《民立报》，1912年6月7日、8日。

③ 杜有枕：《男女平权足以救国论》，载《民立报》，1912年6月10日。

底，百折不挠；对内则发达其生计，普及其教育，以□程度不足之说。"① 他们虽然在原则上赞成女子参政权，但事实上对于女子参政的知识与能力则深表怀疑，因而并不赞同女子争取参政权的激进行为，也不赞成女子马上获得参政权。

同盟会改组为国民党时取消了"男女平权"的政纲，是表明一般革命党人对于女子参政权问题之实际态度的典型例证。由此引起的男女之间的激烈冲突，是民初女子参政权运动过程中的一个小插曲。1912 年 3 月 3 日，同盟会由秘密革命组织改组为公开政党，其政纲第五条即明确标榜"主张男女平权"②。后来，为了造成一大政党，实现政党政治的理想，在宋教仁等人的主持下，同盟会联合统一共和党、国民公党、国民共进会、共和实进会及全国联合进行会等政党，合组国民党。在合并的过程中，因与他党妥协而删去了同盟会原有的"主张男女平权"的政纲。当时正值女子参政权运动激昂之时，此举有如火上浇油，立刻引起了部分激进女会员的强烈抗议。8 月 13 日，同盟会本部召开会议，选举筹办国民党事务所干事。女会员唐群英、沈佩贞等数人到会首先发难，质问："此次同盟会合并，何以不知会女会员，擅由一般男会员作主？且合并之后，何以擅将党纲中男女平权一条删去？显系蔑视女会员，独行专断。此等合并，吾辈女会员绝不承认。"她们大骂宋教仁受人愚骗，甘心卖党，表示要以武力对待。随后，又有王昌国等数人到会大肆哭骂，痛诋男会员丧心病狂，甚至扭住主席宋教仁殴打，认为同盟会改组删去"男女平权"政纲，"太看女人不起，今日为二万万女同胞出气"，致使会场秩序大乱。后经张继再三劝慰，并许以从长计议，俟孙中山先生到后再商办法，各女子才悻悻而去。③ 会后，女子参政同盟会会员张汉英等人以同盟会因合并而

① 剑心：《东西南北》，载《民立报》，1912 年 9 月 17 日。按：文中"□"字模糊不清，无法辨识。

② 《中国同盟会总章草案》，载《申报》，1912 年 3 月 5 日。

③ 《同盟会女会员之愤激》，载《大公报》，1912 年 8 月 16 日。《女子大闹同盟会》，载《民立报》，1912 年 8 月 18 日。《燕支虎大闹同盟会》，载《时报》，1912 年 8 月 19 日。《五政党合并改组续闻·女会员大展威风》，载《申报》，1912 年 8 月 20 日。

擅行删除"男女平权"政纲，召开会议决定"誓死争回"。① 8 月 25
日，国民党在北京湖广会馆召开成立大会。唐群英等人再到会场，严
词诘问何以将"男女平权"政纲删除，认为此举"辜负昔日女同盟会
员之苦心"，"蔑视女界，亦即失同盟会旧有精神，甚不以为然"，并当
场痛殴宋教仁脸颊，强烈要求在国民党政纲中重新加入"男女平权"
一条。结果提议被付诸大会表决，赞成者少数，未被通过。后孙中山
发表演说，说明国民党新政纲未列"男女平权"，系合并各党有不尽赞
同之故。他认为男女平权"当暂缓"，并进而奉劝女子当以国事为重，
认为："男女平权深合真理，此时政纲虽未列入，若国家文明进步，必
能达到平权之一境；如无进步，即男子尚恐失其平等之权利，况女子
乎？"② 与此同时，浙江女子参政同盟会致电国民党，诘问删除"男女
平权"之理由，要求速为更正，"免为女界公敌"。③ 9 月 1 日，女子参
政同盟会在北京召开联合大会，到会女子两百余人，公推唐群英为临
时主席。沈佩贞发表演说，不遗余力地反对宋教仁、张继，认为宋教
仁迁就改组国民党，是为了实现政党内阁以达到自己做国务总理的目
的。"宋实为一无耻小人，牺牲我二百兆女国民之权利为彼等结党营私
交换之媒介，是可忍，孰不可忍？试问女子若非国民，则昔日之列入
政纲为非；女子既为国民，则今日之删削政纲何故？既定名国民党，
首先废弃二万万女国民，名尚符实乎？宋教仁一人专制，张继同恶相
济，是直置我女同胞于死地！"她甚至表示要继续革命，以曾经组织之
暗杀团、先锋队与彼等相见，以手枪炸弹对待之，"必达到男女平权、
女子参政而后已"。与会者情绪异常激烈。④ 尽管如此，但最终并没有

---

① 《南京专电》，载《时报》，1912 年 8 月 23 日。
② 《孙中山先生入京后之第一大会·国民党成立》，载《民立报》，1912 年 8
月 31 日。《二十五日之湖广馆》，载《申报》，1912 年 8 月 31 日。《国民党成立大
会纪略》，载《盛京时报》，1912 年 8 月 31 日。《国民党成立大会纪略》，载《时
报》，1912 年 9 月 1 日。
③ 《杭州电报》，载《民立报》，1912 年 8 月 31 日。
④ 《女子参政同盟会召开联合大会》，载《平民日报》，1912 年 9 月 7 日，
转引自中华全国妇女联合会妇女运动历史研究室编：《中国近代妇女运动历史资料
（1840—1918）》，594～595 页。

改变既成事实。

宋教仁改组同盟会为国民党，得到了孙中山、黄兴等革命领袖的赞同，国民党的政纲未列"男女平权"条款，应该说表明了一般革命党人当时对于女子参政权的基本态度。①《民立报》对于孙中山在国民党成立大会上的压轴演讲中所谓"若民国不能自立，则男子将无参政权，何况女子"的说法深表赞同，认为"今日中国之女界，不能与彼欧美女子积数十年之运动者同一进行，当先协助各种社会，以巩固民国为其义务。此所谓预备条件也"。《民立报》还对女子参政团体共和协济社提出严重忠告，指责部分参政女子的过激举动，声称"若近日北京有一部分女子为激烈之运动，及上海有一部分女子恒假参政急进名词及协济会名义，以行其猥琐卑劣之事，皆足为参政进行之累"②，表示了颇为不以为然的态度。

还有一个事例即广东女子参政权运动的命运，可以进一步说明革命党人对于女子参政权问题的真实态度。武昌起义后，在著名革命党人胡汉民与朱执信的推动下，广东省临时议会选举了 10 名女代议士——庄汉翘、伦耀华、易粤英、李佩兰、文翔凤、张沅、廖冰筠、邓惠芳、汪兆锵等，其中包括女同盟会会员、学界女子及华侨妇女等，"代表妇女各方面势力，称盛一时"③。此举颇具象征意义，如时人所

---

① 唐群英等人在国民党成立大会上痛打宋教仁，并非个人恩怨，实是男女之间在女子参政权问题上的性别冲突。有女子认为："革命未成之日，何尝不利用女子？今革命成功，竟取消男女平权，不准参政。唐女士在京愤极，因而有殴打宋教仁之事。"（《粤垣英雌之威风》，载《民立报》，1912 年 9 月 29 日。）后来，宋教仁尚为唐群英主办的《女子白话报》和《亚东丛报》写祝词，称："女权是尊兮，与男掣矩。跻众生于平等兮，无差别之可语。""四千余年，黑暗专制，女族沉沦，甚于男子。振聩发聋，女士任之，女士而外，谁期扶之？"宋教仁被刺身亡后，唐群英曾作《宋渔父先生诔并叙》，表示沉痛哀悼。（蒋薛主编：《唐群英诗赞》，20、32、8~9 页，衡阳，南岳诗社、衡阳市诗词学会等，1997。）

② 东方：《敬告女界协济社》，载《民立报》，1912 年 9 月 4 日。

③ 王鸿鉴：《清末民初的广东议会政治》，见中国人民政治协商会议广东委员会文史资料研究委员会编：《广东辛亥革命史料》，428 页，广州，广东人民出版社，1981。

谓"开千古未有之先，为中华首倡"①，谱写了中国女权史上的新篇章，极大地激发了广东女界的参政热情。然而，这仅仅只是一个象征性的开端而已；事实上，广东女子参政权问题仍是与全国一样，也并没有得到根本性的解决。1912年3月2日，广东女界成立女权研究社，以力争女子参政权为目的。当时，民政司调查选举资格"仍限于男子"，女权研究社认为广东省临时议会简章原来规定女子有参政权，并有代议士名额10名，故民政司的举措是"剥夺女界固有公权，擅更法律"，于是上书临时大总统孙中山、民政司及省临时议会，并通电上海各报馆、各团体，提出抗议并请求援助。② 广东女界的活动正与唐群英等人的全国性的参政权请愿运动相呼应。与国会议员选举法一样，省议会议员选举法也只是规定男子有选举权与被选举权，而将女子排除在外。9月18日，广东女代议士李佩兰在省临时议会提出《电争女子参政权案》，认为"本会简章原规定女子有参政权，自不能昨是而今非，反生阻力"，参议院尽行取消女子参政权，"实属故意抑压女界"，希望省议员协助向参议院请愿力争。女代议士伦耀华等人附和支持，遭到男议员周孔博等人的极力反对。结果提案被交付表决，未能通过。某女代议士痛恨"男子压制女权"，"大肆詈骂，继之以哭，声泪俱下"。③ 随后，广东女界更为"剧烈之运动"，设立事务所，多次集会。11月4日，女代议士李佩兰、女留学生苏淑贞、女界代表邓博倩等人再次向省临时议会提出请愿书，要求向参议院力争女子参政权。周孔博等人起而驳议，认为就资格程度而言"女子确不能有参政权"，即使向参议院请愿，也将遭到其否决，因此表示"极不赞成"。双方再次争论不休，结果因出席议员不足法定人数而未能表决。11月8日，广东

---

① 《广东女代议士李佩兰对于女界要求参政权意见书》，载《亚东丛报》第2期，转引自金炳亮：《孙中山与民初妇女参政问题》，见《中山大学学报》编辑部编：《孙中山研究》第8集《中山大学学报论丛·哲学社会科学（25）》，1991。

② 《女子参政大热闹》，载《天铎报》，1912年3月10日。

③ 《粤省女议士争参政权之无效》，载《时报》，1912年9月27日。《粤垣英雌之威风》，载《民立报》，1912年9月29日。

省临时议会以 65 票对 38 票之多数，最终否决了女子参政权请愿案。①
虽然广东地方政权基本上是由革命党人所控制，可谓最具革命色彩的
省份之一，但广东女子参政权运动同样不免失败的命运，这是颇有意
味的。

其二，一般舆论势力对女权的反对。

民初女子参政权案是舆论关注的一个焦点问题，无论是孙中山及
革命势力控制的南京临时参议院时期，还是袁世凯势力控制的北京临
时参议院时期，一般社会舆论环境对于女子参政都不甚有利。民初舆
论界基本上被男性所控制，这是不争的事实。从舆论情况可以看到一
般男性对于女子参政权问题的基本态度。

首先，对于女子要求参政的激烈态度与行为进行冷嘲热讽。唐群英
等女子参政请愿时大闹南京临时参议院，《申报》极尽其冷嘲热讽之能
事，称"各女士以武装的态度，临场迫胁，或牵议员之袂，或碎玻片之
窗，或蹴巡警，或谒总统，皆跃跃然欲一试其北伐未试之技。……女子
之进步乃若是之速，而其实力竟足战胜男子也"，并将之与英国女子争
参政权时的暴烈行为相比，认为"民国成立未及三月，而女子之程度
已足与英伦女子相比较，此可喜之事也"。② 至于女子要求参政之机
关，有教育部、法部、外交部、财政部等名目，则称其"俨然一政府
之雏形也，则何不更选一女大总统而组织女子国?"③《大公报》发表
《戏拟和尚要求参政同盟会小启》和《戏拟中华民国女子拒夫党简章广
告》，一则宣称和尚也要求参政，二则提倡女子团体拒夫④，对于女子
要求参政权肆意讥讽。《申报》"自由谈"栏目发表游戏文章《戏拟致
要求参政权诸女士书》，认为女子请愿之上书与哭骂等行为，只不过
"一场胡闹而已，于事无丝毫之益"，特别对沈佩贞所谓"十年不与男
子交接"极力揶揄，主张从根本上解决，号召来一场"女界大革命"：

---

① 《广东女子争参政权案之大活动》，载《时报》，1912 年 11 月 15 日。《粤
议会否决女子参政权之态度》，载《申报》，1912 年 11 月 17 日。

② 东吴：《清谈》，载《申报》，1912 年 3 月 24 日。

③ 愿深：《自由谈·心直口快》，载《申报》，1912 年 4 月 11 日。

④ 《大公报》，1912 年 4 月 9 日、11 日。

第一步创办各种报章，鼓吹无夫主义及离婚利益，使全国女子视男子为厌物；第二步组织各种秘密团体，运动全国女界无夫者不嫁，已嫁者离婚，以示与男子决绝；第三步创设各种女子学校，使全国女子入学或出洋留学，均不与男子见面，男界必大恐慌，恐有人种灭绝之忧，不待女子请求，大总统、国务院及国会自能主动允给女子参政权。"且全国女子已人人受相当教育，彼以程度不足为言者，亦可以关其口矣。"①

其次，认为女子参政的知识程度不够，故不宜参政。《申报》评论文章认为，国民参政当以知识程度为标准，"即在男子，亦以知识为前提，非人人可得而参政"。至于女子，其普及教育是否胜于男子以及其学识程度是否胜任参政重任等，都是问题。故文章奉劝女子少安毋躁，"与其当前而立事要求，何如姑缓斯须而以预为筹备"，并以请愿女子大闹南京临时参议院的事例说明："以如此程度不齐之女子，而谓可遽与以参政权也，有识者当亦匿笑于其旁耳。"②《东方杂志》对于中国女子有没有参政资格问题表示怀疑，认为："女子中之有普通智识者，仅千之一万之一而止耳。彼登演台言论滔滔不穷，或上书当道，累千万言不休者，吾固知其有参政资格也。然其奈此大多数目不识丁之女子何哉？故吾谓中国女子之所亟当请愿者，在予全国女子以教育，不在参政权之有与无也。若女子教育已能普及，徐议参政未为晚也。"③

再次，就能力高下与职业分途而言，认为女子不宜参政。《盛京时报》评论文章认为，男女平等是就人格而言，不是就能力与职业而言；参政与否，只是能力与职业之别，没有贵贱之分。"不参政，非不平等也。"从社会原理、女子之性质及人类之目的等方面来看，女子宜于家庭与教育，而必不宜参政。"无论今日女学教育未普及也，即使智德并精，超迈男子，犹宜游心于家族组织之完全、初级教育之改进，出其优美之心思，使人民于初级教育中，即含有雍和之风。其益兹社会，

---

① 剑：《戏拟致要求参政权诸女士书》，载《申报》，1912 年 12 月 26 日。

② 《论女子要求参政权问题》，载《申报》，1912 年 3 月 25 日。

③ 苏州陈霆锐：《世界女子参政之动机·译者案》，载《东方杂志》第 9 卷第 3 号，1912 年 9 月 1 日。

固校讼言参政者，逾万万矣。幸勿慕一时之虚名，酿社会以实祸也。"①《时报》对于从生理与心理方面否认女子参政的说法表示不以为然，进而提出"实力"论，认为："今日女界欲要求参政权乎，不可不归而储蓄实力。"其所谓实力包括智力与武力。女子智力程度幼稚，又不可能用武力与男子争参政权，即使给予其参政权，也少有人能行使此权，更不能保持长久。因此，"对于此问题，第一则以为今日尚非其时；第二则将来女子程度果高，其宜否参政，尚在研究之列"②。

最后，对于女子的道德水准表示怀疑。《大公报》表示对于南京女子要求参政权之争"废然失望"。其认为英、法、德、美诸女权发达、文明先进之国，女子尚未参政，中国国会未开，宪法未定，数十同盟会女子却强迫要求参政权，甚至不惜使出野蛮手段，张扬泼悍，"几欲以参议院为用武之地"，指责请愿女子不知法律、不知道德、不知名誉，"名为二万万女子争权，实为此数十女子专利。不几贻民国之污点，而招外人之讪笑乎？"③《申报》社论认为当时女界进步甚速，但"放任之弊，亦不期而生。虽其中循循规矩向学自好之士，未尝不居多数；而皆入学以放浪形骸，托择交以脱略行检者，亦往往而有"，"害马不去，恐贻全群之羞；稂莠不除，将为良苗之害"，主张女子教育必须注重道德，"共和国之国民正以道德为要素"，只有女子道德进化，则男女平权才不成问题。④

其三，袁世凯势力对女权的压制和打击。

袁世凯取得民国政权后，对于女子参政权请愿运动采取了压制与打击的态度。当唐群英等人在南京要求参政权失败而准备随参议院北上的时候，袁世凯致电国务总理唐绍仪，认为女子参政权问题"可否遵行于中华民国，自应听候参议员全体核议，该女子等不得有强制行为"，并阻止请愿女子进京活动，要求"准其举定代表一二人来京，不

---

① 《女子参政论》，载《盛京时报》，1912 年 3 月 24 日、26 日；亦载《大公报》，1912 年 3 月 27 日、28 日。

② 孤愤：《女子参政问题》，载《时报》，1912 年 3 月 24 日。

③ 梦幻：《论女子要求参政权之怪象》，载《大公报》，1912 年 3 月 30 日。

④ 东吴：《论女子宜注重道德》，载《申报》，1912 年 9 月 5 日。

得令其全体北上，以免种种窒碍"。① 尽管请愿女子在北京多方活动，但终无实际效果，这与袁世凯政府的压制打击态度密切相关。时论认为，参议院撤销女子选举权案，乃"得政府为之后盾"②。与此同时，袁世凯政府采取了保护参议员的举措。内务部因取消女子参政权之故，恐女子于参议员有所不利，以参议员职任重大，宜严加保护，特饬内外总厅及各区调查参议员寓所，"慎密保护"。③ 女子参政请愿失败后，女子参政同盟会活动渐趋平静，但仍是余波未已。1913 年 11 月 13 日，袁世凯政府内务部以"法律无允许明文"的"罪名"，正式勒令取消了女子参政同盟会④，给女子参政权运动以最后一击。1914 年 5 月 1 日，袁世凯政府公布的《中华民国约法》仍然规定，"中华民国人民，无种族、阶级、宗教之区别，法律上均为平等"⑤，基本上照搬了《临时约法》的相关条款，在性别问题上仍是模糊不清，丝毫没有受到女子参政权请愿运动的影响。

从民初女子参政权案看来，在男权世界中，女性是被忽视的群体。也许在一般男性的意识中，性别问题本来不是问题，极少有人会自觉意识到女性的存在及其各种需求，更不能理解其政治欲望，因而也就不会主动提出给女子参政权，即便女子奋起力争，尚且到处碰壁，也是自然而然的。当女子参政权请愿运动激发出尖锐的性别问题时，一般男性的态度则颇可玩味。虽然对于女子参政权问题，既有男子赞成，也有女子反对，性别界限似乎并不清晰，但其实不然，因为这毕竟只是少数情形。基本的事实是，大多数男性的态度表现为不同程度的反对，甚至压制打击，表明普遍的性别冲突问题是毋庸置疑的。对于男性的这般态度，女性自身的感受如何呢？这是往往被人忽视而需要进一步探讨的问题。

---

① 《袁总统电阻女子团北上》，载《盛京时报》，1912 年 4 月 17 日。

② 无妄：《闲评二》，载《大公报》，1912 年 11 月 9 日。

③ 《要闻》，载《神州女报》（旬刊）第 1 期，1912 年 11 月。

④ 参见徐辉琪：《唐群英与"女子参政同盟会"——兼论民初妇女参政活动》，载《贵州社会科学》1981 年第 4 期。

⑤ 《中华民国约法》第四条，见王世杰、钱端升：《比较宪法》附录，530 页，北京，商务印书馆，1999。

## 五、女性对性别歧视的初步觉醒与反思

性别歧视是男女两性不平等关系的根本反映，这是社会学关心的一个重要问题。现代社会学理论认为："支持性别不平等和认为男性统治是正当的那种意识形态就是性别歧视（sexism）。与种族歧视和年龄歧视一样，性别歧视通常以男女生理条件不同这个事实为理由，认为男性对女性的统治是正当的。"所谓男性统治，"并不表示所有男人都故意地压迫女性，或者个别女性不能改变她们的境况取得与男性同等的成就"，而是指"男性比女性拥有更多的权力和声望"。① 性别歧视主要是指男性对女性的歧视，尤其是针对女性基本的人权状况而言，因而遭到近代以来世界女权运动的强烈反对。现代女权主义理论的根本宗旨就是认为"所有的妇女都是受压迫的"，可以说性别歧视就是女性遭受男权统治压迫的境况，"在女性和男性之间，性别歧视首先表现在男性统治的形式上，这种统治导致了歧视、剥削或者压迫"。② 由此看来，民初女子参政权请愿运动的失败，女性参政要求被拒，可谓典型的性别歧视案例。这不仅是今人的后见之明，事实上，当时参政请愿的女子已经在一定程度上自觉地意识到了这个问题。

历史本身的复杂性决定历史认识可以有多种途径。就民初女子参政权案而言，在男性权势下，不给女子参政权，应该说是很自然的；但是，从女性的角度来看，参政请愿的失败，几乎是不可理喻而无法接受的。民初部分女性对性别歧视问题的自觉意识，使她们将斗争的矛头直指男性，认为女子参政权请愿运动之所以失败，主要是因为受到男性权势的压制打击。在她们看来，"女子一日无参政权，一日不得与男子平等，可断言者也"③。参议院取消女子参政权案，"实属故意

---

① 参见［美］戴维·波普诺：《社会学》（第十版），李强等译，375、372页，北京，中国人民大学出版社，1999。

② 参见［美］贝尔·胡克斯：《女权主义理论：从边缘到中心》，晓征、平林译，6、56页，南京，江苏人民出版社，2001。

③ 社英：《东西南北》，载《民立报》，1912年3月21日。

抑压女界"。她们质疑："男子既能参政，女子何独不然?"① 男女权利"同是天赋，焉可歧视?"② 她们对于女子在仍然是男子专权的新生民国的地位问题深感忧虑，认为："今吾国非中华民国也，乃中华男国耳；不然，何以女子不得参政?""今吾国无共和政体也，乃专制政体耳；不然，何以女子不得自由?""亡清时代，男子为奴隶、为牛马，女子为奴隶之奴隶、牛马之牛马。中华民国时代，男子已为主人，而女子犹为奴隶，大可伤心也。"③ 女性的这种感受，既是愤懑，又有无奈的哀伤。

民初女性对于性别歧视的自觉，还可以从女子礼服案得以参证。几乎就在参议院否决女子参政权请愿案的同时，参议院议决了民国男女礼服案。根据新的服制规定，男子礼服分大礼服与常礼服两种，每种礼服又分昼礼服与晚礼服二式，且各有相应的冠履种类相配，显得文明新潮；而女子礼服则仅有一式，又冠履不具，形式与旧制无别，了无新意。广东女权研究社通电各报及各省女界团体，表示强烈抗议，认为"男女相形，显分轻重"，此举"显系参议院轻视女界，漫不经心，草率议决之故。本社以为民国法律男女平权，礼服事关体制，断不容稍有歧视"，表示"决不公认"，希望全省女界会议"发电力争"，要求参议院取消重订。④ 随即，该社又开会研究女子礼服问题，认为参议院所定女子礼服，"显系歧视，殊非平等"。社员纷纷建议或上书省议会，或致电袁总统与参议院，或致电上海女界力争⑤，一时掀起了一股反对参议院礼服案的风潮。虽然同样没有结果，但这也在一定程度上表明了民初女性对于性别歧视问题的自觉，及其女权意识的初步觉醒。

从民初关于女子参政权案所体现的男女性别冲突的过程来看，男性反对女子参政权的最重要的理由，就是认为女子在政治方面的知识

---

① 《粤垣英雌之威风》，载《民立报》，1912 年 9 月 29 日。

② 《欢迎女权月报》，载《民立报》，1912 年 11 月 8 日。

③ 《沈姬铠直言》，载《神州女报》（旬刊）第 2 期，1912 年 12 月。

④ 《粤女界不认礼服》《女子礼服之抗议》，载《民立报》，1912 年 11 月 7 日。

⑤ 《研究女子礼服》，载《民立报》，1912 年 11 月 8 日。

与能力程度不够，因而不宜有参政权。对此，部分激进女性给予了针锋相对的反驳。

第一，认为女子与男子一样，都是国民的一部分，既尽了国民的义务，就应该享受国民的权利。唐群英在女子参政同盟会北京本部成立会上演说称："女子既为中华民国的国民一分子，国民所有的责任是应该担任的，国民所有的权利也是应该享受的。难道国民两个字，划开女子，单就男子讲的吗？"① 沈佩贞在欢迎万国女子参政同盟会代表时演说认为："去岁革命时，女子已组织北伐队，而促中华民国之成立。是今日之共和，女子亦出代价以购之，并非男子一方面独构成之者也。去岁革命时，既未尝以我等为女子而摈于革命同志之外，岂今日共和告成我等女子不能享受共和之幸福耶？"②

第二，认为参政权是基本的人权问题，与实际的参政能力无关。对于女子参政权问题，"当究其宜不宜，不当问其程度之能不能。其宜也，则天付（赋）之权利安可剥夺？纵程度不及，亦当设法以救正之，不应因而谓不宜有参政权也"③。如果认为女子程度低下，就不能充当议员以参与国事，那就大谬不然。"就程度言，是凡有选举权、被选举权者，均须有充当议员之程度，则彼乡中富有财产略识之无之愚父老，程度且远不及吾女子，何以亦不能不予以投票选举权？则以此非程度问题，乃人权问题故也。程度高下由于个人之学识，而人权予夺关于全体之利害。"④ 事实上，男子也是程度不齐，但并没有剥夺其公民参政资格，而唯独不给女子参政权，"是参政与否，只分男女，而不真系于程度之差异也明矣"⑤。何况女子要求参政权，只是希望与男子达到人权上的平等，而并不是人人一定都要参政，"选举一视乎公意，倘女

---

① 《女子参政同盟会成立志盛》，见中华全国妇女联合会妇女运动历史研究室编：《中国近代妇女运动历史资料（1840—1918）》，607 页。

② 《女界欢迎万国女子参政同盟会代表纪事》，载《申报》，1912 年 9 月 25 日。

③ 《朱纶女士来函》，载《民立报》，1912 年 3 月 16 日。

④ 《女子参政同盟会参政请愿书》，见中华全国妇女联合会妇女运动历史研究室编：《中国近代妇女运动历史资料（1840—1918）》，605 页。

⑤ 《女界代表张群英等上参议院书》，载《申报》，1912 年 2 月 26 日。

子而果无才能，岂跻望所能及哉？"① 天赋人权不宜歧视，女子要求参政权，"但欲恢复其天赋之权，并非为非分之要求"②。

第三，认为男女程度不能一概而论。一方面，女子程度不齐，其实男子程度也不齐。"女子程度虽有不齐，亦何异于男子？且十室之邑，必有忠信；十步之内，亦有芳草。固不能一言以蔽之也。"③ "或有疑女子程度不及，不能遽与以参政权者，不知以女子与女子较，其程度固有不齐，以女子与男子较，男子之程度亦不过较女子之优者为多，不得谓男子悉优，女子悉劣也。"④ 另一方面，女子虽然整体上不如男子，多数女子程度较男子为差，但也有一些女子比男子强，如果给女子参政权，既可以唤起女子的觉醒，又能促动女子的进步。"吾女界有多数固无自主之能力、参政之资格，然少数人则以有超过男子而上之者矣。苟与以参政权，则既可轻男子之担负，又可唤醒睡乡中之女同胞。知我女界亦国民之一部分，自由平等以及一切之权，皆与男子同而非一定受属于男子者，使生自振之志、自重之心，并可使无知之男子，知男女平等乃天演公理，非吾人所可侮、所可欺，而当与以独立之地者也。"⑤

第四，认为男子的程度也未必能够胜任参政。她们的矛头直指临时参议院的议员，认为临时政府成立时，参议院的议员是由各省仓促选出来的，其程度很是参差不齐。"他们反对女子参政，开口便说程度不够。试问，参议院的那班人，有几个够参议员的资格？民国成立了一年，他们所发表的议论，所主张的政见，对于民国的前途，有什么价值呢?! 每月混了二百块银元，花天酒地的乱闹一番，那国家的大事

① 神州女学生张侠魂：《女子参政论》，见中华全国妇女联合会妇女运动历史研究室编：《中国近代妇女运动历史资料（1840—1918）》，555 页。

② 江纫兰：《说女子参政之理由》，见中华全国妇女联合会妇女运动历史研究室编：《中国近代妇女运动历史资料（1840—1918）》，552 页。

③ 《粤垣英雌之威风》，载《民立报》，1912 年 9 月 29 日。

④ 《女界代表张群英等上参议院书》，载《申报》，1912 年 2 月 26 日。

⑤ 省三投稿：《女子之天职》，载《神州女报》（旬刊）第 7 期，1913 年 1 月。

都忘却了。""不料崭新的民国，竟有这昏昏沉沉、奇奇怪怪的参议院。"①

第五，她们甚至认为女子比男子更加优秀。女子能力有优于男子之处，"谓女子智识，无不较男子为优欤，吾未敢信也。然以吾耳目所及，女子资性之灵，思想之活，记忆之精，进行之敏，实有远胜于男子者"②。万国女子参政同盟会会长嘉德夫人的话可为佐证，她在上海对张昭汉等人说："此次来华，见沪上之中国女子之程度，实出意料之外。且自出美国以来，所至各国，未有能如前日欢迎会之秩序整齐者。可见中国女子程度实不亚欧西，且超迈其他各国。即如前日会场翻译英语之张文贞女士，其中英文程度之高，非但于女子中罕见，即一般男子亦难及其毫末。女子既有如此之程度，亦极应有完全参政权。"③

另外，民初男性反对女子参政权的另一个重要理由，是认为世界各国女子参政没有先例，即欧美发达国家的女子尚未获得参政权，因而中国女子没有参政权也不奇怪。请愿女子不以为然，认为"此尤为不经之论"，"夫男女既列于同等地位，则男子参政，女子亦可参政，各国虽尚未见诸实事，亦何不可自我神明黄裔之中国，为世界女〔子〕开一先例，以作各国之模范乎？"④

民初女性在反驳男子压制打击女子参政权的同时，也对女性自身的问题做了反思，认为女性与男子相较确有不足之处，确实需要进行思想启蒙，以预备参政条件。章士钊的夫人吴弱男认为："英国女子之知识学问为欧洲冠，'程度'二字，英人之反对女子参政者几不得以为口实，而吾国男子之论此事则首翘'程度'二字以相敖。平心论之，二万万女子中能解参政作何意味者实无几人也，此不可

---

① 《〈女子白话报〉文章选辑·参议院之黑暗》，见蒋薛、唐存正：《唐群英评传》附录，279～280页。《申报》有言称："今之得有参政权之男子，其学识程度果何如曾不一省，而窃窃焉议女子之不宜参政，是亦妄人也已矣。"参见《自由谈·女权之膨胀（再续）》，载《申报》，1912年4月11日。

② 江纫兰：《说女子参政之理由》，见中华全国妇女联合会妇女运动历史研究室编：《中国近代妇女运动历史资料（1840—1918）》，550页。

③ 《女子参政会长之临别赠言》，载《民立报》，1912年9月9日。

④ 《女界代表张群英等上参议院书》，载《申报》，1912年2月26日。

以愧乎？是故今日女子非不得参政之为患，而不知所以参政之为患；非男子吝参政权不与之为患，而女子获参政权如石田不可耕之为患。吾深望吾女同胞先谋教育普及，然后徐言参政。参政之原则无可反对，参政之条件则不可不自严也。"① 这是一番经过理性反思的肺腑之言。

在她们看来，提高女子参政知识与能力的主要措施有二。一是发展教育。她们认识到，女子之所以在程度上不如男子，并不是女子天生不如男子聪明，而是教育不平等的缘故。"则欲矫其病，惟力求教育平等耳。"② "欲使男女立于同等之地位，必先男女受同等之教育。"③男女教育平等后，则自然能够达到参政的目的。"要求参政权与要求平等教育，当双方并进。俾吾人知识完全，使吝参政权者无所借口。"④二是创办报刊。据统计，1912—1913 年，全国创办了 14 种妇女报刊，如上海的《女权月报》、北京的《女学日报》和《女子白话报》等。⑤这些报刊大都以提高女子知识程度，发达女权为基本目的。《女权日报》的宗旨是："掀翻女界种种恶习，提倡女子道德、学术、生计、教育，一切凡关于女权种种，随时就普通程度赞助其发张。"⑥《女权月报》的主义是"发扬女子固有本能"和"恢复女子固有权利"。⑦《女子白话报》的创办，专为普及女界知识起见，故"以至浅之言，引伸至真之理，务求达到男女平权的目的为宗旨"⑧。《万国女子参政会旬报》宣言称："吾国女界程度，视欧美何若，以彼女学先进，颉颃男

① 《英国女界赞同要求参政权电·按语》，载《民立报》，1912 年 3 月 29 日。

② 哈弗投稿：《论女子宜要求清华学校兼收女生加派留学》，载《神州女报》（旬刊）第 8 期，1913 年 1 月。

③ 《苏州竹荫女校创办女子国文专修科缘起》，载《民立报》，1912 年 4 月 27 日。

④ 社英：《东西南北》，载《民立报》，1912 年 3 月 21 日。

⑤ 参见徐楚影、焦立芝：《中国近代妇女期刊简介（1898—1918）》，见丁守和主编：《辛亥革命时期期刊介绍》，第 4 集，681 页，北京，人民出版社，1986。

⑥ 《女权日报宣言附简章》，载《大公报》，1912 年 3 月 31 日。

⑦ 《欢迎女权月报》，载《民立报》，1912 年 11 月 8 日。

⑧ 《唐群英遗稿选辑·女子白话报简章》，见蒋薛、唐存正：《唐群英评传》附录，264 页。

子无可多让，犹呼吁奔走，绵历年载，未告成功，则吾女界可自省矣。是故平权之与参政，不患求之而不能得，患得之而不能有。""造就女子之知能，在广设学校；而灌输女子之学识，则在编述报章。""使吾女界终无与男子知识平等之日矣，即吾女界终无与男子权利平等之日矣。""不特饷吾女子将来政学之南针，亦以药彼男子现在政策之砭石。"①

民初女子参政权运动影响颇大，当时即在女界掀起波澜。湖北女界受南京女子参政运动的影响，兴起要求参政的风潮，一些女子加入自由党和社会党，或创办女子法政学堂，"为将来参政之基础"，副总统黎元洪以"女子智识尚幼，讲求法政未免太早，故未允可"，女子大为不平，纷纷集会上书，要求"非达到目的不止"。② 北京女子师范学校的女学生也闻风而起，认为"女子教育断不能使男子为监督"，掀起了排拒监督吴鼎昌的风潮，"此次风潮别含有一种排斥男子之意味"。③此可谓民初男女性别冲突的又一例证。

显然，女性的感受与男性的态度颇不相合。从女性的感受来说，民初女子参政权案确实体现了明显的性别歧视问题，因而男女性别冲突在所难免；但是，在强大的男性权势下，女子参政权运动也实在难以逃脱最终失败的命运。值得说明的一点是，民初女子参政权运动虽然失败了，却促进了近代中国女性的思想觉醒，推动了近代中国妇女解放运动的进步，其积极的历史意义不可低估。

## 六、结论：关于民初政治民主化问题的检讨

历史学的魅力可能就在于历史本身的错综复杂，横看成岭侧成峰，多种视角的观察或许可以将历史的多面性呈现出来。如今检视辛亥革命的历史成果，最重要的一项，应该就是推翻封建帝制，建立民主共

① 张汉英：《本报宣言》，见中华全国妇女联合会妇女运动历史研究室编：《中国近代妇女运动历史资料（1840—1918）》，556 页。

② 《鄂省女界之风起潮涌》，载《盛京时报》，1912 年 4 月 19 日。

③ 《神州女权消长史·女师范拒男监督》，载《申报》，1912 年 12 月 24 日。

和国，使近代中国政治民主化的进程向前迈进了一步。这当然是孙中
山与革命党人了不起的历史功绩。但进一步分析，辛亥革命也有不可
弥补的遗憾。时人痛切地指出："无量头颅无量血，可怜购得假共和。"
正如毛泽东所说，辛亥革命赶跑了皇帝，但只赶跑了一个皇帝。确实，
在革命之后的民国初年，中国很快便只剩下一块共和国的招牌而已。
就民初政治民主化问题而言，以往的研究表明，从党派政争的角度来
看，民初政治民主化进程的挫折主要是遭受以袁世凯为首的封建专制
势力阻碍与破坏的结果；至于革命派自身，则表现出了明显的资产阶
级软弱性和妥协性，尤其是对待农民问题采取极端漠视的态度，没有
广泛地发动农民群众，没有变动广大的农村社会。与强大的封建专制
势力相比较，资产阶级的力量的确很弱小，而占全国人口绝大多数的
农民又无法表达自己的声音，因而失败是不可避免的。这在革命史框
架中无疑是一个很重要的论断。本文引入性别冲突的分析，具体剖析
民初女子参政权案，对于民初政治民主化问题可以从一个新的角度获
得进一步的认识。

从性别冲突的角度来看，民初有少数激进妇女代表占全国人口半
数的女子强烈地表达了要求参政的呼声，并做出了种种努力，但最终
并没有结果。民初女子参政权案不仅遭到袁世凯当权时期北京临时参
议院的否决，而且在孙中山领导的南京临时政府时期基本上由革命派
控制的南京临时参议院也没有通过。值得注意的一个矛盾现象是，与
袁世凯势力因反对民主政治而刺死宋教仁的情形恰恰相反，唐群英等
激进妇女却因要求民主参政而痛殴宋教仁。可见，民初女子参政权运
动的失败，不能简单地仅仅归咎于以袁世凯为代表的封建专制势力的
阻碍与破坏；毋庸讳言，以孙中山为首的革命党人在思想认识上也有
非常明显的局限性。在这一点上，孙中山与革命党人也不能超越他们
的时代。这可以从三方面来看。第一，他们也必须承担传统的惯性力
量。对于女子政治知识与能力的程度不够的认识，是他们将女子参政
权问题"置为缓图"甚至反对的重要理由，这其中确实难免男尊女卑
等传统思想观念的制约。第二，他们也不能置身世界潮流之外。从世
界女子参政运动的潮流来看，虽然英、美等发达国家的女子参政运动

已有上百年的历史，且当时仍在如火如荼地进行，但尚未取得真正的参政权。① 他们便以此为口实而对民初女子参政权运动表示不以为然的态度。第三，他们还难以摆脱各种现实利害关系的纠葛。革命派与袁世凯势力的矛盾、与原立宪派和旧官僚势力的矛盾，以及革命派内部的矛盾，致使孙中山与革命党人自身在民初的处境异常艰难。这种艰难处境，决定了他们几乎无暇顾及女子参政权问题。孙中山同意将女子参政权问题"置为缓图"；南京临时参议院议决女子参政权问题当在国会成立以后再解决，采用"敷衍主义"②；同盟会改组为国民党时，为了迁就其他小党而不惜放弃本党原有的"男女平权"政纲。如此种种表现，其实都是不难理解的。从民初女子参政权案看来，以孙中山为首的革命党人对民主政治的思想准备严重不足，民初政治民主化的失败是必然的。

民初女子参政权请愿运动的失败，从性别冲突的角度来看，是男性权势对女性政治欲求的整体压抑与排斥，体现了鲜明的性别歧视面相。可以说，民初政治民主化过程中的性别歧视，彻底断绝了女性获取参政权的希望，是对女性政治自主意识和基本人权的极端漠视与肆意践踏，"女权"被摈斥于"民权"之外，充分表明民初的所谓民主政治有着明显的缺陷。中华民国成立，专制被推翻，民权主义目的已达，"然而民权复矣，女权犹未也。女子亦国民之一分子，女子无权，不特为文明国之缺点，即揆诸民权二字，亦有不完全之处"③。这是时人亲历其境的体认。作为"半边天"的二万万女子被排除在政权体制之外，

---

① 世界近代妇女参政运动起源于 1789 年的法国大革命，随后在英、美等国家迅速开展起来，但最早承认女子参政权的是英国属地新西兰，新西兰议会于1893 年通过妇女选举权，"为世界女权运动胜利的第一声"。随后英属澳大利亚联邦（1902 年）以及北欧的芬兰（1907 年）、挪威（1913 年）等国妇女相继获得参政权，英、德、法、美等国则迟至 1918—1920 年才最终实现。（参见尚一译述：《近代妇女运动发生的途径》、化鲁：《妇女参政运动的过去及现在》，见东方杂志社编：《妇女运动》上册，1～21 页，上海，商务印书馆，1923。）

② 覃振语，见《参议院会议速记录》第 104 次会议，北京，1912 年 11 月 6 日。

③ 沈佩贞稿：《男女平权维持会缘起》，见中华全国妇女联合会妇女运动历史研究室编：《中国近代妇女运动历史资料（1840—1918）》，612 页。

这无疑是民初政治民主化的严重制限。民初中国政治民主化进程的挫折，充分预示其前景的艰难曲折。

原刊《历史研究》2005 年第 4 期，69～83 页，多有删节

# 民初统一党与政党政治试验

　　有关民初政党的调查和研究，早在民国元年（1912）就有日本人宗方小太郎所做的调查报告《一九一二年中国之政党结社》，随后有谢彬的《民国政党史》（上海学术研究会总会 1925 年版）和杨幼炯的《中国政党史》（商务印书馆 1936 年版），以及张玉法的《民国初年的政党》〔台湾"中央研究院"近代史研究所专刊（49），"中央研究院"近代史研究所 1985 年版〕。其中，台湾学者张玉法先生的著作是民初政党研究"最详尽的一本书"①。中华人民共和国成立以后，大陆学者的研究成果主要散见于几种重要的辛亥革命史与民国史著作②，另外便是一些专题论文，对民初政党与政党政治诸问题的研究业已充分展开并在不断深入。

　　关于民初政党与政党政治的研究成果固然不少，然而同样存在不少问题，尤其是政党个案研究是个相当薄弱的环节。民初政治舞台上活跃的几大政党中，同盟会—国民党的研究可谓最深入，进步党、共

---

　　① 参见张玉法：《中国政党史研究》，见"中央研究院"近代史研究所《六十年来的中国近代史研究》编辑委员会编：《六十年来的中国近代史研究》上册，台北，"中央研究院"近代史研究所，1988。该文详细介绍了 1949 年以前中国学者，尤其是几十年来台湾地区及海外学者的相关研究成果。

　　② 参见王天奖、刘望龄主编：《辛亥革命史》下册，北京，人民出版社，1981；李新、李宗一主编：《中华民国史》，第二编第一卷上册，北京，中华书局，1987；胡绳武、金冲及：《辛亥革命史稿》，第 4 卷，上海，上海人民出版社，1991。

和党、民主党也陆续有人做过专题研究①，而统一党却未见专论，只是在各种政党史、政治史论著及相关的政党研究中有所论及。正因为常常只是被附带地涉及，因此有关统一党的认识就不甚清楚，甚至存在不少错误，或是史实记载不确而以讹传讹，或是评价偏差而有失公允。诸如此类的问题都有待于或进行细致的考订予以纠正，或全面深入地分析而重新评估。

统一党作为民国初年四大政党之一，其兴衰历程几乎与临时政府的存在相始终。在民初特定的历史转型时期，中国政治近代化发生了，政党随之产生。统一党是当时进行政党政治试验过程中最早的近代政党。对统一党进行系统的专题研究，有助于推进关于民初政党与政党政治、民初政局乃至于政治近代化诸问题的深入认识。

## 一、政治转型与统一党产生

有关民国初年历史背景的认识，首要的问题是民初中国资产阶级面临的历史任务是继续革命还是转而进行民主共和国建设？也就是说，民国初年是革命时代还是建设时代？这个问题的解决将有助于对民初政党的产生与政党政治试验以及各种政治近代化问题的认识。以往的研究大都将民初历史局限于辛亥革命史的范畴，因而对事物的评价标准就是是否革命或是否有利于革命，对革命带有过多的情感颂扬，反而对历史缺少冷静理智的分析，因而不免导致一些评价的偏差失误。

首先要解决的问题是民初资产阶级是否应该继续革命？清末民初，中国社会经历了巨大的政治变动：辛亥革命推翻了两千余年的封建专制制度，建立了第一个民主共和国——中华民国。人们经受

---

① 李育民：《进步党述论》，载《近代史研究》1986 年第 2 期；程为坤：《民初共和党的形成、组织及其派系》，载《近代史研究》1986 年第 3 期；曾业英：《民国初年的民主党》，载《历史研究》1991 年第 5 期。民初四大政党一般指国民党、共和党、统一党、民主党，进步党乃后三者合并而成。

着历史的巨变，当他们理智地思考着国家与民族的前途命运的时候，几乎无不注目于民主共和国建设，革命时代过去，建设时代开始，这是时人的认识和希望。"今之时何时乎？革命功成，东南粗定，临时总统已举，政府已设，盖由破坏而进入建设之时代也。"① 孙中山曾多次演说民族主义、民权主义目的已达，之后将致力于民生主义。1912 年 8 月 25 日，他在北京同盟会本部大会上演说指出："吾同盟会本以破坏为宗旨，以独立为目的，今幸大功告成，目的已达，此后即应改变宗旨，由破坏而进入建设，若再持原来的破坏主义及独立宗旨，民国前途，宁有望乎？"② 黄兴也有同样的认识："今日则民国成立，建设伊始，时势已迥不同，即目的不得不改变。今所以与各党合并而改称国民党者，盖将应时势之要求，为解决建设问题之研究，自然之归结也。"③ 巨变之后，人心思治，资产阶级革命领袖们指出了建设的道路，如果还要求他们应该继续革命，进行武装斗争，未免有点过分。

紧接着看资产阶级是否可能继续革命的问题，由此而引出民初资产阶级对袁世凯的认识与袁世凯在当时的真正形象是什么的问题。因为袁世凯往往被视为继清王朝以后的革命对象，因而问题的关键便集聚于袁世凯是否已经成为民初资产阶级革命的对象。辛亥革命以后，孙中山让位于袁世凯，关于这个问题的评价，学界聚讼纷纭，兹不赘述。值得一提的是，有论者认为袁世凯取孙而代之，是资产阶级的选择，是时代的选择。④ 虽然以今人的后见之明来看，也许这是一个错误的选择，但其在当时则合乎历史逻辑。当时资产阶级对袁世凯是以建设民主共和政治的美国首任总统华盛顿相称许的。南京临时参议院在孙中山辞职后以全票选举袁世凯，其致电于袁称："查世界历史，选举大总统满场一致者，只华盛顿一人。公为再见，同人深幸公为世界

① 黄中央：《告同胞销除意见书》，载《大共和日报》，1912 年 1 月 14 日。
② 《北京欢迎孙中山之第二日》，载《大共和日报》，1912 年 8 月 31 日。
③ 黄兴：《在国民党鄂支部欢迎会上的演说》，见湖南省社会科学院编：《黄兴集》，288 页，北京，中华书局，1981。
④ 韩明：《孙中山让位于袁世凯原因新议》，载《历史研究》1986 年第 5 期。

之第二华盛顿，我中华民国之第一华盛顿。"① 《民立报》更称袁世凯为"中华民国之骄子"②。孙中山辞职后，对袁世凯也是推崇备至，将政治之事放手于袁，自己则专心构筑其宏大的铁路计划。他声称："维持现状，我不如袁；规划将来，袁不如我。为中国目前计，此十年内，似仍宜以袁氏为总统，我专尽力于社会事业。"③ 正如孙后来所说："自袁杀宋教仁君之后，弟始决心不助袁。"④ 那么，在"宋教仁案"之前，则孙"助袁"无疑。不仅孙中山这样，其他人又何尝不是如此呢？或以为"当宋案未发生以前，国民党实未尝梦及不举项城为正式大总统"⑤。可见，在"宋教仁案"发生前，二次革命尚未兴起时，袁世凯的形象在国人心目中，可以说是如同"救世主"那样崇高，至少绝不可能如后人所认识到的那样，是封建专制主义反动势力的象征。虽然某些资产阶级激烈派如戴天仇（季陶）指责袁世凯为"专制魔王"⑥，甚至认为袁世凯"欲作皇帝"⑦，但是，这只是极少数人对政局中权力转移不满的呐喊。当然，在"宋教仁案"以后，尤其是二次革命以后，袁世凯的形象已自暴于世，与前判然不同。明确此前此后的变化是认识评判的基点。一方面，认识事物有一个过程，如果以后来的要求评价先前

---

① 《参议院致袁世凯报告选举为临时大总统请莅院受职电》，见孙曜编：《中华民国史料》上册，"第一，自武昌起义至参议院闭会"，53 页，上海，上海文明书局，1929。

② 空海：《袁世凯》，载《民立报》，1912 年 2 月 22 日。

③ 《与某人的谈话》，见中国社会科学院近代史研究所中华民国史研究室、中山大学历史系孙中山研究室、广东省社会科学院历史研究室合编：《孙中山全集》，第 2 卷，440 页，北京，中华书局，1982。

④ 《复黄芸苏函》，见中国社会科学院近代史研究所中华民国史研究室、中山大学历史系孙中山研究室、广东省社会科学院历史研究室合编：《孙中山全集》，第 3 卷，128 页，北京，中华书局，1984。

⑤ 张謇：《为解决宋案献策》，见上海社会科学院历史研究所编：《辛亥革命在上海史料选辑》，1100 页，上海，上海人民出版社，1981。

⑥ 戴天仇（季陶）：《袁世凯专横无道》，见《天仇文集》丙篇，"单刀直入录"，24 页，上海民权报社，1912。

⑦ 《甚么民国》，见陈天锡编：《戴季陶先生文存·三续编》，10 页，台北，国民党党史会，1970。

的认识，则显然是苛求；另一方面，思想认识往往支配人的行动，民初资产阶级并未认识到袁世凯的反动性，甚至寄之以建设民国的希望，难道能够要求他们在革命胜利之后又立即发动武装革命反袁吗？这显然是不可能的。

至此可知，民初中国资产阶级面临的历史任务是建设而不是革命。民国初年，历史经受着政治体制转换与战略调整的挑战：由君主专制而民主共和的体制转换，标志着政治近代化的趋势；由革命而建设的战略调整，是为了适应这种近代化变动趋势。正所谓"吾国数千年之君主国体自此告讫，而统一雄大之民主国体由斯建立。然则今后之所有事，独建设政府问题耳"①。革命之成功，打破了传统的封建专制主义官僚政治体制，在建设民主共和的近代政治体制的过程中，首要的任务就是扩大民众对政治的参与度。现代西方政治学理论表明，"组织扩大参政的体制上的主要手段，就是政治党派和政党体系"，政党是动员与扩大政治参与的有效组织。② 因此，在传统政治体制向近代政治体制转换的过程中，适应政治近代化需要的民主共和政治建设，便呼唤着政党的产生与国人的政党建设。正如梁启超所说："今日中国已确定为最神圣最高尚之共和国体，而共和国政治之运用，全赖政党，此不待烦言者也。国中先觉深知此义，故一年以来，注全力以从事于政党之建设。"③ 正是在此背景下，统一党应运而生。

以下主要考察民初流行口号"革命军起，革命党消"与统一党产生的关系。

---

① 《国体解决后之问题》，载《大共和日报》，1912 年 1 月 17 日。
② ［美］塞缪尔·P. 亨廷顿：《变动社会的政治秩序》，张岱云等译，429～430 页，上海，上海译文出版社，1989。
③ 梁启超：《莅民主党欢迎会演说辞》，见《饮冰室合集》文集之二十九，14 页，北京，中华书局，1989。

　　据考证，"革命军起，革命党消"是章太炎首先提出来的。① 章太炎在什么情况下提出这个口号？章太炎思想本身的发展与这个口号有什么关系？到底应该从革命还是从建设的角度来评价这个口号？这个口号对民初政治有什么影响，与民初政党的产生有什么关系？

　　武昌起义发生一个多月后，1911 年 11 月 15 日，章太炎从日本回到上海，由于章太炎是老革命党人，因而很是引人注目。他回国的第二天，《民立报》发表欢迎文辞，称之为"中国近代之大文豪，而亦革命家之巨子"，希望国人"奉之为新中国之卢骚"。② 章太炎当时也是春风得意，立即投入激烈的政治斗争中，"担任调人之职，为联合之谋"③。随着革命形势的发展，各种政治势力都在谋求筹组新中国政府。这时，在武昌的谭人凤等革命党人致电包括章太炎在内的各地革命党同志称："民国渐次成立，请诸君速来鄂组织一切。"④ 显然，他们是要各地革命党人到武昌组织民国政府。章太炎回电答复如下：

---

　　① 王天奖、刘望龄主编：《辛亥革命史》下册，268 页，注释③。关于这个口号的评价，几乎所有提到或专论这个口号的论著都不同程度地予以否定，主要有三种观点。第一，全盘否定说。有人认为章太炎提出这个口号是欲与立宪派、旧官僚联成一气，主张销除同盟会，企图取消同盟会的革命领导权，其反对同盟会的性质很清楚，因而是极端错误的。参见徐辉琪：《"革命军起，革命党消"口号的由来及评价》，载《近代史研究》1983 年第 4 期。第二，部分否定说。有人试图对全盘否定说进行修正，认为章太炎这个口号并非为了反对同盟会，而是为了联合各派政治力量建立广泛的革命联合阵线，以反对清廷和袁世凯，确保革命顺利进行，但它是一个主观主义的口号，客观上带来了恶果。参见王有为：《革命派的分裂与章太炎的口号——"革命军起，革命党消"析》，见蔡尚思等：《论清末民初中国社会》，上海，复旦大学出版社，1983。第三，不合时宜说。有人在指出前人认识的偏差失误后，认为章太炎提出这个口号是基于反对"以一党组织政府"，希望尽早建立一个联合政府，其主导思想是积极进取的，其错在不理解革命党应该成为联合政府的主干和中坚。章太炎由于思想认识跟不上形势的发展，在历史急剧转变的关头，做了错误的判断，提出了不合时宜的口号，积极的口号产生了消极的后果。参见徐立亭：《章太炎与"革命军起，革命党消"》，载《吉林大学社会科学学报》1993 年第 6 期。这三种观点都是从辛亥革命史的角度立论，其评判的标准都是是否革命或是否对革命有利，姑名之曰"革命评判说"。
　　② 《欢迎鼓吹革命之文豪》，载《民立报》，1911 年 11 月 16 日。
　　③ 《章炳麟致民立报社书》，载《民立报》，1911 年 11 月 21 日。
　　④ 《专电·本馆接各省紧要电报》，载《大公报》，1911 年 11 月 30 日。

> 武昌都督府转谭人凤诸君鉴：电悉。革命军起，革命党消，天下为公，乃克有济。今读来电，以革命党人召集革命党人，是欲以一党组织政府，若守此见，人心解体矣。诸君能战则战，不能战弗以党见破坏大局。章炳麟。文。①

据此复电可知，章太炎很模糊地表述了自己对组织未来的民国政府的意见，就是反对革命党"以一党组织政府"。这是一个反面的意见。至于到底怎样组织和组织一个什么样的政府，似乎不能由此复电看出。重要的是，他在此提出了"革命军起，革命党消"的口号，就字面意义而言，可以这样理解：革命成功以后，取消革命政党。至于为什么要这样，则是要反对革命党"以一党组织政府"，因为"天下为公，乃克有济"。显然，章太炎提出"革命军起，革命党消"的口号是从未来政府的组织，也就是从建设角度而言的。

章太炎在武昌起义后革命形势日趋明朗化的情况下回国。他很快便敏锐地意识到革命即将胜利，应将战略重点转变为对未来政府的建设。"当困居专制政体之下，其功在于破坏，而在今日已脱离旧政府之羁绊，所重尤在建设。"② 随即他便提出在革命成功以后，取消革命政党，反对革命党以一党组织政府。从章太炎思想本身的发展可以隐约地发现，他是主张建立普通的近代政党，以从事民国政府建设，以普通政党建立资产阶级民主共和国。

武昌起义爆发不久，尚在日本的章太炎撰写了《诛政党》一文（1911 年 10 月 26 日、28 日、31 日连载于槟榔屿《光华日报》），表示对欧美政党及政党政治的羡慕，并痛斥中国旧立宪党人、旧官僚"政党"（实为朋党）。有谓："欧、美政党，贪婪兢进，虽犹中国，顾尚有正鹄，政府有害民之政，往往能挟持不使遂行，自及秉政，他党又得议其后，兴革多能安利百姓，国家赖焉。汉土则独否。盖欧、美政党，自导国利民，至中国政党，自浮夸奔竞，所志不同，源流亦异，而漫

---

① 《章炳麟之消弭党见》，载《大公报》，1911 年 12 月 12 日。

② 《中华民国联合会启事及简章》，见上海社会科学院历史研究所编：《辛亥革命在上海史料选辑》，766 页。

以相比，非妄则夸也。"当时中国党人，"综观七类，操术各异，而兢名死利，则同为民蠹害，又一丘之貉也"。同时，他表示要在革命成功以后在中国建立真正的政党与政党政治，"苟我夏齐民，不忍亡其宗国，赫然振作，以恢九服，中国既安，各依其见为政党，内审齐民之情，外察宇内之势，调和斟酌，以成政事而利国家，不亦休乎？不然，则速速方谷，邦国随倾，既见灭于欧人，万劫将不复也"。① 由此或可理解章太炎为什么不久之后提出取消革命政党了。

章太炎"革命军起，革命党消"的思想并不是孤立悬想。在此口号提出的前几天，《国民公报》（1911 年 11 月 27 日）上发表了一篇《革命无党论》的文章，认为"革命军起，政体上既得完美结果，则前此种种之党派皆归天然之消灭"② 老革命党人刘揆一也表述了与此大致相同的意思："敬谨告我国中诸友，自今以后务皆以提倡共和民国政体，组织中华民国政党为共同纯一之宗旨，凡从前所设立如同盟会、宪政公会、宪友会、辛亥俱乐部以暨一切党会诸名义，应请一律取消，化除畛域，共建新猷。"③ 可见，这种思想的产生有其共同的社会历史土壤，就是当时特殊的社会背景——由革命而建设的战略重点转移。事实上，从民初的政党建设也可以看出这一点。且先不说章太炎的统一党，单就同盟会的演变而言亦可见及。1912 年 3 月 3 日，同盟会由秘密革命政党改为公开的普通政党，"同盟会之运动既告成功，则会名理宜消灭，会中领袖诸子有见于此，故汲汲谋改党"④。其后在宋教仁等人的努力下，同盟会联合几个小政党改组成国民党，成为民初政坛一大政党，致力于政党政治。孙中山与黄兴致电同盟会各支部，对此表示"深为赞成"，认为"同盟会成立之始，其命名本含有革命同盟会

---

① 汤志钧编：《章太炎年谱长编》上册，352～358 页，北京，中华书局，1979。引文标点略有改动。

② 渤海寿臣辑：《辛亥革命始末记》，见沈云龙主编：《近代中国史料丛刊》第 42 辑（420）（二），1407 页，台北，文海出版社，1969。

③ 《刘揆一布告政党请取消从前党会名义书》，转引自荣朝申辑：《缔造共和之英雄尺牍》，见沈云龙主编：《近代中国史料丛刊》，第 80 辑（796）（一），73 页，台北，文海出版社，1972。

④ 行严：《论同盟会》，载《民立报》，1912 年 3 月 6 日。

意义，共和初建，改为政党，同人提议变更名称者日益众，即此时而易之，可谓一举而两得矣"。① 与此同时，章士钊更是极力鼓吹"毁党造党"论，称"毁党者毁不纲之党也，造党者造有纲之党也……造党者非毁各党而合为一党，乃毁各党后经严重繁复之研究而分为两党也"。② 此即为正规的政党建设大造舆论。正如时人所体认："革命功成，革命党消，今日全国之内谓有一人非革命党不可也，谓有一人为革命党不必也，且革命党决非政党。政党者，为共同研究国家政治之进步，使宪政基础之日固，社会心理之日发达也。……故为政党计，非吸收他党厚集其势力，巩固其政纲，以为国会之预备政党内阁之前题不为功矣。"③ 所以，如果能够挖掘其隐含意义并且从建设的角度来评判，则章太炎提出的"革命军起，革命党消"可谓是民国初年政党与政党政治建设思想的总概括。

如前所述，清末民初历史所面临的是政治体制的转换与战略的调整。章太炎早在武昌起义之后不久就很清楚地看到这种政治形势的新变化，而率先明确地提出"革命军起，革命党消"的战略性政治口号：在革命成功以后，取消革命政党，建立近代式普通政党，进行民主宪政的国家建设。可以说，正是在这种思想的引导下，章太炎一回国就立即谋求政党和政党政治建设。那时章太炎在上海常与张謇见面，"会商民国成立以后的政治建设。一面谋巩固民主根基，一面谋民权民气在正当的轨道上发扬，尤其着重在政党的建设。认为要促进政治上的演进，政见上的表现，必得有对待的二党在同一国体之下，各自团结，拿政纲政见互相切磋，互相砥砺；使人民有从违择舍的自由和信从"④。后来他们组织了中华民国联合会和统一党。

统一党的产生可追溯到中华民国联合会。武昌起义后，各省纷纷

① 《致同盟会各支部电》，见中国社会科学院近代史研究所中华民国史研究室、中山大学历史系孙中山研究室、广东省社会科学院历史研究室合编：《孙中山全集》，第 2 卷，395 页。
② 行严：《毁党造党之意见》，载《民立报》，1912 年 8 月 4 日。
③ 钝：《论政党》，载《大自由报》，1912 年 7 月 8 日。
④ 张孝若：《南通张季直先生传记》，165 页，上海，中华书局，1931。

独立，全国尤其是南方秩序一片混乱，各种政治势力都期待着新的统一政府的建立，以维系一个安定的局面。于是，"以各省联合起来，建立统一的中华民国为号召"① 的中华民国联合会应运而生。

先是武昌军政府临时代表胡瑛、胡仰、何海鸣、邹廊在上海倡议发起中华共和民国联合会，章太炎被列席为赞助员之首。② 与此同时，章太炎又与程德全在苏州拟发起中华民国联合大会。③ 可见，在当时倡议发起的联合会至少有两个，而章太炎皆与列其中。1911 年 11 月 12 日，上海发起的联合会在江苏教育总会开会，"拟与苏州所发起之联合会商议合并，由章太炎赴苏接洽"④。随后两个联合会合并为中华民国联合会。1912 年 1 月 3 日，中华民国联合会在上海的江苏教育总会召开成立大会，到会者二百余人，投票选举章太炎为正会长（126 票），程德全为副会长（81 票）。⑤ 次日发行《大共和日报》，作为言论机关报，原拟以章太炎为"全部主任"，后章太炎实际上是社长。⑥ 中华民国联合会是南京临时政府成立后第一个重要的政治团体，其明确表示"本会性质对于政府立于监督补助地位"⑦。

1912 年 2 月中旬，南北议和告成，清帝宣布退位，孙中山辞去临时大总统职务，并举袁世凯以自代，南北统一，共和政府成立在即。

---

① 王绍鏊：《辛亥革命时期政党活动的点滴回忆》，见中国人民政治协商会议全国委员会文史资料研究委员会编：《辛亥革命回忆录》，第 1 集，399 页，北京，文史资料出版社，1981。

② 《中华共和民国联合会通告》，载《民立报》，1911 年 11 月 19 日。

③ 《中华民国联合会启事及简章》，见上海社会科学院历史研究所编：《辛亥革命在上海史料选辑》，767 页。

④ 《联合会赴苏商洽合并纪事》，载《民立报》，1911 年 11 月 25 日。

⑤ 《中华民国联合会成立大会纪事》，载《大共和日报》，1912 年 1 月 4 日。

⑥ 《大共和日报出现》，载《民立报》，1911 年 11 月 28 日。据马叙伦回忆，《大共和日报》由他创办，自任总编辑，章太炎为社长，杜杰风任经理，汪东（旭初）、章驾时（因军事关系始终未到）是编辑。参见《我在辛亥这一年》，见中国人民政治协商会议全国委员会文史资料研究委员会编：《辛亥革命回忆录》，第 1 集，178 页。

⑦ 太炎先生演说：《中华民国联合会第一次大会章》，载《大共和日报》，1912 年 1 月 5 日。

根据《中华民国联合会章程》第七章第二十一条之规定："本会俟完全共和政府成立后，即改为政党。"3 月 1 日，中华民国联合会发布改党通告，拟改名为统一党。① 3 月 2 日，中华民国联合会在江苏教育总会"改会为党"，正式成立统一党。②

中国古代有朋党而无政党，所谓"东汉末年之钩党，有唐中叶以后之牛李党，唐末之清流党，北宋之元祐党、熙丰党，南宋之伪学党，明末之东林党、阉党"，都是著名的朋党，因为"中国自古为专制政体，专制政体之下，无政党发生之余地"。③ 专制政体之下，无言论自由，更无参政自由，政党无从产生，只有朋党，而汉唐宋明朋党之祸，昭然于世，再加上"君子不党"之古训，因而"畴昔吾国贤士大夫，语及党之一字，则蹙额掩耳如不欲听"。④ 近代以来，西方政党观念传入中国。清末民初，各种政治团体如雨后春笋般涌现，有鉴于朋党之忌，国人或以"会""社"名之，而极少有曰"党"者。在统一党成立之前明确称"党"者只有少数几个，如江亢虎、张继的中国社会党（1911 年 11 月 5 日），朱志尧、徐企文的中华民国工党（1912 年 1 月 22 日），戴传贤（季陶）的自由党（1912 年 2 月 3 日），温宗尧、潘鸿

---

① 《中华民国联合会改党通告》，载《大共和日报》，1912 年 3 月 1 日。

② 《联合会改党记事》，载《大共和日报》，1912 年 3 月 3 日。许多论著都认为统一党是章太炎的中华民国联合会与张謇的预备立宪公会合并而成。谢彬的《民国政党史》首持此说（37 页，上海，上海学术研究会总会，1925），不知所据为何？其后杨幼炯的《中国政党史》（51 页，上海，商务印书馆，1936）、李剑农的《戊戌以后三十年中国政治史》（153～154 页，北京，中华书局，1965）、蔡寄鸥的《鄂州血史》（210 页，上海，龙门联合书局，1958）等书均援用其说，张玉法的《民国初年的政党》又根据蔡书与谢书而持这种观点（83～84 页），可谓以讹传讹。预备立宪公会是清末预备立宪运动中江浙立宪派人士张謇等人为促进清廷预备立宪而成立的政治组织，1912 年 3 月统一党成立时，清末立宪运动早已烟消云散，预备立宪公会也已不再作为一个组织而存在，因此合并无从谈起。可见，统一党不是由团体合并而成，而是由中华民国联合会按章"改会为党"而成，即使当时一些政团如民社、国民协会、共和统一会、国民共进会等本想合并也因故未合，所谓与预备立宪公会合并更是无稽之谈。

③ 王桐龄：《中国历代党争史》，11 页，出版地不详，1921。

④ 梁启超：《敬告政党及政党员》，见《饮冰室合集》文集之三十一，2 页。

鼎的国民党（1912年2月27日），等等。这些党或更多地从事社会活动①，或很快被合并于其他政党，而少有始终致力于近代政党政治建设的。正是在此意义上而言，统一党是民初进行政党政治试验过程中最早的近代政党。正如章士钊所说："吾国无政党，有政党，自是日而始。"② 更有人认为统一党"实为民国第一政党"③。

章太炎首倡"革命军起，革命党消"，章太炎首创近代政党——统一党，两者联系起来别有意味。如果说一个人的思想理应指导其行动，或者说一个人的行为当然受其思想的支配，那么可以说，"革命军起，革命党消"的思想与统一党的产生之间的内在关联性当是毋庸置疑的。因此，统一党可谓民国初年新的历史条件下民主共和宪政建设的必然产物。

## 二、历史演变与政党分合

统一党的历史演变过程可分前、后两个时期：前期（1912年3月2日至8月28日）以章太炎为领袖，曾一度与民社等五政团合并为共和党，随即又独立出来；后期（1912年9月1日至1913年5月29日）以王赓为领袖，最终与共和党、民主党合并成立进步党。统一党是一个非常复杂的党，其前、后期变化虽一脉相承，然而又判若两党。在一定意义上可以说，统一党与各政党之间的分合正反映了民初政局与政党政治发展的基本趋势。

前期统一党与章太炎有密切的关系。1912年1月3日，中华民国联合会成立时，章太炎为正会长。3月2日，联合会改组为统一党，章为五理事之首。实际上，章太炎可谓前期统一党名副其实的党魁，

① 中国社会党创始人江亢虎明确宣称："中国社会党并非政党，凡事均自社会入手，不欲干预政府之行为。"参见《江亢虎（绍铨）致袁世凯书》，载《社会党日刊》，1912年4月25日，转引自张玉法：《民国初年的中国社会党，1911—1913》，载《中央研究院近代史研究所集刊》第20期，1991年6月。
② 行严：《论统一党》，载《民立报》，1912年3月4日。
③ 赵尊岳：《惜阴堂辛亥革命记》，载《近代史资料》1983年第3期（总53号），78～79页。

直到其宣布脱党，都一直是统一党的核心人物。

统一党从产生起，便与同盟会成为两大对立的政党。在统一党成立的第二天，同盟会也宣布政纲，由秘密革命团体改为公开政党。南京临时政府时期，主要有统一党与同盟会两大政党，同盟会根据"部长取名，次长取实"①的原则，基本上掌握了南京政府，俨然一执政党；而统一党虽然有党员入阁，但始终处于在野党的地位。前期统一党正是在与同盟会的竞争中逐渐发展壮大的。

南北议和成功后，袁世凯在北京组织统一政府，统一党本部北迁。1912 年 5 月 9 日，统一党与民社、国民协进会、民国公会、国民党（温宗尧、潘鸿鼎于 1912 年 2 月 27 日创立）四政团合并为共和党。②事先，章太炎也主张合并。1912 年 4 月 23 日，章随本部北迁进京，便将合并事宜委托给张謇。事实上，在上海的合并虽由张謇一手操办，但其是经与在京的章太炎"时有电信往来，最后提出五条件解决后"而完成的。③当时，章太炎在京召集党员大会，对合并之事表示赞成，认为这样可以"组成一极大共和政党，民国初基于以巩固"④。但是，后来章太炎又反对合并而主张独立，这是为什么呢？

一方面，是对合并条件的不满。"本党理事章炳麟君，对于合并条件，颇持异议，当开全体大会讨论，复由多数党员否决，因此本党乃主张独立。"⑤关于这一点，章太炎在一次统一党本部大会上做了长篇演说予以阐释。第一，不满合并代表孟森、黄云鹏在交涉过程中妥协。

---

① 居正：《辛亥札记》，见罗福惠、萧怡编：《居正文集》上册，73 页，武汉，华中师范大学出版社，1989。

② 有的论著以为共和党由六政团合并而成，即上述五政团另加国民共进会，如王天奖、刘望龄主编的《辛亥革命史》下册（443～444 页）、张玉法的《民国初年的政党》（91 页），张书更以民国公会作国民公会，有误。根据共和党成立大会的广告，的确包括国民共进会在内的六政团（《大共和日报》，1912 年 4 月 27 日），国民共进会确实参与了合并洽商事宜，但终因故而未合并进来，故共和党实只由五政团合并而成。参见《共和党成立大会记》，载《大共和日报》，1912 年 5 月 10 日。

③ 《共和党成立大会记》，载《大共和日报》，1912 年 5 月 10 日。

④ 《统一党开会记事》，载《民立报》，1912 年 5 月 10 日。

⑤ 《五党合并之提议及本党独立之原因》，见统一党本部编：《统一党第一次报告》，29 页，南京，京华印书局，1913。

"在上海时，本党议案不变党名，不设理事长，派孟森、黄云鹏二人代表与各团交涉，不意代表去后，挠于群言，变更原议：（一）允设理事长；（二）更改统一党名称。本党各职员起而反对，然亦勉强调停，姑就彼说。"第二，反对张謇让步同意各政团各出四人为基本干事。"于时上海一处，即托张季直主持。临别时，与季直口说主持合并事件，不可让步。后上海来电，欲举基本干事，所谓基本干事者，各团各出四人，此假合并之名，而无合并之实，俨然是一联邦政府。且各团基本干事多至二十人，各不相识，办事亦不能如意，故仆对于基本干事一节，始终极端反对，与季直电商者三四次，季直以失信为辞。"第三，反对在上海召开的成立大会。"详上海一会，只能为预备合并，不能为正式合并成立之会。且上海偏隅，无举理事之权，可不待言而决。彼处先举理事、干事，失之越分侵权；又以二百余人之会，而举五十四干事，尤为不合。故仆虽举理事，而至今未尝承认也。"第四，在京提出合并四条件而未有各团理会。"其后在京各团，又复来要求合并，仆开列四条：（一）理事须经北京开会承认，如不承认，可在京另选；（二）干事与评议员不同，须由理事派定，须本部办事，不得徒拥虚名，但特别交际科不在其内；（三）各团体所负之债，须各团体自行偿还，新团体不负责任，但各团体余存之款，当归缴于新团体；（四）各团体所设之机关报，须由新团体管辖。四条去后，各团既不辩驳，亦不赞成，终无复言，妨害本党之进行，莫此为甚。""仆等非不赞成合并，然既为有条件之合并，一条不合，即无合并之效。各团既不承认四条，故宣言不合并。"第五，许多支分部不愿合并。"合并系于本部，而支分部亦不可不询问也。即本部勉强合并，而支分部有万难合并者，如江西来电，不愿与民社合；云南来电，可与民社合，其余各团不可合；贵州则皆不愿合；四川条件合即合；北方各省，亦多不愿合并者，以是观之，事实上亦不能合并。"①

　　另一方面，新党中权力分配的问题，也许更为关键。由上述章太炎的演说，可以体味到其对合并诸代表张謇、孟森、黄云鹏"擅权"

---

　　① 《本党理事章炳麟对于本党独立之演说》，见统一党本部编：《统一党第一次报告》，29～32 页。

的不满，字里行间充满着愤激与失望之感，这是不难理解的。共和党成立时，章太炎受排挤是很明显的。"逮各党合并之机日益成熟，而章氏旗下之统一党反见排斥。盖事势至于彼时，有湖北之民社派与南北各处之官僚派已足以自树一帜，再无利用章氏之必要，所谓过桥即须抽板者也。"① 事实上，章太炎也清楚地认识了这一点。在上述同一演说中，他便意识到自己所面临的"为人作傀儡"的命运。在上海的共和党成立大会上，黎元洪得 635 票为理事长，张謇（576 票）、章太炎（575 票）、伍廷芳（575 票）、那彦图（475 票）为理事。② 对黎元洪为理事长，章似乎没有异议。但是，统一党"宗旨与实力，实当今最有实力之政党"③，而与其他四政团平等地合并进共和党（如各团出四人为基本干事），这已使章难以忍受了。"仆虽不敢比肩黎公，而统一党优先民社一饭，自甘菲薄，实未能也。"④ 更不可容忍的是，章太炎本为统一党之当然领袖（首席理事），而在合并过程中，却逐渐被张謇们架空，以至于在新成立的共和党里，反而张謇成了位居章太炎之上的首席理事。按共和党会议规则，"凡会议以理事长为议长。理事长缺席时，以理事之次序在前者代之"⑤。众所周知，当时在武汉的黎元洪身任中华民国副总统兼湖北都督，在共和党内无非只是挂名而已。这样，在上海或迁至北京的共和党中，以一票之多数而位居章太炎之上的首席理事张謇便当然地成为事实上的领袖了。权力的倾斜迫使章太炎不得不反对合并而宣布独立。难怪戴季陶说，"章炳麟竟以不能得首领之位置，而反对共和党"⑥，应该说是符合事实的。

---

① 《共和党之小史》，载同盟会广东支部：《中国同盟会杂志》第 6 期，1912年 9 月。

② 《共和党成立大会记》，载《大共和日报》，1912 年 5 月 10 日。

③ 《统一党开会记事》，载《民立报》，1912 年 5 月 10 日。

④ 《本党理事章炳麟对于本党独立之演说》，见统一党本部编：《统一党第一次报告》，31 页。

⑤ 《共和党合并概略》，见章伯锋、李宗一主编：《北洋军阀》，第 1 卷，409页，武汉，武汉出版社，1990。

⑥ 戴天仇（季陶）：《该死的章炳麟》，见《天仇文集》丙篇，"单刀直入录"，21 页。

1912 年 5 月 17 日，统一党北京本部召开大会，章太炎宣告统一党不与他党合并而仍行保持独立。之后章辞去共和党理事之职，得到共和党本部承认。① 6 月 2 日，统一党北京本部召开第二次大会，改理事为总理、协理，举章太炎为临时总理。② 统一党虽然保持其独立地位，但经此合而又分以后，已是元气大损，从此一蹶难振，一度处于停滞阶段。时共和党与同盟会在参议院中势均力敌，统一共和党以第三党地位操纵其间③，而统一党已无所作为。正如章太炎所冠冕堂皇地声称："统一党本处中流，于政策则有相竞，于势位则无相争。"④事实上，在当时的政治舞台上，统一党已是无从着手了。1912 年 7 月 23 日，章太炎由京赴鄂，拜谒副总统黎元洪，8 月 12 日返京。在这期间发生了一点戏剧性的变化，章太炎复允任共和党理事，并请黎元洪任统一党名誉总理。⑤ 然而，回京后不久，章太炎就宣布脱党而不再与闻党事。如此突然无常的变化又是什么原因呢？

首先，政客利用政党的政治斗争使章太炎感到迷惘。在五政团合并为共和党时，章太炎受到排挤是一致命的打击，乃"知植党无益，

---

① 《北京专电》，载《大共和日报》，1912 年 6 月 1 日。《共和党致章炳麟函》《共和党本部为章炳麟退出事致各支部及党员书》，见章伯锋、李宗一主编：《北洋军阀》，第 1 卷，414～417 页。

② 《北京统一党本部启事》，载《大共和日报》，1912 年 6 月 16 日。据《大共和日报》1912 年 6 月 6 日北京专电云，统一党 6 月 5 日开特别大会，举章太炎为总理，稍有误。章当是被推为临时总理或"暂行总理"。参见《本部暂行总理章炳麟宣言书》，见统一党本部编：《统一党第一次报告》，32 页。

③ 杨幼炯：《中国政党史》，57 页。

④ 《章太炎通信》，载《大共和日报》，1912 年 6 月 26 日。

⑤ 《致江西统一党支部函二》，见汤志钧编：《章太炎政论选集》下册，620～621 页，北京，中华书局，1977。《章太炎兼共和党理事之理由》，载《新纪元报》，1912 年 8 月 14 日。章太炎的《致伯中书二》（汤志钧编：《章太炎政论选集》下册，650～651 页）也谈及此事，编者考证此信写于 1913 年 6 月 12 日，有误。信中有云："仆近赴武昌二十余日，黎公以勉就共和理事相劝，仆亦请黎公为统一党名誉总理，交叉相倚，以为联合之图。此本非为党势计，但为明年国会选总统计耳。"所谓"近赴武昌二十余日"，当指 1912 年 7 月 23 日至 8 月 12 日武昌之行，而"明年国会选总统"显然为 1913 年事，又因信末署明日期 12 日，故此信当写于武昌之行回京不久，最早为 1912 年 8 月 12 日。

自是泊然"①。而此后复杂的政坛风云——唐内阁倒台，陆内阁组建历经波折，各大政党竞争不已，使章太炎眼花缭乱，晕头转向。自武昌回京后，他致电黎元洪云："浃旬以来，默观近状，乃知中国之有政党，害有百端，利无毫末，若者健稳，若者暴乱，徒有议论形式之殊。及其偕在议院，胡越同舟，无非以善腾口舌为名高，妄扩院权为奉职，奔走运动为真才。斯皆人民之蟊蠹，政治之秕稗。……长此不息，游民愈多，国是愈坏，前清立宪党可为前车。"② 对此，黄大暹在统一党周年大会上的演说也有说明："因各党营私妒公，势力相倾，勃谿之声发于政客，太炎引为大惧，脱名党籍。"③

其次，统一党本身党势的衰落使章太炎失望。前因合并之事，统一党分裂涣散，虽然勉强独立，终因大受损失而难以复振，统一党趋于停滞。正所谓"入夏以来，巨之无裨于国家之鸿图，细之无补于民生之实计，外之无指导国民以对待之方针，内之无诱掖国民以统一之成效。鸣镝在弦，弯弓未发，嗒焉若丧，寂不闻声"④。统一党的衰落，促使章太炎对政治失望。"章太炎先生见党事衰落，遂宣告脱党，居于超然地位。"⑤

最后，也是更重要的是，章太炎在独立后的统一党内仍然受到攻击和排挤。1912 年 7 月 11 日，统一党天津支部召开临时大会，部长王观铭大肆攻击章太炎："本部总理章太炎之为人学问有余，而识力不足。自充大总统高级顾问后，月薪六百元，即不理党事，专事奔走，种种行为，有背本党政纲。"⑥ 后来王赓重组统一党时在《本党临时宣言》中也明显地表露了对章太炎的不满，把统一党的衰落归咎于章太

---

① 章太炎《章太炎先生自定年谱》，20 页，上海，上海书店，1986。
② 《章炳麟致黎副总统电》，载《新纪元报》，1912 年 8 月 28 日。又参见《章太炎先生致黎副总统电》，载《大共和日报》，1912 年 9 月 2 日。《章太炎政论选集》（下册，648～649 页）从《民国经世文编》正编"政治"（三）录入，题名《与黎副总统论政党》，并考证为 1913 年 5 月撰，有误。
③ 《黄大暹君统一党周年大会演说词》，载《新纪元报》，1913 年 3 月 3 日。
④ 《本党临时宣言》，见统一党本部编：《统一党第一次报告》，33 页。
⑤ 《统一党第一周年纪念大会纪事》，载《新纪元报》，1913 年 3 月 3 日。
⑥ 《统一党支部开会纪略》，载《大自由报》，1912 年 7 月 14 日。

炎"器宇太隘，难引外部之人才，观望迁延，左右支吾"，并认为此后"太炎既去，党员之雄才可展"①，似乎是章太炎束缚了统一党，大有必去之而后快之感，以至于虽然王赓们仍举章太炎为名誉理事②，而章则特意登报郑重声明："仆已不与党事，闻统一党有意利用，仍举仆为名誉理事，仆决不承认。"③

1912年8月28日，章太炎正式发布脱党宣言，认为"政党不过为议院准备，而议院实莠言乱政之府，去留兴废，无足关心"④，从此再不与闻统一党之事。带着万般无奈和莫名的惆怅，章太炎就这样与其亲手创办的统一党脱离了关系。张謇早就说过："政治家非文章士所得充。"⑤ 无论如何，这不能不说是一场悲剧。

后期统一党的实际领袖是王赓。王赓（1877—1948），安徽合肥人，初名志洋，字慎吾，号什公，后改名赓，字揖唐（又作一堂、逸塘），晚号今传是楼主人，而以揖唐行。1904年甲辰科进士，同年留学日本，先习军事，后改习法政。1907年回国，经考试再获赐予进士，成为"双料进士"，授兵部主事，后在东三省总督徐世昌麾下历任军职。1909年，随使俄国，回途顺道访问欧美各国，考察军政建设，历时两年，回国后任吉林省兵备处总办。

民国初年的王赓经徐世昌推介为袁世凯总统府秘书、参议、顾问。除此之外，他在政治上似乎极少抛头露面，更未担任什么重要政职，而是多次推却任命。例如，陆徵祥组阁时，拟推荐其为工商总长，"王力辞"⑥。大总统袁世凯欲让王赓掌管内务，"王坚辞不受"⑦。大总统欲授以勋三位，"王君一再力辞，不欲以勋劳自居"⑧。大总统又授以

① 统一党本部编：《统一党第一次报告》，33～34页。
② 《北京专电》，载《大共和日报》，1912年9月4日。
③ 《章太炎不承认名誉理事》，载《新纪元报》，1912年9月6日。
④ 《章太炎脱离政党之宣言》，载《新纪元报》，1912年8月28日。
⑤ 张謇：《柳西草堂日记》（八），见沈云龙主编：《近代中国史料丛刊三编》，第19辑（188），2733页，台北，文海出版社，1985。
⑥ 《北京专电》，载《大共和日报》，1912年7月30日。
⑦ 《北京专电》，载《大共和日报》，1912年9月19日。
⑧ 《王赓淡泊明志》，载《大共和日报》，1913年2月18日。

勋陆军衔，王赓"恳辞军职，意甚坚决"①。王赓曾奉命到奉天调查宗社党事②，可谓一次重要的政治行动。王赓对边疆建设很有研究，曾上《近边建置概略》，"袁总统甚然其说"③。袁世凯对王赓非常欣赏，认为"王君学识优裕，为现时难得之才"，因而任命其为密云副都统。④ 实际上，王赓也终未就此职。⑤ 就民初王赓而言，更重要的恐怕是其为袁世凯总统府之高等顾问。

王赓不愿出任军政要职，他自己曾这样解释："王君谓鄙人自投身政党以来，即抱定宗旨，专在社会上活动，不再置身政界、军界，故自受军职之后，即数次具呈请辞；至于政界一方面，更不知发生关系，故自去年至今，惟求效力党事，余则毫无所希翼，此则为人之所共见也。此后仍当矢此宗旨，但求能在社会上立足，绝不愿置身于政界、军界。"⑥ 王赓是总统府高等顾问，但他声称不愿在政界、军界立足，而要在社会上从事党务活动，也许他考虑到以在野党身份更能方便、有效地尽到其"顾问"之职责。

民国初年，王赓投身于政党活动之中。1912 年春，王赓作为袁世凯代表"赴宁沪接洽接收南京政府，章太炎介绍加入统一党"⑦。4 月底，统一党本部北迁，王赓成为北京本部参事之一⑧；统一党合并为共和党，王赓被选为干事⑨；章太炎主持统一党独立，王赓为重要支持者⑩。从此，王赓在统一党中地位日益显要。章太炎宣布脱党后，9 月 1 日，统一党重组，公举王赓、张弧、汤化龙、王印川、朱清华为

① 《北京专电》，载《大共和日报》，1913 年 4 月 20 日。

② 《该死的宗社党》，载《民立报》，1912 年 10 月 5 日。

③ 《北京专电》，载《大共和日报》，1912 年 11 月 18 日。

④ 《王赓得密云副都统之原因》，载《新纪元报》，1912 年 7 月 31 日。

⑤ 李元晖：《今传是楼主人年谱》，见《逸塘诗存》附刻，出版地不详，1941。

⑥ 《王上将对于三党合并之意见》，载《大共和日报》，1913 年 4 月 28 日。

⑦ 李元晖：《今传是楼主人年谱》，见《逸塘诗存》附刻。

⑧ ［日］宗方小太郎：《一九一二年中国之政党结社》，冯正宝译，见章伯锋、顾亚主编：《近代稗海》，第 12 辑，84 页。

⑨ 《共和党成立大会记》，载《大共和日报》，1912 年 5 月 10 日。

⑩ 谢彬：《民国政党史》，45 页。

理事①，王赓为五理事之首，此后成为统一党的实际领袖。

统一党是民初大政党，曾经盛极一时，然而旋即中途受挫，王赓有重振之功。正值统一党衰落之时，"理事揖唐先生不辞劳瘁，与同人互相提携，爰及半载，而本部数千余人，支部遍于全国，南洋、东京、纽约各处，又复陆续成立，远及海洋之外"②。所谓"重整旗鼓，骤复旧观"③。统一党一度中兴而为民初四大政党之一，不能不说与王赓的努力重建有关。

在建设政党方面，王赓很注重政治人才的培养和人民智识的开发。为此他创办了一所私立大学——政法大学，自任校长。他认为，"今日中国系法治国，应使国民人人有服从法律上之精神，其着手处，实在政治教育"④。"今日世界，非法治国不能立国于世界各国竞争之旋涡中。今国体更新，已及一年。而财政不整理，实业不发达，推原其故，实由于法政人才之缺乏，法政教育之不普及。近年以来，留学东西洋回国者，虽不乏人，然以毕业人数，分布全国，犹觉太少。故今不可不谋私立大学以补官立之不足"⑤，以至于统一党人可以自嘘："其据有党证者，固属纯白清正之流，各省选出议员，本党且占百十数人，类皆雄骏君子，富于最新知识，助国基于强固。"⑥

统一党重组后，与国民党、共和党、民主党成为民初四大政党。统一党与共和党、民主党"三党之党纲及其所怀抱之政策，本无甚异同"⑦，这便使三党得以和平相处。"国民党虽为大党，对于统一党则

---

① 关于统一党重组的时间，《大共和日报》1912 年 9 月 3 日 "北京专电" 云为 8 月 31 日，同报 1912 年 9 月 4 日 "北京专电" 又云为 9 月 2 日，显然有误。据《新纪元报》1912 年 9 月 2 日《昨日统一党临时大会纪事》可见为 9 月 1 日，同报 1913 年 3 月 3 日《统一党周年纪念大会纪事》载王赓演说亦云 1912 年 9 月 1 日重组统一党。另，《中华民报》1912 年 9 月 10 日《统一党仍旧独立》也以为 9 月 1 日。（参见张玉法：《民国初年的政党》，90 页。）故本文取 9 月 1 日。

② 《黄大暹君统一党周年大会演说词》，载《新纪元报》，1913 年 3 月 3 日。

③ 《苏督程雪楼复函》，载《大共和日报》，1913 年 1 月 28 日。

④ 《统一党作育法政人才》，载《大共和日报》，1912 年 11 月 24 日。

⑤ 《北京政法大学之盛况》，载《大共和日报》，1913 年 1 月 17 日。

⑥ 《黄大暹君统一党周年大会演说词》，载《新纪元报》，1913 年 3 月 3 日。

⑦ 梁启超：《共和党之地位与其态度》，见《饮冰室合集》文集之三十，23 页。

有互相提携之意"，统一党于国民党也取"提携主义"或"取提携之态度"。① 因此，四大政党除有意见竞争外，也有联合一致的历史。

（1）政团俱乐部。1912 年 10 月，日本议员视察团来到北京，成为四党联络之契机。统一党理事王赓以为"各团体均开会欢迎，各政党亦宜欢迎，惟各党单独欢迎，或恐该团无暇赴会，且对外不宜显分党见"，因此致函其他三党，请各派代表集议办法，各党"极表同情"。② 政团俱乐部因此而起。11 月 4 日，四党开会讨论欢迎日本议员视察团之事，便由与会代表提议组织"各党联络感情俱乐部"。筹办人员中，统一党有董其成、朱清华、杨云潜、李俊、张开屏，共和党有龚焕辰，民主党有邓镕、胡贤燿，国民党有周亮才、周大钧。③ 四党政团俱乐部由统一党发起，尤其是"统一党理事王赓氏从中斡旋之力为多"④。其标榜"以联络感情，交换知识为宗旨"⑤。这是四党联合的开始。

（2）政党联合会（或称政团联合会）。在俄蒙协约问题上，统一党提出三策，其中之一是"对各政党取联合一致主义"⑥。1912 年 11 月22 日，统一、共和、民主、国民四党组织政党联合会。"联合会由四党联合而成，但各代表到会，非发表其本党之政见，乃为各党对外图一致之进行，故于议决各事，除报告本党外，不应受本党之牵制。"⑦政党联合会"以联合各党政见，对于国家重大问题，主张一致解决为宗旨"⑧。在当时，政党联合会主要研究俄蒙协约问题，其《对蒙方略》主张"责成政府以外交为著手，以军事为后援，外交以取消协约、不失主权为宗旨，政府及国民实力预备，一致进行。万一谈判决裂，

---

① 《统一党独立不羁》，载《大共和日报》，1913 年 1 月 21 日、22 日。
② 《四党欢迎日本议员团》，载《新纪元报》，1912 年 10 月 29 日。
③ 《四大政党之俱乐部》，载《大共和日报》，1912 年 11 月 5 日。
④ 《政团俱乐部之主动》，载《大共和日报》，1912 年 11 月 11 日。
⑤ 《政党实行团结》，载《大共和日报》，1912 年 11 月 9 日。
⑥ 《北京专电》，载《大共和日报》，1912 年 11 月 18 日。
⑦ 《伟哉，四党联合会》，载《大共和日报》，1912 年 11 月 29 日。
⑧ 《政党联合会之组织》，见统一党本部编：《统一党第一次报告》，53 页。此处言政党联合会成立于 1912 年 12 月 10 日，有误。

国民必仍全力辅助政府，负担财政，如增加税捐，募集公债等，国民一体承认，并由各党协力办理"①。政党联合会自成立之日起，便负起其监督政府之责，在俄蒙协约问题上，经常开会研究对策，以协调一致对外。

（3）宪法讨论会。1913 年年初，临时政府即届期满，正式国会即将召集，关系民国前途的宪法问题一时成为舆论焦点。2 月 4 日，由统一、共和、民主、国民四党组成的宪法讨论会正式成立。四党宪法讨论会"以讨论宪法上各种问题，预备国会之提案为宗旨"②。自 2 月 18 日至 4 月 1 日，其共召开六次常会③，对宪法问题进行了详细讨论。

从政团俱乐部、政党联合会到宪法讨论会，可以看到民初四大政党之间在某些重大问题上的联合一致。后期统一党正是在与各大政党的竞争与联合中得到蓬勃发展。但是，四政党之间的这种合作关系并非绝对稳固。事实上，随着事态的发展，统一党逐渐走上与共和党、民主党合并的道路，而使民初政坛形成两大政党对峙的局面。1912 年年底至 1913 年年初的第一次国会选举，国民党于国会两院获得多数优势，这更加快了统一、共和、民主三党合并的步伐。

1913 年 5 月 29 日，三党合并成立进步党。三党本来政见相近，俱属较为稳健的政党，又面临建立大党与国民党对峙的现实问题，因此合并乃势所必然。但是，三党又都是独立的大政党，分则为三，可以各自独立生存竞争于政坛；合而为一，则党内职员分配及与此相适应的权力结构的调整，难免不尽如人意，因此而使合并之事横生枝节。"以三党人数论，自以共和党占最大多数，统一党次之，民主党又次之，故于党中重要人物之支配，共和党当然较多，民主党当然较少，亦人情之自然分配。今其内幕适成反像，共和党之起而反对者宜也。"④ 合并后进步党的干部人物中，占据重要地位的如梁启超、汤化

---

① 《北京政团联合会通告对蒙方略》，载《大共和日报》，1912 年 11 月 28 日。

② 《宪法讨论会章程》，载《大共和日报》，1913 年 1 月 28 日。

③ 《震旦》第 2、第 3、第 4 期有每次会议的详细纪事。

④ 《进步党之内容》，转引自《民国初年之国民党史料》，221 页，见罗家伦主编：《革命文献》，第 41 辑，台北，"中央文物供应社"，1967。

龙、林长民、孙洪伊、蒲殿俊、梁善济诸人，"皆属民主党籍，实有垄断之嫌"①。势力最小的民主党竟然在新党中占主要地位，势力较大的统一党、共和党反而无足轻重，权力分配的不均，不能不使三党合并增添几分勉强的因素。就在合并的同时，"属旧共和党中民社派之张伯烈、郑万瞻、彭介石、胡鄂公辈，与统一党中之黄云鹏、吴宗慈、王湘等四十余人，则甚为愤慨，极不谓然"，因而反对合并，"宣言脱离进步党，仍守共和党之名义，所谓新共和党是也"。② 但是，无论如何，三党合并成了进步党，从此也就结束了统一党的历史。当然，其在全国各地的支分部的并入则尚需一定时间，如其上海机关部是在 7 月 14 日进步党上海交通处成立时方才裁撤。③

## 三、干部体制与党员构成

统一党有一套正规的组织机构和干部体制，就组织而言，可谓是一个较为完备的近代式政党。

中华民国联合会在各省设立分会，各府、州、县设立支部。④ 因联合会存在时间短暂，再加上资料所限，因而有关其分会、支部设立的情况不是很清楚。

按《统一党章程》规定，统一党置本部于首都，置支部于省会，置分部于府、州、县。与联合会稍有不同，统一党的组织机构分为本部、支部、分部三级。如前所述，统一党是一个复杂的党，其前、后期有很大的变化。在前期，各地纷纷建立支、分部，曾经盛极一时，在合并前夕的特别大会上，理事张謇报告说："本党由联合会改党以

①　谢彬：《民国政党史》，54 页。

②　谢彬：《民国政党史》，54 页。据王绍鏊回忆，原统一党中"少壮派"与共和党中民社派八十余人不同意合并为进步党而主张独立，有人称它为"新共和党"，其实是没有并入进步党的"老共和党"。参见《辛亥革命时期政党活动的点滴回忆》，见中国人民政治协商会议全国委员会文史资料研究委员会编：《辛亥革命回忆录》，第 1 集，406 页。

③　《统一党上海机关部启事》，载《大共和日报》，1913 年 7 月 14 日。

④　《中华民国联合会各省分部章程》，载《大共和日报》，1912 年 1 月 12 日。

来，支部成立十六省，分部成立报告来者数十县。"① 但经过合并风潮以后，统一党一度处于停滞阶段，各地支、分部或与他党合并，或遭人为破坏而被取消，或自动停止活动，呈现出极端不景气的状态。王赓重组统一党后，党势重振，各地又纷纷建立支、分部，后期支、分部或由前期改组而成，或是新建。因此，要详尽统计统一党的支、分部便很有难度，前后变化，或起或落，或兴或灭，难以准确把握。据不完全统计，统一党至少有 35 个支部，其中海外支部 6 个，可见其势力几乎遍及全国各省，并波及海外（见表1）。

表1　统一党支部调查表

| 名称 | 成立时间 | 主要负责人 | 所在地 |
|---|---|---|---|
| 山东支部 | 1912 年 4 月 1 日<br>1912 年 10 月 19 日 | 胡瑛、詹大悲<br>朱清华、李蔚初、张霖 | 济南 |
| 济南（鲁）支部 | 1912 年 4 月 28 日<br>1913 年 3 月 18 日 | 范文杰、丁惟鲁、王丕煦<br>夏继泉、潘夏、应陔兰 | 济南 |
| 安徽（安庆）支部 | 1912 年 3 月 31 日<br>1913 年 3 月 23 日 | 陶镕、赵继椿<br>刘荃庄 | 安庆 |
| 江苏（苏州）支部 | 1912 年 4 月<br>1912 年 9 月 22 日 | 汪凤瀛、陈则民、张东苏<br>叶醒松、孙康侯、陈伯中 | 苏州 |
| 福建（福州）支部 | 1912 年 4 月 5 日<br>1912 年 11 月 3 日 | 林万里<br>赵尔良 | 福州 |
| 广东支部 | 1912 年 3 月 17 日<br>1912 年 12 月 | 黄晦闻<br>卢国杰 | 广州 |
| 直隶（天津）支部 | 1912 年 | 王观铭、朱石安 | 天津 |
| 河南支部 | 1912 年 | 王印川、袁振黄 | 开封 |
| 芜湖支部 | 1912 年 | 朱绣封 | 芜湖 |
| 江西支部 | 1912 年 4 月 | 宋育德、符鼎升 | 南昌 |
| 江宁支部 | 1912 年 12 月 21 日 | 朱挹芬、陶锡三 | 南京 |
| 江北支部 | 1912 年 4 月 | 吴竦、陈士髦 | 清江 |

① 《统一党大会记事》，载《大共和日报》，1912 年 5 月 8 日。

续表

| 名称 | 成立时间 | 主要负责人 | 所在地 |
|---|---|---|---|
| 扬州支部 | 1912 年 | 袁祖成 | 扬州 |
| 浙江支部 | 1912 年 | 李勤甫 | 杭州 |
| 闽南支部 | 1912 年 | | 泉州 |
| 山西支部 | 1912 年 | 王用宾、阚向青、刘蜕虚 | 太原 |
| 湖南支部 | 1912 年 4 月 | 熊希龄、熊钟麟、王克家 | 长沙 |
| 湖北支部 | | 许学源 | 武昌 |
| 广西支部 | | | 梧州 |
| 陕西支部 | | | 西安 |
| 云南支部 | 1912 年 | 杨觐东 | 省城 |
| 贵州支部 | 1912 年 4 月 21 日 | 郭重光、任志清、符经甫 | 省城 |
| 四川支部 | 1912 年 4 月 | | 成都 |
| 甘肃支部 | | | 省城 |
| 新疆支部 | 1912 年 5 月 | 杨增新 | 省城 |
| 奉天支部 | 1913 年 2 月 23 日 | 陈琪、史文亨、莫贵恒 | 省城 |
| 吉林支部 | 1912 年 | | 省城 |
| 黑龙江支部 | 1913 年 3 月 14 日 | 孟平、于驷兴 | 省城 |
| 东三省支部 | 1912 年 | | |
| 南洋（新加坡）支部 | | 林武昌、李霞、傅密 | 新加坡 |
| 吉龙坡支部 | | | 本埠 |
| 小吕宋支部 | | | 本埠 |
| 旧金山支部 | | | 本埠 |
| 华侨支部 | | 叶雨青 | |
| 东京支部 | | | 东京 |

资料来源：《统一党第一次报告》《大共和日报》《新纪元报》《大自由报》。

说明：①名称栏内有（　）者表示该支部有两种名称；②成立时间栏与主要负责人栏有两种情况，分别为前、后期情况；③没有标出两种情况则可能是前、后期各项情况的混合。

统一党的分部更是无法精确统计，据《统一党第一次报告》中的《各省支分部及机关部一览表》，可考者达 211 个（包括 8 个交通处）。

当然，这是非常保守的统计。不过，从下列材料可以推知其分部发达程度。据《大共和日报》报道，河南省"分部达八九十处之多"①。不但东南沿海及中原地区如此发达，其势力还扩展到塞内外。据《新纪元报》记载："日前统一党总务干事陈君铭鉴赴张家口等处提倡党务，京张沿线各属，如张家口、宣化府、昌平州、怀来县、阳高县、延庆州、天镇县各处均已委派专员组织分部，入党者颇形踊跃，而南口分部设立较早，尤属发达，大有推暨内外蒙古之势力。"② 可见，统一党的势力已分布全国，是一个全国性的政党，那种认为统一党是以江浙为中心的地方性政治团体的观点与史实不相符合。

另外，统一党的组织机构分本部、支部、分部三级，但是，后期统一党还在沿海重要商埠增设了机关部，现在可考的有上海和天津两处。机关部是支、分部的上级机构，为一定区域内的支、分部联络处。例如，上海机关部的设立，就是为"与东南各处通声气"。本来统一党本部由上海迁入北京后，曾在上海设立分事务所，1912 年 12 月 23 日该分事务所改为机关部，并推定临时职员如下。

名誉部长：岑春煊、王鸿图。

临时部长：赵立夫。

参事：杨千里、汪允中、黄季刚、黄中央、王伯群、顾赐书、姚子梁。

干事：总务科赵新甫、钱芥尘，文牍科张丹斧、叶德争，交际科周盛齐、周复享、王玉林、黄子通、詹保初、凌景伊、许辉芝、米勤甫、陈企文、刘承统、陈伟士。③

统一党的前身中华民国联合会的干部体制采用会长负责制，由正会长、副会长、干事、参议员构成。其章程规定：本会设正会长一人，副会长一人，驻会干事每省一人，驻省干事每省四人，参议员每省二

---

① 《统一党发达之一斑》，载《大共和日报》，1912 年 10 月 28 日。

② 《塞内外统一党之发达》，载《新纪元报》，1912 年 10 月 16 日。

③ 《统一党纪事》，载《大共和日报》，1912 年 12 月 24 日。12 月 26 日。上海机关部第一次职员会，增举潘亚扶、宋铭谷、郁志甘、承家麟为交际干事。参见《统一党消息》，载《大共和日报》，1912 年 12 月 27 日。

人，驻会干事分总务、会计、书记、交际、调查五科。①

中华民国联合会成立时，实际情况与章程稍有出入，其干部基本情况如下。

正会长：章太炎。

副会长：程德全。

参议员：江苏唐文治、张謇，浙江蔡元培、应德闳，湖南熊希龄、张通典，湖北黄侃，安徽汪德渊、程乘泽，四川黄云鹏、贺孝齐，江西刘树堂、邹凌沅，广西陈陏瑞，云南陈荣昌，广东邓实，甘肃牛载坤，贵州符诗镕、王朴。②

驻会干事：江苏唐演，浙江黄理中，江西符鼎升，湖南章驾时，四川廖希贤，福建林长民，山西景耀月，贵州王朴，安徽江谦。因联合会事涉草创，办事需人，而有数省人数过少，暂时不能指定，故又另属参议员贺孝齐、张通典，创办员杜士珍、杨若堃，会员王绍鳌、曾道等人暂行襄办。③

据王绍鳌回忆，各科主任干事人选为：总务科孟森，文牍科王伯群，交际科王绍鳌，会计科张弧。④ 另外，在驻会干事外，另设特务干事，"由参议会公推名望最著者任之，以维持会务，并力图发展"。张謇被推举担任此职。⑤

统一党组织虽然是由中华民国联合会演变而来，但又有很大的发展变化。在干部体制上主要是由会长负责制变为理事合议制。《统一党章程》规定：其一，统一党设理事五人，参事无定员，基金监二人，干事十八人，评议员每省二人，但该省党员未满十人者，选举一人；其二，采用理事合议制；其三，干事常川驻会，办理通常事务，分总

---

① 《中华民国联合会章程》，见统一党本部编：《统一党第一次报告》，2 页。
② 《中华民国联合会成立大会纪事》，载《大共和日报》，1912 年 1 月 4 日。
③ 《中华民国联合会启事》，载《大共和日报》，1912 年 1 月 7 日。
④ 王绍鳌：《辛亥革命时期政党活动的点滴回忆》，见中国人民政治协商会议全国委员会文史资料研究委员会编：《辛亥革命回忆录》，第 1 集，400 页。
⑤ 《章炳麟、程德全函》，见上海社会科学院历史研究所编：《辛亥革命在上海史料选辑》，1090 页。

务、书记、会计、交际、庶务五科。①

统一党有一套较为完整的干部体制——理事、参事、干事、评议员，采用理事合议制。在统一党成立大会上，章太炎演说认为："因此后本党所筹画之事甚重大而且繁缛，故以合议制为宜。"② 理事合议制的确定，无疑更符合民主政治的精神。

前期统一党在上海成立时本部职员如下。

理事：章太炎、张謇、程德全、熊希龄、宋教仁。③

参事：汤寿潜、赵凤昌、唐文治、陈荣昌、邓实、应德闳、王清穆、叶景葵、庄蕴宽、蒋尊簋、唐绍仪、汤化龙、温宗尧。④

干事：总务科黄云鹏、孟森，书记科康宝忠、刘莹泽、王朴、马质、钱芥尘、易宗周，会计科黄理中、张弧，交际科王印川、林长民、王观铭、龚焕辰、杨择、王绍鳌，庶务科章驾时、王秀琳。

---

① 《统一党章程》，见统一党本部编：《统一党第一次报告》，12 页。

② 《联合会改党记事》（续），载《大共和日报》，1912 年 3 月 4 日。

③ 许多论著认为统一党只有四理事，没有宋教仁，如谢彬的《民国政党史》（38 页）、杨幼炯的《中国政党史》（52 页）、张玉法的《民国初年的政党》（84 页），宗方小太郎的《一九一二年中国之政党结社》也作如是观。宋教仁究竟是否统一党理事？据《统一党章程》，统一党设五理事，而不是四理事。1912 年 3 月 2 日统一党在上海成立时，宋教仁被选为五理事之一。（《联合会改党记事》，载《大共和日报》，1912 年 3 月 3 日。）当时宋教仁正在北京，随即南下，3 月 10 日他致电《民立报》云："统一党举鄙人为理事，在北京已发电辞职，希登报声报是幸。"（《民立报》，1912 年 3 月 11 日。）也许统一党并没有见到宋教仁的辞职电报，或是没有同意宋教仁辞职。后一种可能性更大些，因为不久以后宋教仁在接受《亚细亚报》记者采访时就其所属党派问题回答说："统一、同盟两党，政纲本无不同，故于两党皆有关系。"（《亚细亚报记者与农林宋总长之一席谈》，载《大共和日报》，1912 年 4 月 30 日。）这是其自己承认了与统一党的关系。另外，赵凤昌的儿子赵尊岳的《惜阴堂辛亥革命记》也认为宋教仁列名统一党籍。〔《近代史资料》1983 年第 3 期（总 53 号），78 页〕。宋教仁被刺后，1913 年 3 月 28 日，北京统一党本部通电开追悼会，也说"本党在沪发起时，先生曾任理事"。（《大共和日报》，1913 年 3 月 29 日。）可见，虽然宋教仁很少参与统一党的活动，但是前期统一党却一直把他列名为理事。民初政党中名人挂名党籍是常事，此可为一证。

④ 《统一党启事》，载《大共和日报》，1912 年 3 月 8 日。

基金监：赵凤昌。①

评议员：江苏唐文治、陈则民，浙江应德闳、陈毓楠，四川黄云鹏、曾道，安徽汪德渊、刘慎怡，湖南章驾时、邓起枢，广西周应熙、汪凤翔，河南张达善，江西李约，贵州杨华、宁士桢，直隶纪文瀚。②

按《统一党章程》规定，统一党设本部于首都。统一党在上海成立后，曾特派王印川、刘莹泽在北京组织本部事务所，扩充党势。1912 年 4 月 23 日，章太炎偕唐文治、李联珪、龚焕辰、陆其昌、朱清华、王绍鏊、孙肇圻、易宗周北上进京，随之统一党本部迁到北京。③

统一党北京本部干部名单如下。

参事：阿穆尔灵圭、赵秉钧、赵尔巽、萨镇冰、曾鉴、那彦图、贡桑诺尔布、荣勋、张元奇、宝熙、郑沅、王赓、唐在礼、孙毓筠、金还、曾述紫、陆建章、张锡銮、阮忠枢、贺良朴、陆大坊。

干事：总务科刘莹泽，书记科易宗周、孙肇圻、四明善、黄濬，会计科张弧、黄子通、黄农，交际科张一麐、吴景濂等 45 人，庶务科贺尹东。④

1912 年 5 月 9 日，统一党与民社等合并成立共和党。不久，章太炎主持统一党独立，在干部体制上为了有别于共和党，一度改理事合议制为总理负责制，章太炎被选为临时总理（或称暂行总理），但统一党并没有因此而重振起来。后来，章太炎宣布脱党。1912 年 9 月 1 日，王赓重组统一党，仍沿袭以前的理事制。后又经全体大会议决，增推名誉理事长、名誉理事、特别交际干事。兹将 1913 年年初统一党

① 〔日〕宗方小太郎：《一九一二年中国之政党结社》，冯正宝译，见章伯锋、顾亚主编：《近代稗海》，第 12 辑，53 页。

② 《联合会改党记事》，载《大共和日报》，1912 年 3 月 3 日。宗方小太郎的《一九一二年中国之政党结社》的记载与此有异：江苏有赵鸿藻无唐文治，浙江有宋熊述无应德闳，河南为张远善，四川为熊小岩、皮祖珩，另有陕西康宝忠、甘肃田骏丰。（章伯锋、顾亚主编：《近代稗海》，第 12 辑，83～84 页。）

③ 《统一党消息》，载《大共和日报》，1912 年 4 月 24 日。

④ 〔日〕宗方小太郎：《一九一二年中国之政党结社》，冯正宝译，见章伯锋、顾亚主编：《近代稗海》，第 12 辑，84 页。

本部职员名字摘录如下。

名誉理事长：袁世凯、黎元洪。

名誉理事：岑春煊、徐世昌、刘揆一、冯国璋、赵秉钧、孙毓筠、张镇芳、李经羲、张謇、松毓、乌尔滚珍、贡桑诺尔布、沈家本、程德全、徐绍桢、严修、蔡锷、章士钊、于右任、陈宧、袁乃宽、张凤翔、张锡銮、孙道仁、朱端、阎锡山、朱家宝、唐继尧。

理事：王赓、王印川、汤化龙、张弧、朱清华。

基金监：王赓、王印川。

参事：刘朝望、严天骏、刘星楠等444人。

干事：总务科陈铭鉴、赵鹏图，书记科郑钊、刘辑五、史介明、牛葆愉、余绍恺、姬玉山、阎国鑫、张开屏、李凤翔，交际科李棠生、黄盛澜、谭家临、史兰亭、周泰霖、范厚泽，庶务科韦典文、王恒之。

特别交际科干事：贾生、万兆芷、李梦麟等56人。

评议员：直隶康士铎、陈树楷，河南王廷弼、郭桂芳，安徽江绍杰、张我华，江苏隋勤礼、管云臣，山东刘星楠、逄恩承，山西李庆芳、董子安，陕西汪孝桓、陈斐勤，甘肃田骏丰、秦望澜，新疆刘应福、陈以介，四川郑言、张名振，云南严天骏、金镕，贵州邢瑞、韩五峰，湖南李俊、郑沅，湖北马德润、张国溶，广东徐绍桢、杨穆生，广西蒙根唐、李方舟，福建郑钊、黄哲维，浙江陈黻宸、汪怡安，江西饶孟任、王盛春，奉天陈兰薰、王秉钺，吉林乌泽声、杨怡珊，黑龙江于正甫、孟平。①

后期统一党的干部体制基本上完备起来，保证了党务的正常运作。

统一党是民国初年的一大政党，要详尽得知其党员总数不太可能，只能根据一些材料大略估计，以从中窥见统一党的规模。

1912年5月7日，在统一党并入共和党前夕的特别大会上，理事张謇报告称："党员在上海者千二百人，在北京者八百余人，各支分部尚未得确实统计，党势日臻发达。"② 沈延国的《记章太炎先生》云："先生主持联合会，锐意进取，吸收会员，一时闻风兴起，各地入会

---

① 《本部最近职员录》，见统一党本部编：《统一党第一次报告》，25～29页。

② 《统一党大会记事》，载《大共和日报》，1912年5月8日。

的，不下二万多人"；联合会改组统一党后，"党人增至三万人"。① 可见，前期统一党有几万人的规模。

关于后期统一党，据统一党成立周年时的调查报告："本党成立以后，各支分部几遍全国，党员已达数十万人。"② 虽然很难证明这个记载的准确性，但下列材料也许有助于加深一点理解。1912 年 12 月，"统一党开封支部电致上海分事务所，续订党证五千份，请尽一周间寄往，可见豫省党务发达之一斑矣"③。12 月 26 日，浙江支部致电上海机关部："请赶寄党证三千份，以应浙江支部之急需。"④ 可见，开封支部、浙江支部至少应有五千人、三千人。当然，虽然不可能每个支分部都这样发达，但统一党支分部遍及全国各地，后期统一党如果没有"数十万人"，那么至少如前期几万人的规模是可以肯定的。

以上大致了解了统一党的规模。统一党由什么人组成，也即其党员构成问题又如何呢？据统一党重要党员王绍鳌回忆："联合会和统一党的成员，大多是处于中间状态的知识分子。"⑤ 所谓"中间状态的知识分子"又是什么人呢？据记载，中华民国联合会成立时，"凡国人之主张共和及统一建国者，不问其南北新旧，有无党籍，率可入会"。统一党更是"兼容各派，共赴一鹄，直开后来政党联合阵线之先河，弥为国人所乐附"⑥。正如统一党的宣言所说："本党本集革命、宪政、中立诸党而成，无故无新，惟善是与，只求主义不涉危险，立论不近偏枯，行事不趋狂暴，在官不闻贪佞者，皆愿相互提携，研求至当，所望政治团体诸君，毋吝金玉，乐与扶持，非独辅助共和，亦以泯除

---

① 沈延国：《记章太炎先生》，58～59 页，上海，永祥印书馆，1948。

② 《各省支分部及机关部一览表》，见统一党本部编：《统一党第一次报告》。又《大共和日报》1912 年 11 月 20 日的文章《统一党之最近态度》云："现闻该党支分部几满全国，其分子已达数十万。"《新纪元报》1913 年 3 月 3 日的文章《黄大暹君统一党周年大会演说词》亦云：党员有"数十万人"。

③ 《统一党纪事》，载《大共和日报》，1912 年 12 月 21 日。

④ 《统一党纪事》，载《大共和日报》，1912 年 12 月 28 日。

⑤ 王绍鳌：《辛亥革命时期政党活动的点滴回忆》，见中国人民政治协商会议全国委员会文史资料研究委员会编：《辛亥革命回忆录》，第 1 集，400 页。

⑥ 赵尊岳：《惜阴堂辛亥革命记》，载《近代史资料》1983 年第 3 期（总 53 号），78、79 页。

畛域。"① 显然，统一党的建立是为了融合原革命派、原立宪派、旧官僚等各种政治派别，以进行民主共和政治建设。这是民国初年特定历史时代的要求，统一党正是在努力适应这种要求。

统一党标榜要融合各种政治派别，到底这种融合的程度有多大，实际上也难以准确估算，只能从一些具体的分析中得到一个大致的印象。据章开沅先生的研究，统一党"主要是由东南一带的立宪派、革命党人、上层绅商和一部分旧官僚组成，其中又以江浙人士居多数"②。这主要是指统一党初组时的情况。的确，前期统一党五理事中，章太炎为老光复会会员与同盟会会员，宋教仁为老华兴会会员与同盟会会员，俱属原革命派；张謇为原预备立宪公会会长与江苏谘议局议长，为原立宪派人士；程德全为前清江苏巡抚，熊希龄也是在旧官场上混过的人物，他们可谓旧官僚分子。这种派系的融合很明显。据统计，统一党在上海成立时本部干部（理事、参事、干事）36 人中，革命派 8 人，占 22.2%；立宪派 5 人，占 13.9%；旧官僚 10 人，占 27.8%；立宪派兼旧官僚 4 人，占 11.1%；其余 9 人因资料所限情况不明，占 25.0%（见表 2）。

表 2　统一党成立时本部干部原属派系分析表

| 革命派 | 立宪派 | 旧官僚 | 立宪派兼旧官僚 | 不明者 | 总计 |
|---|---|---|---|---|---|
| 8 人 | 5 人 | 10 人 | 4 人 | 9 人 | 36 人 |
| 22.2% | 13.9% | 27.8% | 11.1% | 25.0% | 100% |

资料来源：据附录一《统一党成立时本部干部调查表》。

可见，统一党的党员构成中原革命派、原立宪派、旧官僚都占有相当大的比例，而且三者所占比例差别并不太大。因此可以说，统一党是这三派政治势力的融合。推而广之，民国初年，原有各种政治势力在新的历史条件下已开始走向融合，至少这种融合的趋势非常明显。至于各种成分的比例大小，则只是融合的程度问题。

① 《统一党宣言》，载《大共和日报》，1912 年 3 月 21 日。
② 章开沅：《开拓者的足迹——张謇传稿》，254～255 页，北京，中华书局，1986。

另外，还有必要说明的一点是，所谓统一党是原革命派、原立宪派、旧官僚三派的融合，显然是就其干部来源而言。然而，其数万或数十万党员究竟是什么派实际上很难定性，恐怕他们的集结并不能以什么派来衡量。更重要的是，他们组成的是一个政党——一个为民主共和政治而奋斗的近代政党。

由统一党党员构成的分析可以清楚地看出民初政治分野的新态势：民国初年的政治分野正是由适应了变化的新时代的在民主宪政建设共同目标下的近代政治分野，代替了清末的适应旧时代的各自以革命、立宪与保皇为目标的传统派系分野。也就是说，清末所固有的革命派、立宪派、旧官僚等各种政治派系，由于在新的形势下政治目标逐渐趋于相同——民主宪政建设，而在民初经过一个较大的分化组合过程后重新整合成了各大政党。正如现代西方政治学理论所表明：在政治体制转换的过程中，"政治派系与社会势力联合成政党"①。民初政党就是清末各种政治派系的重新整合，上述对统一党党员构成的分析为此提供了一个典型的例证。

## 四、政治理想与政党政治试验

一个近代政党必须有明确的政纲。"政纲之精神在党纲，一党有一党之党纲，即一党有一党之宗旨。"② "夫政党组织之要素不一，而其为最重要之一端，且为政党作用之最大武力者，则为政纲，未有政纲不善，而犹能存立活动于政治界者也。"③ 政纲是政党的政治主张。政党执政，其政纲就变为执政纲领，在野党的政纲可谓其理想的执政纲领。

统一党的前身中华民国联合会，标榜"以联合全国，扶助完全共

---

① ［美］塞缪尔·P.亨廷顿：《变动社会的政治秩序》，张岱云等译，447页。
② 武：《时评一》，载《大共和日报》，1912年10月9日。
③ 宋教仁：《近日各政党之政纲评》，见陈旭麓主编：《宋教仁集》上册，230页，北京，中华书局，1981。

和政府之成立为宗旨"①。其尚未宣布正式纲领，只有《假定政纲》十条："一、确定共和国体，建设责任内阁；二、统一全国，厘正行政区域；三、厘整财政，平均人民负担；四、整顿金融机关，发达国民经济；五、振兴海陆军备，巩固国防；六、速设铁路干线，力谋全国交通；七、维持国际和平，保全国家权利；八、励行移民开垦，促进边荒同化；九、普及国民教育，振起专门学术；十、注重国民生计，采用稳健社会政策。"②

统一党成立后，"以统一全国，建设强固中央政府，促进完美共和政治为宗旨"。在联合会《假定纲领》十条的基础上，统一党制定正式政纲十一条："一、固结全国领土，厘正行政区域；二、完成责任内阁制度；三、融合民族，齐一文化；四、注重民生，采用社会政策；五、整理财政，平均人民负担；六、整顿金融机关，发达国民经济；七、振兴海陆军备，提倡征兵制度；八、普及义务教育，振起专门学术；九、速成铁路干线，力谋全国交通；十、励行移民垦殖事业；十一、维持国际平和，保全国家权利。"③

统一党自己对此做了全面的诠释，现归纳其要点如下。政治方面：在共和制度下统一全国领土；废省置道，军民分治；实行议会民主制，采用责任内阁制度，以大总统为国家元首，内阁总理对议会负责，仿照英国的"政党内阁"制。经济方面：关于民生问题，为防止欧美发达资本主义国家的两极分化与贫富悬殊现象，主张采用稳健的社会政策，反对激进的社会主义；整理财政，平均人民负担；整顿金融机关，发达国民经济；移民开垦边地，进行边疆建设。文化教育方面：统一语言文字，以沟通各民族感情，培养共同的国家观念；实行强迫义务教育，凡学龄儿童均有按期就学的义务，年限"多则四年，少亦三年"，强迫义务教育由地方自治团体举办，酌免学费，编订新教科书；建立小学、中学、高等学校、大学、研究院一套完整的教育体制；提高大学教授待遇，鼓励专门的学术研究。民族宗教方面：团结汉族、

---

① 《中华民国联合会章程》，见统一党本部编：《统一党第一次报告》，1页。
② 《特别启事》，载《大共和日报》，1912年1月23日。
③ 《统一党章程》，见统一党本部编：《统一党第一次报告》，11页。

满族、蒙古族、回族、藏族五大民族以巩固国家，允许宗教信仰自由。交通方面：进行全国交通建设，采用铁路干线国有政策，即干线由国家建设，支线则放任商办。军事方面：注意国防，认识到国际形势的险恶，"列强虎视鹰瞵"，为保全国家独立，竭力振兴军备；主张采用征兵制，凡成年男子有服国家兵役的义务。外交方面：主张维持国际和平，主张以实力为后盾保全国家权利。① 可见，这是一个比较全面的资产阶级民主共和国建设的政治纲领。

关于对统一党政纲的评价，有必要采取比较研究的方法。

首先，将统一党政纲与孙中山的民生主义和民初各种社会主义思想相比较。

民国初年的孙中山认为民族、民权二主义已经达到，之后宜注重民生主义，因此他到处演说民生主义。民初孙中山的民生主义实际上是一种社会主义。孙中山在革命时长期流亡海外，对欧美较为发达的资本主义社会了解得比较清楚。与此同时，他更多地看到了资本主义社会的弊端，尤其是社会两极分化，贫富悬殊，穷者愈穷，富者愈富，极少数富人垄断社会财富，统治广大劳动人民，社会分配极不公平。为了避免资本主义社会的弊端，孙中山极力主张实行民生主义，进行社会革命。民初孙中山的民生主义与各种社会主义都是激进主义思想。

统一党政纲第四条"注重民生，采用社会政策"，表示了对"民生"的关注，其主张"采用社会政策"与孙中山的民生主义（社会主义）有何区别呢？

在统一党成立大会上，黄云鹏演说了社会主义与社会政策的不同，认为："社会主义与社会政策，就法制上观察，一则破坏现行之私有财产制度，一则维持现行之私有财产制度；就实质上观察，一则抑制富者与贫者同等，一则振贫者与富者齐一，贫富阶级之接近结果虽同，而一般社会富方之增减则大相悬殊。"社会主义是比较激进的革命，而社会政策则是较为温和稳健的改良，即所谓"社会改良主义"或"国家社会主义"。② 统一党主张采用"社会政策"，就是"私有财产制度

① 《政纲浅说》，见统一党本部编：《统一党第一次报告》，14～24 页。

② 《联合会改党记事》（续），载《大共和日报》，1912 年 3 月 4 日。

有制限而无破坏，现社会之组织谋改良而不革命，对于个人不主均一所有权，惟保障个人得有机会之平等，其施行方法依国家权力，即以立法行政之力扫除资本主义之弊，保护弱者，改良生计，使同跻于幸福之域”。① 简而言之，社会政策“其用心与社会主义无殊，其手段较社会主义为稳健易行”②。因此，统一党反对社会主义，认为其在当时的中国行不通。正当孙中山到处演说民生主义（社会主义）时，统一党机关报《大共和日报》发表要电《敬告孙中山先生》，认为：“今日当奖励资本主义以开发国富，不当言社会主义。又今日吾国本无一大资本主，言社会主义者犹无的而放矢。又言社会主义者皆不察时势，不顾事理而漫言社会主义，以要一般贫民之欢心，其性质危险必至国亡种辱而后止。”③ 他们认为：“社会主义非不美善，然历观欧西文明进化之国尚不敢求臻此阶级，今中国初次革命，值民财穷尽之秋，疮痍未起之日，便妄希此阶级，何异小儿学步，尚觉兢如，便躍升九级浮屠，颠仆可惧。”④ 因此，“社会主义不见用于欧美，更不适合于经济幼稚之中国，可断言也”⑤，“吾国今日政治初新，全国富力尚未开辟，既无巨大之商店，亦无独占之工场，采用社会政策以预防其流弊，使人民初无丝毫之冲突，未雨绸缪，实为当务之急”⑥。

统一党认识到民初中国社会的政治前途是要建立资产阶级民主共和国，但是中国资本主义尚未发达，至多处于初级阶段，欧美发达资本主义国家的流弊在当时的中国尚未出现，至少还不十分明显。因此，当务之急是采取“社会政策”，发展资本主义，同时“预防”资本主义社会流弊的发生，而不是实行反资本主义的社会革命。与各种激进的社会主义思想不同，统一党的“社会政策”趋于稳健。

其次，再将统一党的政纲与同盟会—国民党的政纲相比较。

---

① 一谔：《论社会政策》，载《大共和日报》，1912 年 4 月 20 日。
② 《政纲浅说》，见统一党本部编：《统一党第一次报告》，18 页。
③ 相如：《敬告孙中山先生》，载《大共和日报》，1912 年 4 月 15 日。
④ 《竹头木屑》，载《大共和日报》，1912 年 4 月 17 日。
⑤ 一谔：《论社会政策》，载《大共和日报》，1912 年 4 月 20 日。
⑥ 《政纲浅说》，见统一党本部编：《统一党第一次报告》，18 页。

统一党与同盟会—国民党政纲的条文有许多相似之处。虽然统一党政纲的第二条"完成责任内阁制度"、第九条"速成铁路干线，力谋全国交通"不见于同盟会政纲，但责任内阁制是同盟会—国民党追求的政治理想，铁路建设更是同盟会—国民党领袖孙中山、黄兴执着追求的实业计划。另外，同盟会政纲第五条"主张男女平权"为统一党政纲所无，但在同盟会改组为国民党后也取消了。因此可以说，就条文对照而言，统一党与同盟会—国民党的政纲基本上是相同的（见表3）。

表3　统一党与同盟会—国民党政纲对照表

| 统一党 | 同盟会 | 国民党 |
|---|---|---|
| 一、固结全国领土，厘正行政区域 | 一、完成行政统一，促进地方自治 | 一、保持政治统一<br>二、发展地方自治 |
| 二、完成责任内阁制度 | | |
| 三、融合民族，齐一文化 | 二、实行种族同化 | 三、励行种族同化 |
| 四、注重民生，采用社会政策 | 三、采用国家社会政策 | 四、采用民生政策 |
| 五、整理财政，平均人民负担<br>六、整顿金融机关，发达国民经济 | 七、整理财政，厘定税制 | |
| 七、振兴海陆军备，提倡征兵制度 | 六、实行征兵制度 | |
| 八、普及义务教育，振起专门学术 | 四、普及义务教育 | |
| 九、速成铁路干线，力谋全国交通 | | |
| 十、励行移民垦殖事业 | 九、注重移民垦殖事业 | |
| 十一、维持国际平和，保全国家权利 | 八、力谋国际平等 | 五、维持国际和平 |
| | 五、主张男女平权 | |

说明：此处所言同盟会为民初改为公开政党以后的同盟会。

统一党与同盟会—国民党的政纲何以如此相似呢？在统一党成立大会上，章太炎演说声明："外人有谓政纲宜独树一帜，使他人不能相同者，此乃不合时宜之语，盖政纲之为物，原取适用于国家，非如制造商品以争奇制胜为能。"① 因此统一党与同盟会的政纲"无甚出入，虽渐进、急进所见异殊，其以国利民福为前提，其趋一也"②。

然而，其激进与稳健又如何表现呢？这就是其基本相同的政纲条文所隐含的根本区别。第一，统一党的宗旨标明"建设强固中央政府"，其政纲第一条中"厘正行政区域"的诠释又强调废省置道与军民分治，就是削弱地方政权而加强中央集权，显然是希图建立强有力的权威政府。而无论是同盟会还是国民党，都强调促进和发展地方自治，更多地注重地方政府权力的加强，国民党更是以"实行平民政治"为宗旨，无疑是对权威政治的挑战。第二，统一党政纲第四条主张稳健的"社会政策"（社会改良主义或国家社会主义），反对社会主义（尤其是孙中山激进的民生主义）。虽然同盟会政纲第三条也是"采用国家社会政策"，但其更明确标榜以"实行民生主义"为宗旨；虽然同盟会改组国民党时将"实行民生主义"改为"采用民生政策"，但是实际上其并未真正放弃民生主义。③ 事实上国民党也不可能放弃民生主义，如果说当时正在倾全力宣扬民生主义的孙中山与国民党还有任何一点关系的话。所以，统一党自称"本党宗旨，不取急躁，不重保守，惟以稳健为第一要义"④，是较为稳健的政党；而同盟会—国民党，正如宋教仁所说是"革命的政党"⑤，也就是较为激进的政党。

可见，统一党与同盟会—国民党的政纲基本上相同，其政治理想都是为了建立资产阶级民主共和国，目标基本一致，都是近代资产阶级政党，只有激进与稳健之别，而无所谓革命与反动之分。

近代资产阶级政党的功能在于政党政治，其政党政治的最高目标

① 《联合会改党记事》，载《大共和日报》，1912 年 3 月 3 日。
② 《统一党欢迎孙中山先生辞》，载《大共和日报》，1912 年 4 月 7 日。
③ 参见胡绳武、金冲及：《辛亥革命史稿》，第 4 卷，391～392 页。
④ 《联合会改党记事》，载《大共和日报》，1912 年 3 月 3 日。
⑤ 《国民党鄂支部欢迎会演说辞》，见陈旭麓编：《宋教仁集》下册，456 页。

是政党执政，基本方式是政党内阁。统一党自成立以来，便明确地以"促进完美共和政治""完成责任内阁制度"为其政治理想。

统一党所谓"完成责任内阁制度"，其自身比较明确的解释是："所谓责任内阁者，即指议会制而言，其所以然者，以大统领为国人之首长，不宜常受舆论攻击，使国本动摇，致生他变，故以总理大臣代负责任，然后国基可使坚固，国情可使宁静。吾国初经革命，民情渐嚣，将来国会与政府必易生冲突，故尤不宜以大统领当之，此即吾党主张责任内阁之最大理由也。至于'完成'二字，亦有二义：一则吾国内阁制度虽经参议院议决，然将来或有变动，亦不可知，故吾党宜标示此义，以求贯彻此最大目的；一则当如英国之政党内阁，政纲所在即为政府方针，使行政上无不贯彻，无或阻挠，然后政府足以负完全责任。万不可如法之联合内阁，致大政方针不能确定，而政府之所负责任，亦无由完全也。"① 可见，统一党是主张建立政党内阁，以完成其责任内阁制度的理想。"政党内阁实为行政上最善之机关，欲谋政策之统一，舍是无他道矣。"②

章太炎后来认为政党内阁"在今日有百害而无一利"，完全有悖于统一党政纲。其实，这是可以理解的。因为在当时，统一党经合并为共和党后独立出来，党势一蹶不振，而同盟会与共和党角逐于政坛，统一共和党操纵其间，统一党一时无从措手。事实上，当时中国的政党尚不健全，政党纷争不已，唐内阁倒台，陆内阁无从建起，几致无政府状态。正如时论所云："今日中国之所谓政党，共和党也，同盟会也，统一共和党也，及其它之国民公会、国民协会等也，种种不一，而要皆徒以有政党之名，不足以言政党之实。且即以外观而论，亦不免有得法小党林立之形，而无英美两大政党并驾齐驱之势。……故揭今日政党之真相，不外意气用事，自便私图尽之而已矣；充今日政党之能事，要不过推翻内阁使国家陷于无政府之危险而已矣。"③ 当时章太炎又处处受排挤，极不得意，已对政党产生失望情绪，不久便宣布

① 《政纲浅说》，见统一党本部编：《统一党第一次报告》，16 页。
② 赞若投稿：《总理秉政论》（续），载《大共和日报》，1912 年 1 月 22 日。
③ 哲生：《政党改造论》，载《大共和日报》，1912 年 7 月 31 日。

脱党。因此，在这种情况下的章太炎有这样的主张，并不能否定政党内阁是统一党的政治理想。

王赓重组统一党后，仍然坚持政纲，以政党内阁为理想。王赓曾经建议为政党内阁计，而统计统一党人才。他提议"就本部及各支部公推数人，关于本党各人之学识、经验，详细调查，公同评议，究竟孰长内政？孰长外交？孰长军事、教育、实业？列一本党人才统计表，借资考镜"，随即推举王印川、康甲丞、赵敬叔等人筹备一切。① 这种人才统计显然是在准备内阁人选。据说曾经有国民党党员暗中联络统一党，拟由两党合力组织政党联合内阁，遭到统一党严词拒绝，"以为国民党如能组织内阁即由国民党组织，统一党如能组织内阁即由统一党组织之，无可联合之理由"。② 无疑，如果时机成熟的话，统一党想以一党组织政党内阁。

为了实现政党内阁理想，统一党党员都很积极地参与政治活动，不少人成为政府重要官员，甚至成为内阁成员。在 1912 年年底至 1913 年年初的第一次国会选举运动中，统一党也表现得非常活跃。

前期统一党领袖章太炎可谓民初政坛风云人物，为其学者生涯之外增添了政治活动家的一页。武昌起义之后，他从日本回国，创立中华民国联合会与统一党，并被孙中山聘为南京临时政府枢密顾问，之后又成为袁世凯政府高等顾问。后期统一党领袖王赓，是袁世凯更加亲信的高等顾问，后来还在国会选举中当选为参议员。

有人认为统一党是"中国有正式政党之始"③。民国初建之时，统一党是国中一大政党，荟萃了许多名流政客。在南京临时政府内阁成员中，内务总长程德全、实业总长张謇都是统一党理事，交通总长汤寿潜为统一党参事，占了九个国务员的三分之一。统一党参事蒋尊簋为浙江都督，庄蕴宽为江苏都督，应德闳为江苏民政长，唐绍仪更是袁世凯政府第一任内阁总理，理事熊希龄又成了唐内阁财政总长，宋教仁不但担任南京临时政府法制局局长，而且是唐内阁农林总长，北

---

① 《统一党统计人才》，载《大共和日报》，1913 年 3 月 17 日。
② 《国民党忌恨统一党之原因》，载《大共和日报》，1913 年 4 月 29 日。
③ 天忞：《统一党周年大会颂词》，载《新纪元报》，1913 年 3 月 2 日。

京统一党本部参事赵秉钧为陆徵祥内阁内务总长，并代陆而为内阁总理，可谓民初一大政客，赵尔巽为奉天都督，孙毓筠为安徽都督，等等，不胜枚举。据统计，统一党在上海成立时的本部干部（理事、参事、干事）36 人中，内阁成员与国会议员就有 18 人，占了一半（见表 4）。当然，也许不少是挂名，但无论如何，在民初参政热潮中，统一党党员的表现也并不逊色。

表 4　统一党成立时本部干部任职分析表

| 政府顾问 | 内阁成员 | 国会议员 | 都督 | 其他 | 不明者 | 总计 |
|---|---|---|---|---|---|---|
| 2 人 | 9 人 | 9 人 | 2 人 | 3 人 | 11 人 | 36 人 |
| 5.6％ | 25％ | 25％ | 5.6％ | 8.2％ | 30.6％ | 100％ |

资料来源：据附表一《统一党成立时本部干部调查表》。

说明：任职有两种情况者仅取其中一种。

统一党更重要的参政实践是第一次国会选举。作为民初四大政党之一，统一党以一个政党的形式积极投入选举运动之中。

1912 年 8 月 10 日，袁世凯公布《中华民国国会组织法》和《参议院议员选举法》《众议院议员选举法》，统一党立即投入国会选举的准备工作中。中国刚由封建专制而进入民主共和，虽然已有清末谘议局选举的尝试性经验，但是人民的民主程度还非常低下，因此在国会选举的准备工作中，统一党主动印送选举法。"北京统一党本部以参议院议决之选举法及国会事务局关于条文之解释，虽已登载各报，惟零星层出，检查实难。兹特印刷成帙，寄呈各分部，转送各处，分布阅者。国会选举以选举法为依据，吾国内地风气未开者尚多，将此散布，裨益良不浅也。"[1] 各地支分部及党员非常重视选举，或函索选举法，或函询进行方法[2]，同时积极参与竞选活动，经常采用公开发表演说的形式。据统一党重要党员王绍鏊回忆，他"在江苏都督府任职期间，曾抽暇到江苏的苏、松、太一带作过四十几次的竞选演说"[3]。通过党

① 《统一党印送选举法》，载《大共和日报》，1912 年 12 月 8 日。

② 《统一党消息》，载《大共和日报》，1912 年 12 月 17 日。

③ 王绍鏊：《辛亥革命时期政党活动的点滴回忆》，见中国人民政治协商会议全国委员会文史资料研究委员会编：《辛亥革命回忆录》，第 1 集，405 页。

员的努力，在选举中统一党成绩相当可观，有些地方还获得多数优势，如统一党党势发达的河南省"省会、国会初选当选本党已占十分之七，复选优胜定可操左券"①。

　　统一党在第一次国会选举中到底有多少人当选为参众两院议员？以往有关这次选举的国会议员党籍分布情况，论者几乎都采用如下表5的统计，其中统一党众议员18人，参议员6人，共24人。②

表5　国会议员党籍分布表　　　　　　　　　单位：人

| 党籍 | 国民党 | 共和党 | 统一党 | 民主党 | 跨党籍 | 无所属 | 总计 |
|---|---|---|---|---|---|---|---|
| 众议员 | 269 | 120 | 18 | 16 | 147 | 26 | 596 |
| 参议员 | 123 | 55 | 6 | 8 | 38 | 44 | 274 |
| 合计 | 392 | 175 | 24 | 24 | 185 | 70 | 870 |

　　说明：关于第一次国会选举议员党籍分布中的跨党问题，有必要做一说明。所谓国会议员党籍分布统计，是要说明选举结果中各党议员数目的多少，是仅就选举结果中议员登记的党籍而言，而不是对国会议员做所有党籍调查——这种调查在理论上是可行的，但由于资料所限，事实上是有很大困难的，而且也对所谓议员党籍分布统计没有意义。明乎此，则国会议员的党籍分布统计实际上可以不考虑跨党现象，因为任何人（不管他有多少个党籍）被选举为国会议员时所登记的党籍只有一个。也就是说，某人成为甲党的议员，就不可能再成为乙党的议员，虽然他既是甲党党员又是乙党党员，甚至可能还有其他党籍。这种被选举为国会议员者所登记的党籍的唯一性，表明所谓跨党现象在国会议员的党籍分布统计中并没有意义。因此，本表中所列185位"跨党籍"议员应该有某一明确的党籍，有待于进一步查证。

　　笔者据所掌握的材料对表5的统计颇感怀疑。据当时报纸载："各省众议院选举最确数，国民党得二百三十名，共和党得二百名有零，统一党得一百一十三名，民主党得四十余名。"③ 这些数字与表5相差

---

① 《统一党纪事》，载《大共和日报》，1912年12月31日。

② 参见谢彬《民国政党史》的51～52页，杨幼炯《中国政党史》的61页，李剑农《戊戌以后三十年中国政党史》的169页，以及张玉法的有关参众两院议员的党籍分配表（《民国初年的政党》，298～300页），等等。表5为笔者简化而成。

③ 《北京专电》，载《大共和日报》，1913年2月19日。

其大。其他姑置不论，仅统一党众议员就有 113 名。1913 年 4 月 8 日，第一届国会开会典礼在北京举行。10 日，统一党议员在总招待所开议员预备会，当即推举众议员王印川为正会长，参议员田应璜、众议员王荫棠为副会长，议员陈铭鉴、莫德良、耿春宴、戴声教为庶务，乌尔棍布、胡汝麟、齐耀煊、阎鸿举、王敬芳、李景龢、赵学臣、范殿栋、白常洁、苏毓芳、毕维垣、张联魁、张国溶、严天骏、王汝圻、陈黻宸为交际，并决定以后每日讨论国会预备案。① 由此可见，统一党议员预备会干部成员就有 23 名，统一党肯定不止 24 名议员。

统一党机关报《大共和日报》1913 年 4 月陆续刊登了《统一党到京议员一览表》，现据所见材料整理如表 6。

**表 6　统一党议员统计表**　　　　　　　　　　　单位：人

| 省籍 | 参议员 | 众议员 | 省籍 | 参议员 | 众议员 |
|------|--------|--------|------|--------|--------|
| 河南 | — | — | 福建 | 0 | 2 |
| 安徽 | 0 | 9 | 湖北 | 0 | 1 |
| 山东 | 3 | 12 | 湖南 | 0 | 1 |
| 直隶 | 0 | 6 | 广西 | 0 | 1 |
| 奉天 | 8 | 6 | 四川 | 0 | 1 |
| 吉林 | 9 | 10 | 广东 | 0 | 2 |
| 黑龙江 | 7 | 6 | 贵州 | 0 | 1 |
| 山西 | 7 | 18 | 云南 | 2 | 1 |
| 陕西 | 6 | 9 | 蒙古 | 1 | 2 |
| 甘肃 | 0 | 3 | 西藏 | — | — |
| 新疆 | 10 | 9 | 青海 | — | — |
| 江苏 | 2 | 6 | 华侨 | — | — |
| 浙江 | 0 | 4 | 中央学会 | — | — |
| 江西 | 0 | 3 | 总计 | 55 | 113 |

资料来源：据附表二《统一党国会议员一览表》。

说明："—"为材料缺乏未查明者。

---

① 《统一党预备议案》，载《大共和日报》，1913 年 4 月 16 日。

表 6 显示，除统一党发达省份河南等地不计外，其已有众议员 113 人，参议员 55 人，共计有 168 人，大大超过了众议员 18 人、参议员 6 人的数字。可见，表 5 的统计很不准确。例如，张玉法先生对两院议员做了较为详细的党籍分析，但其将许多统一党议员当成了国民党或共和党。现以奉天为例，奉天 8 个统一党参议员中，富元、延荣、龚玉琨就被列为国民党籍；6 个统一党众议员，全被列为国民党籍。① 其他省份也多如此。也许有些人为跨党籍者，但是这样统计并不合理，明显地低估了统一党的实力。

实际上，统一党绝不止有 24 个议员，至少有 168 人，这是可以肯定的。统一党在第一次国会选举中虽然未获多数优势，但还是取得了可观的成绩。仅以表 6 的统计数字计算，55 名参议员占总数 274 人的 20.4%，113 名众议员占总数 596 人的 18.9%，各约占 1/5。统一党成了仅次于国民党、共和党的第三大党。

如果按表 5 的统计，则显然国民党占绝对多数优势，即使共和、统一、民主三党合并成进步党，也远远不及国民党，三党合并所期望的"将来在议院可得多数"② 显然是句空话。但是，如果上面所引材料是正确的，即众议员中国民党二百三十名，共和党二百名有零，统一党一百一十三名，民主党四十余名（事实上，表 6 已证明统一党基本如此），那么，三党合并成进步党则明显可占多数优势。③ 难怪进步党在选举结束后那么快就成立了。

1913 年 5 月 29 日，统一党与共和党、民主党合并成进步党，以在中国形成两大政党对峙局面。正如王赓就进步党成立发表的谈话所说："此次取小异而归大同，合成一大党，其势力至厚，对于本党固主张以健全精神巩固雄厚之势力，即对他党亦主张稳健之态度促他党之

---

① 张玉法：《民国初年的政党》附录二，《两院议员表》"奉天"栏。

② 《北京专电》，载《大共和日报》，1913 年 4 月 22 日。

③ 据梁启超记载：议员以二百八十八名为半数，共和党得二百五十名，民主党约三十名，统一党约五十名，其余为国民党。这与上述所引材料有出入，但也说明统一党议员绝不止 24 名，而且恰如梁启超所说"三党提携已决，总算多数"。（民国二年二月二十四日《与娴儿书》，见丁文江、赵丰田编：《梁启超年谱长编》，663 页，上海，上海人民出版社，1983。）

改进，苟能有完全稳健之两大政党以运用，国家则未有不强者也。"①
两党制度是当时国人普遍认可的理想型政党政治，进步党的形成，正
是要在中国促成两党政治。

遗憾的是，由于袁世凯的倒行逆施，"宋教仁案"的阴影早已笼罩
着全国政坛，二次革命随起随灭，封建专制势力卷土重来，两党政治
的理想如梦幻般破灭，几乎无法使人追忆。统一党的政党内阁理想，
于是便停留于理想而永无实现之可能。

然而，正如统一党曾经努力为政党内阁理想而奋斗，其他各大政
党无不如此，政党政治试验使民初政治近代化呈现出一线生机：由传
统官僚政治向近代民主共和政治转型。也正如民初政坛风云的变幻使
统一党的政党内阁理想破灭，民初政党政治试验仅是昙花一现，政治
近代化由于强大的传统力量的顽抗而走向回归传统的道路。此即王亚
南先生所谓中国官僚政治"在现代的转型"，就是由传统旧官僚政治推
移转化为新官僚政治。② 与此前相较，仅仅换了一块民国的招牌，而
封建专制的实质则有过之而无不及。民初政治近代化由离异而回归的
轨迹，证明了资产阶级政党与政党政治在民初的失败命运。

## 五、统一党与袁世凯政府之关系

统一党与袁世凯政府的关系问题，正如统一党自身历史的演变一
样，非常复杂。既往研究大都认为统一党是拥袁派，是袁的与党，是
袁的私人党、御用党，甚至认为是袁的死党。其实，统一党是一个较
为复杂的政党，就其发展的历史而言，至少可以分为前、后两个时期，
而且其前期与后期有较大差别，如果笼统地下结论，并不确切。从其
政治倾向与实际效果来看，大概可以说，统一党与袁世凯政府的关系
是：前期利于袁，而后期拥袁。

从中华民国联合会成立到章太炎宣布脱党（1912 年 1 月 3 日至 8

---

① 《进步党成立大会志盛》（续），载《大共和日报》，1913 年 6 月 4 日。

② 参见王亚南：《中国官僚政治研究》，174～178 页，北京，中国社会科学
出版社，1981。

月 28 日），这段时期的主要领袖是章太炎。章太炎首先提出"革命军起，革命党消"的口号，并组织中华民国联合会与统一党，其目的是在革命胜利后建设共和国的政治近代化过程中，建立普通政党，以导引中国政治于政党政治之途。其用心之良苦即如是，虽然终以失望而脱党。从统一党起源来看，其主要目的当是在中国实现政党政治，也就是进行民主政治建设，而并非为了拥袁。前期统一党是与同盟会竞争于政坛的独立政党。

那么，说统一党前期利于袁又从何谈起呢？主要是因为前期统一党为南京临时政府及同盟会重要的持不同政见者，它们之间存在许多政见分歧，而这些分歧处又恰与袁世凯相合，无疑客观上有利于袁世凯。

第一，反对定都南京，主张定都北京。南北议和成功，清帝退位，孙中山辞职，袁世凯被推举为临时大总统，就在此时发生了激烈的定都之争。以孙中山、黄兴为首的部分同盟会会员主张定都南京，孙中山辞职咨文中提出的三个条件的前两条就特别强调这一点：临时政府地点设于南京，新总统到南京就职。[①] 章太炎则坚决主张建都北京，反对建都南京。他就此致书南京参议院，列举建都南京有五害：

> 中国幅员既广，以本部计，燕京虽偏在北方，以全邦计，燕京则适居中点，东控辽沈，北制蒙回，其力足以相及。若徙处金陵，威力必不能及长城以外，其害一也。北方文化已衰，幸有首都为衣冠所辐凑，足令蒸蒸丕变。若徙处金陵，安于燠地，苦害之域，必无南士足音，是将北民化为蒙古，其害二也。逊位以后，组织新政府者，当为袁氏，若迫令南来，则北方失所观望。日、露已侵及东三省，而中原又失重镇。必有土崩瓦解之忧，其害三也。清帝尚处颐和园，不逞之徒，思拥旧君以倡乱者，非止一宗社党也，政府在彼，则威灵不远，足以镇制。若徙处南方，是纵

---

① 《咨参议院辞临时大总统职文》，见中国社会科学院近代史研究所中华民国史研究室、中山大学历史系孙中山研究室、广东省社会科学院历史研究室合编：《孙中山全集》，第 2 卷，84 页。

虎兕于无人之地，非独乱人利用其名，蒙古诸王亦或阴相拥戴，是使南北分离，神州幅裂，其害四也。交民巷诸使馆，物力精研，所费巨万，若迫令迁徙，必以重赀备偿，民穷财尽之时，而复靡此巨帑，其害五也。今北方诸议者，咸思改定天津，其实犹不如仍旧，而况金陵服偏倚之区，备有五害，其可以为首善之居哉？①

与此同时，章太炎还发表长篇通电，反驳黄兴"临时政府地点必在南京"的主张。② 主张定都北京，反对定都南京，无疑正合袁世凯的心意。正因此，章太炎便被指责为反对南京临时政府而支持袁世凯，不但受到时人攻击，甚至为后人所谴责。这是很不公平的。例如，1912年 3 月 25 日，章太炎接到一封来自南京的一等匿名印电，印电云："章太炎主都北京，有功袁世凯，拟畀以教育总长或最高顾问之职，著速晋京陛见。"该印电极尽讥讽之能事，章太炎就此诘问孙中山。孙复书解释这是"伪电"，并经查明系小人盗用内务部印信所为，纯属造谣中伤，此事才算平息。③ 同盟会也曾指责主张建都北京者多为袁世凯所收买，《大共和日报》就此发表时评予以有力反驳，有谓："夫都北之议实居全国多数，黎副总统及各省都督率抗电力争，岂为袁世凯收买净耶？抑主张都北即为袁氏收买之证，然则主张都南者为孙总统所收买？主张都武昌者为黎副总统所收买耶？"④ 本来，1912 年 2 月 14 日，南京临时参议院以二十票对八票之多数决议临时政府地点改设北京。次日，由于孙中山的坚持，更加上黄兴以派兵作为威胁，临时参议院复议而以十九票对七票之多数决议临时政府仍设南京。"夫以如斯重大问题，仅隔一宿，多数之参议员其主张皆判若两人，此亦立法史

---

① 《章太炎为建都事致南京参议会书》，见统一党本部编：《统一党第一次报告》，43～44 页。

② 章太炎：《驳黄总长主张南都电》，见统一党本部编：《统一党第一次报告》，44～46 页。

③ 《章太炎诘问南京政府一等匿名印电》《一等匿名印电之发觉》，载《大共和日报》，1912 年 3 月 26 日、29 日。

④ 梦秋：《时评一》，载《大共和日报》，1912 年 3 月 18 日。

上之怪状也。"① 在所谓建都之争中，主张建都北京可以说是当时大多数人的共识，章太炎与中华民国联合会—统一党也力持此议，不足为怪。然而，此举的确有利于袁世凯对抗南京临时政府，袁世凯也终于在北京就任临时大总统，就此而言，几乎与当时的"北京兵变"有异曲同工之妙。

第二，反对临时参议院。在中华民国联合会成立大会上，曾由蔡元培提议"请愿临时政府组织民选参议院"②。嗣后，联合会与临时大总统对此两次交换意见。起先，联合会从法理上认为共和政治当有民选议院，而临时大总统则从事理上申述临时政府时期只当有临时参议院。③ 接着，联合会退而求其次，认为临时参议院仅为"一时权宜"，主张限制其立法权，得到临时大总统的认可。④ 1912 年 1 月 28 日，南京临时参议院成立，由各省都督各派代表三人组成，与中华民国联合会民选参议院的主张大相径庭。从法理上而言，临时参议院的产生程序并不合法，虽然在南京临时政府时期为"权宜"之计，但南北统一时，理当撤销。于是统一党又重提民选问题，认为："参议院者，实各省都督所派之代表团，而南京临时政府之假署立法机关也，其非国民之代表国民之立法机关，自事实上法理上言之，了无疑义。……今南北既已统一，自为单独之国家立法机关当归民选，其裁撤当即在目前。"⑤ 临时参议院在南京临时政府时成立，随着南北统一而北迁，对袁世凯政府每每掣其肘，正如统一党所指责的那样："政府之无能力由于参议员之筑室道谋，自议院北来，破文析字，不知大体，议一案则

---

① 谷钟秀：《中华民国开国史》，80～81 页，上海，泰东图书局，1914。另，《胡汉民自传》（罗家伦主编：《革命文献》，第 3 辑，59 页，台北，"中央文物供应社"，1958）与吴玉章的《辛亥革命》（158～159 页，北京，人民出版社，1969）都有更详细具体而生动的记载。

② 《中华民国联合会成立大会纪事》，载《大共和日报》，1912 年 1 月 4 日。

③ 《中华联合会呈请组织参议院文》《临时总统复中华民国联合会书》，载《大共和日报》，1912 年 1 月 10 日、13 日。

④ 《本会覆临时大总统书》，见统一党本部编：《统一党第一次报告》。《临时大总统复中华民国联合会书》，载《大共和日报》，1912 年 1 月 19 日。

⑤ 相如：《论参议院之应撤》，载《大共和日报》，1912 年 3 月 12 日。

迁延累日，举一事则互其纷争。"① 临时参议院毫无办事效率，统一党的指责不无道理。然而统一党一味从法理上坚持民选参议院，未免书生意气。其反对临时参议院的主张，无论如何，客观上有利于减轻临时参议院对袁世凯政府的制约力。

第三，反对《中华民国临时约法》（以下简称《临时约法》）。中华民国联合会曾经在反对临时参议院时，因其在临时政府时期为权宜之计，而主张限制其立法权，但临时参议院通过了具有宪法性质的《临时约法》，统一党自然对此大加非议。有谓："国民为共和国之人，有主权者，参议员为都督府之差官，无主权者，故国民对于参议院之临时约法有不承认之权，此最简明之理由也。虽然，使该院所制定者尚属可行，其制定手续虽不适法，吾国民亦可宥其越权之罪，委曲承认，乃按该约法规定既多纰缪，性质又不尽合临时，吾国民若再缄默不定，则是自弃其天职尔。"② 统一党与章太炎反对《临时约法》，主要是根据两点：其一为《临时约法》产生手续不合法，其二为《临时约法》本身不完备。这都是正当的理由。有人认为《临时约法》的制定乃是孙中山为了限制袁世凯的权限，大概是因为孙中山辞职咨文三条件中有这样一条："临时政府约法为参议院所制定，新总统必须遵守颁布之一切法制章程。"因此，反对《临时约法》就是反孙拥袁。南京临时政府时期实行总统制，而孙中山辞职时颁布的《临时约法》规定实行内阁制，这似乎更可以为前说之佐证。其实不然，当事人的记载与回忆可谓有力证据。谷钟秀说："临时政府组织大纲采总统制，而临时约法则采内阁制也。盖各省联合之始，实有类于美利坚十三州之联合，因其自然之势，宜建为联邦国家，故采美之总统制；自临时政府成立后，感于南北统一之必要，宜建为单一国家，如法兰西之集权政府，故采法之内阁制。"③ 吴景濂说得更清楚："约法上三权制度与南京政府现

---

① 《统一党之不平》，载《大共和日报》，1912 年 7 月 28 日。
② 匪石：《否认临时约法》，载《大共和日报》，1912 年 3 月 26 日。据考证，或以为是文乃章太炎授意匪石所写。参见谢樱宁：《章太炎年谱摭遗》，66～67 页，北京，中国社会科学出版社，1987。
③ 谷钟秀：《中华民国开国史》，83～84 页。

行制度不同。世人不察，多谓约法所定权限，系为束缚袁临时总统而设，故与南京临时政府所行制度不同。袁氏倡之，国人不察而和之，发为怪诞议论甚多，以此抨击约法！不知选举孙中山为临时大总统时，约法已在起草，取何种制度，尚未决定。而组织临时政府甚急，又不能待约法成立后，再行选举。议约法时，关于取美国制度，抑取法国制度，当时争论甚多，有速记录可证，并非为袁世凯要作临时大总统，故定此约法，以为牵制。予始终侧身与议，故知之较详。日后攻击约法者，皆袁政府所唆使。"① 参证谷钟秀与吴景濂的记载和回忆可知，《临时约法》的制定并没有限制袁世凯的意图，所以对《临时约法》的非议，并非为拥袁反孙。但吴景濂回忆中所谓反对《临时约法》乃由袁世凯所指使，亦难以令人信服。章太炎与统一党反对《临时约法》有其充足的理由，并没有足够证据可以证明其是受袁世凯"唆使"才这样做。当然，《临时约法》客观上对袁世凯的所作所为确实有约束力，正是在此意义上而言，统一党对《临时约法》的反对才对袁世凯有利。

第四，对内阁更迭的意见。1912 年 6 月中旬，唐绍仪内阁倒台，关于组织新内阁事，各政党争论不休：同盟会主张政党内阁，共和党主张超然总理混合内阁，统一共和党摇摆其间。袁世凯标榜"只论才不才，不论党不党"的原则，提名由无党人士陆徵祥组阁。无奈陆第一次在参议院发布政见时，仅谈些琐事而未涉及任何政见，引起了参议院的"不信任"②，以至于其提出六名阁员名单，被参议院一致否决。陆徵祥组阁出现危机，一度出现无政府状态。统一党旁观着政党竞争，内阁难产，因而对当时建立政党内阁的主张表示反对，而主张无党总理混合内阁。章太炎说："吾意政党组阁，在今日有百害而无一利，两党相构，亦有轧轹之忧。乘兹废置之间，以建无党总理，犹足以持危定倾。（此所谓本无党籍，其临时脱党之人，则名亡而实犹在，

① 吴景濂：《组织南京临时政府的亲身经历》，见中国人民政治协商会议全国委员会文史资料研究委员会编：《辛亥革命回忆录》，第 8 集，411 页，北京，文史资料出版社，1982。

② 《不信任问题》，载《大共和日报》，1912 年 7 月 27 日。

非其例。）各部总长，虽数党杂糅也，调和于无党总理之下，则意见销而事举。"① 统一党政纲第二条"完成责任内阁制度"的解释也含有政党内阁的主张，而现在统一党处于衰微停滞时期，坐视他党纷争不已，内阁危机迭起，政府瘫痪，国事阽危，因而有此意见主张不足为怪。统一党甚至致电黎元洪副总统及各省都督，"请大总统不必拘牵约法以致政不能行"，认为"非大总统总揽政权，不足以救危亡"。② 后来，陆徵祥内阁勉强组成，正是符合统一党与袁世凯都赞同的无党总理混合内阁的原则，无疑有利于袁世凯权力的加强。

当然，统一党还有不少政见与南京临时政府及同盟会不同，如反对改用阳历，反对汉冶萍公司抵押借款，反对黄兴提倡"国民捐"，等等。在前期统一党时期，民国政府权力从同盟会转移到袁世凯，从而奠定民初政坛上的政治格局，即主要是同盟会派与袁世凯势力的斗争。统一党异军突起为又一股势力，并处处表现出与南京临时政府及同盟会的政见分歧，而与袁世凯相合。事实上，前期统一党发表政见都有其充足的理由，主观拥袁的倾向并不明显，袁世凯也无法利用它。前期统一党反对同盟会主要应是政见的不同，当然也与党派领袖的个人恩怨、政坛上的实际利害及党派的排他性有关。相对于同盟会而言，统一党曾经一度是其最大的政见反对者，因而客观上对袁世凯有利。"当时同盟会与统一党以主义分急进、渐进相对峙，遂令枭雄袁世凯乘隙而入，施其操纵惯技，坐享渔人之利。"③ 因此可以说，前期统一党是客观上对袁世凯有利的党，即利于袁，而不是拥袁，更不要说是袁世凯的与党、死党了。正如统一党重要党员王绍鏊所认为的那样，统一党"实际上是不知不觉地做了袁世凯的应声虫"④。

后期从王赓重组统一党到统一党合并于进步党（1912 年 9 月 1 日

① 章太炎：《内阁进退论》，见汤志钧编：《章太炎政论选集》下册，608～609 页。
② 《统一党之不平》，载《大共和日报》，1912 年 7 月 28 日。
③ 马震东：《袁氏当国史》，133 页，上海，中华书局，1930。
④ 王绍鏊：《辛亥革命时期政党活动的点滴回忆》，见中国人民政治协商会议全国委员会文史资料研究委员会编：《辛亥革命回忆录》，第 1 集，401 页。

至 1913 年 5 月 29 日），统一党的主要领袖是王赓。王赓与袁世凯关系非常密切，尽管其一再声称不愿置身军政界，却与民初政治密不可分。显然，他很受袁大总统与政府的赏识与器重。"临时政府成立后，王君未投身政界，然政府极为倚重，遇有重要事件，靡不咨询。"① 王赓后来也自称"受知项城"②。更有人认为："王赓者，袁总统之女婿也。"③ 至于这一点，尚无更直接的材料可以证明，或许为当时的谣传也未可知。然而，可以肯定的一点是，王赓与袁世凯的关系确实非同一般，否则无风不起浪。正因此，后期统一党的拥袁倾向比较明显，其许多政见都有意倾向于支持袁世凯及其政府。

第一，主张正式总统"非袁莫属"。1913 年年初，正式国会即将召开，正式总统的选举也成为舆论热点。对此，统一党有明确的主张，其机关报《大共和日报》曾发表长篇连载社论《正式总统之观察》一文，首先提出正式总统候选人的四个条件："第一，国民大多数之信仰者；第二，富于政治上之常识及经验者；第三，军事上有经验又军人可以服从者；第四，外交上有信用者。"社论同时指出，"国中具正式总统之资格而有当选望者，如今总统袁项城，如今副总统黎黄陂，如前总统孙中山，盖无几人也"，接着便论证得出如下结论："正式总统之选举殆非袁项城莫与属矣。"④ 更有趣者，有人甚至不无揶揄地认为："吾人郑重国事，对于袁氏之正式大总统始终未尝表满足之意，今于比较之下又不能得贤于袁氏者之足厌人心，则所希望于袁氏者，甚望他日正式大总统之袁氏勿步今日临时大总统之袁氏故辙。"⑤

第二，在"宋教仁案"上有意为袁世凯和政府辩护。1913 年 3 月 20 日，国民党实际领导人宋教仁被刺，22 日抢救无效逝世，此即民初震惊全国的"宋教仁案"。统一党机关报《大共和日报》对此非常关

---

① 《王赓淡泊明志》，载《大共和日报》，1913 年 2 月 18 日。

② 王逸塘（揖唐）：《今传是楼诗话》，260 页，天津，大公报社，1933。

③ 梅萼编：《邹鲁文存》，第 5 集，"余之癸丑"，见沈云龙主编：《近代中国史料丛刊三编》，第 3 辑（23），7 页，台北，文海出版社，1982。

④ 摩云：《正式总统之观察》，载《大共和日报》，1913 年 1 月 27 日、28 日。

⑤ 大溟：《余之四政论》，载《震旦》第 3 期。

注，宋被刺次日就发表《民国伟人遇险》的时评；宋逝世后次日又发表《哀宋教仁君》的社论与《人心不死》和《再哀宋教仁君》两篇时评，表示对宋教仁之死的惋惜和哀悼。关于"宋教仁案"的各方面情况，《大共和日报》都有较为详细的记载。在"宋教仁案"的处理方面，其对国民党人的言论主张与行动颇有异议，时常含沙射影地予以攻击，指责其所谓"法律解决"实际上是"侵司法之权"。有谓："硬欲组织特别法庭，而谓普通法庭不足以判断，侵司法之权一；证据不由法庭全行宣布，而行政官择要宣布，党人张之报端，侵司法之权二；案情不由法庭审查，罪名不由法庭判决，而硬谓关系及于何人，称无罪之人曰犯，侵司法之权三。于此而犹日日曰法律解决，何其颠耶？侧闻上海法官将相率辞职，吾谓不如即以党人报馆代之。"① 当时舆论所指谓"宋教仁案"牵涉到内阁总理赵秉钧甚至大总统袁世凯，统一党则有意为之辩护，所谓"称无罪之人曰犯"。更有甚者，抬出陶成章被刺案与"宋教仁案"相对照，认为"陶焕卿刺死，社会寂然无声，真正的刺客则窃笑于旁；宋遁初刺死，社会甚嚣尘上，真正的刺客则亦窃笑于旁"②，颇有王顾左右而言他之意。在"宋教仁案"上，统一党明显有意倾向袁世凯政府而与国民党作对。

第三，在"善后大借款"案上也有意倾向袁世凯政府。1913年4月底，袁世凯政府与英、法、德、俄、日五国银行团之善后大借款事，一时成为舆论的焦点，尤其是国民党极力反对。统一党在此事的态度上与"宋教仁案"一样，倾向政府而反对国民党。国民党指责袁世凯，统一党则攻击孙中山。1913年5月20日，《大共和日报》登出《孙中山卖国确证》一文，宣称"前日本埠某报载南京政府时孙文特许日人阪谷芳郎设立中国国家银行权"，并登出《阪谷芳郎与孙文函》及《孙文与日人设立国家银行特许札》二十七条。国民党反对袁世凯政府，统一党则攻击南京临时政府。有谓："国民党近日借口大借款违法，攻击政府，不遗余力，其本意乃在借此推翻当局，以泄宿忿，或组织国民党政府，独揽大权。然国民党前身之同盟会所组织之南京政府，专

① 萧：《侵司法之权》，载《大共和日报》，1913年4月29日。
② 萧：《刺客之幸》，载《大共和日报》，1913年4月29日。

制腐败较现在尤胜百倍。"①

后期统一党还增推袁世凯为其名誉理事长，无疑可谓拥袁之党。当然，也不能说后期统一党就是袁世凯的私党或死党。例如，在库俄协约问题上，统一党主张"对政府取督责主义"，就是监督政府，因为"政府非惮库伦也，惮俄耳；亦非惮俄也，惮用武力。偶不谐，国民且议其后耳，示以最后之决心，使政府无所用于瞻顾，即得毅然决然进行"。② 王赓也曾明确主张，政党对于政府"不能专取维持主义"，还应立于监督地位。③ 因此，只是相对而言，后期统一党的政治倾向是拥袁的。

有人从统一党的经费来源认定其是袁世凯的死党，一条很重要的证据是统一党党员王绍鏊的回忆，有云：

> 据我事后了解，张弧是袁世凯派进来的奸细。张是熊希龄的人，也是袁世凯的亲信，袁就是利用熊的关系介绍张混入联合会的。联合会和统一党的经济权一直操纵在张弧手里，其经费表面上说是从各方面募捐得来，原先我对此深信不疑；以后随章先生到北京，从各方面的接触中，了解到一些政治内幕，才知道我们所花的可以说完全是袁世凯的钱。④

笔者认为，仅仅据此而认定统一党是袁世凯的死党，恐怕令人难以信服。

关于统一党的经费问题，确实很值得探讨。《统一党章程》有关经费来源的规定有两条：其一，本党经费由党员入党时纳入党捐一元，每年纳常年捐四元，分一、六两月缴，特别捐无定额，由党员自由募捐，但党员一年以上未缴常年捐并不通告理由者，当即除名；其二，本党党员有为官吏及国会议员，每年薪俸二千元以上者，纳所得捐百

---

① 《南京政府罪状之一斑》，载《大共和日报》，1913 年 5 月 20 日。
② 《统一党之俄蒙协约观》，载《大共和日报》，1913 年 11 月 20 日。
③ 《王上将对于三党合并之意见》，载《大共和日报》，1913 年 4 月 28 日。
④ 王绍鏊：《辛亥革命时期政党活动的点滴回忆》，见中国人民政治协商会议全国委员会文史资料委员会编：《辛亥革命回忆录》，第 1 集，400 页。

分之三，五千元以上者，纳百分之六。① 这种规定主要取自党员本身。

统一党理事张謇当时致袁世凯的一封电文中也提到经费问题，有云："党须有基本金，謇拟合实业助之。公能由少川赞助若干否？"② 可见，张謇的确询问袁世凯是否让唐绍仪（少川）"赞助若干"。至于具体要赞助多少，或结果是否有赞助却不得而知。事实上，向袁世凯请求赞助，也不一定就变成袁世凯的死党。例如，1912 年年底孙中山、黄兴因国民党北京本部资金缺乏，也曾秘密电请总统府秘书长梁士诒，由财政部转拨香港借款五万两交国民党本部使用。③ 况且上述张謇电文很明显地表明其"拟合实业助"统一党的"基本金"。日后的事实证明，张謇在统一党中地位逐渐上升，以至能擅自主持统一党与民社等政团合并为共和党并操纵之，而轻易地将统一党的绝对领袖人物章太炎架空，这不能不引人深思而又颇可玩味。

至于后来统一党是否接受袁世凯的资助，则难以有直接的材料证明。笔者倒是发现这样一则材料：

> 统一党自重振旗鼓后，党势发达一日千里，各界重要人物多数加入该党，就中有实业资本家党员，如杨君宝恒、卞君荫昌、王君锡英、翁君世瓛、徐君霸、薛君士英、刘君炳炎等（姓氏繁多，不及备载），俱各热心担任党费，以促进行。该党经济近尚不虞空乏者，闻颇系此。④

可见，统一党确实得到了一批实业资本家的经济资助。

由以上分析可以认为，从统一党的经费来源看，很难说其是袁世

---

① 统一党本部编：《统一党第一次报告》，13 页。

② 张謇：《致袁世凯电》，见杨立强、沈渭滨等编：《张謇存稿》，31 页，上海，上海人民出版社，1987。

③ 《致黄兴电》《致梁士诒电》《复黄兴电》，见中国社会科学院近代史研究所中华民国史研究室、中山大学历史系孙中山研究室、广东省社会科学院历史研究室合编：《孙中山全集》，第 2 卷，560、562、562 页。《复孙中山电》，见湖南省社会科学院编：《黄兴集》，306 页，北京，中华书局，1981。

④ 《统一党与资本家》，载《新纪元报》，1913 年 4 月 2 日。

凯的私人党或死党。

另外，还应说明的一点是，后期统一党的政治倾向为拥袁，并不能说就是反动的。如前所述，民国初年，就是中华民国建立到二次革命兴起这一阶段，正处于建设时代，袁世凯的反动性尚未暴露出来，资产阶级尚期望其领导共和国的建设大业。后期统一党的拥袁不能不说含有这种期望的因素，即依靠政府权威建立共和政治。前文对比分析统一党与同盟会—国民党的政纲时已经指出，它们只有稳健与激进之分，而无反动与革命之别。相对而言，统一党的政纲主张建立强权政治，强调国家与政府的权威，以强力为后盾，将使大变动时代的建设更加稳健可行。章太炎在党势中途衰落而政坛风云迭起于穷途末路之时，也曾通电"请大总统总揽政权"；王赓重组统一党后，更注重加强袁世凯中央政府的权威。所以，在民初以袁世凯政府与同盟会—国民党相竞争为主线的政治格局中，在建设共和国的政治理想的支配下，后期统一党的拥袁正是其稳健的政纲在具体的政治运作过程中的表现。这仅仅是一个政治权力斗争中的倾向而已，其与当时共和政治建设的进步潮流并无相悖之处。

总之，统一党的政治倾向从利于袁向拥袁转变，可见其前、后期的区别，这主要与其领袖人物有关。章太炎首创统一党，想在中国进行民主共和国建设时，导引中国政治于两党政治之途，然而，他不但受到党内的排挤，愤而脱党，而且在政坛上也极不得意，对袁世凯日益不满。1912 年 8 月，章自武汉回京，与袁谈及已故晚清重臣张之洞，殊不知袁大加诋毁，致章油然而生感慨："死者尚忌之，况于生人，褊浅若是，盖无足观矣。"章太炎产生怀疑与不满意情绪，便欲辞顾问而去，以致不受仓场总督之位，后终于"避地"东北。[①] 章太炎没有拥袁之心，他的统一党只可谓利于袁的党。王赓则不同，他是袁世凯的亲信，其政治倾向难免不拥袁。然而，统一党与其他政党一样，也有其自身发展的目标和追求的政治理想，是近代式政党，而非封建的旧式朋党，并不会完全成为别人可以利用的工具。因此，如果笼统

---

① 章太炎：《章太炎先生自定年谱》，21 页，上海，上海书店，1986。

地说统一党是拥袁派，则并不确切；如果简单地断言统一党是袁世凯的私党或死党，又与史实不相符合。

## 六、结语

中国古代有朋党而无政党，政党是近代的新生事物。关于政党与朋党的差异，梁启超有明确的解释。他说："政党者，人类任意的、继续的、相对的结合团体，以公共利害为基础，有一贯之意见，用光明之手段，为协同之活动，以求占优势于政界者也。""朋党之特征有五：一曰以人为结合之中心，不以主义为结合之中心；二曰不许敌党存在；三曰以阴险狠戾之手段相竞争；四曰党内复有党；五曰其乌合也易，其鸟兽散也亦易。"政党与朋党根本区别在于："政党者，以国家之目的而结合者也；朋党者，以个人之目的而结合者也。"① 与朋党同传统封建专制政体相适应一样，政党则同近代民主共和政体相适应。

通过对统一党的剖析，可以得出有关统一党与民初政治相关的几点认识如下。

其一，统一党是在辛亥革命推翻封建专制，建立民主共和的政治体制转换与由革命而建设的战略调整的特殊背景下产生的，是民主共和宪政建设的产物。

其二，统一党有一套较为完整的组织机构与干部体制，有著名的领袖人物与数万或数十万的党员，是民国初年一大近代政党。从其党员构成来看，统一党是清末各种政治派系在民国初年的重新整合，反映出民初政治分野变化的新态势：由近代政治分野代替传统派系分野。

其三，统一党有一个全面而稳健的建立资产阶级民主共和国的政治纲领，并曾为其政党内阁理想而努力奋斗，其功能在于导引中国政治于政党政治之轨道。民初政党政治的试验显示出中国政治近代化的生机与危机——民主共和昙花一现。

其四，统一党是一个非常复杂的党，经历了前、后两个时期的变

---

① 梁启超：《敬告政党及政党员》，见《饮冰室合集》文集之三十一，5、7页。

化：前期以章太炎为领袖，与同盟会竞争于政坛，可谓对袁世凯客观
上有利的党；后期以王赓为领袖，是政治倾向明显拥袁的党。统一党
与袁世凯政府的关系从利于袁到拥袁，并非袁氏私党或死党。统一党
是一个相对独立的近代政党，而非如朋党一样是可以被利用的工具。

总之，统一党是近代式资产阶级政党，而非封建式朋党。当然，
在由传统到近代转型的过程中产生和存在的统一党，近代性特征很明
显，但由于传统因素还在起着制约作用，因而不免带有一些朋党色彩。
也就是说，统一党作为一个近代政党并不成熟。这是民初政党在政党
政治试验的政治近代化过程中的普遍性缺陷，正因此而使资产阶级政
党与政党政治在民国初年不可避免地遭受失败的历史命运。

附表一　统一党成立时本部干部调查表

| 姓名 | 字号 | 籍贯 | 党职 | 清末政治经历 | 派系 | 民初任职 |
|---|---|---|---|---|---|---|
| 章太炎 | 炳麟 | 浙江余杭 | 理事 | 光复会会员、同盟会会员 | 革命派 | 政府顾问 |
| 张謇 | 季直 | 江苏南通 | 理事 | 预备立宪公会会长、江苏谘议局议长 | 立宪派 | 南京临时政府实业总长 |
| 程德全 | 雪楼 | 四川云阳 | 理事 | 黑龙江巡抚、奉天巡抚、江苏巡抚 | 旧官僚 | 南京临时政府内务总长、江苏都督 |
| 熊希龄 | 秉三 | 湖南凤凰 | 理事 | 奉天省盐运使、东三省财政监理官 | 旧官僚 | 财政总长 |
| 宋教仁 | 遯初 | 湖南桃源 | 理事 | 华兴会会员、同盟会会员 | 革命派 | 法制局局长、农林总长 |
| 汤寿潜 | 蛰仙 | 浙江山阴 | 参事 | 预备立宪公会副会长、浙江谘议局议长 | 立宪派 | 浙江都督、南京临时政府交通总长 |
| 赵凤昌 | 竹君 | 江苏武进 | 参事 | 东三省总督秘书，预备立宪公会会员 | 旧官僚兼立宪派 | 大总统府顾问 |
| 唐文治 | 蔚芝 | 江苏太仓 | 参事 | 商部右侍郎 | 旧官僚 | |
| 陈荣昌 | 莜圃 | 云南昆明 | 参事 | 贵州、山东提学使 | 旧官僚 | 云南都督府参赞 |

| 姓名 | 字号 | 籍贯 | 党职 | 清末政治经历 | 派系 | 民初任职 |
|---|---|---|---|---|---|---|
| 邓实 | 秋枚 | 广东顺德 | 参事 | 主持成立国学保存会，主编《国粹学报》，参与筹备南社 | 革命派 | |
| 应德闳 | 季中 | 浙江 | 参事 | 江苏候补道员 | 旧官僚 | 南京临时政府财政次长，江苏民政长 |
| 王清穆 | 丹揆 | 江苏崇明 | 参事 | 湖北按察使，预备立宪公会会员 | 旧官僚兼立宪派 | 江苏财政司司长 |
| 叶景葵 | 揆初 | 浙江杭县 | 参事 | 奉天财政监理官、大清银行监督 | 旧官僚 | |
| 庄蕴宽 | 思缄 | 江苏常州 | 参事 | 历任广西地方官、预备立宪公会会员 | 旧官僚兼立宪派 | 江苏都督 |
| 蒋尊簋 | 伯器 | 浙江诸暨 | 参事 | 光复会会员、同盟会会员 | 革命派 | 浙江都督 |
| 唐绍仪 | 少川 | 广东番禺 | 参事 | 外务部右侍郎、邮传部左侍郎等职 | 旧官僚 | 内阁总理、外交总长 |
| 汤化龙 | 济武 | 湖北蕲水 | 参事 | 湖北谘议局议长 | 立宪派 | 临时参议院副议长、众议院议长 |
| 温宗尧 | 钦甫 | 广东台山 | 参事 | 外务部参议等职、预备立宪公会会员 | 旧官僚兼立宪派 | 外交次长 |
| 黄云鹏 | 默咸 | 四川永川 | 干事 | | | 众议院议员 |
| 孟森 | 莼生 | 江苏武进 | 干事 | 预备立宪公会干事、江苏谘议局书记长 | 立宪派 | 众议院议员 |
| 刘莹泽 | 节初 | 四川内江 | 干事 | 内阁中书等职 | 旧官僚 | 四川财政厅厅长 |
| 张弧 | 岱杉 | 浙江萧山 | 干事 | 奉天盐运使等职 | 旧官僚 | 财政部次长 |
| 王印川 | 月波 | 河南修武 | 干事 | 同盟会会员 | 革命派 | 众议院议员 |

续表

| 姓名 | 字号 | 籍贯 | 党职 | 清末政治经历 | 派系 | 民初任职 |
|---|---|---|---|---|---|---|
| 林长民 | 宗孟 | 福建闽侯 | 干事 | 福建谘议局副议长 | 立宪派 | 众议院秘书长 |
| 王观铭 | | 直隶宁晋 | 干事 | 同盟会直隶分会会长 | 革命派 | 参议院议员 |
| 康宝忠 | 心孚 | 陕西城固 | 干事 | 同盟会陕西分会会长 | 革命派 | |
| 龚焕辰 | 北居 | 四川江津 | 干事 | | | 参议院议员 |
| 杨择 | 秉铨 | 江苏武进 | 干事 | | | 参议院议员 |
| 王绍鏊 | 恪成 | 江苏吴江 | 干事 | | | 参议院议员 |
| 章驾时 | 笛秋 | 湖南湘乡 | 干事 | 任职两江督练公所 | 旧官僚 | |
| 黄理中 | | 浙江 | 干事 | | | |
| 王朴 | | 贵州 | 干事 | | | |
| 钱芥尘 | 须弥 | 浙江嘉兴 | 干事 | 参与办《警钟日报》与《神州日报》等 | 革命派 | |
| 易宗周 | | | 干事 | | | |
| 王季琳 | | | 干事 | | | |
| 马质 | | | 干事 | | | |

资料来源：

①〔日〕佐藤三郎：《民国之精华》，见沈云龙主编：《近代中国史料丛刊》，第5辑（48），台北，文海出版社，1966。

②敷文社编：《最近官绅履历汇编》，见沈云龙主编：《近代中国史料丛刊》，第45辑（450），台北，文海出版社，1970。

③刘寿林编：《辛亥以后十七年职官年表》，见沈云龙主编：《近代中国史料丛刊续编》，第5辑（44），台北，文海出版社，1974。

④东方杂志社编：《民国职官表》，见沈云龙主编：《近代中国史料丛刊续编》，第86辑（860），台北，文海出版社，1981。

⑤钱实甫编著：《北洋政府职官年表》，上海，华东师范大学出版社，1991。

⑥《预备立宪公会会员题名表·职员表》，见浙江省辛亥革命史研究会、浙江省图书馆编：《辛亥革命浙江史料选辑》，210～223页，杭州，浙江人民出版社，1981。

## 附表二　统一党国会议员一览表

| 省籍 | 参议员 | 众议员 | 资料来源 |
|---|---|---|---|
| 安徽 | | 汪彭年、周学辉、杨士聪、王善达、陈策、曹玉德、陈光谱、卢恩泽、何雯 | △16 日 |
| 山东 | 刘星楠、尹宏庆、张锡畇 | 盛际光、刘冠兰、王讷、王谢家、史泽成、阎与可、杜凯之、侯延爽、张玉庚、周庆恩、周廷弼、周树标 | △18 日 |
| 直隶 | | 李景濂、金贻厚、恒钧、吕金镛、张敬之、王双歧 | △19 日 |
| 奉天 | 赵连琪、谢书林、富元、孙乃祥、苏毓芳、延荣、龚玉琨、陈瀛洲 | 王荫棠、仇玉珽、张嗣良、马泮春、罗永庆、姜毓英 | |
| 吉林 | 齐忠甲、高鸿恩、赵成恩、王洪身、萧文彬、杨纯祖、赵学臣、娄鸿声、金鼎勋 | 徐和清、毕维垣、范殿栋、王玉琦、杨振洲、李膺恩、张雅南、莫德惠、董耕云、齐耀煊 | △20 日 |
| 黑龙江 | 姚翰卿、蔡国忧、金德馨、杨崇山、郭相维、刘正堃、杨喜山 | 刘振先、关文铎、田美峰、叶成玉、陈耀先、孟昭汉 | |
| 山西 | 张联魁、田应璜、刘懋赏、陈敬棠、段砚田、班廷献、张杜兰 | 刘志瞻、李庆芳、张昇云、康慎微、耿臻显、阎鸿举、穆郇、赵长辰、罗黻、常丕谦、斐清濂、李景泉、郭德修、石璜、刘祖尧、康佩珩、谷思永、王定圻 | △21 日 |
| 陕西 | 岳云韬、范樵、钟允谐、张蔚林、何毓璋、焦易堂 | 白常洁、姚守先、谭焕文、高杞、杨铭源、高增荣、陈豫、段大信、张树森 | △24 日 |

续表

| 省籍 | 参议员 | 众议员 | 资料来源 |
|------|--------|--------|----------|
| 甘肃 |  | 杨润身、贾缵绪、祁连元 | △25 日 |
| 新疆 | 蒋清举、李镕、康炳华、孔宪瑞、刘隽铨、宋国忠、哈得尔、鲁光耀、何监涛、何多才 | 文笃、周继孚、刘伦、张万龄、陈世禄、袁炳煌、李式璠、蔡福生、沈占鳌 | △25 日 |
| 江苏 | 解树强、蓝公武 | 陶保晋、胡应庚、王绍鏊、夏寅官、王汝圻、辛汉 | △26 日 |
| 浙江 |  | 林玉麟、陈黻宸、朱文劭、徐豪先 | △26 日 |
| 江西 |  | 辛际唐、陈鸿钧、赖庆晖 | △26 日 |
| 福建 |  | 杨士鹏、欧阳钧 | △26 日 |
| 湖北 |  | 骆继汉 | △26 日 |
| 湖南 |  | 李执中 | △26 日 |
| 广西 |  | 赵炳麟 | △30 日 |
| 四川 |  | 杨肇基 | △30 日 |
| 广东 |  | 徐传霖、萧凤翥 | △30 日 |
| 贵州 |  | 夏同龢 | △30 日 |
| 云南 | 王人文、朱家宝 | 严天骏 | △30 日 |
| 蒙古 | 乌尔滚布 | 熙钰、李景龢 | △30 日 |

资料来源:《大共和日报》，1913 年 4 月，表中用"△"标记。

说明：本表仅为《大共和日报》1913 年 4 月下半月所得材料，据笔者所见，其中第一天 4 月 16 日已是"续表"，故此前还应有，如统一党势力发达省份河南就未列入，如王印川即为河南众议员。另外，西藏、青海、中央学会、华侨均未见有，如王赓即被选为西藏参议员。

原题《民初统一党研究》，刊《辛亥革命史丛刊》第 11 辑，136～162 页，武汉，湖北人民出版社，2002，多有删节

# 附录 清末政治史研究的宏观检讨

　　关于清末十余年（1901—1912）历史的研究，已经有非常丰富的研究成果。这些成果大致包含在辛亥革命史、立宪运动史和清末新政史三个相关的研究领域。本文不拟一一列举各种研究论著，只是从研究史的角度，结合近代史研究的学术背景与时代变迁因素，举例分析各个领域里有代表性的研究成果，对于这段历史的研究做一宏观性的检讨。同时，充分关注这些领域里业已发生过的研究范式转变问题，具体分析从革命史研究向现代化研究范式转变的利弊得失。在此基础上，试图提出进一步研究的新问题，展现新的研究趋向，以供相关研究参考。刍荛之见，敬请方家批评指正。

## 一、清末新政、立宪与革命研究的基本状况

　　学界关于清末最后十余年历史的研究，在相当长的一段时期内，主要是以辛亥革命为主线，后来逐渐转向立宪运动和清末新政研究，并与辛亥革命的研究鼎足而三，甚至有后来居上而超迈之势。学术研究不断累积推进，这便需要不断地进行学术史的总结。以下拟先对辛亥革命史、立宪运动史、清末新政史的研究做一简要的回顾。

　　关于辛亥革命史的研究，其实早在中华民国肇建之初已经开始，至今已有一百余年的历史。纵观这一百余年来的研究史，大致可以分为三个时期。一是萌芽期，为 1912—1949 年。严格地说，这个时期的辛亥革命史论著，还谈不上理性的学术研究。一方面，当时人记当时事，历史记忆的取舍难免掺杂个人的感情因素。1912 年中华民国成立以后，就相继出版了一些武昌起义史、辛亥革命史、中国革命史、中

华民国史之类的著作，影响较大者有郭孝成的《中国革命纪事本末》、谷钟秀的《中华民国开国史》、高劳（杜亚泉）的《辛亥革命史》、曹亚伯的《武昌革命真史》、左舜生的《辛亥革命史》、张难先的《湖北革命知之录》、冯自由的《中华民国开国前革命史》和《革命逸史》①，等等。这些著作编撰之时，辛亥革命的历史刚刚翻过去，编撰者多为历史的亲历者或见证者，但由于政治背景与个人经历不同，撰述动机各异，以当时人记当时事，难免党同伐异，为自己隐恶扬善，对他人则过于苛求，从而使史实出现偏差甚至歪曲而失真。尽管如此，这些著作仍有保存历史记忆的功能，即便是相互矛盾的记述，也可为后世研究者提供可资利用的史料。

另一方面，现实政治中党派斗争激烈，党派观念与意识形态的宣扬胜于学术理性。辛亥革命推翻清王朝，中国政治出现从专制到共和的转型，是由多种政治力量促成的结果，既有革命派长期坚持不懈的努力斗争，也有立宪派及时的转向与配合，还有旧官僚顺应潮流的反正。这样，在各种政治势力之间，由于政治立场不同，政见各异，对于革命就可能有不同的理解与认识。即使在革命派内部，也因派系有别，衍生利害冲突，而不免歧见互出。例如，尚秉和的《辛壬春秋》②，专记鼎革之际辛亥（1911）、壬子（1912）两年事迹，兼及癸丑（1913）年事；分省记事，各自成篇。作者站在拥护袁世凯的立场上，偏袒立宪派，对革命怀有偏见，时有污蔑与攻讦之词。邹鲁的《中国国民党史稿》③，则是用国民党正统史观撰写辛亥革命史的范本。邹鲁是追随孙中山从事革命的国民党元老，他的革命史观充分反映了

---

① 郭孝成编：《中国革命纪事本末》，上海，商务印书馆，1912。谷钟秀：《中华民国开国史》，上海，泰东图书局，1914。高劳（杜亚泉）：《辛亥革命史》，上海，商务印书馆，1923。曹亚伯：《武昌革命真史》，上海，中华书局，1930。左舜生：《辛亥革命史》，上海，中华书局，1934。张难先：《湖北革命知之录》，上海，商务印书馆，1946。冯自由：《中华民国开国前革命史》上编，革命史编辑社，1928。冯自由：《中华民国开国前革命史》中编，上海，良友图书印刷公司，1930。冯自由：《革命逸史》，上海，商务印书馆，1945—1947。

② 尚秉和：《辛壬春秋》，上海，辛壬历史编辑社，1924。

③ 邹鲁：《中国国民党史稿》，上海，民智书局，1929。

国民党的正统史观。《中国国民党史稿》正是以兴中会、同盟会、国民党、中华革命党、中国国民党的历史演进脉络为主线，叙述中国革命历史。在这个革命叙事框架中，其他革命团体，如兴中会时期的华兴会、光复会、科学补习所、日知会等，同盟会时期的共进会及光复会重建的史实，基本上未曾涉及。对于革命领袖孙中山，则用大量篇幅叙述其思想与活动，而其他革命领袖人物如黄兴、宋教仁、章太炎等，则只做简略的介绍。这种具有浓厚意识形态气味的典型的国民党正统史观，颇为时人及后世学者所诟病，不免使其学术价值大打折扣。曹亚伯的《武昌革命真史》，则是对国民党正统史观进行挑战的显著事例。曹亚伯是湖北革命团体科学补习所、日知会的创办者之一，因受国民党元老胡汉民的排挤，愤而编著《武昌革命真史》。书成以后，南京国民政府要人汪精卫、胡汉民颇不满意，以其有意突出日知会功绩，过分批评其他革命党人，记载失实，甚至讥评孙中山等革命领袖，下令查禁该书，并将未售书籍销毁。

值得注意的是，抗战胜利后，中国共产党的理论家和学者黎澍（黎乃涵）著有《辛亥革命与袁世凯》①，明显有着用袁世凯影射蒋介石的意味，抨击袁世凯就是抨击以蒋介石为首的国民党统治集团，是颇富政论色彩的历史著作。该书是系统地运用马克思主义史学理论方法研究辛亥革命史的开创性成果，对于中华人民共和国成立后大陆学界的辛亥革命史研究有着方法论指导意义。

二是起步期，为1949—1979年。中华人民共和国成立以后，以两大纪念活动为契机，辛亥革命史研究开始在马克思主义史学理论方法的指导下起步。1956年，为纪念孙中山诞辰90周年，毛泽东发表《纪念孙中山先生》一文，充分肯定孙中山为"伟大的革命先行者"，是"中国革命民主派的旗帜"，要"纪念他在辛亥革命时期，领导人民推翻帝制、建立共和国的丰功伟绩"。② 这是无产阶级革命领袖给资产阶级革命家及资产阶级革命的高度评价，从而给孙中山与辛亥革命史

---

① 黎澍（黎乃涵）：《辛亥革命与袁世凯》，香港，生活书店，1948。该书经多次修订，后改名《辛亥革命前后的中国政治》，由人民出版社于1954年出版。
② 毛泽东：《纪念孙中山先生》，1956年11月12日。

的研究定了基调。1961 年，中国史学会与湖北省哲学社会科学联合会在武汉举办了"纪念辛亥革命 50 周年学术讨论会"，有来自全国各地的学者 100 多人与会，提交论文 40 余篇，围绕辛亥革命时期的社会主要矛盾，资产阶级革命派与农民的关系，立宪派的阶级属性，"反满"民族问题，以及会党与新军的成分、性质、作用等问题，展开了热烈的讨论。这是以辛亥革命为主题的第一次全国性的学术盛会，给辛亥革命史的研究带来了蓬勃生机。

在那政治与学术不可分的年代，政治上的松绑激发了相当的学术创造力，学术界出现了一批较有影响的孙中山与辛亥革命史研究著作，如陈旭麓的《辛亥革命》、陈锡祺的《同盟会成立前的孙中山》、李时岳的《辛亥革命时期两湖地区的革命运动》、杨世骥的《辛亥革命前后湖南史事》、吴玉章的《辛亥革命》、林增平的《辛亥革命》①，等等。这些著作都是在新的历史条件下学习与运用马克思主义史学理论方法研究辛亥革命史的尝试性成果。

据不完全统计，1949—1966 年，共出版有关辛亥革命史的书籍 50 余种，发表论文 500 篇左右。这些论著从多个侧面丰富了辛亥革命史研究，如民族资本主义经济的发展、民族资产阶级的性格及其内部阶层结构、资产阶级与工人阶级及农民阶级的关系、人民群众的各种反抗斗争，等等；在历史人物研究方面，既加强了对革命领袖孙中山的研究，也对黄兴、宋教仁、章太炎、秋瑾、陈天华、邹容等著名革命党人进行较深入的探讨；另外，还对国内"反满"民族问题与国际帝国主义的"中立"政策等问题有较实质性的研究。当然，在取得一定成绩的同时，这一阶段的研究也存在一些明显的不足，出现所谓"四多四少现象"：研究个别人物多，研究社会环境少；研究政治方面多，研究经济、文化少；研究革命党人多，研究其他派系少；肯定群众自

---

① 陈旭麓：《辛亥革命》，上海，上海人民出版社，1955。陈锡祺：《同盟会成立前的孙中山》，广州，广东人民出版社，1957。李时岳：《辛亥革命时期两湖地区的革命运动》，北京，生活·读书·新知三联书店，1957。杨世骥：《辛亥革命前后湖南史事》，长沙，湖南人民出版社，1958。吴玉章：《辛亥革命》，北京，人民出版社，1960。林增平：《辛亥革命》，北京，中华书局，1962。

发斗争多，肯定资产阶级领导作用少。这是辛亥革命史研究不够成熟的表征，也是极"左"思想干扰的结果。① 在辛亥革命史研究的起步阶段存在这些不足，并不奇怪。

当辛亥革命史研究刚刚起步的时候，虽然存在一些问题，但成绩还是主要的。这种势头如果顺利发展下去，本来可望有较大的突破，然而好景不长，"文化大革命"发生了，残暴地打断了正常的学术研究。"文化大革命"作为"无产阶级文化大革命"，对于资产阶级的东西自然要"立足于批"，要批倒批臭所谓"资产阶级中心论""资产阶级决定论""资产阶级高明论"。② 这样，作为资产阶级革命性质的辛亥革命史的研究便走火入魔，被歪曲得面目全非。

"文化大革命"以后，学术界开始努力清除"影射史学"的流毒。樊百川发表《辛亥革命是儒法斗争吗?》③，对于用现实政治中的"儒法斗争"概念任意阐释辛亥革命史的现象进行了认真的清算。随后，章开沅发表《辛亥革命史研究的几个问题》④，提倡要打破对资产阶级"立足于批"的精神枷锁，要敢于以马克思主义理论正确地、全面地评价处于上升时期的资产阶级及其代表人物；在人物评价问题上，要打破"路线斗争"框框，还历史以本来面目，绝不能用"一锅煮""一刀切"的办法来评说历史人物；在中外关系问题上，要把帝国主义国家的政府与人民区别开来，要努力阐明世界人民对于中国人民革命斗争的同情和支援。他特别强调要发扬实事求是的优良学风，使辛亥革命史研究走上历史唯物主义的科学轨道，得以繁荣发展。正如章开沅先生所期待的那样，学术界在解放思想与拨乱反正的新形势下，迎来了学术上的"科学的春天"，也迎来了辛亥革命史研究的发展机遇。

---

① 章开沅：《辛亥革命史研究的三十年》，见中华书局编辑部编：《纪念辛亥革命七十周年学术讨论会论文集》下册，2121～2129 页，北京，中华书局，1983。

② 林增平、郭汉民、李育民编：《辛亥革命》，12 页，成都，巴蜀书社，1989。

③ 樊百川：《辛亥革命是儒法斗争吗?》，载《历史研究》1977 年第 1 期。

④ 章开沅：《辛亥革命史研究的几个问题》，载《华中师院学报（哲学社会科学版）》1979 年第 1 期。

　　三是发展期，为 1980 年以后。这是辛亥革命史研究最有成就而又遭遇新的困境的时期。这个时期辛亥革命史研究繁荣的重要表征，是大量学术论著的发表与出版。据统计，1980—2009 年的三十年间，大陆学界发表有关辛亥革命史的研究论文近 10000 篇，出版相关研究著作 500 多种。① 对于辛亥革命这样一个中国近代史的专题研究，在短时间内涌现如此数量庞大的研究成果，确实令人叹为观止。

　　一般学界公认，通史性的辛亥革命史研究的代表作是三套大型著作：章开沅、林增平主编的《辛亥革命史》（三册），李新主编的《中华民国史》第一编《中华民国的创立》（二册），金冲及、胡绳武合著的《辛亥革命史稿》（四卷）。② 这三套著作几乎在相同时期独自完成，在充分论证辛亥革命是资产阶级民主革命性质的共识的前提下，又有各自不同的特色。《辛亥革命史》最显著的特色是建立了一个完整的资产阶级民主革命理论体系。该书从中国资本主义经济的兴起与初步发展入手，阐述了中国资产阶级的形成及其内部阶层结构，并在着力描述复杂的国际背景与国内社会环境的基础上，详细论述了资产阶级革命民主派的思想与活动，从革命宣传、团体组织到武装起义，再到推翻清王朝的封建君主专制统治，建立民主共和国，最终被以袁世凯为首的北洋军阀势力绞杀而走向失败，构建了一个资产阶级民主革命发生、发展、成功与失败的完整体系，力图揭示中国民族资产阶级不可能领导民主革命取得成功的历史规律。《中华民国史》第一编《中华民国的创立》是把辛亥革命作为中华民国史的背景来描述，对于革命的对象清政府有较多的关注，尤其是对于立宪运动的深度研究，是其明显的特色。作为辛亥革命史的通论性专著，该书叙述的重点还是以孙中山为首的资产阶级革命派的活动，包括革命民主思想的传播、革命团体的成立、武装起义的发动及武昌首义与全国响应，以及革命成功

---

　　① 罗福惠、朱英主编：《辛亥革命的百年记忆与诠释》，第 3 卷，144、162 页，武汉，华中师范大学出版社，2011。

　　② 章开沅、林增平主编：《辛亥革命史》，北京，人民出版社，1980—1981。李新主编：《中华民国史》第一编《中华民国的创立》，北京，中华书局，1981—1982。金冲及、胡绳武：《辛亥革命史稿》，上海，上海人民出版社，1980—1991。

与南京临时政府的建立，最终以袁世凯取得临时大总统职位和临时政府北迁作结，描述了中华民国建立的艰难而曲折的历程。与上述两种著作均以多人集体项目的形式完成不同，《辛亥革命史稿》则是两位长期合作默契的作者协力撰述的颇有个性的专著，实属难能可贵。该书虽然也力图描述辛亥革命作为一次资产阶级领导的革命运动的发生、发展、胜利和失败的全过程，但是，充分利用新闻报刊资料，注重一些重大事件的细节描写，思想灵动、文字活泼，是其鲜明的个性特色。

就学术研究主要的问题意识与研究路径来看，这个时期的辛亥革命史研究又大致可以分为三个阶段。

第一阶段为 20 世纪 80 年代，在拨乱反正的背景下，主要探讨的是宏观问题。关于辛亥革命的性质是资产阶级革命，还是如外国学者所谓是"国内民族革命""中国对外国革命"，或者说是士绅革命，甚至有人认为不是革命而只是政治变革，以及台湾学者所谓"全民革命"，刘大年、章开沅等先生撰文进行了精细的辩驳，坚持大陆学者普遍认可的资产阶级革命性质。① 关于辛亥革命时期的资产阶级，1983年，《历史研究》编辑部与复旦大学历史系联合举办了"近代中国资产阶级研究"讨论会，就资产阶级形成的时间及其内部结构等问题争论激烈。对于中国资产阶级形成的时间问题，学者的意见颇为分歧：有说形成的起点在 19 世纪 40 年代，完全形成则在 19 世纪末；有说形成时间是 19 世纪七八十年代到 20 世纪第一个十年；有说从 19 世纪七八十年代开始而完成于 20 世纪初年；有说基本形成于 19 世纪 90 年代；甚至还有学者具体提出近代资产阶级在江苏地区的形成大体上是在1904 年到 1908 年之间。对于中国资产阶级的内部结构问题，意见分歧表现在：是否可以分为官僚资产阶级和民族资产阶级；民族资产阶级是分为上、中、下三个阶层，还是分为上层与中下层两个阶层；在辛亥革命时期，是否革命派代表资产阶级中下层，立宪派代表资产阶

---

① 刘大年：《论辛亥革命的性质》，见《赤门谈史录》，22～121 页，北京，人民出版社，1981。章开沅：《就辛亥革命性质问题答台北学者》，载《近代史研究》1983 年第 1 期。

级上层。① 这些问题不仅是在一次学术讨论会上引起争论，其实在当时学界亦吸引了不少学者的注意力。另外，关于革命派的内部矛盾，关于立宪派在辛亥革命中的作用，关于辛亥革命的成功与失败，等等，都是当时学界积极讨论的重要问题。

　　第二阶段为 20 世纪 90 年代，在"思想家淡出，学术家凸显"的背景下，此时期则进入具体问题的实证研究。在研究方法上，表现为从单纯的政治史转向政治史与社会史相结合的路径。具体而言，近代绅商、商会与新式社团研究颇为引人注目。这方面的代表性著作有朱英的《辛亥革命时期新式商人社团研究》和《转型时期的社会与国家——以近代中国商会为主体的历史透视》、虞和平的《商会与中国早期现代化》、马敏与朱英合著的《传统与近代的二重变奏——晚清苏州商会个案研究》、马敏的《过渡形态：中国早期资产阶级构成之谜》和《官商之间：社会剧变中的近代绅商》，以及桑兵的《晚清学堂学生与社会变迁》和《清末新知识界的社团与活动》②，等等。这些著作是典型的实证性专题研究，不仅拓宽了辛亥革命史研究的领域，引导辛亥革命史研究向纵深发展，而且直接影响了初入学界的新生代学人的研究选题与方法、路径，明显地标志着一代学风的转向。

　　第三阶段即 21 世纪以来，在具体研究形成"学术高原"的背景下，辛亥革命史研究实际上陷入了难以突破瓶颈的新困境。2001 年，在纪念辛亥革命 90 周年的时候，有两套出版物值得注意：一是中山大学近代中国研究中心和孙中山研究所出版的一套"孙中山与近代中国

---

　　①　杨立强、沈渭滨：《"近代中国资产阶级研究"讨论会综述》，载《历史研究》1983 年第 6 期。

　　②　朱英：《辛亥革命时期新式商人社团研究》，北京，中国人民大学出版社，1991。朱英：《转型时期的社会与国家——以近代中国商会为主体的历史透视》，武汉，华中师范大学出版社，1997。虞和平：《商会与中国早期现代化》，上海，上海人民出版社，1993。马敏、朱英：《传统与近代的二重变奏——晚清苏州商会个案研究》，成都，巴蜀书社，1993。马敏：《过渡形态：中国早期资产阶级构成之谜》，北京，中国社会科学出版社，1994。马敏：《官商之间：社会剧变中的近代绅商》，天津，天津人民出版社，1995。桑兵：《晚清学堂学生与社会变迁》，上海，学林出版社，1995。桑兵：《清末新知识界的社团与活动》，北京，生活·读书·新知三联书店，1995。

学术系列"（八种）①，二是华中师范大学中国近代史研究所出版的一套研究辛亥革命的著作（五种）②。这是国内两个颇有影响力的孙中山与辛亥革命研究中心相关学术成果的集中展示。然而，前一套书主要是会议论文集和几位学者关于孙中山研究的专题论文结集，或为应景之作，或为旧文新刊，很难说有新意；后一套书看似新的著作，但明显是为纪念而策划的结果，亦不无即时应景之意，事实上也并没有在学界引起多大反响。这两套书的作者大都是著名的孙中山与辛亥革命史研究的学者，相对于他们此前的相关著作，这两套书实际上并没有突破性的进展，更重要的恐怕只是纪念意义。这是一个明显的信号，表明辛亥革命史研究如何出新，已然成为一个严重的问题。事实上，在 21 世纪里，辛亥革命史研究已有渐趋冷落之势，原来的相关研究者纷纷转向其他领域，新一代学人每每望而却步，已极少再有人以此为研究题目了。如桑兵教授的《庚子勤王与晚清政局》③ 这样具有研究深度的专著的出版，实在可谓异数。2011 年，在辛亥革命 100 周年纪念之时，学界无法回避辛亥革命史研究如何进一步突破的问题，但这确实已经成为一个困扰学界无数学人、百思不得其解的难题。

当辛亥革命史研究遇到难以突破的新困境时，不少学者在反思中往往会逆向思维，提倡加强对革命的对象清政府的研究。事实上，此时清末新政史的研究正如火如荼，与此相关的立宪运动史也颇为引人关注。

---

① 中山大学出版社 2001 年版。这八种著作是：陈胜粦主编的《孙中山与辛亥革命史研究——庆贺陈锡祺先生九十华诞论文集》，林家有、高桥强主编的《理想·道德·大同——孙中山与世界和平国际学术研讨会论文集》，王功安、林家有主编的《孙中山与祖国的和平统一——纪念辛亥革命九十周年学术研讨会论文集》；段云章的《孙中山对国内情势的审视》，李吉奎的《孙中山的生平及其事业》，桑兵的《孙中山的活动与思想》，周兴樑的《孙中山与近代中国民主革命》，林家有的《孙中山与近代中国的觉醒》。

② 华中师范大学出版社 2001 年版。这五种著作是：章开沅、田彤的《张謇与近代社会》，罗福惠的《辛亥时期的精英文化研究》，严昌洪、许小青的《癸卯年万岁——1903 年的革命思潮与革命运动》，马敏的《商人精神的嬗变——近代中国商人观念研究》，朱英主编的《辛亥革命与近代中国社会变迁》。

③ 桑兵：《庚子勤王与晚清政局》，北京，北京大学出版社，2004。

长期以来，立宪运动史与清末新政史的研究，主要是附丽在辛亥革命史之下，作为背景的衬托，或者是作为对立面的角色。大致在 20 世纪 80 年代以后，也就是上述所谓辛亥革命史研究的发展期，立宪运动史与清末新政史的研究才相对独立出来，成为学者直接探究的专题研究对象。总的趋势有三个特点：其一，总体评价由否定到肯定；其二，研究选题由宏观到微观；其三，研究方法由批判论战到理性实证。可以说，这是一个逐渐疏离政治意识形态而回归学术理性的趋势。

关于立宪运动史研究，早在 20 世纪 50 年代末 60 年代初，学界都是从反对革命的角度看待立宪派与立宪运动的，如胡绳武、金冲及合著的《论清末的立宪运动》、李时岳的著作《张謇和立宪派》，以及刘桂五的论文《辛亥革命前后的立宪派与立宪运动》、龚书铎的论文《辛亥革命时期的资产阶级改良派》①，等等。这些论著为数不多，大都是站在革命的立场上，批判立宪派的改良主义道路的反动实质。

20 世纪 70 年代末 80 年代初，在拨乱反正的背景下，学界对立宪派的评价逐步趋向肯定，如杨立强的《青史凭谁判是非——略论辛亥革命前夕的资产阶级立宪派》、耿云志的《论清末立宪派的国会请愿运动》、林增平的《评辛亥革命时期的立宪派》、侯宜杰的《君主立宪派反动论商榷》②，等等。这些论文基本上摈弃了立宪派"反动"的论调，认为把立宪运动说成是反动的政治运动并不妥当，在一定程度上强调了立宪派是革命派同盟军的作用，甚至充分肯定立宪派是一种进步的政治力量。

---

① 胡绳武、金冲及：《论清末的立宪运动》，上海，上海人民出版社，1959。李时岳：《张謇和立宪派》，北京，中华书局，1962。刘桂五：《辛亥革命前后的立宪派与立宪运动》，载《历史教学》1962 年第 8 期。龚书铎：《辛亥革命时期的资产阶级改良派》，载《北京师范大学学报（社会科学版）》1963 年第 4 期。

② 杨立强：《青史凭谁判是非——略论辛亥革命前夕的资产阶级立宪派》，载《复旦学报（社会科学版）》1980 年第 5 期。耿云志：《论清末立宪派的国会请愿运动》，载《中国社会科学》1980 年第 5 期。林增平：《评辛亥革命时期的立宪派》，载《湖南师院学报（哲学社会科学版）》1981 年第 4 期。侯宜杰：《君主立宪派反动论商榷》，见王仲荦主编：《历史论丛》，第 4 辑，济南，齐鲁书社，1983。

　　立宪运动史研究的代表作是 20 世纪 90 年代初出版的两部著作：韦庆远、高放、刘文源合著的《清末宪政史》和侯宜杰的《二十世纪初中国政治改革风潮——清末立宪运动史》。① 《清末宪政史》是一部系统研究清政府预备立宪史而颇有分量的专著。该书虽然在 90 年代初出版，但是作者自称"最早的构思和着手搜集资料，是起于 60 年代初"（第 8 页）。也许正因如此，全书在总体评价上显得较为保守，可算是传统观点的典型代表，其对预备立宪基本上持否定的态度，认为清廷的立宪活动是一幕"丑剧"，预备立宪是一场"骗局"。但是，该书对预备立宪史的具体研究则全面系统，在不少具体问题的研究上有一定的深度。全书共十三章：前两章介绍了西方宪政思想及其在近代中国的传播；第三章至第十三章叙述了清政府 1905—1912 年预备立宪的全过程，注意到了方方面面，如派五大臣出洋考察宪政、改官制、颁布《钦定宪法大纲》和《九年筹备清单》、设立谘议局和资政院、建立皇族内阁、宣布十九信条，等等。这些具体研究为之后的研究奠定了一个实在的基础，可以说，该书是此后有关预备立宪史研究的一本必读参考书。

　　《二十世纪初中国政治改革风潮——清末立宪运动史》则系统地叙述了 20 世纪初中国的政治改革运动，即宪政改革。作者较为严格地区分了"立宪运动"与"预备立宪"两个概念，认为"前者是由立宪派领导的自下而上的群众性爱国民主运动，后者是由清政府推行的自上而下的政治改革运动，而且在奋斗目标、指导思想、方针政策诸方面存在着原则差别"（第 586 页）。但就宪政改革而言，作者又认为"二者是同一问题的两个不同方面"（第 587 页）。因此，作者力图系统地叙述立宪运动与预备立宪的全过程，但主旨似乎还是立宪运动，正如该书的副标题一样。作者早在 20 世纪 80 年代初最早接触立宪这个课题时，就以《君主立宪派反动论商榷》一文对传统观点提出了挑战，之后陆续发表系列论文，如《论清末立宪运动的进步作用》《预备立宪

---

　　① 韦庆远、高放、刘文源：《清末宪政史》，北京，中国人民大学出版社，1993。侯宜杰：《二十世纪初中国政治改革风潮——清末立宪运动史》，北京，人民出版社，1993。

是中国政治制度近代化的开端》① 等，对立宪运动与预备立宪做了正面的研究和积极肯定的评价。该书是作者长期潜心研究的结果，其学术价值不仅在于征引资料丰富，论证具体，有一定的深度，尤其是对立宪运动与预备立宪两者互动关系的研究，为此课题的进一步研究奠定了良好的基础。

　　另外，还有一些关于立宪派重要人物的专题研究与传记著作值得关注，如章开沅的《开拓者的足迹——张謇传稿》、马洪林的《康有为大传》、林克光的《革新派巨人康有为》、董方奎的《清末政体变革与国情之论争——梁启超与立宪政治》、李喜所与元青合著的《梁启超传》、耿云志与崔志海合著的《梁启超》、周秋光的《熊希龄传》②，等等。董方奎的《清末政体变革与国情之论争——梁启超与立宪政治》是有关立宪派领袖人物梁启超的立宪思想与活动的专题研究著作。其他关于张謇、康有为、梁启超、熊希龄等重要立宪派人物的传记著作，都有较大篇幅叙述传主与清末立宪运动的关系，可为观察立宪运动的复杂情形提供多元化视角。

　　21 世纪以来，关于立宪派重要人物及其群体的研究，成为新一代学人撰写博士与硕士学位论文的重要选题。这无疑也是立宪运动仍在吸引学界关注的重要表征。这方面的研究成果，已出版成书的有徐临江的《郑孝胥前半生评传》、蔡礼强的《晚清大变局中的杨度》，以及黄俊军的《湖南立宪派研究》③，等等。未刊者尚有冯素芹的《辛亥革

---

①　侯宜杰：《论清末立宪运动的进步作用》，载《近代史研究》1991 年第 3 期。侯宜杰：《预备立宪是中国政治制度近代化的开端》，载《历史档案》1991 年第 4 期。

②　章开沅：《开拓者的足迹——张謇传稿》，北京，中华书局，1986。马洪林：《康有为大传》，沈阳，辽宁人民出版社，1988。林克光：《革新派巨人康有为》，北京，中国人民大学出版社，1990。董方奎：《清末政体变革与国情之论争——梁启超与立宪政治》，武汉，华中师范大学出版社，1991。李喜所、元青：《梁启超传》，北京，人民出版社，1993。耿云志、崔志海：《梁启超》，广州，广东人民出版社，1994。周秋光：《熊希龄传》，长沙，湖南师范大学出版社，1996。

③　徐临江：《郑孝胥前半生评传》，上海，学林出版社，2003。蔡礼强：《晚清大变局中的杨度》，北京，经济管理出版社，2007。黄俊军：《湖南立宪派研究》，长沙，国防科技大学出版社，2009。

命前后江苏立宪派政治活动评议》、孙训华的《论辛亥革命前后立宪派的心路历程（1906—1913）》、江轶的《清末江苏立宪派宪政活动研究（1905—1911）》、王云的《晚清立宪派研究》、孙祥伟的《东南精英群体的代表人物——汤寿潜研究（1890—1917）》①，等等。这些有关全国立宪派整体、地区立宪派群体及立宪派代表人物的研究，都可以从不同侧面反映清末立宪运动的复杂面相。

值得说明的一点是，清末立宪运动与预备立宪是既相关联而又有不同的两个概念。虽然两者的基本目标都是以和平变革方式实现从君主专制制度向君主立宪制度转型，但运动的主体与路线并不相同。预备立宪是清政府主导的自上而下的宪政改革，是清末新政从体制内变革发展到政治体制变革的必然结果。立宪运动是由立宪派领导的自下而上推动清政府走向宪政改革的运动，是从体制外推动清政府进行政治体制变革的运动，实际上可以说是运动立宪。两者相互作用，相互影响，立宪派发动立宪运动是清政府实施预备立宪的重要推动力量，清政府预备立宪的进度又直接影响立宪运动的进程甚至成败。有鉴于立宪运动与预备立宪这种复杂的关系，以下在介绍清末新政史研究时，如介绍清政府的预备立宪就会必然涉及立宪运动的情形。

关于清末新政史研究，与立宪运动史研究的情形颇有相似之处，也有一个从被忽视、受批判到被肯定、受重视的转变过程。早在"文化大革命"以前，王邦佐发表《试论一九〇一年——一九〇五年清政府的"新政"》② 一文，认为清政府在 1901—1905 年的"新政"，是在镇压义和团运动之后，为了防止和镇压新的革命运动而采取的反动措施，其本质是反动的，是一场"骗局"。这是对清政府新政的完全否定。同

---

① 冯素芹：《辛亥革命前后江苏立宪派政治活动评议》，扬州大学硕士学位论文，2005。孙训华：《论辛亥革命前后立宪派的心路历程（1906—1913）》，河南大学硕士学位论文，2006。江轶：《清末江苏立宪派宪政活动研究（1905—1911）》，华中师范大学硕士学位论文，2008。王云：《晚清立宪派研究》，辽宁师范大学硕士学位论文，2010。孙祥伟：《东南精英群体的代表人物——汤寿潜研究（1890—1917）》，上海大学博士学位论文，2010。

② 王邦佐：《试论一九〇一年——一九〇五年清政府的"新政"》，载《史学月刊》1960 年第 4 期。

样，关于清政府的预备立宪，张天保发表了《清末的"预备立宪"》①一文，认为清政府在 1906—1911 年演出了一场预备立宪的"丑剧"，这是清朝统治者在革命力量迅速发展的情况下，为了抵制革命，挽救其摇摇欲坠的统治而玩弄的"政治骗局"。显然，这也是对清政府预备立宪的完全否定。

"文化大革命"以后，在拨乱反正的背景下，随着改革开放政策的实施，学界对清末新政与预备立宪的评价也渐趋肯定。邓亦兵的《论清末"新政"的历史作用》、张连起的《略论"同光新政"与"清末新政"的异同》、王笛的《清末新政与近代学堂的兴起》、廖一中的《晚清"新政"与天津工业近代化》等论文②，肯定了清末新政具有进步的历史作用，尤其是肯定了其对中国近代化的贡献。朱金元的《清末预备立宪的发生原因及其客观作用》、迟云飞的《预备立宪与清末政潮》、郑大华的《关于清末预备立宪几个问题的商榷》、董方奎的《论清末实行预备立宪的必要性及可能性——兼论中国近代民主化的起点》等论文③，并不认为清政府的预备立宪是一场"骗局"和"假立宪"，而是肯定其为一场来自上层的政治近代化运动，甚至将其提到中国近代民主化起点的高度。

20 世纪 90 年代，有几本宏观论述清末新政的著作值得关注。赵军的《折断了的杠杆——清末新政与明治维新比较研究》④，是一项关

① 张天保：《清末的"预备立宪"》，载《历史教学》1966 年第 2 期。

② 邓亦兵：《论清末"新政"的历史作用》，载《史学月刊》1982 年第 6 期。张连起：《略论"同光新政"与"清末新政"的异同》，载《北方论丛》1984 年第 2 期。王笛：《清末新政与近代学堂的兴起》，载《近代史研究》1987 年第 3 期。廖一中：《晚清"新政"与天津工业近代化》，载《天津社会科学》1988 年 第 2 期。

③ 朱金元：《清末预备立宪的发生原因及其客观作用》，载《学术月刊》1985 年第 2 期。迟云飞：《预备立宪与清末政潮》，载《北方论丛》1985 年第 5 期。郑大华：《关于清末预备立宪几个问题的商榷》，载《史学月刊》1988 年第 1 期。董方奎：《论清末实行预备立宪的必要性及可能性——兼论中国近代民主化的起点》，载《安徽史学》1990 年第 1 期。

④ 赵军：《折断了的杠杆——清末新政与明治维新比较研究》，长沙，湖南出版社，1992。

于清末新政的较为宏观的比较研究。该书从国家政权即政府的角度比较了明治维新与清末新政的异同得失，认为清末新政的失败，主要是由于清政府没有足够的力量领导这场近代化变革运动。张连起的《清末新政史》①，是第一部全面系统讲述清末新政史的著作。该书认为清末新政是一场具有资本主义性质的改革运动，并特别强调清末新政是中国近代史上可与义和团运动和辛亥革命相提并论的"重大事件"，对清末新政的历史作用与历史地位给予充分的肯定评价。郭世佑的《晚清政治革命新论》②虽然不是专门研究清末新政的著作，但是却以约占全书 1/3 的篇幅系统地论述清末新政，并力图揭示其"革命性"意义，把清末新政看作晚清政治革命的一部分，使清末新政在中国政治近代化过程中的意义被特别地突显出来。吴春梅的《一次失控的近代化改革——关于清末新政的理性思考》③，是一部系统论述清末新政的研究性著作。作者从近代化的角度切入，力图揭示清末新政对中国近代化的积极意义，认为清末新政是中国近代化链条上的一个承先启后的不可缺少的中心环节。萧功秦的《危机中的变革——清末现代化进程中的激进与保守》④，是一部研究中国早期现代化的著作，以约占全书 2/3 的篇幅重点论述了"走向现代化的第三次选择"——清末新政。作者充分肯定了清末新政在中国现代化历史上的地位，认为就变革的深度和广度而言，就其对中国此后历史的影响而言，清末新政的重要性均已超过此前的洋务运动和戊戌变法运动。

从以上几本总体性研究著作来看，近代化理论是学者们关于清末新政研究所使用的一种基本理论，清末新政在中国近代化过程中的重要历史地位也已被学界所普遍认同。但是，作为一项历史研究，仅有宏观的理论建构是不够的，还必须有深入具体的实证研究。何况历史

---

① 张连起：《清末新政史》，哈尔滨，黑龙江人民出版社，1994。
② 郭世佑：《晚清政治革命新论》，长沙，湖南人民出版社，1997。
③ 吴春梅：《一次失控的近代化改革——关于清末新政的理性思考》，合肥，安徽大学出版社，1998。
④ 萧功秦：《危机中的变革——清末现代化进程中的激进与保守》，上海，上海三联书店，1999。

研究本来极具复杂性，单一的理论模式也难以揭示复杂多样的历史本相，因此，多角度、多层次、全面具体的实证性研究对于清末新政史的进一步研究而言显得很有必要。事实上，学界本身已有这种自觉，并逐渐从实证研究的角度把清末新政研究引向深入。

值得指出的一点是，关于清末新政概念的认识，已经有了非常大的变化。以前学界一般把 1901—1905 年清政府在政治、经济、军事、文化教育、社会生活等方面的各项变革看作"新政"，而把 1906—1911 年清政府主导的宪政改革叫作"预备立宪"，似乎是两个独立的事件，较少关注两者之间内在的关联性。随着具体研究的深入，学界逐渐取得共识，一般认可清末新政是 20 世纪初年清政府在其统治的最后十余年里所进行的各项改革的总称。这次改革大致可以分为两个阶段：第一阶段涉及政治、经济、军事、文化教育与社会生活等领域的变革，这些变革基本上都是在体制内进行；第二阶段即预备立宪，是政治体制本身的变革，这是前一阶段各项体制内变革发展的必然趋势。这两个阶段有一个历史发展与逻辑演进的过程。起初，清政府也曾试图将改革限制在传统体制之内，但是，当改革的发展将要突破体制的时候，清政府也就不得不考虑进行体制本身的改革，从而开始实行预备立宪。这个认识坚持历史与逻辑的统一，是对清末新政更加全面的总体性观照。

21 世纪以来，在辛亥革命史研究陷入瓶颈之际，学界对于清末新政的具体实证研究取得了较大的突破，发表了大量相关研究成果，在不少专题研究领域获得了新的进展。

这个时期，没有关于清末新政研究的宏观著作，但在一些关于新政的重要人物与群体的研究中，涉及清政府开展新政的决策及其在全国具体实施的全过程。这方面的研究，以重要督抚大臣与督抚群体研究最为引人注目。刘伟的《晚清督抚政治——中央与地方关系研究》①，着重探讨督抚制度在晚清的演变以及中央与地方权力关系的变化，有不少内容涉及督抚与清末新政。贾小叶的《晚清大变局中督抚

① 刘伟：《晚清督抚政治——中央与地方关系研究》，武汉，湖北教育出版社，2003。

的历史角色——以中东部若干督抚为中心的研究》①，主要研究督抚的
文化观念，其中有专章探讨督抚与清末新政。李细珠的《地方督抚与
清末新政——晚清权力格局再研究》②，通过系统考察地方督抚在清末
新政中的思想与活动，多角度地展现了清末政治史与晚清政局演变的
鲜活而丰富多彩的复杂面相，深刻地揭示了在清末新政过程中地方督
抚权力的演变及其与清廷中央集权的关系，力破既往学界"督抚专政"
与"内轻外重"的陈说，提出新颖的"内外皆轻"权力格局说，认为
在辛亥鼎革之际中央与地方权威一并流失，中央无法控制地方，地方
无力效忠中央，清廷中央与地方均不能有效地应对革命，使清王朝走
向覆亡之路，并导致军人势力崛起与军阀政治，直接影响民初政治走
向，为北洋军阀起源的研究提供了全新的思考路径。专门研究督抚个
案与新政的重要论著有以下几部。关晓红的《陶模与清末新政》③ 一
文，论述了两广总督陶模关于废科举、裁宦官、设议院、变官制等方
面的新政主张，及其对清末新政的影响。李细珠的《张之洞与清末新
政研究》④，以制度变革为切入点，着重考察张之洞对清末新政时期各
项制度变革过程中清王朝中央决策的参与及其影响，并以张之洞在湖
北所推行的具体改革作为新政政策实施的例证，以动态地观察清末新
政从决策到实施的全过程。作者充分利用了中国社会科学院近代史研
究所图书馆所藏的"张之洞档案"，以及其他相关史料与著述，从一个
侧面细致地勾画出清末新政时期各项制度变革的历史画卷。张海林的
《端方与清末新政》⑤ 则把端方作为清末渐进主义改革派的代表人物，
系统地论述其新政思想与实践，是督抚与清末新政研究的又一实例。
张华腾的《北洋集团崛起研究（1895—1911）》⑥ 则辟专章论述了直隶

---

① 贾小叶：《晚清大变局中督抚的历史角色——以中东部若干督抚为中心的研究》，上海，上海书店出版社，2008。

② 李细珠：《地方督抚与清末新政——晚清权力格局再研究》，北京，社会科学文献出版社，2012。

③ 关晓红：《陶模与清末新政》，载《历史研究》2003 年第 6 期。

④ 李细珠：《张之洞与清末新政研究》，上海，上海书店出版社，2003。

⑤ 张海林：《端方与清末新政》，南京，南京大学出版社，2007。

⑥ 张华腾：《北洋集团崛起研究（1895—1911）》，北京，中华书局，2009。

总督袁世凯主导的北洋新政——北洋区域早期现代化的方方面面，及其与北洋集团形成的关系。另外，关于留日学生群体在清末新政中的作用，以往学界缺乏系统深入的研究。尚小明的《留日学生与清末新政》①，通过具体考察留日学生在清末筹备立宪、教育改革、新军编练、法制变革等方面的种种活动，充分肯定了留日学生对中国政治、教育、军事、法制等方面的近代化有着积极的贡献。

停废科举是清末新政时期一项影响近代中国至为深远的重大决策。关晓红发表系列论文，深入探讨了停废科举的决策过程，并以刘大鹏、朱峙三两位乡村士子的日记为基本史料，用比较的方法，具体考察了科举停废对士人命运与乡村社会的实际影响，对于所谓科举制度废除与四民社会解体及知识分子"边缘化"颇有关联的观点提出修正，认为传统意义上的"士"阶层在社会结构里虽随科举停废而消失，但众多士子却在诸多渠道中经过重新分化组合而继续掌控着各种权力资源，占据社会权势的重要位置。后来，她又在系列论文的基础上出版专著《科举停废与近代中国社会》。② 张亚群的《科举革废与近代中国高等教育的转型》③，从科举改革与废止的视角，系统考察了近代中国高等教育转型的动力、原因、过程、特征和影响。白文刚的《应变与困境：清末新政时期的意识形态控制》和张小莉的《清末"新政"时期文化政策》④，系统论述了清末新政时期的思想控制与文化政策，弥补了相关研究的薄弱环节。

刘增合的《鸦片税收与清末新政》以鸦片税收与清末新政的关系

① 尚小明：《留日学生与清末新政》，南昌，江西教育出版社，2003。

② 关晓红：《科举停废与清末政情》，载《中国社会科学》2004 年第 3 期；《科举停废与近代乡村士子——以刘大鹏、朱峙三日记为视角的比较考察》，载《历史研究》2005 年第 5 期；《科举停废与近代中国社会》，北京，社会科学文献出版社，2013。

③ 张亚群：《科举革废与近代中国高等教育的转型》，武汉，华中师范大学出版社，2005。

④ 白文刚：《应变与困境：清末新政时期的意识形态控制》，北京，中国传媒大学出版社，2008。张小莉：《清末"新政"时期文化政策》，北京，人民出版社，2010。

为研究对象，为清末新政研究提供了一个崭新的视角。该书着力探讨了晚清鸦片税收的变动趋势及其对新政改革的重大影响，深入分析了鸦片禁政与清末新政之间密切而复杂的关系，并且力图从中透视中央与地方的矛盾，揭示清末政治经济问题的复杂性，深入理解剧烈变动的社会矛盾。随后，刘增合又出版了《"财"与"政"：清季财政改制研究》，深入研究清末新政时期的财政制度改革，着重考察清季财政改制中"变"与"不变"的复杂面相，揭示"财"与"政"在制度变动过程中彼此牵制的动态情景，借此观察政治、财政和知识观念在清季大变动中交互影响的实态。①

有关清政府预备立宪的研究，是这个时期新政研究的重点。高旺的《晚清中国的政治转型——以清末宪政改革为中心》②，是关于宪政改革的总体研究。该书从政治学的视角，将清末宪政改革置于近代中国政治发展的坐标系中，通过对官制改革、地方自治、政治参与、宪政制度创新等方面的具体考察，并与日本明治维新相比较，论述了清末宪政改革的成败得失，及其对晚清中国政治转型和近代中国政治发展的重要影响。迟云飞的《清末预备立宪研究》③，是从清政府的角度系统研究预备立宪的专著，对近代中国立宪思想的发展过程，官方对宪政的认识，清政府推行宪政过程中实行的诸项措施（如中央与地方的官制改革、司法独立、准宪法的颁布、平满汉畛域），以及预备立宪带来的社会变化和影响，特别是对清政府自身命运的影响，做了系统而扎实的研究。

陈丹的《清末考察政治大臣出洋研究》、柴松霞的《出洋考察与清

---

① 刘增合：《鸦片税收与清末新政》，北京，生活·读书·新知三联书店，2005；《"财"与"政"：清季财政改制研究》，北京，生活·读书·新知三联书店，2014。

② 高旺：《晚清中国的政治转型——以清末宪政改革为中心》，北京，中国社会科学出版社，2003。

③ 迟云飞：《清末预备立宪研究》，北京，中国社会科学出版社，2013。

末立宪》与潘崇的《清末五大臣出洋考察研究》①，是对清末五大臣出洋考察政治及其与清廷预备立宪的关系问题的专题研究。彭剑的《清季宪政编查馆研究》②，则专门研究了号称清末"宪政枢纽"的机构宪政编查馆。这些著作提供了清廷预备立宪决策及其运作的一般情形。

在中央政府机构与官制改革方面，清末新政时期中央机构改革过程中设立的新部门，是值得深入研究的课题。关晓红对于学部的研究具有开拓性意义，其《晚清学部研究》③ 一书对于学部的渊源流变、机构设置、职能权限、人事关系、经费筹措与管理制度等方面进行了全面系统的研究，着重论述了学部在发展近代中国文化教育事业及社会政治变革方面的作用。苏全有的《清末邮传部研究》④ 则对邮传部的成立背景、官制、机构、经费、规章管理、职掌等制度层面做了系统研究，重点论述了该部在发展中国交通事业和回收利权方面的事功，尤其是对其政策决策做了深入检讨和重新审视。王奎的《清末商部研究》⑤ 则具体研究了商部与农工商部的组织机构与具体运作，及其在清末新政时期振兴农工商业经济的举措与作用。

关于地方官制改革的研究，关晓红在发表有关督抚衙门结构与外官制改革的系列论文的基础上，出版了专著《从幕府到职官：清季外官制的转型与困扰》⑥，系统考察清季改制中新旧体制的复杂纠葛，认为清末官制变革，将原来"内外相维"的格局改为上下贯注，是近代政体转型的重要内容；改制的总体目标是仿照西方，由君主专制向君主立宪制过渡，清廷试图通过官制改革奠定立宪的官治基础，进而刷新吏治，提挈政纲；可是改制反而导致统治秩序严重失范，社会矛盾

---

① 陈丹：《清末考察政治大臣出洋研究》，北京，社会科学文献出版社，2011。柴松霞：《出洋考察与清末立宪》，北京，法律出版社，2011。潘崇：《清末五大臣出洋考察研究》，北京，中国社会科学出版社，2014。

② 彭剑：《清季宪政编查馆研究》，北京，北京大学出版社，2011。

③ 关晓红：《晚清学部研究》，广州，广东教育出版社，2000。

④ 苏全有：《清末邮传部研究》，北京，中华书局，2005。

⑤ 王奎：《清末商部研究》，北京，人民出版社，2008。

⑥ 关晓红：《从幕府到职官：清季外官制的转型与困扰》，北京，生活·读书·新知三联书店，2014。

急剧尖锐，清廷速亡；其弊端主要是君臣上下只顾一己之私，阻挠改革，不能回应社会各方面的利益诉求，结局也与他们的预期相去悬殊。刘伟、彭剑、肖宗志合著的《清季外官制改革研究》①，从外官制改革所带来的权力结构变化出发，分别探讨立法、司法、地方自治各个方面的改革，揭示其制度设计与实施样态的差距及其成效和影响；探究各级政府的行政改革样态，包括机构的增设、调整、改制，以及随之而来的官员职能变化，并从改革中各方利益的争论和冲突中揭示改革的实际走向；探讨伴随着外官体制改革而开始的官员选任制度、考核监察制度、俸禄制度的变化，以期全方位地展现外官制改革的整体面貌。

另外，马小泉的《国家与社会：清末地方自治与宪政改革》②，从社会政治结构和政治发展的角度，系统地考察了清末地方自治运动，尤其着重考察了清政府在地方自治问题上的政策与措施以及清末地方自治在中国早期地方政治现代化历程中的地位和影响，有助于对中国早期现代化和宪政改革的认识与理解。魏光奇的《官治与自治：20世纪上半期的中国县制》③ 则对清末县制改革有较深入的研究，提供了基层行政改革研究的实例。

关于法制改革，法史学界的研究成果值得关注。借鉴与移植西方近代法律制度，是晚清法制改革的主要内容。张德美的《探索与抉择——晚清法律移植研究》④ 对晚清法律移植问题进行专题研究，系统地探讨了晚清法律移植的背景与原因，并从法理移植、司法移植、立法移植三方面对晚清法律移植的具体实践进行了全面论述。王健的

① 刘伟、彭剑、肖宗志：《清季外官制改革研究》，北京，社会科学文献出版社，2015。

② 马小泉：《国家与社会：清末地方自治与宪政改革》，开封，河南大学出版社，2001。

③ 魏光奇：《官治与自治：20世纪上半期的中国县制》，北京，商务印书馆，2004。

④ 张德美：《探索与抉择——晚清法律移植研究》，北京，清华大学出版社，2003。

《沟通两个世界的法律意义——晚清西方法的输入与法律新词初探》①，
以西方法律词语的输入及其对中国法律新词的影响为研究对象，考察
了晚清时期西方法输入中国诸问题，以及日本化的西方法律词语流入
中国的途径及其对建构中国近代法的重大影响等方面。卞修全的《立
宪思潮与清末法制改革》②，考察了清末立宪思潮的兴盛及其对清末制
宪、修律与司法制度改革的推动作用。尤志安的《清末刑事司法改革
研究——以中国刑事诉讼制度近代化为视角》③，从中国刑事诉讼制度
近代化的角度，系统论述了清末刑事司法改革的原因、过程和影响。
李启成的《晚清各级审判厅研究》④ 则具体研究了晚清各级审判厅成
立与运作的过程，从程序与实体两方面分析了各级审判厅对传统司法
审判制度的突破，及其在运作过程中所面临的困境。张从容的《部院
之争：晚清司法改革的交叉路口》⑤ 则对清末司法改革过程中法部与
大理院关于司法独立、政治资源重新分配、相互职能分工等方面的问
题进行了专门研究。高汉成的《签注视野下的大清刑律草案研究》⑥，
具体考察了清朝中央各部院与地方督抚有关《大清刑律草案》的各种
签注，及其对《大清刑律》制定的影响与作用。谢如程的《清末检察
制度及其实践》⑦，从制度、实践、理念三个层面立体地描述了清末检
察制度运作的基本情形。陈煜的《清末新政中的修订法律馆——中国

---

①　王健：《沟通两个世界的法律意义——晚清西方法的输入与法律新词初
探》，北京，中国政法大学出版社，2001。

②　卞修全：《立宪思潮与清末法制改革》，北京，中国社会科学出版社，
2003。

③　尤志安：《清末刑事司法改革研究——以中国刑事诉讼制度近代化为视
角》，北京，中国人民公安大学出版社，2004。

④　李启成：《晚清各级审判厅研究》，北京，北京大学出版社，2004。

⑤　张从容：《部院之争：晚清司法改革的交叉路口》，北京，北京大学出版
社，2007。

⑥　高汉成：《签注视野下的大清刑律草案研究》，北京，中国社会科学出版
社，2007。

⑦　谢如程：《清末检察制度及其实践》，上海，上海人民出版社，2008。

法律近代化的一段往事》①，是对清末新政时期法制改革主导机构修订法律馆的专题研究。

关于地方新政研究，董丛林等的《清末直隶新政研究》与《清季北洋势力崛起与直隶社会变动》，以及徐建平的《清末直隶宪政改革研究》②，具体研究了首善之区直隶的新政与宪政。沈晓敏的《处常与求变：清末民初的浙江谘议局和省议会》③，是浙江谘议局的个案研究。刁振娇的《清末地方议会制度研究——以江苏咨议局为视角的考察》④则以江苏谘议局为例，考察了清末地方议会制度的理想与实验，及其成败得失。

清末新政有待深入研究的问题不少，其中关于边疆地区的新政研究更是薄弱环节。赵云田在发表相关研究系列论文的基础上，出版了《清末新政研究——20世纪初的中国边疆》⑤ 一书，对于东北、内蒙古、新疆、西藏等边疆地区在清末新政时期关于政治、经济、军事、文化教育等方面的改革举措及其经验教训，进行了较为全面系统的探讨，在一定程度上弥补了相关研究的薄弱环节，并为学术界的进一步研究奠定了良好的基础。

与辛亥革命史、立宪运动史的研究相比，清末新政史研究起步相对较晚，但发展势头迅猛。尤其是21世纪以来，随着研究时段的下移，当不少近代史研究领域的研究者纷纷转向民国史的研究时，清末新政史研究却成了晚清史研究的一个热点。清末新政史的研究领域逐渐拓展，专题研究不断深入，相继出版和发表了大量较高水平的研究

---

① 陈煜：《清末新政中的修订法律馆——中国法律近代化的一段往事》，北京，中国政法大学出版社，2009。

② 董丛林等：《清末直隶新政研究》，石家庄，河北人民出版社，2002。董丛林、徐建平等：《清季北洋势力崛起与直隶社会变动》，北京，科学出版社，2011。徐建平：《清末直隶宪政改革研究》，北京，中国社会科学出版社，2008。

③ 沈晓敏：《处常与求变：清末民初的浙江咨议局和省议会》，北京，生活·读书·新知三联书店，2005。

④ 刁振娇：《清末地方议会制度研究——以江苏咨议局为视角的考察》，上海，上海人民出版社，2008。

⑤ 赵云田：《清末新政研究——20世纪初的中国边疆》，哈尔滨，黑龙江教育出版社，2004。

论著，积累了非常丰富的专题研究成果，但令人遗憾的是，至今仍然缺乏一部全面系统叙述清末新政整体历史的高水平的代表性著作。学界期待着这样一部有分量的通史性的《清末新政史》出现。

## 二、研究范式转变的利弊得失

关于清末最后十余年历史的研究，有一个明显的从革命史研究到现代化研究的范式转变问题。其原因与时代变迁及近代史研究的学术背景密切相关。不同的研究范式，在方法上有不同的切入点，在内容上有不同的研究重点，在价值判断上有不同的评判标准。其利弊得失是值得认真总结的。诸如辛亥革命史研究的淡化与边缘化、清末新政史与立宪运动史研究成为热点，以及所谓"告别革命"、把清帝退位解释为"光荣革命"等论调，均需要进行学理上的检讨。

中国近代史研究中的"现代化范式"与"革命史范式"并不是新东西，其源头至少可以追溯到 20 世纪 30—40 年代，蒋廷黻与范文澜的同名著作《中国近代史》分别是这两种范式的典型代表作。这两种范式的产生是特定时代社会政治的产物，其在学界的影响与命运也同时代的变迁与社会政治的转型密切相关。张海鹏先生认为："从整体上来说，20 世纪中国政治的演变对中国近代史研究的演进影响最大。20 世纪中国近代史研究的研究取向的变化，折射着 20 世纪中国社会历史本身的变迁，尤其是折射着 100 年来中国社会政治思潮的起伏涨落。综观 20 世纪中国近代史研究，每一时期占支配地位的对中国近代史的总体判断，主要地不是来自学术本身，而是来源于对当时中国现状与未来走向的判断。每一时期的社会政治思潮、政治意识形态和普遍的社会政治心理，往往构成这一时期中国近代史研究的学术话语和基本概念。这种学术话语所形成的学术氛围，规定和控制着中国近代史研究的方向，左右着中国近代史研究'范式'的命运。"[1] 可见学术与现实政治密不可分，往往会自觉或不自觉地受政治的影响。正是由于时

---

① 张海鹏：《20 世纪中国近代史学科体系问题的探索》，见《东厂论史录：中国近代史研究的评论与思考》，21 页，广州，广东人民出版社，2005。

代与政治的因素，长期以来，大陆学界的中国近代史研究主要还是遵从革命史范式。直到 20 世纪 70 年代末 80 年代初，在改革开放、以经济建设为中心的形势下，现代化问题一时成为国人关注的焦点，自然也影响到中国近代史研究的学术取向。1987 年，岳麓书社以"旧籍新刊"的方式，重印蒋廷黻的《中国近代史》，陈旭麓先生在"重印前言"中写道："要以'近代化'来改变'中古'的面貌，这是历史的逻辑。蒋廷黻在历史的推进中感知了这个逻辑，所以也就能触到近代中国的这个总要求。"① 这是对现代化范式的充分肯定。

20 世纪 90 年代初，随着社会主义市场经济的推行，现代化理论更是学界的时髦话语。大概就是在这个时候，中国近代史研究领域开始发生革命史范式与现代化范式的转变。需要说明的一点是，这个范式转变，并不是用现代化范式取代革命史范式，而实际上是用现代化范式补充革命史范式。"范式"一词来自美国，无论其原意如何，中国学者使用到中国近代史研究上时是有变异的。除了极少数学者走向极端以外，在一般中国学者看来，现代化范式与革命史范式并不对立，只是在观察中国近代历史进程时各有偏重而已，其实毋宁说这两种范式具有互相补益的功效。具体到对于清末十余年历史的研究，以往学界主要是以辛亥革命史为主线，这显然是以革命史范式为主导，在引进现代化范式后，清末新政史与立宪运动史便也受到应有的重视。对于这段历史的观察，没有谁会主张可以用清末新政史与立宪运动史取代辛亥革命史。即使"告别革命"论者，也只是企图否定革命的历史价值，而并不能漠视辛亥革命的历史存在。

在革命史范式与现代化范式转变的情形下，学界出现的一个基本状况是：辛亥革命史研究逐渐淡化与边缘化，清末新政史与立宪运动史研究成为热点。

长期以来，在革命史范式主导下，辛亥革命史研究取得了长足进展，出版和发表了大量令人瞩目的研究成果。据章开沅先生的观察，辛亥革命史研究的发展势头，在 20 世纪 80 年代后期就出现明显下降

① 蒋廷黻：《中国近代史》，4 页，长沙，岳麓书社，1987。

趋势，其中最重要的原因有二："一是文化史研究热和现代化研究，吸引了部分辛亥革命史研究者，分散了他们的精力；二是辛亥革命史研究已经达到相当高度（所谓'学术高原'），如想有进一步发展与重大突破，需要有一段时间的重新积累与探索。"① 章先生观察到的现象，正是用革命史范式研究辛亥革命已经难以突破，因而开始向现代化范式转变的情形。其中有一个趋势值得注意，随着研究范式的转变与研究方法的更新，关于辛亥革命的研究，逐渐由政治史向社会史、文化史等研究领域渗透与扩展，为认识这个重要的政治事件提供了新的视角。正如严昌洪、马敏二位先生在展望 21 世纪的辛亥革命史研究时，提出"有可能实现由单一的政治史研究范式向'总体的'、'综合的'社会史研究范式转换"的观点。② 实际上，辛亥革命史研究由政治史向社会史转变，既是研究视角的延伸，但同时也是其边缘化的表征。如前所述，21 世纪以来，当辛亥革命史研究陷入了难以突破的瓶颈时，一方面是很少再有学者用革命史范式研究辛亥革命，另一方面是用现代化范式研究与辛亥革命相关的清末新政史与立宪运动史的学者逐渐增多。

　　随着现代化范式日益受到学界重视，当革命史研究日趋淡化与边缘化时，改革史的研究则备受学界关注，并有渐成细化与深化之势。立宪运动史，尤其是清末新政史，本是晚清政治史研究中的薄弱环节，近年来逐渐成为研究热点。应该说，在进一步揭示辛亥革命历史意义的同时，加强对清末新政与立宪运动的充分研究，将更加有助于认识清末最后十余年那段复杂多样的历史。

　　从革命史范式向现代化范式的转变，可能使历史认识更加丰满，更加完善，但与此同时，如果走向极端，就可能发生贬低甚至否定革命的偏差，以下所述"告别革命"论与"光荣革命"论是两个典型的事例。

　　20 世纪 90 年代中期，学界出现一种"告别革命"论，其中重要

---

　　① 　章开沅：《50 年来的辛亥革命史研究》，载《近代史研究》1999 年第 5 期。
　　② 　严昌洪、马敏：《20 世纪的辛亥革命史研究》，载《历史研究》2000 年第 3 期。

的一环就是要否定辛亥革命。论者有谓："二十世纪中国的第一场暴力革命，是孙中山领导的辛亥革命。当时中国可以有两种选择，一是康、梁所主张的'君主立宪'之路；一是孙中山主张的暴力革命的道路。现在看来，中国当时如果选择康、梁的改良主义道路会好得多，这就是说，辛亥革命其实是不必要的。"① 这种论调的产生，有特定的政治背景，并在学界有一定的影响。改良与革命是近代中国历史发展的两条道路。立宪运动与清末新政均属于改良的范畴，是立宪派与清政府主导的试图挽救清王朝命运的和平发展道路，最后都以失败告终。如"告别革命"论者所谓，如果没有辛亥革命，中国按照立宪派的改良主义道路和清政府新政改革的方向，可以更好地和平发展，从而完全否定辛亥革命的历史价值。其实这只是假设。客观历史事实是，立宪运动与清末新政的道路均没有走通，最终是辛亥革命以暴力推翻了清王朝。这不是革命出了问题，而是立宪运动与清政府的新政出了问题。对于清末新政的结局，时人即有颇为敏锐的观察。御史胡思敬曾痛切陈言，"朝廷力行新政，原以图富图强图存，而不料转以速贫速乱速亡"②，确实并非危言耸听。对于清廷预备立宪的命运，时人也有惊人的预测。例如，第二次出洋考察宪政大臣于式枚曾预言："行之而善，则为日本之维新，行之不善，则为法国之革命。"③ 不幸而言中，这真成了清末新政与立宪结局的谶语。历史是无比的残酷，又是无比的鲜活，任何抽象的关于改良与革命的好坏的谈论都没有意义。改良是温和的革命，革命是激进的改良。究竟应当进行温和的改良还是激进的革命，是由具体的历史条件决定的，这并不以任何人的主观意志为转

---

① 李泽厚、刘再复：《告别革命：回望二十世纪中国》（第 5 版），103 页，香港，天地图书有限公司，2004。按：该书 1995 年出版第 1 版，作者在第 5 版前言中特别声明："除了增加新篇（辑六：若干提问）之外，我们对原来版本的内容，一字不改，全部保持原样。"

② 胡思敬：《请罢新政折》（宣统二年五月二十日），见《退庐疏稿》卷 2，43 页，南昌，问影楼，1913。

③ 《考察宪政大臣于式枚奏立宪必先正名不须求之外国折》，见故宫博物院明清档案部编：《清末筹备立宪档案史料》上册，337 页，北京，中华书局，1979。

移。也许从政治稳定、社会和谐的角度看，告别未来的革命确实是善良的主观愿望，但要告别历史上已经发生过的革命，从逻辑与事实上都是不可能的。今天对辛亥时代的反思，与其老是纠缠于革命出了什么问题，还不如深入探究改良的道路为什么就走向了死胡同。清末新政与立宪的目标本有消弭革命的意图，但结果却不可避免地走向了革命，这才是最值得今人高度警惕与深刻反思的问题。

2011 年，在纪念辛亥革命 100 周年之际，法学界有人翻出尘封百年的《清帝逊位诏书》，把清帝退位描述为中国版的"光荣革命"。论者试图从政治宪法学的视角，阐述《清帝逊位诏书》的宪法性意义，认为逊位诏书虽然不是一个形式完备的宪法文本，但它总结和承载了晚清以来若干次或被动或主动的改良立宪运动，有效地节制了革命激进主义的潮流，弥合了革命造成的历史裂痕，正是《清帝逊位诏书》和《中国民国临时约法》共同构成和发挥了现代民国的宪法精神。这种从政治宪法学观察历史的视角，对于历史学确实不无启发意义，但其用法理上的逻辑推演剪裁客观历史事实，立论高玄，并不可靠。其致命的问题有二。一是生造历史事实。比如，为了论证袁世凯是"中华民国之父"，生造一个 1912 年 2 月 13 日与南京临时政府同时存在的北京临时共和政府，认为："在 1912 年 2 月 13 日这样一个历史时点，中国事实上存在南北两个共和政府。"实际上，清帝 2 月 12 日宣布退位后，清政府并没有变成共和政府，2 月 13 日袁世凯也没有组织新的共和政府，那么这个所谓"北京临时共和政府"从何而来？显然是无中生有。后来袁世凯组织的北京临时政府就是对孙中山南京临时政府的继承，这两个临时政府都是中华民国临时政府，只存在承继关系，而没有合并事实，孙中山与袁世凯相继出任中华民国第一、第二任临时大总统，怎么能说袁世凯是"中华民国之父"呢？二是法理逻辑混乱。比如，在批判冯玉祥驱逐溥仪时说："当军阀冯玉祥用刀枪把逊位清帝赶出故宫之时，这件标志性的武力行为不但严重违背了逊位诏书的宪法性法律，而且也斩断了中华民国与传统帝制之间曾经通过逊位诏书所发生的契约性联系，斩断了两个政治体之间的最后脐带，把这个王室所可能维系的传统文明之尊仪和光荣一起彻底消灭了。"且不追问袁世凯洪宪帝制与张勋拥溥仪复辟是否"严重违背了逊位诏书的宪法性法律"，就其对冯玉祥的批判来说，据此，是否所谓《清帝逊位诏书》就失去了效力呢？那么此后的中华民国是否就没有承继清朝法统的合法性了呢？可是，论者在赞颂《清帝逊位诏书》的价值时，又说"我们的两个共和国（中华民国与中华人民共和国）正在分享着这份富有生命的遗产而不自知"。如果冯玉祥已经"斩断""彻底消灭"云云，这份遗产又如何"富有生命"而后人又如何"分享"呢？在历史事实与法理逻辑都不可靠的基础上，再眩人耳目的玄思妙想也只是虚无缥缈的空中楼阁。其实，真正关键的问题是，论者的意图还是要贬低革命。比如，论者虽然标榜"并不是要全然否定辛亥革命的意义"，却高度赞颂所谓"和平禅让"，认为"以《逊位诏书》这份契约性文件所规定的清帝逊位，是中国历史上的一个伟大事件，标志着中国历史的古今之变以一种中国版的'光荣革命'形式完成了承上启下的历史性转型"，并一再说"革命激进主义的可怕后果""革命激进主义也好不到哪里"，最露骨的是对"国民革命"或"大革命"的丑诋，有谓："上个世纪 20 年代发端的大革命潮流，是民国宪制失败最为微妙而丑陋的写照。"[1] 论者声称要用《清帝逊位诏书》"安顿"革命，但不知究竟把革命"安顿"至何处？可见，所谓"光荣革命"论者抬出《清帝逊位诏书》，实际上无异于"告别革命"论的借尸还魂。这种历史与逻辑不相统一的非历史主义的论调，无论如何花样翻新，徒能混淆是非，而对学术研究并无助益。

现代化范式的引入，使得关于立宪运动与清末新政的研究已基本上进入较为规范的学术研究领域，但是也有其明显的不足之处，就是对立宪运动与清末新政在总体评价上不甚客观，有故意拔高而走向另一个极端的倾向。其实，人为地以贬低辛亥革命来抬高立宪运动与清末新政的做法，从纯粹学术研究角度来看，并不是客观的历史主义的态度，是片面而不可取的。深入研究立宪运动与清末新政的前因后果，剖析立宪与新政改革失败的深刻的历史原因，有助于客观公正地

---

[1]　以上引述有关内容参见高全喜：《立宪时刻：论〈清帝逊位诏书〉》，22、54、73～75、98、100、102、115、153 页，桂林，广西师范大学出版社，2011。

理解那段历史，从而有效地抵制一切非历史主义的观点。

## 三、几个新的研究趋向

纵论中国近代史研究，如果说 20 世纪 70 年代末 80 年代初曾经获得新生，那么，90 年代便开始了一个学风的重要转向。有一种比较流行的说法是：20 世纪 90 年代"已成为一个'思想家淡出，学术家凸显'的时代，学术界的时尚已不再以谈论思想的新奇为高，而以论'学术功底'为尚"[①]。如果把这种现象理解为一个学术研究风向的转轨，那么，其趋向实证的结果可能会更加切合学术本身理性、深沉的品格，而使学术研究获得真正的发展。关于清末十余年新政、立宪与革命历史的研究，正深受此种学术风气之影响。回顾及此，有以下五个值得注意的新趋向。

一是关注新政、立宪与革命三者之间互动关系的研究。这不是三个孤立的事件，而是紧密相关、相辅相成、互相作用的三大政治运动。学术界关于清末最后十余年历史的研究，在相当长的一段时期内，主要是以辛亥革命为主线。诚然，从历史进程的角度考察，将清末最后十余年政权更替的历史纳入革命史的框架本亦无可厚非，辛亥革命作为一次致力于民族独立和国家富强的民主革命运动，无疑是当时历史的一根最基本的主线；但是，从政治结构变动的角度来看，这个时期还是一个中国政治由传统到近代的转型时期，政治近代化在革命的过程中发生，使历史更具复杂性。因此，对于清末新政与立宪运动的研究，不能只是为辛亥革命史的叙述做铺垫。事实上，正是新政、立宪与革命三方面之间的互动关系，对于清末乃至民初中国政治的新走向有着决定性的影响。新政、立宪与革命之间的互动关系错综复杂，使清末最后十余年的历史构成了一幅丰富多彩的历史画卷。历史的多样性不能化约为单一的线条。在叙述这段历史的时候，如果在考察革命史的同时，能够充分关注新政与立宪的历史，尤其是能够揭示新政、

---

[①]　马勇：《50 年来的中国近代历史人物研究》，载《近代史研究》1999 年第 5 期。

立宪与革命三者之间的互动关系，那么，历史认识将会更加全面系统，也更加接近历史的真实。

二是继续加强清末新政研究，可望在专题研究的基础上，写出一部全面系统叙述清末新政整体历史的高水平的代表性著作《清末新政史》。清末新政是一场涉及政治、经济、军事、法制、文化教育、社会生活等多方面的改革运动。关于清末新政各个领域的具体研究，一个明显的特点是不平衡性：个别问题探讨较为深入，大多数问题的研究显得相当薄弱。这不仅仅是一个论著数量多少的问题，而是一个从根本上缺乏深度的表现。可以说，清末新政研究还只是处于一个刚起步的初级阶段：一方面还存在不少问题，另一方面还有许多问题亟待深化研究。诸如清政府实施清末新政的内外动因，新政从决策到实施的动态过程，地方新政的区域性比较研究，以及列强与新政的关系，等等，都是值得深入研究的问题。清末新政研究的领域非常广阔，研究的广度和深度都可以进一步拓展，新政的价值与意义需要更多深入具体的实证性研究来阐释和证明。

三是加强制度史的研究，从事件史研究回归制度史研究。制度史研究本来可以说是中国史学的重要传统，但在相当长的一段时期内，学术界侧重事件史，而对此传统有所背离，现在是回归的时候了。在某种意义上可以说，清末最后十余年正是从传统到现代的制度变革与转型的关键时期，制度变革与转型无疑是这段历史研究的一个核心内容，但以往学术界的相关研究却相当薄弱。无论是辛亥革命史研究，还是立宪运动史与清末新政史研究，相关制度史研究都是一个亟待加强而且大有可为的领域。

四是关注制度转型与社会变迁的研究。清末新政、立宪与革命的最直接的后果是制度转型，与此紧密相关的是社会变迁。制度转型如何影响社会变迁，这是值得深入研究的问题。事实上，任何政治事件都不是孤立的现象，政治史的研究当然也不应该孤立地进行，因此跨领域的研究便显得非常必要。要充分把握政治史与社会史相结合的研究路径，关注国家与社会的互动关系。一方面，从政治史与社会史相结合的角度研究清末新政、立宪运动与辛亥革命等政治事件，可以获得全新的观察视角；另一方面，走出单纯事件史的路径，充分关注国家与社会的互动关系及其演变态势，将有一片更加广阔的天地，使原本纷繁复杂的历史尽显其丰富多彩的本相。

五是关注清朝灭亡史的研究。这不仅仅是一个革命的问题，从清政府新政的角度，有许多值得总结的经验教训。清末新政是近代中国比较全面地向西方学习走现代化道路的初始阶段，其最深刻的历史教训是，没有完成从体制内各项改革向政治体制改革的转型，也就是说，以预备立宪为中心的政治体制改革的失败，是清末新政失败的关键。全面系统地总结清末新政的经验教训，对当今改革事业不无借鉴意义。一方面，清末新政是中国向西方学习走现代化道路的重要阶段，其各方面变革的广度和深度均超过了此前的洋务运动与戊戌变法，积累了中国现代化建设所必需的经验；另一方面，清末新政的目标本是挽救清王朝，结果却使清王朝走向覆亡之路，其失败的教训是深刻的，值得后人认真总结和吸取。

当然，可能还有许多值得研究的问题，需要继续探究。即便如辛亥革命史研究，虽然已经达到所谓"学术高原"的高度，但也并没有到山穷水尽的地步。章开沅先生在辛亥百年之际提出"三个一百年"说："即 100 年历史背景，100 年的历史本身，都需要通盘研究，同时还要进行未来 100 年的展望。"① 其实，辛亥革命的最大历史贡献在于推动中国政治从君主专制向民主共和转型，这种永远彪炳史册的功绩，在中国历史上的意义将历久而弥新，只要中国历史还存在，就有不断深入研究的价值。再诡谲喧嚣的历史总会悄无声息地消逝，而艰难寂寞的历史研究却有永远画不完的句号。

原刊《史学月刊》2013 年第 2 期，稍有增补

---

① 章开沅：《辛亥百年遐思》，载《近代史研究》2011 年第 4 期。

# 参考文献

## 一、未刊档案文献

1. 中国第一历史档案馆藏朱批奏折、录副奏折、电报档，见国家清史编委会网上工程：中华文史网（http://www.qinghistory.cn）

2. 中国社会科学院近代史研究所图书馆藏：《张之洞档案》，甲182—490；《奏折丛钞》（光绪三十二年至宣统二年），乙F39；《时务汇录》，乙F99

## 二、报纸杂志

1. 《大公报》

2. 《大共和日报》

3. 《大韩每日申报》/《每日申报》

4. 《大同白话报》

5. 《大自由报》

6. 《东方杂志》

7. 《国风报》

8. 《汉口中西报》

9. 《皇城新闻》/《汉城新闻》

10. 《民立报》

11. 《申报》

12. 《神州女报》

13. 《盛京时报》

14. 《时报》

15. 《天铎报》

16. 《新纪元报》

17. 《震旦》

18. 《正宗爱国报》

19. 《政治官报》/《内阁官报》

20. 《中国同盟会杂志》（同盟会广东支部）

21. 《中国新报》

## 三、已刊文献资料

1. 爱新觉罗·溥仪：《我的前半生》，北京，群众出版社，1996

2. 爱自由者金一：《女界钟》，上海，大同书局，1903

3. 北京市档案馆编：《那桐日记》，北京，新华出版社，2006

4. 渤海寿臣辑：《辛亥革命始末记》，见沈云龙主编：《近代中国史料丛刊》，第42辑（420），台北，文海出版社，1969

5. 《参议院会议速记录》，北京，1912

6. 《参议院议决案汇编》，南京，1912

7. 《参议院议事录》，南京，1912

8. 曹汝霖：《一生之回忆》，香港，春秋杂志社，1966

9. 岑春煊：《乐斋漫笔》，见荣孟源、章伯锋主编：《近代稗海》，第 1 辑，成都，四川人民出版社，1985

10. 陈夔龙：《梦蕉亭杂记》，上海，上海古籍书店，1983

11. 陈天锡编：《戴季陶先生文存·三续编》，台北，国民党党史会，1970

12. 陈旭麓、顾廷龙、汪熙主编：《辛亥革命前后——盛宣怀档案资料选辑之一》，上海，上海人民出版社，1979

13. 陈旭麓主编：《宋教仁集》，北京，中华书局，1981

14. 戴鸿慈：《出使九国日记》，长沙，岳麓书社，1986

15. 戴天仇（季陶）：《天仇文集》，上海，《民权报》，1912

16. 邓实辑：《光绪丁未（卅三年）政艺丛书》，见沈云龙主编：《近代中国史料丛刊续编》，第 28 辑（276），台北，文海出版社，1976

17. 丁守和主编：《辛亥革命时期期刊介绍》，北京，人民出版社，1982—1987

18. 丁文江、赵丰田编：《梁启超年谱长编》，上海，上海人民出版社，1983

19. 东方杂志社编：《民国职官表》，见沈云龙主编：《近代中国史料丛刊续编》，第 86 辑（860），台北，文海出版社，1981

20. 杜春和编选：《辛亥滦州兵谏函电选》，见中国社会科学院《近代史资料》编辑部编：《近代史资料》总 91 号，北京，中国社会科学出版社，1997

21. 杜春和、林斌生、丘权政编：《北洋军阀史料选辑》，北京，中国社会科学出版社，1981

22. 端方：《端忠敏公奏稿》，1918 年刊本

23. 凤冈及门弟子编：《三水梁燕孙先生年谱》，无出版地，1946

24. 敷文社编：《最近官绅履历汇编》，见沈云龙主编：《近代中国史料丛刊》，第 45 辑（450），台北，文海出版社，1970

25.《福建谘议局第二次会议速记录》，福州，宣统二年

26. 故宫博物院明清档案部编：《清末筹备立宪档案史料》，北京，中华书局，1979

27. 广东省社会科学院历史研究室、中国社会科学院近代史研究所中华民国史研究室、中山大学历史系孙中山研究室合编：《孙中山全集》，北京，中华书局，1981—1985

28.《国会请愿代表第二次呈都察院代奏书汇录》，北京，宣统二年

29. 国家图书馆善本部编：《赵凤昌藏札》，北京，国家图书馆出版社，2009

30.《胡汉民自传》，载《近代史资料》1981 年第 2 期（总 45 号）

31. 胡思敬：《丙午厘定官制刍论》，南昌，退庐，1920

32. 胡思敬：《国闻备乘》，上海，

上海书店出版社，1997

33. 胡思敬：《退庐疏稿》，南昌，问影楼，1913

34. 湖南省社会科学院编：《黄兴集》，北京，中华书局，1981

35. 黄濬：《花随人圣庵摭忆》，上海，上海书店出版社，1998

36. 吉迪整理：《大树堂来鸿集》，载《近代史资料》1982 年第 4 期（总 50 号）

37. 金梁：《光宣小记》，见章伯锋、顾亚主编：《近代稗海》，第 11 辑，成都，四川人民出版社，1988

38. 金毓黻辑：《宣统政纪》，沈阳，辽海书社，1934

39. 近代史研究所图书馆供稿：《瞿鸿禨朋僚书牍选》（上），见中国社会科学院《近代史资料》编辑组编：《近代史资料》总 108 号，北京，中国社会科学出版社，2004

40. 李又宁、张玉法主编：《近代中国女权运动史料》，台北，龙文出版社，1995

41. 李元晖：《今传是楼主人年谱》，《逸塘诗存》附刻，出版地不详，1941

42. 梁启超：《饮冰室合集》，北京，中华书局，1989/1996

43. 廖少游：《新中国武装解决和平记》，北京，陆军编译局印刷所，1912

44. 刘晴波主编：《杨度集》，长沙，湖南人民出版社，1986

45. 刘寿林编：《辛亥以后十七年职官年表》，见沈云龙主编：《近代中国史料丛刊续编》，第 5 辑（44），台北，文海出版社，1974

46. 刘体仁：《异辞录》，上海，上海书店，1984

47. 楼宇烈整理：《康南海自编年谱（外二种）》，北京，中华书局，1992

48. 陆宝忠：《丙午日记》下册，光绪三十二年

49. 罗福惠、萧怡编：《居正文集》，武汉，华中师范大学出版社，1989

50. 梅蕚编：《邹鲁文存》，见沈云龙主编：《近代中国史料丛刊三编》，第 3 辑（23），台北，文海出版社，1982

51. 《民国初年之国民党史料》，见罗家伦主编：《革命文献》，第 41 辑，台北，"中央文物供应社"，1967

52. 莫世祥编：《马君武集（1900—1919）》，武汉，华中师范大学出版社，1991

53. 钱实甫编著：《北洋政府职官年表》，上海，华东师范大学出版社，1991

54. 钱永贤等整理：《庞鸿书讨论立宪电文》，见中国社会科学院《近代史资料》编辑组编：《近代史资料》总 59 号，北京，中国社会科学出版社，1985

55. 秋瑾：《秋瑾集》，上海，上海古籍出版社，1979

56. 荣朝申辑：《缔造共和之英雄尺牍》，见沈云龙主编：《近代中国史料丛刊》，第 80 辑（796），台北，文海出版社，1972

57. 上海社会科学院历史研究所编：

《辛亥革命在上海史料选辑》，上海，上海人民出版社，1981

58. 上海市文物保管委员会编：《康有为与保皇会》，上海，上海人民出版社，1982

59. 上海图书馆编：《汪康年师友书札》，上海，上海古籍出版社，1986—1989

60. 沈延国：《记章太炎先生》，上海，永祥印书馆，1948

61. 史晓风整理：《恽毓鼎澄斋日记》，杭州，浙江古籍出版社，2004

62. 孙曜编：《中华民国史料》，上海，文明书局，1929

63. 汤志钧编：《康有为政论集》，北京，中华书局，1981

64. 汤志钧编：《章太炎政论选集》，北京，中华书局，1977

65. 唐文权、桑兵编：《戴季陶集》，武汉，华中师范大学出版社，1990

66. 天津图书馆、天津社会科学院历史研究所编，廖一中、罗真容整理：《袁世凯奏议》，天津，天津古籍出版社，1987

67. 统一党本部编：《统一党第一次报告》，南京，京华印书局，1913

68. 汪诒年：《汪穰卿先生传记》，见章伯锋、顾亚主编：《近代稗海》，第12辑，成都，四川人民出版社，1988

69. 王锡彤著，郑永福、吕美颐点注：《抑斋自述》，开封，河南大学出版社，2001

70. 王先谦：《葵园四种》，长沙，岳麓书社，1986

71. 王彦威辑，王亮编：《清季外交史料全书》，北京，学苑出版社，1999

72. 王逸塘（揖唐）：《今传是楼诗话》，天津，大公报社，1933

73. 隗瀛涛、赵清主编：《四川辛亥革命史料》，成都，四川人民出版社，1981

74. 沃丘仲子：《徐世昌》，见沈云龙主编：《近代中国史料丛刊三编》，第38辑（378），台北，文海出版社，1988

75. 武汉大学历史系中国近代史教研室编：《辛亥革命在湖北史料选辑》，武汉，湖北人民出版社，1981

76. 徐一士：《一士类稿》，见荣孟源、章伯锋主编：《近代稗海》，第2辑，成都，四川人民出版社，1985

77. 杨寿枏：《苓泉居士自订年谱》，1943年刊本

78. 杨寿枏：《云在山房类稿》，1930年刊本

79. 一士：《清光绪丁未政潮之重要史料——袁世凯致端方之亲笔秘札》（续），载《国闻周报》第14卷第6期，1937年2月1日

80. 袁克文：《辛丙秘苑·洹上私乘》，上海，上海书店出版社，2000

81. 载泽：《考察政治日记》，北京，政治官报局，光绪三十四年（1908）

82. 载泽：《考察政治日记》，长沙，岳麓书社，1986

83. 张国淦编著：《辛亥革命史料》，香港，大东图书公司，1980

84. 张继煦编：《张文襄公治鄂记》，武汉，湖北通志馆，1947

85. 张謇：《柳西草堂日记》，见沈云龙主编：《近代中国史料丛刊三编》，第 19 辑（188），台北，文海出版社，1985

86. 张謇研究中心、南通市图书馆编：《张謇全集》，南京，江苏古籍出版社，1994

87. 张枬、王忍之编：《辛亥革命前十年间时论选集》，北京，生活·读书·新知三联书店，1978

88. 张守中编：《张人骏家书日记》，北京，中国文史出版社，1993

89. 张孝若编：《张季子九录·政闻录》，上海，中华书局，1931

90. 张一麐：《古红梅阁笔记》，见《心太平室集》卷 8，上海，上海书店，1991

91. 张之洞：《张文襄公全集》，北京，中国书店，1990

92. 章伯锋、李宗一主编：《北洋军阀》，武汉，武汉出版社，1990

93. 章太炎：《章太炎先生自定年谱》，上海，上海书店，1986

94. 赵炳麟：《赵柏岩集》，无版次

95. 赵中孚、张存武、胡春惠主编：《近代中韩关系史资料汇编》，台北，"国史馆"，1987

96. 赵尊岳：《惜阴堂辛亥革命记》，载《近代史资料》1983 年第 3 期（总 53 号）

97. 浙江省辛亥革命史研究会、浙江省图书馆编：《辛亥革命浙江史料选辑》，杭州，浙江人民出版社，1981

98. 《直省谘议局议员联合会第二届报告书》，京师北洋刷印局刷印本

99. 中国第二历史档案馆编：《中华民国史档案资料汇编》，第 1 辑，南京，江苏古籍出版社，1991

100. 中国第一历史档案馆编：《光绪朝朱批奏折》，北京，中华书局，1995

101. 中国第一历史档案馆编：《光绪宣统两朝上谕档》，桂林，广西师范大学出版社，1996

102. 中国第一历史档案馆编：《清代军机处电报档汇编》，北京，中国人民大学出版社，2005

103. 中国第一历史档案馆编：《清末筹备立宪档案史料补遗》，载《历史档案》1993 年第 3 期

104. 中国科学院历史研究所第三所编：《锡良遗稿·奏稿》，北京，中华书局，1959

105. 中国人民政治协商会议广东委员会文史资料研究委员会编：《广东辛亥革命史料》，广州，广东人民出版社，1981

106. 中国人民政治协商会议全国委员会文史资料委员会编：《晚清宫廷生活见闻》，北京，中国文史出版社，2000

107. 中国人民政治协商会议全国委员会文史资料研究委员会编：《辛亥革命回忆录》，第 8 集，北京，文史资料

出版社，1982

108. 中国人民政治协商会议全国委员会文史资料研究委员会编：《辛亥革命回忆录》，第 1 集，北京，文史资料出版社，1981

109. 中国人民政治协商会议全国委员会文史资料研究委员会编：《辛亥革命回忆录》，第 6 集，北京，中华书局，1963

110. 中国史学会主编：《辛亥革命》，上海，上海人民出版社，1957

111. 中华全国妇女联合会妇女运动历史研究室编：《中国近代妇女运动历史资料（1840—1918）》，北京，中国妇女出版社，1991

112. "中央研究院"近代史研究所编：《清季中日韩关系史料》，台北，"中央研究院"近代史研究所，1972

113. 周秋光编：《熊希龄集》，长沙，湖南出版社，1996

114. 周育民整理：《瞿鸿禨奏稿选录》，见中国社会科学院《近代史资料》编辑组编：《近代史资料》总 83 号，北京，中国社会科学出版社，1993

115. 朱寿朋辑：《光绪朝东华录》，北京，中华书局，1984

116. 《资政院第一次常年会议场速记录》，北京，宣统二年

117. ［英］埃德温·丁格尔：《辛亥革命目击记：〈大陆报〉特派员的现场报道》，刘丰祥等译，北京，中国青年出版社，2002

118. ［澳］骆惠敏编：《清末民初政情内幕——〈泰晤士报〉驻北京记者、袁世凯政治顾问乔·厄·莫理循书信集》上册，刘桂梁等译，上海，知识出版社，1986

119. ［澳］西里尔·珀尔：《北京的莫理循》，檀东鍟、窦坤译，福州，福建教育出版社，2003

120. ［日］宗方小太郎：《一九一二年中国之政党结社》，冯正宝译，见章伯锋、顾亚主编：《近代稗海》，第 12 辑，成都，四川人民出版社，1988

121. ［日］佐藤三郎：《民国之精华》，见沈云龙主编：《近代中国史料丛刊》，第 5 辑（48），台北，文海出版社，1966

## 四、研究论著

（一）著作

1. 白文刚：《应变与困境：清末新政时期的意识形态控制》，北京，中国传媒大学出版社，2008

2. 卞修全：《立宪思潮与清末法制改革》，北京，中国社会科学出版社，2003

3. 蔡寄鸥：《鄂州血史》，上海，龙门联合书局，1958

4. 蔡建：《晚清与大韩帝国的外交关系（1897—1910）》，上海，上海辞书出版社，2008

5. 蔡礼强：《晚清大变局中的杨度》，北京，经济管理出版社，2007

6. 曹亚伯：《武昌革命真史》，上海，中华书局，1930

7. 柴松霞：《出洋考察与清末立

宪》，北京，法律出版社，2011

8. 陈丹：《清末考察政治大臣出洋研究》，北京，社会科学文献出版社，2011

9. 陈胜粦主编：《孙中山与辛亥革命史研究——庆贺陈锡祺先生九十华诞论文集》，广州，中山大学出版社，2001

10. 陈锡祺：《同盟会成立前的孙中山》，广州，广东人民出版社，1957

11. 陈旭麓：《辛亥革命》，上海，上海人民出版社，1955

12. 陈煜：《清末新政中的修订法律馆——中国法律近代化的一段往事》，北京，中国政法大学出版社，2009

13. 迟云飞：《清末预备立宪研究》，北京，中国社会科学出版社，2013

14. 刁振娇：《清末地方议会制度研究——以江苏咨议局为视角的考察》，上海，上海人民出版社，2008

15. 东方杂志社编：《妇女运动》，上海，商务印书馆，1923

16. 董丛林等：《清末直隶新政研究》，石家庄，河北人民出版社，2002

17. 董丛林、徐建平等：《清季北洋势力崛起与直隶社会变动》，北京，科学出版社，2011

18. 董方奎：《清末政体变革与国情之论争——梁启超与立宪政治》，武汉，华中师范大学出版社，1991

19. 段云章：《孙中山对国内情势的审视》，广州，中山大学出版社，2001

20. 冯自由：《革命逸史》，上海，商务印书馆，1945—1947

21. 冯自由：《中华民国开国前革命史》上编，革命史编辑社，1928；《中华民国开国前革命史》中编，上海，良友图书印刷公司，1930

22. 高汉成：《签注视野下的大清刑律草案研究》，北京，中国社会科学出版社，2007

23. 高劳（杜亚泉）：《辛亥革命史》，上海，商务印书馆，1923

24. 高全喜：《立宪时刻：论〈清帝逊位诏书〉》，桂林，广西师范大学出版社，2011

25. 高旺：《晚清中国的政治转型——以清末宪政改革为中心》，北京，中国社会科学出版社，2003

26. 高一涵：《中国内阁制度的沿革》，上海，商务印书馆，1930

27. 耿云志、崔志海：《梁启超》，广州，广东人民出版社，1994

28. 谷钟秀：《中华民国开国史》，上海，泰东图书局，1914

29. 关晓红：《从幕府到职官：清季外官制的转型与困扰》，北京，生活·读书·新知三联书店，2014

30. 关晓红：《科举停废与近代中国社会》，北京，社会科学文献出版社，2013

31. 关晓红：《晚清学部研究》，广州，广东教育出版社，2000

32. 郭世佑：《晚清政治革命新论》，长沙，湖南人民出版社，1997

33. 郭孝成编：《中国革命纪事本

末》，上海，商务印书馆，1912

34. 侯宜杰：《二十世纪初中国政治改革风潮——清末立宪运动史》，北京，人民出版社，1993

35. 侯宜杰：《袁世凯传》，天津，百花文艺出版社，2003

36. 胡绳武、金冲及：《论清末的立宪运动》，上海，上海人民出版社，1959

37. 黄俊军：《湖南立宪派研究》，长沙，国防科技大学出版社，2009

38. 贾小叶：《晚清大变局中督抚的历史角色——以中东部若干督抚为中心的研究》，上海，上海书店出版社，2008

39. 蒋廷黻：《中国近代史》，长沙，岳麓书社，1987

40. 蒋薛、唐存正：《唐群英评传》，长沙，湖南出版社，1995

41. 蒋薛主编：《唐群英诗赞》，衡阳，南岳诗社、衡阳市诗词学会等，1997

42. 金冲及、胡绳武：《辛亥革命史稿》，上海，上海人民出版社，1980—1991

43. 黎仁凯、钟康模：《张之洞与近代中国》，保定，河北大学出版社，1999

44. 黎澍（黎乃涵）：《辛亥革命与袁世凯》，香港，生活书店，1948

45. 李定一等编：《中国近代史论丛》，第2辑第5册（政治），台北，正中书局，1979

46. 李吉奎：《孙中山的生平及其事业》，广州，中山大学出版社，2001

47. 李剑农：《戊戌以后三十年中国政治史》，北京，中华书局，1965

48. 李启成：《晚清各级审判厅研究》，北京，北京大学出版社，2004

49. 李时岳：《辛亥革命时期两湖地区的革命运动》，北京，生活·读书·新知三联书店，1957

50. 李时岳：《张謇和立宪派》，北京，中华书局，1962

51. 李喜所、元青：《梁启超传》，北京，人民出版社，1993

52. 李细珠：《地方督抚与清末新政——晚清权力格局再研究》，北京，社会科学文献出版社，2012

53. 李细珠：《张之洞与清末新政研究》，上海，上海书店出版社，2003

54. 李新主编：《中华民国史》，第一编、第二编，北京，中华书局，1981—1987

55. 李泽厚、刘再复：《告别革命：回望二十世纪中国》（第5版），香港，天地图书有限公司，2004

56. 梁景和：《清末国民意识与参政意识研究》，长沙，湖南教育出版社，1999

57. 林家有、〔日〕高桥强主编：《理想·道德·大同——孙中山与世界和平国际学术研讨会论文集》，广州，中山大学出版社，2001

58. 林家有：《孙中山与近代中国的觉醒》，广州，中山大学出版社，2001

59. 林克光：《革新派巨人康有为》，北京，中国人民大学出版社，1990

60. 林增平、郭汉民、李育民编：《辛亥革命》，成都，巴蜀书社，1989

61. 林增平：《辛亥革命》，北京，中华书局，1962

62. 刘厚生编著：《张謇传记》，上海，上海书店，1985

63. 刘人鹏：《近代中国女权论述——国族、翻译与性别政治》，台北，学生书局，2000

64. 刘伟、彭剑、肖宗志：《清季外官制改革研究》，北京，社会科学文献出版社，2015

65. 刘伟：《晚清督抚政治——中央与地方关系研究》，武汉，湖北教育出版社，2003

66. 刘增合：《"财"与"政"：清季财政改制研究》，北京，生活·读书·新知三联书店，2014

67. 刘增合：《鸦片税收与清末新政》，北京，生活·读书·新知三联书店，2005

68. 吕美颐、郑永福：《中国妇女运动（1840—1921）》，郑州，河南人民出版社，1990

69. 罗福惠：《辛亥时期的精英文化研究》，武汉，华中师范大学出版社，2001

70. 罗福惠、朱英主编：《辛亥革命的百年记忆与诠释》，武汉，华中师范大学出版社，2011

71. 马洪林：《康有为大传》，沈阳，辽宁人民出版社，1988

72. 马敏：《官商之间：社会剧变中的近代绅商》，天津，天津人民出版社，1995

73. 马敏：《过渡形态：中国早期资产阶级构成之谜》，北京，中国社会科学出版社，1994

74. 马敏：《商人精神的嬗变——近代中国商人观念研究》，武汉，华中师范大学出版社，2001

75. 马敏、朱英：《传统与近代的二重变奏——晚清苏州商会个案研究》，成都，巴蜀书社，1993

76. 马小泉：《国家与社会：清末地方自治与宪政改革》，开封，河南大学出版社，2001

77. 马震东：《袁氏当国史》，上海，中华书局，1930

78. 潘崇：《清末五大臣出洋考察研究》，北京，中国社会科学出版社，2014

79. 彭剑：《清季宪政编查馆研究》，北京，北京大学出版社，2011

80. 萨师炯：《清代内阁制度》，重庆，商务印书馆，1946

81. 桑兵：《庚子勤王与晚清政局》，北京，北京大学出版社，2004。

82. 桑兵：《清末新知识界的社团与活动》，北京，生活·读书·新知三联书店，1995

83. 桑兵：《孙中山的活动与思想》，广州，中山大学出版社，2001

84. 桑兵：《晚清学堂学生与社会变

迁》，上海，学林出版社，1995

85．尚秉和：《辛壬春秋》，上海，辛壬历史编辑社，1924

86．尚小明：《留日学生与清末新政》，南昌，江西教育出版社，2003

87．沈晓敏：《处常与求变：清末民初的浙江咨议局和省议会》，北京，生活·读书·新知三联书店，2005

88．史和、姚福申、叶翠娣编：《中国近代报刊名录》，福州，福建人民出版社，1991

89．苏全有：《清末邮传部研究》，北京，中华书局，2005

90．谈社英：《中国妇女运动通史》，上海，妇女共鸣社，1936；又见《民国丛书》编辑委员会编：《民国丛书》，第二编（18），上海，上海书店，1989

91．汤志钧编：《章太炎年谱长编》，北京，中华书局，1979

92．王功安、林家有主编：《孙中山与祖国的和平统一——纪念辛亥革命九十周年学术研讨会论文集》，广州，中山大学出版社，2001

93．王健：《沟通两个世界的法律意义——晚清西方法的输入与法律新词初探》，北京，中国政法大学出版社，2001

94．王奎：《清末商部研究》，北京，人民出版社，2008

95．王世杰、钱端升：《比较宪法》，北京，商务印书馆，1999

96．王桐龄：《中国历代党争史》，出版地不详，1921

97．王亚南：《中国官僚政治研究》，北京，中国社会科学出版社，1981

98．韦庆远、高放、刘文源：《清末宪政史》，北京，中国人民大学出版社，1993

99．魏光奇：《官治与自治：20世纪上半期的中国县制》，北京，商务印书馆，2004

100．吴春梅：《一次失控的近代化改革——关于清末新政的理性思考》，合肥，安徽大学出版社，1998

101．吴玉章：《辛亥革命》，北京，人民出版社，1961

102．萧功秦：《危机中的变革——清末现代化进程中的激进与保守》，上海，上海三联书店，1999

103．谢彬：《民国政党史》，上海，上海学术研究会总会，1925

104．谢俊美：《政治制度与近代中国》，上海，上海人民出版社，1995

105．谢如程：《清末检察制度及其实践》，上海，上海人民出版社，2008

106．谢樱宁：《章太炎年谱撷遗》，北京，中国社会科学出版社，1987

107．徐建平：《清末直隶宪政改革研究》，北京，中国社会科学出版社，2008

108．徐临江：《郑孝胥前半生评传》，上海，学林出版社，2003

109．严昌洪、许小青：《癸卯年万岁——1903年的革命思潮与革命运动》，武汉，华中师范大学出版社，2001

110．杨世骥：《辛亥革命前后湖南

史事》，长沙，湖南人民出版社，1958

111. 杨幼炯：《中国政党史》，上海，商务印书馆，1936

112. 杨玉如编：《辛亥革命先著记》，北京，科学出版社，1958

113. 尤志安：《清末刑事司法改革研究——以中国刑事诉讼制度近代化为视角》，北京，中国人民公安大学出版社，2004

114. 虞和平：《商会与中国早期现代化》，上海，上海人民出版社，1993

115. 张从容：《部院之争：晚清司法改革的交叉路口》，北京，北京大学出版社，2007

116. 张德美：《探索与抉择——晚清法律移植研究》，北京，清华大学出版社，2003

117. 张海林：《端方与清末新政》，南京，南京大学出版社，2007

118. 张海鹏：《东厂论史录：中国近代史研究的评论与思考》，广州，广东人民出版社，2005

119. 张海鹏：《追求集：近代中国历史进程的探索》，北京，社会科学文献出版社，1998

120. 张华腾：《北洋集团崛起研究（1895—1911）》，北京，中华书局，2009

121. 张连起：《清末新政史》，哈尔滨，黑龙江人民出版社，1994

122. 张难先：《湖北革命知之录》，上海，商务印书馆，1946

123. 张朋园：《立宪派与辛亥革命》，台北，中国学术著作奖助委员会，1969

124. 张小莉：《清末"新政"时期文化政策》，北京，人民出版社，2010

125. 张孝若：《南通张季直先生传记》，上海，中华书局，1931

126. 张亚群：《科举革废与近代中国高等教育的转型》，武汉，华中师范大学出版社，2005

127. 张玉法：《民国初年的政党》，"中央研究院"近代史研究所专刊（49），台北，"中央研究院"近代史研究所，1985

128. 张玉法：《清季的立宪团体》，"中央研究院"近代史研究所专刊（28），台北，"中央研究院"近代史研究所，1971

129. 章开沅：《开拓者的足迹——张謇传稿》，北京，中华书局，1986

130. 章开沅、林增平主编：《辛亥革命史》，北京，人民出版社，1980—1981

131. 章开沅、田彤：《张謇与近代社会》，武汉，华中师范大学出版社，2001

132. 赵军：《折断了的杠杆——清末新政与明治维新比较研究》，长沙，湖南出版社，1992

133. 赵云田：《清末新政研究——20世纪初的中国边疆》，哈尔滨，黑龙江教育出版社，2004

134. 周秋光：《熊希龄传》，长沙，湖南师范大学出版社，1996

135. 周兴樑：《孙中山与近代中国

民主革命》，广州，中山大学出版社，2001

136. 朱英：《辛亥革命时期新式商人社团研究》，北京，中国人民大学出版社，1991

137. 朱英主编：《辛亥革命与近代中国社会变迁》，武汉，华中师范大学出版社，2001

138. 朱英：《转型时期的社会与国家——以近代中国商会为主体的历史透视》，武汉，华中师范大学出版社，1997

139. 邹鲁：《中国国民党史稿》，上海，民智书局，1929

140. 左舜生：《辛亥革命史》，上海，中华书局，1934

141. ［美］贝尔·胡克斯：《女权主义理论：从边缘到中心》，晓征、平林译，南京，江苏人民出版社，2001

142. ［美］戴维·波普诺：《社会学》（第十版），李强等译，北京，中国人民大学出版社，1999

143. ［美］任达：《新政革命与日本——中国，1898—1912》，李仲贤译，南京，江苏人民出版社，1998

144. ［美］塞缪尔·P. 亨廷顿：《变动社会的政治秩序》，上海，上海译文出版社，1989

145. ［日］森口繁治：《妇女参政运动》，刘絜敖译，上海，商务印书馆，1932，初版；香港，商务印书馆，2001，按需印刷版

146. ［法］托克维尔：《旧制度与

大革命》，冯棠译，北京，商务印书馆，1997

（二）论文

1. 白永瑞：《大韩帝国期 韩国言论의 中国 认识》，载《历史学报》第153辑，1997年3月

2. 程为坤：《民初共和党的形成、组织及其派系》，载《近代史研究》1986年第3期

3. 迟云飞：《清末预备立宪研究》，北京，中国人民大学博士学位论文，1999

4. 迟云飞：《预备立宪与清末政潮》，载《北方论丛》1985年第5期

5. 邓亦兵：《论清末"新政"的历史作用》，载《史学月刊》1982年第6期

6. 董方奎：《论清末实行预备立宪的必要性及可能性——兼论中国近代民主化的起点》，载《安徽史学》1990年第1期

7. 樊百川：《辛亥革命是儒法斗争吗?》，载《历史研究》1977年第1期

8. 冯素芹：《辛亥革命前后江苏立宪派政治活动评议》，扬州大学硕士学位论文，2005

9. 耿云志：《论清末立宪派的国会请愿运动》，载《中国社会科学》1980年第5期

10. 耿云志：《辛亥革命前夕的各省谘议局联合会》，载《福建论坛》2002年第2期

11. 龚书铎：《辛亥革命时期的资产

阶级改良派》，载《北京师范大学学报（社会科学版）》1963年第4期

12. 关晓红：《科举停废与近代乡村士子——以刘大鹏、朱峙三日记为视角的比较考察》，载《历史研究》2005年第5期

13. 关晓红：《科举停废与清末政情》，载《中国社会科学》2004年第3期

14. 关晓红：《陶模与清末新政》，载《历史研究》2003年第6期

15. 韩明：《孙中山让位于袁世凯原因新议》，载《历史研究》1986年第5期

16. 侯宜杰：《君主立宪派反动论商榷》，见王仲荦主编：《历史论丛》，第4辑，济南，齐鲁书社，1983

17. 侯宜杰：《论清末立宪运动的进步作用》，载《近代史研究》1991年第3期

18. 侯宜杰：《预备立宪是中国政治制度近代化的开端》，载《历史档案》1991年第4期

19. 江轶：《清末江苏立宪派宪政活动研究（1905－1911）》，华中师范大学硕士学位论文，2008

20. 金炳亮：《孙中山与民初妇女参政问题》，见《中山大学学报》编辑部编：《孙中山研究》第8集《中山大学学报论丛·哲学社会科学（25）》，1991

21. ［韩］金勋顺：《旧韩末五大纸研究——民族言论의历史的意义를中心으로》，首尔，梨花女子大学校大学院新闻放送学科硕士学位论文，1979年11月

22. 孔祥吉：《张之洞与清末立宪别论》，载《历史研究》1993年第1期

23. 李育民：《进步党述论》，载《近代史研究》1986年第2期

24. 李振武：《督抚与请愿速开国会运动》，见中国史学会编：《辛亥革命与20世纪的中国》（上），北京，中央文献出版社，2002

25. 廖一中：《晚清"新政"与天津工业近代化》，载《天津社会科学》1988年第2期

26. 林明德：《清末民初日本政制对中国的影响》，见谭汝谦编：《中日文化交流》，第3卷，香港，香港中文大学，1985

27. 林增平：《革命派、改良派的离合与清末民初政局》，载《历史研究》1986年第3期

28. 林增平：《评辛亥革命时期的立宪派》，载《湖南师院学报（哲学社会科学版）》1981年第4期

29. 刘大年：《论辛亥革命的性质》，见《赤门谈史录》，北京，人民出版社，1981

30. 刘桂五：《辛亥革命前后的立宪派与立宪运动》，载《历史教学》1962年第8期

31. 刘路生：《彰德养疴时期的袁世凯》，见中国史学会编：《辛亥革命与20世纪的中国》上册，北京，中央文献出版社，2002

32. 罗华庆：《清末第二次出洋考政与"预备立宪"对日本的模仿》，载《江汉论坛》1992 年第 1 期

33. 罗华庆：《清末"预备立宪"对日本明治宪政模仿中的保留》，载《河北学刊》1992 年第 6 期

34. 罗华庆：《清末"预备立宪"为何模仿日本明治宪政》，载《北方论丛》1991 年第 3 期

35. 罗华庆：《清末预备立宪与日本明治宪政》，载《近代史研究》1991 年第 5 期

36. 马勇：《50 年来的中国近代历史人物研究》，载《近代史研究》1999 年第 5 期

37. 朴敬石：《王元周〈近代中韩关系转变的理想与现实〉讨论》，见《东北亚关系史的性质——东北亚历史财团·北京大学共同学术会议论文集》，首尔，东北亚历史财团，2008 年 9 月

38. 荣铁生：《辛亥革命前后的中国妇女运动》，见中华书局编辑部编：《纪念辛亥革命七十周年学术讨论会论文集》上册，北京，中华书局，1983

39. 桑兵：《近代中国女性史研究散论》，载《近代史研究》1996 年第 3 期

40. 邵雍：《孙中山与近代妇女问题》，载《广西师范大学学报》2002 年第 3 期

41. 沈智：《辛亥革命前后的女子报刊》，见中华书局编辑部编：《纪念辛亥革命七十周年学术讨论会论文集》下册，北京，中华书局，1983

42. 孙祥伟：《东南精英群体的代表人物——汤寿潜研究（1890—1917）》，上海大学博士学位论文，2010

43. 孙训华：《论辛亥革命前后立宪派的心路历程（1906—1913）》，河南大学硕士学位论文，2006

44. 王邦佐：《试论一九〇一年——一九〇五年清政府的"新政"》，载《史学月刊》1960 年第 4 期

45. 王笛：《清末新政与近代学堂的兴起》，载《近代史研究》1987 年第 3 期

46. 王家俭：《民初的女子参政运动》，见中华文化复兴运动推行委员会主编：《中国近代现代史论集 第十九编·民初政治（一）》，台北，台湾商务印书馆，1986

47. 王有为：《革命派的分裂与章太炎的口号——"革命军起，革命党消"析》，见蔡尚思等：《论清末民初中国社会》，上海，复旦大学出版社，1983

48. 王元周：《近代中韩关系转变的理想与现实——韩国人对中国否定认识的历史根源》，见《东北亚关系史的性质——东北亚历史财团·北京大学共同学术会议论文集》，首尔，东北亚历史财团，2008

49. 王元周：《认识他者与反观自我：近代中国人的韩国认识》，载《近代史研究》2007 年第 2 期

50. 王云：《晚清立宪派研究》，辽宁师范大学硕士学位论文，2010

51. 吴兆清：《袁世凯与良弼被炸

案》，载《近代史研究》1987 年第 2 期

52. 谢霞飞等：《宣统朝督抚奏请阁会评议》，载《河北师院学报》1997 年第 4 期

53. 谢霞飞：《清末督抚与官制改革》，载《湖北大学学报》1996 年第 3 期

54. 徐辉琪：《"革命军起，革命党消"口号的由来及评价》，载《近代史研究》1983 年第 4 期

55. 徐辉琪：《唐群英与"女子参政同盟会"——兼论民初妇女参政活动》，载《贵州社会科学》1981 年第 4 期

56. 徐辉琪：《辛亥革命时期妇女的觉醒与对封建礼教的冲击》，载《近代史研究》1994 年第 4 期

57. 徐立亭：《章太炎与"革命军起，革命党消"》，载《吉林大学社会科学学报》1993 年第 6 期

58. 严昌洪、马敏：《20 世纪的辛亥革命史研究》，载《历史研究》2000 年第 3 期

59. 严昌洪：《唐群英与民初女子参政运动》，载《贵州社会科学》1998 年第 4 期

60. 杨立强：《青史凭谁判是非——略论辛亥革命前夕的资产阶级立宪派》，载《复旦学报（社会科学版）》1980 年第 5 期

61. 杨立强、沈渭滨：《"近代中国资产阶级研究"讨论会综述》，载《历史研究》1983 年第 6 期

62. 曾业英：《民国初年的民主党》，

载《历史研究》1991 年第 5 期

63. 张存武：《中国对于日本亡韩的反应》，见《清代中韩关系论文集》，台北，台湾商务印书馆，1987

64. 张连起：《略论"同光新政"与"清末新政"的异同》，载《北方论丛》1984 年第 2 期

65. 张莲波：《民国初年的妇女参政》，载《史学月刊》1988 年第 2 期

66. 张天保：《清末的"预备立宪"》，载《历史教学》1966 年第 2 期

67. 张玉法：《民国初年的中国社会党，1911—1913》，载《中央研究院近代史研究所集刊》第 20 期，1991 年 6 月

68. 张玉法：《中国政党史研究》，见"中央研究院"近代史研究所《六十年来的中国近代史研究》编辑委员会编：《六十年来的中国近代史研究》上册，台北，"中央研究院"近代史研究所，1988

69. 章开沅：《就辛亥革命性质问题答台北学者》，载《近代史研究》1983 年第 1 期

70. 章开沅：《50 年来的辛亥革命史研究》，载《近代史研究》1999 年第 5 期

71. 章开沅：《辛亥百年遐思》，载《近代史研究》2011 年第 4 期

72. 章开沅：《辛亥革命史研究的几个问题》，载《华中师院学报（哲学社会科学版）》1979 年第 1 期

73. 章开沅：《辛亥革命史研究的三

十年》，见中华书局编辑部编：《纪念辛亥革命七十周年学术讨论会论文集》下册，北京，中华书局，1983

74. 郑大华：《关于清末预备立宪几个问题的商榷》，载《史学月刊》1988年第1期

75. 朱金元：《清末预备立宪的发生原因及其客观作用》，载《学术月刊》1985年第2期

76. 庄吉发：《于式枚与德国宪政考察》，见"中央研究院"近代史研究所编：《近代中国历史人物论文集》，台北，"中央研究院"近代史研究所，1993

77. 邹振环：《清末亡国史"编译热"与梁启超的朝鲜亡国史研究》，见复旦大学韩国研究中心编：《韩国研究论丛》，第2辑，上海，上海人民出版社，1996

# 后 记

出版个人论文集，此前很少想过。印象中，这是老先生的做派。我们心目中的学界老辈，留世的东西，大都只有一两本论集。如今学风不同，新派学者则个个有专著，而且一本又一本。人事有代谢，往来成古今。长江后浪推前浪，我们很快就会被拍到沙滩上——随着年齿增长而渐入"前辈"行列，但毕竟不及老辈那般矜持，也曾写过学位论文甚或博士后报告之类的专著，而东施效颦，把若干零篇散论汇成一个集子，委实还是不免诚惶诚恐。

说及这本集子，首先应该感谢同道诸友的督促与谋划，尤其要感谢青年出版家谭徐锋先生。属于"80后"的徐锋，原系本所毕业的研究生，曾在人民大学出版社时，极力鼓动我写一本新的《张之洞传》，还邀约编辑《中国近代思想家文库·张之洞卷》，很抱歉的是，我均以时间安排不开而婉拒，或另荐高明。徐锋年轻，后生可畏，从人大社到北师大社，一路坦途，在当今竞争异常激烈的出版界已经闯出了自己的一片天地，正在为中国学术出版事业大显身手。我们两度失之交臂，如今总算有了缘分。这次见面交流，他还在念念不忘《张之洞传》，其锲而不舍的精神令我万分感动，差点当场慨然应允，但理智很快警醒自己，手头还有更重要的新课题，分身无术，或许将来还有机会重操旧业。在此，特别对徐锋再次深表歉意。

这本集子定名《新政、立宪与革命——清末民初政治转型研究》。这是我曾经多年研究的主题。新政、立宪与革命是推动清末民初政治转型的三股力量，也是观察清末民初政治转型与政局变迁的三个视角。全书收录八篇论文，涉及新政、立宪与革命的互动关系，清末宪政考察与师日取向，清末责任内阁制的渊源与流变，清末新政的域外观察与反应，日韩合并对宪政改革进程的影响，民初女子参政权与政治民主化问题，统一党与政党政治运作，以及有关新政、立宪与革命研究的学术史。显然，这些论文并没有使有关清末民初政治转型的论述构成一个完整的体系，但从不同的侧面为该课题的研究提供了进一步思考的基点，也在一定程度上反映了清末民初政治转型与政局变动的复杂面相。

最后需要说明的是，《日韩合并与清末宪政改革》和《性别冲突与民初政治民主化的限度——以民初女子参政权案为例》两篇论文，在发表时多有删节，此次收录，基本上恢复了原貌。《民初统一党与政党政治试验》则在《民初统一党研究》一文的基础上做了较大改写。本书各篇论文写于不同时期，文字风格不无差异，论述或有交叉重复，甚至有些文献资料用了不同版本，尽管在统稿时尽可能地稍做调整，但终归难免留有不同时期的各种痕迹。敬请读者诸君谅解。

李细珠

**2016 年 5 月**

**图书在版编目(CIP)数据**

新政、立宪与革命：清末民初政治转型研究/李细珠著. —北京：北京师范大学出版社，2018.5（2020.9 重印）
（中华学人丛书）
ISBN 978-7-303-22003-8

Ⅰ. ①新⋯ Ⅱ. ①李⋯ Ⅲ. ①政治制度史－研究－中国－近代 Ⅳ. ①D693.2

中国版本图书馆 CIP 数据核字（2017）第 045654 号

营 销 中 心 电 话 010-58805072 58807651
北师大出版社高等教育与学术著作分社 http://xueda.bnup.com

XINZHENG LIXIAN YU GEMING QINGMO MINCHU
ZHENGZHI ZHUANXING YANJIU

出版发行：北京师范大学出版社 www.bnup.com
　　　　　北京市西城区新街口外大街 12-3 号
　　　　　邮政编码：100088
印　　刷：北京京师印务有限公司
经　　销：全国新华书店
开　　本：730 mm×980 mm　1/16
印　　张：24.5
字　　数：385 千字
版　　次：2018 年 5 月第 1 版
印　　次：2020 年 9 月第 2 次印刷
定　　价：79.00 元

策划编辑：谭徐锋　　　　责任编辑：曹欣欣
美术编辑：王齐云　　　　装帧设计：王齐云
责任校对：陈　民　　　　责任印制：马　洁